U0514383

数字贸易学

SHUZI MAOYIXUE

冯碧梅 ◎ 编著

中国财经出版传媒集团

经济科学出版社

Economic Science Press

图书在版编目（CIP）数据

数字贸易学/冯碧梅编著 . -- 北京：经济科学出
版社，2023.6

（数字经济学教学与研究丛书）

ISBN 978 - 7 - 5218 - 4859 - 5

Ⅰ. ①数⋯　Ⅱ. ①冯⋯　Ⅲ. ①国际贸易 - 电子商务 -
高等学校 - 教材　Ⅳ. ①F740.4

中国国家版本馆 CIP 数据核字（2023）第 110274 号

责任编辑：孙丽丽　戴婷婷
责任校对：隗立娜
责任印制：范　艳

数字贸易学

冯碧梅　编著

经济科学出版社出版、发行　新华书店经销

社址：北京市海淀区阜成路甲 28 号　邮编：100142

总编部电话：010 - 88191217　发行部电话：010 - 88191522

网址：www. esp. com. cn

电子邮箱：esp@ esp. com. cn

天猫网店：经济科学出版社旗舰店

网址：http://jjkxcbs. tmall. com

北京密兴印刷有限公司印装

787 × 1092　16 开　23.25 印张　490000 字

2023 年 7 月第 1 版　2023 年 7 月第 1 次印刷

ISBN 978 - 7 - 5218 - 4859 - 5　定价：86.00 元

（图书出现印装问题，本社负责调换。电话：010 - 88191545）

（版权所有　侵权必究　打击盗版　举报热线：010 - 88191661

QQ：2242791300　营销中心电话：010 - 88191537

电子邮箱：dbts@ esp. com. cn）

前　言

　　数字贸易是现代信息技术以国际互联网为核心在商业上不同程度和不同层次的应用，在当代的国际贸易发展中起到极重要的作用。随着互联网络的广泛应用，数字贸易已经深入了商业流程的核心，其战略作用越来越突出，中国数字技术的迅猛发展推动了中国数字贸易的不断发展进步，数字贸易的兴起缩短了时空距离，降低了交易成本，提高了效率和效益，其结果是优化了贸易体制，简化了贸易流程，增长了贸易机会。党的二十大报告指出："我国成为一百四十多个国家和地区的主要贸易伙伴，货物贸易总额居世界第一，吸引外资和对外投资居世界前列，形成更大范围、更宽领域、更深层次对外开放格局。"因此，响应党的二十大号召，面对新型开放格局，本书在国际贸易教学中加入了对数字贸易的教学，当前"数字贸易学"正在成为国际经济与贸易专业的一门基础课程，为该专业的学生在了解国际贸易新发展形势过程中起到重要的引导作用。

　　"数字贸易学"课程是福州大学国际贸易学专业的重点研究方向，本书的出版受到了福州大学教材建设基金的资助，旨在为推动数字贸易教学提供一定的学术参考价值。本书将传统国际贸易与数字贸易进行有机结合，结合当前国际市场上对数字化的应用，利用相关理论知识、资料数据以及案例分析对中国数字贸易发展实践进行剖析与解读。本书针对数字贸易中的新概念进行系统的解释，内容深入浅出，难度适中，具备符合教材要求的科学性和逻辑性，将数字贸易发展现状整理出相关案例，有利于培养学生分析问题和解决问题的能力。

　　本书对主要的内容和结构作出了合理规划，主要如下：

　　第一，本书从数字贸易绪论、发展概况、规则、壁垒、理论等角度介绍数字贸易的基本概念知识，以全面为学生构建完整的数字贸易知识体系，奠定学科理论及基础。

　　第二，本书收集整理国内外数据资料，更新相关国际数字贸易规则及案例，以期保证书本内容的实时性。

　　第三，本书在章节末尾添加与本章相关的案例研究以及思考题，巩固学生对本章的学习。

　　全书框架由冯碧梅拟订，书稿由冯碧梅总纂定稿，冯碧梅、李凤林、柯倪双、许嘉锋进行统稿，余彦璇参与了第一、第五、第十五章的编写，王童参与了第二、第十一章的编写，柯倪双参与了第三、第八、第九、第十、第十七章的编写，许嘉锋参与了第

四、第六章的编写，张琬宜参与了第七章的编写，黄孙颖参与了第十二章的编写，王晓霞参与了第十四、第十六章的编写，张平平参与了第十三章的编写，王子薇参与了第一章的编写。周小亮教授、蔡乌赶教授、刘秀玲教授、陈泓副教授、喻翠玲副教授提出了宝贵的修改意见。受作者水平所限，书中难免存在疏漏之处，恳请读者提出宝贵的批评和建议，使本书日臻完善。

目　录

第 1 章
数字贸易绪论

学习目标

（1）了解数字贸易的相关概念，为深刻理解、掌握数字贸易打下良好的基础；

（2）了解全球与中国数字贸易的产生和历史沿革，对数字贸易的本质属性有清晰的认识；

（3）总结现有数字贸易的原则，理解数字产品非歧视待遇和交互式计算机服务原则。

内容提要

随着大数据、云计算、物联网、移动互联网和人工智能等新一代信息技术的兴起以及数字经济的蓬勃发展，数字贸易也在深刻影响和改变着传统的贸易形式。本章从数字贸易的相关概念出发，深入探究数字贸易的演变发展史、本质属性以及基本原则，为深刻理解、掌握数字贸易打下良好的基础。

1.1　数字贸易相关概念

2019 年 11 月，中共中央、国务院《关于推进贸易高质量发展的指导意见》正式提出要加快数字贸易发展，提升贸易数字化水平，推进文化、数字服务、中医药服务等领域特色服务出口基地建设。伴随着全球贸易数字化发展，人类社会正迈入以数字贸易为突出特征的第四次全球化浪潮，对全球供应链、产业链、价值链产生了巨大影响，国家间经济分工、贸易利益分配面临巨大挑战，新的国际规则、国际治理挑战正在到来。深入研究数字贸易发展规律、发展影响、治理模式对我国中长期经济增长、国家竞争力提升有着重大意义。

1.1.1　数字贸易历史沿革

数字贸易是商贸活动发展的一个新阶段，其概念的产生并非一蹴而就。从传统商务到电子商务，到跨境电子商务，再到现在的数字贸易，随着信息技术在商贸活动中应用的日渐深入，涌现出许多新的名词、新的概念，所描述事物的内涵特征不断演进升级。

传统商务和贸易主要是指以货币为媒介的一切交换活动或行为。其活动范围，不仅包括商业所从事的商品交换活动，还包括商品生产者或他人所组织的商品买卖活动；不仅包括国内贸易，还包括国与国之间的国际贸易。商务贸易是四个术语中范围最大的，从人们日常生活中的消费交易到企业间的跨境贸易均归属其中。

电子商务指商务活动的电子化、网络化，即借助信息技术开展商务贸易活动，如线上推广、网络零售、移动支付等。经济合作与发展组织（Organization for Economic Co-operation and Development，简称经合组织/OECD）在《电子商务的经济与社会影响》中将电子商务定义为"发生在开放网络上的包含企业之间、企业和消费者之间的商业交易"。欧洲经济委员会对电子商务的定义是，参与方之间以电子方式而不是以物理交换或直接物理接触方式完成任何形式的业务交易。美国政府在《全球电子商务纲要》中将电子商务描述为，通过互联网进行的商务活动，包括广告、交易、支付、服务等活动。2007 年国家发展和改革委员会、国务院信息化工作办公室联合发布我国首部《电子商务发展"十一五"规划》，其中将电子商务界定为"利用互联网、电信网络以及广播电视网等方式的生产、流通和消费等活动"。跨境电子商务指跨越国境开展的电子商务活动，是由于电子商务活动范围扩大而衍生出的概念。中国电子商务研究中心（2015）认为，跨境电子商务是指分属于不同国家的交易主体，通过电子商务手段将传统进出口贸易中的展示、洽谈和交易环节电子化，并通过跨境物流及异地仓储送达商品，完成交易的一种国际商业活动。阿里研究院发布的《2016 中国跨境电子商务发展报告》认为广义的跨境电子商务是指分属不同关境的交易主体通过电子商务手段达成交易的跨境进出口贸易活动；狭义的跨境电子商务概念特指跨境网络零售，指分属不同关境的交易主体通过电子商务平台达成交易，进行跨境支付结算、通过跨境物流送达商品，完成交易的一种国际贸易新业态。数字贸易是由于信息技术对贸易影响的进一步深化所产生的概念。相比以上两个概念，数字贸易更突出数字化的产品和服务贸易，但国际上对数字贸易的讨论和谈判大多仍在电子商务框架基础上展开。

1.1.2 数字贸易内涵

根据 2019 年中国信通院发布的《数字贸易发展与影响白皮书（2019）》，数字贸易是指信息通信技术发挥重要作用的贸易形式，其不仅包括基于信息通信技术开展的线上宣传、交易、结算等促成的实物商品贸易，还包括通过信息通信网络（语音和数据网络等）传输的数字服务贸易，如数据、数字产品、数字化服务等贸易。

数字贸易概念蕴含丰富内涵，需从多方面深刻认识：

第一，数字贸易的突出特征包括贸易方式的数字化和贸易对象的数字化。其中，贸易方式的数字化是指信息技术与传统贸易开展过程中各个环节深入融合渗透，如电子商务、线上广告、数字海关、智慧物流等新模式和新业态对贸易的赋能，从而带来贸易效率的提升和成本的降低，表现为传统贸易方式的数字化升级；贸易对象的数字化是指数据和以数据形式存在的产品和服务贸易，一是研发、生产和消费等基础数据，二是图书、影音、软件等数字产品，三是通过线上提供的教育、医疗、社交媒体、云计算、人工智能等数字服务，表现为贸易内容的数字化拓展。

第二，数字贸易的产生源于数字经济的发展和全球化分工。新一代信息通信技术的发展使得不同经济主体间紧密联系，形成更高效、更频繁的分工、协同和共享关系。物理商品交易变得更加高效、有序、广泛，中小企业获得了更多参与贸易的机会；数字商品的可贸易程度大幅提升，催生出一系列新模式和新业态。

第三，数字贸易的认识根据贸易商品类别可分为三个层次。目前，国际上对数字贸易尚未形成统一的认识，数字贸易的议题时常出现在电子商务、数字经济等会议和谈判中。例如，2019 年 76 个世界贸易组织（World Trade Organization，简称世贸组织/WTO）成员宣布启动电子商务议题谈判，其中就包含大量涉及数字贸易的内容。此外，由于各国数字经济、数字贸易的发展水平不一，对数字贸易商品范围的接受程度也存在差异。根据接受的程度，数字贸易涉及贸易品可以分为三个层次：第一层，以货物贸易为主，认为数字贸易等同于电子商务；第二层，加入了图书、影音、软件等最常见的数字产品，开始涉及服务贸易领域；第三层，加入了"数字赋能服务"，如电信、互联网、云计算、大数据等数字经济时代的新兴产业。

第四，数字贸易可能打破现有国际贸易平衡，并对国际贸易监管模式构成新的挑战。和传统贸易相比，数字贸易的关键技术不仅包括生产制造技术、交通物流技术，还包括信息通信技术。信息通信技术的应用又导致贸易方式和贸易商品等基础贸易条件的变化。一方面，原有国际贸易的分工、分配模式面临重构，对各国产业发展、人民生活水平产生深远影响，国际贸易规则面临重构；另一方面，碎片化的单货物贸易、日益复杂的数字服务，对传统货物贸易监管部门和新兴数字产业监管部门都构成了巨大挑战。

1.2 数字贸易的本质属性

1.2.1 内部属性

1.2.1.1 虚拟化

数字贸易的虚拟化属性具体表现在三个方面：生产过程中使用数字化知识与信息，即要素虚拟化；交易在虚拟化的互联网平台上进行，使用虚拟化的电子支付方式，即交易虚拟化；数字产品与服务的传输通过虚拟化的方式，即传输虚拟化。交易虚拟化在中国已经非常普遍，据国家统计局公布的 2017 年全年社会消费品零售相关统计数据显示，2017 年全年全国网上零售额 71 751 亿元，比上年增长 32.2%，增速比上年加快 6.0 个百分点。

1.2.1.2 平台化

数字贸易中，互联网平台成为协调和配置资源的基本经济组织，不仅是汇聚各方数据的中枢，更是实现价值创造的核心。企业可以拥有自己的网站，也可以利用数字平台来实现全球化。这是关于在线购买和在线交付货物的问题。平台提供的辅助服务，如消费者评级和在线支付，建立信任并促进国际交易。据《数字贸易发展与影响白皮书（2019 年）》的统计，目前约有 12% 的全球货物贸易是通过国际电子商务进行的。

1.2.1.3 集约化

数字贸易能够依托数字技术实现劳动力、资本、技术等生产要素的集约化投入，促进研发设计、材料采购、产品生产、市场营销等各环节的集约化管理。例如美邦服饰等服装企业纷纷将智能化作为重点发力对象，建立"互联网＋"平台，以准确反映市场需求变化，实现按需生产的集约化生产模式。

1.2.1.4 普惠化

在传统贸易中处于弱势地位的群体，在数字贸易中能够积极、有效地参与到贸易中并且从中获利。数字贸易为克服阻碍小企业参与国际贸易的障碍提供了一个特殊的机会。例如，拥有一个网站，小企业就可以立即在国际上立足，而不必在海外建立实体机构。获得具有成本效益的基于数据的服务是小企业的另一个重要推动因素，包括在线广告和通信服务、云计算，以及获得关键的知识和信息。发达和发展中经济体的小企业也使用互联网服务来宣传和扩大他们的客户群。

1.2.1.5　个性化

随着个人消费者越来越多地参与到数字贸易中，个性化的需求也越来越受到重视。商家很难再靠标准化的产品与服务获利，根据消费者的个性化需求提供定制化产品与服务成为提升竞争力的关键。

1.2.1.6　生态化

数字贸易背景下，平台、商家、支付、物流、政府部门等有关各方遵循共同的契约精神，平等协商，沟通合作，共享数据资源，共同实现价值的创造，形成了一个互利共赢的生态体系。中国（杭州）跨境电子商务综合试验区注重创建整合货物流、信息流、资金流的综合性信息化管理服务平台，为各类商品提供一站式信息资源和服务，探索形成以"单一窗口"为核心的"六体系两平台"顶层设计，使贸易活动融入电子商务数据服务合作新生态。

1.2.2　外部属性

1.2.2.1　数字贸易以信息通信技术作为技术支撑

20世纪40年代以来，信息通信领域取得重大突破，电子计算机、大规模集成电路以及互联网的发明和普及为数字贸易提供了必要的技术支撑。近几年来，大数据、云计算、物联网等新型信息通信技术的发展又进一步推动了数字贸易的发展，不仅拓展了数字贸易的标的范围，而且提升了数字贸易的交易效率。

在大数据方面，构成数字经济和数字贸易的大部分内容是由大数据支撑的。大数据指的是数据集的规模超出了常用软件工具在可容忍的时间范围内捕捉、整理和管理的能力。根据英特尔公司数据中心集团总裁兼总经理纳文·谢诺伊（Navin Shenoy）的估计，今天世界上90%的数据是在过去两年里产生的。人们和企业以及从汽车到移动设备等产品中嵌入的传感器都在不断产生数据。根据《"十四五"大数据产业发展规划》的报告，大数据有可能成为创新、生产力增长和经济竞争力的关键驱动力。大数据集的一个驱动力是在全球范围内收集离散的本地数据集，这需要跨境数据流。大数据带来的经济和贸易机会来自于对数据的分析，以更好地了解商业环境，从而创造新产品并应对使用模式的变化。一个相关的发展是利用互联网与客户互动，让第三方参与产品的共同设计。例如，英国在线杂货店 Ocado 征求消费者的反馈意见，以更好地设计产品。

在云计算方面，云计算通常依靠跨境数据流来提供更便宜的按需计算能力，可以根据需要进行扩展和付费。这包括基本的云服务，如电子邮件、软件以及对处理、存储和其他计算资源的访问。云计算减少了对信息技术的前期投资，也减少了维护经常被低估的计算能力的相关费用。实际上，云计算将固定的 IT 成本变成了可变的运营成本。通过按需提供计算能力，云计算使企业能够避免 IT 投资中经常出现的大量前期资本成本。这对面临较高成本的小型企业和初创企业来说具有特别的价值，因为云计算使小型企业能够获得以前只有大型企业才能获得的计算能力，从而有助于实现公平竞争。使用亚马逊、谷歌和微软等先进的云计算供应商进行计算，通常也比依赖内部计算更安全。

在物联网方面，物联网（IoT）是指日常物品连接到互联网并发送和接收数据的能力。物联网也会产生大量的数据，收集这些数据并将其转化为知识是一个关键的环节。同样，要想最大限度地利用物联网的机会，就必须有能力跨境移动数据，即在一个国家收集数据，与其他国家的数据相结合，并在第三国对其进行分析（大数据的另一个驱动力）。物联网在各行业都有应用。例如，企业已经在工厂中使用传感器来提高运营的效率，以跟踪货物和管理配送中心，减少交货时间和管理费用。

1.2.2.2 数字贸易以制造业智能化作为历史使命

数据和全球互联网的影响推动了制造业、采矿业和农业等行业的广泛经济和贸易增长。根据美国国际贸易委员会的数据，美国所谓的数字密集型产业包括内容产业、通信、金融和保险、零售、医疗保健、教育和制造业。以金融业为例，该行业依靠跨境数据传输的能力来完成电子交易和资金转移，保险业则在全球范围内收集数据以更好地评估风险，从而提供更具成本效益和针对性的保险服务，而电信公司则收集数据，包括地理定位数据，以提供移动电信服务。

与此同时，在传统产业数字化转型的背景下，数据也在将传统的制造业转变为智能制造，其重点是整个制造企业的数字化，从早期的产品设计到产品报废时的维护都使用先进的传感器和大数据分析来实现更快的生命周期以及创造共同协作和相互连接的供应链。实现智能制造的一个关键因素是数据在增加产品价值方面发挥的作用。这是新的商业模式的支撑，也就是专注于为客户提供解决方案和产品。例如，制造打印机的施乐公司，现在通过增加维护和文件设计服务，将自己定位为一家文件解决方案公司。罗尔斯－罗伊斯公司利用传感器收集其喷气发动机的数据，以便更好地进行维护，并尽量减少停机时间，同时根据飞行时间提供飞机租赁。即使在采矿业和农业等行业，数据也越来越有价值，因为它们使企业能够为其客户提供增值解决方案。

1.3　数字贸易的基本原则

1.3.1　数字产品非歧视待遇

虽然《关贸总协定》和各个区域贸易协定都禁止对货物和服务的歧视性待遇，但不一定清楚"数字产品"是否得到了与世贸组织协定规定的非数字产品同等的保护。随着越来越多的产品以数字方式交付，与"数字产品"的非歧视性待遇有关的问题越来越多。

1.3.1.1　数字产品非歧视待遇《关贸总协定》条款示例

《关贸总协定》要求任何一个成员不得区别对待其贸易伙伴（最惠国待遇［第1条］）和本国产品与外国产品（国民待遇［第3条］）。与此同时，《关贸总协定》还要求给予外国服务最惠国待遇（第2条）。除非成员在其减让表中作出具体承诺，否则不要求给予国民待遇（第17条）。

1.3.1.2　数字产品非歧视待遇区域贸易协定条款示例

非歧视原则主要是通过区域贸易协定发展起来的。多个国家签署了区域贸易协定，其中包括关于"数字产品"国民待遇的条款和"数字产品"最惠国待遇的条款。

1. 《美墨加协定》（USMCA）

在《美墨加协定》（USMCA）中关于数字产品的非歧视原则中规定：任何一方不得给予在另一方境内创作、生产、出版、承包、委托或以商业条款首次提供的数字产品低于其他类似数字产品的待遇。但此项规定不适用于一方提供的补贴或赠款，包括政府支持的贷款、担保或保险。

2. 《美日数字贸易协定》

《美日数字贸易协定》指出：任何一方都不得对在另一方境内根据商业条款创作、生产、出版、签约、委托或首次提供的数字产品给予歧视待遇。但此项规定不适用于一方提供的补贴或赠款，包括政府支持的贷款、担保或保险。

而关于知识产权，此项条款不适用于双方之间关于知识产权的双边协定中权利和义务不一致的情况，或者如果不存在此类双边协定，则不适用于与双方均为缔约方的关于知识产权的国际协定中权利和义务不一致的情况。

1.3.2 交互式计算机服务原则

1.3.2.1 交互式计算机服务原则的现状

网上贸易之所以成为可能，是因为能够接入互联网的服务，包括宽带互联网接入服务提供商或搜索引擎（所谓的"交互式计算机服务"）。鉴于这些服务对数字贸易的重要性，有人建议界定与互联网上存储、分发或提供的信息有关的非知识产权损害责任的范围。当前针对这些问题制定的规则仍处于萌芽阶段，只有少数区域贸易协定提到了这些问题。

1.3.2.2 交互式计算机服务区域贸易协定条款示例

《美墨加协定》中关于对交互式计算机服务原则的规定如下：贸易双方要认识到促进交互式计算机服务的重要性，包括对中小企业，这对数字贸易的发展至关重要。与此同时，任何一方不得采取或维持将交互式计算机服务的供应商或用户视为信息内容提供商的措施，以确定与该服务存储、处理、传输、分发或提供的信息相关的损害赔偿责任，除非供应商或用户全部或部分创建或开发了该信息。任何一方也不得因以下原因对交互式计算机服务的供应商或用户施加责任。例如：

（1）供应商或用户认为所提供的信息内容对自身或他人是有害的或存在威胁性，以此为原因供应商或用户出于善意自愿采取的任何行动，限制通过其提供或使用交互式计算机服务获得的信息内容的可用性；

（2）为使信息内容提供商或用户能够避免访问其认为有害或不良的信息内容而采取的任何行动；

（3）本条中的任何规定不得：适用于一方有关知识产权的任何措施，包括处理知识产权侵权责任的措施；被解释为扩大或削弱一方保护或执行知识产权的能力；被解释为阻止一方执行任何刑法；交互式计算机服务的供应商或用户不遵守执法机构的特定合法命令。

扩展阅读

义乌购：探索"数字贸易综合服务"新模式

2021年10月25日，为期5天的第27届中国义乌国际小商品（标准）博览会（以下简称义博会）在义乌落幕，义乌购的众多经营户在义博会上亮相。作为"世界小商品之都"——义乌小商品城的官方线上商城，义乌购是义乌小商品及商家信息最全的在线平台之一，目前入驻其平台的商家达5.3万个，海内外注册采购商超过800万人。

疫情催生了一批新业态、新模式、新经济，线上线下得以加速融合。去年疫情爆发之初，义乌国际商贸城延迟开市，义乌购凭借多年服务市场的沉淀，帮助经营户"抢"回商机，有效增强了小商品供应链抗击疫情风险的能力，同时对线下实体市场形成了强有力的补充。也因此，义乌购吸引了全球更多采购商的关注，全球下载量和在线订单增长迅猛。

除却疫情的催化，近年来，外贸电商获得了政策利好带来的促进和支持，敦煌网、兰亭集势等一批外贸电商平台开始涌现。据统计，自 2006 年以来，外贸领域最为活跃的外贸电商领域共计发生融资事件 286 起，融资金额超 317.57 亿元。自 2021 年 1 月以来，外贸电商领域共计发生 14 起融资事件，金额涉及 29 亿元，特别是跨境电商的兴起，积极推动了外贸电商的发展。

义乌作为"电商高地"之一，跨境电商迎来蓬勃发展。去年，义乌完成跨境电商交易额 870.88 亿元，同比增长 15.5%。在抓创新促转型的当下，义乌购正在积极为市场经营户拓宽对外贸易通路，寻求更广阔的海外市场发展机遇。

"义乌购注册用户中有 10% 为海外用户，并呈现逐渐增长的态势。"义乌购总经理王建军介绍，为扩大义乌市场的海外影响力，实践"走出去"的发展战略，2018 年初义乌购结合合作伙伴进出口贸易专业优势，推出国际站（义乌购英文站），为海外买家提供一站式跨境贸易解决方案。"国际站致力于聚合义乌市场外贸优势，向外贸重点供应商提供外贸精选商品展示等服务，帮助经营户拓展渠道、精准引流、降低成本，高效开拓海外市场。"王建军说。

国际站业务上线以来，已与来自印尼、波兰、摩洛哥、越南等多个国家的合作伙伴达成合作，形成了外贸重点供应商、资讯、精选商品等特色版块，已有 200 多万商品数，外贸重点供应商 2 037 家，日访问用户超 4 万人次。

"今年上半年国际站新增 8 家数据对接客户，波兰、德国、法国、西班牙和英国等多个国家独家代理权已被签订至 2025 年。"王建军表示，接下来国际站功能将更齐全，不断优化商品发布、分类、搜索、页面展示等功能，拓宽经营户走向国际市场和国外采购商采购中国产品的重要渠道，助力中国品牌快速拓展海外市场，共推贸易稳健发展。

除此之外，义乌购于今年 3 月初宣布启动 2021 年全球合作伙伴招募工作，致力于与合作伙伴一起将义乌小商品通过互联网的方式销售到全球各地。目前，义乌购已经收到来自英国、法国、俄罗斯、巴西、摩洛哥等十几个国家三十多个合作意向咨询，与印尼和哥伦比亚的合作伙伴已经签订了合作协议。

9 年的实践与探索，义乌购从最初"把实体市场搬上网"的区域电商平台，成长为如今线上线下融合、国际国内双循环、与主流电商实行差异化发展且极具义乌特色的国内一线小商品批发电商平台。

线下，义乌以新型进口市场和国际商贸城六区市场为标志的第六代市场建设如火如荼，以义新欧、义甬舟、海陆空、铁邮网齐头并进的"国际陆港"规模显著。

线上，义乌全力打造数字自贸试验区，在数字化、智能化等创新要素与实体市场深度融合的发展进程中，义乌购积极践行"数字＋贸易"改革，持续彰显数字贸易综合服务电商"打头阵"的价值。

王建军表示，在数字化引领市场变革的当下，义乌购将继续坚守"解决义乌市场痛点"初心，深化"便利＋便宜"方向，继续探索"数字贸易综合服务"新模式。

资料来源：陈婕．义乌购：探索"数字贸易综合服务"新模式［EB/OL］．腾讯网，https：//new. qq. com/rain/a/20211027A0AO1J00，2021 – 10 – 27．

◎ 本章提要

近年来，以数据为生产要素、数字服务为核心、数字交付为特征的数字贸易蓬勃兴起，数字贸易正在成为数字经济的重要组成部分和全球贸易发展的重要趋势。本章则通过介绍数字贸易的相关概念、历史沿革、本质属性和基本原则为后续数字贸易的学习打下坚实的基础。

◎ 概念复习

数字贸易　虚拟化　平台化　集约化　普惠化　个性化　生态化　非歧视待遇　交互式计算机服务原则

◎ 阅读资料

（1）"十四五"数字经济发展规划［EB/OL］．http：//www. gov. cn/zhengce/zhengceku/2022 – 01/12/content_5667817. htm.

（2）数字贸易：经济增长新引擎［EB/OL］．http：//www. xinhuanet. com/tech/20210908/6a96d321ecd74f0e891c4f45db366143/c. html.

（3）之江实验室．数字贸易标准化白皮书2022［R］．

（4）国务院发展研究中心对外经济研究部与中国信息通信研究院．数字贸易发展与合作报告2022［R］．

◎ 课后思考题

（1）数字贸易的概念是什么？
（2）什么是数字贸易的本质属性？
（3）什么是数字贸易的基本原则？
（4）数字贸易是如何兴起的？
（5）数字产品的非歧视原则体现在哪些自贸协定上？

第 2 章
数字贸易的发展概况

学习目标

(1) 了解全球数字贸易的发展概况，掌握全球数字贸易的发展现状和发展趋势；

(2) 了解发达经济体的发展概况，掌握发达经济体数字贸易发展的特点和数字贸易政策；

(3) 了解中国数字贸易的发展概况，掌握中国数字贸易发展的特点、趋势和战略规划。

内容提要

当前国际贸易和数字技术融合渗透，数字贸易应运而生。数字贸易对全球经济增长的影响已逐步超越传统贸易和投资，成为拉动经济增长的重要动力，呈现出极强的发展势头。联合国贸易和发展组织（UNCTAD）的统计数据指出，2018 年，全球数字贸易出口规模为 31 159.30 亿美元，较去年增速为 10.71%；2019 年，全球数字贸易出口规模为 32 251.40 亿美元，较去年增速为 3.50%；受新冠疫情影响，2020 年，全球数字贸易出口规模为 31 675.87 亿美元，较去年增速为 -1.78%。此外数字贸易在与传统产业的碰撞中扩大经济增量，衍生出新业态、新技术、新模式，从而成为各国竞争的焦点。发达经济体凭借其优越的资本和技术禀赋，加之良好的数字贸易战略，率先抢占数字贸易发展先机。中国作为世界第二大经济体，也在积极发展数字贸易，快速推广并应用大数据、云计算、人工智能、区块链等新兴数字技术，为金融、保险、运输、旅游、文化、教育、医疗、研发设计等服务贸易提供了更多的数字化解决方案，也将有效加快相关领域的数字化进程，为数字贸易发展奠定了坚实的产业基础。本章学习内容具体包括全球数字贸易的发展现状和发展趋势，发达经济体数字贸易的发展概况，中国数字贸易的发展概况、发展特点和数字贸易战略。

2.1 全球数字贸易的发展概况

数字技术转型升级拓展了贸易的广度和深度，在全球经济复苏不及预期的背景下，数字贸易已成为全球贸易和经济增长的突出亮点，是推动全球经济复苏与增长的重要引擎。本部分将从全球数字贸易的发展现状和发展趋势翔实地介绍全球数字贸易的发展概况。

2.1.1 全球数字贸易发展现状

数字贸易为贸易创造出更多增长点，推动传统贸易规模持续增长。全球数字贸易逐渐呈现出主导服务贸易、发展集中度较高、数字平台重要性凸显、数字贸易业态推陈出新等特点。

2.1.1.1 全球数字贸易主导服务贸易

全球数字贸易规模不断扩大，增速逐年上升，占服务贸易的比重越来越高，主导服务贸易趋势凸显。据联合国贸易和发展组织（UNCTAD）报告的相关数据，2005～2020年，全球数字贸易出口规模从 12 014.17 亿美元增长至 31 675.87 亿美元，年均增速为6.93%。从 2014 年开始，数字贸易出口占服务贸易出口比重持续保持在 50% 以上，2020 年占全球服务贸易出口的比重首次超过六成，达 63.55%，数字贸易在服务贸易中的核心地位得以确认。

2.1.1.2 数字贸易发展集中度较高

数字平台具备网络效应和规模效应，使得全球数字服务的出口呈现出集中度上升的态势。据联合国贸易和发展组织（UNCTAD）报告的相关数据，从数字服务方面来看，2014～2020 年，数字服务出口排名前 10 位的国家在全球的市场占有率由 64.4% 增加至66.1%；2020 年，前 10 位数字服务出口经济体（美国、英国、爱尔兰、德国、印度、中国、法国、荷兰、新加坡、日本）数字服务出口总额达 2.08 万亿美元，占全球数字服务出口总额的比重接近 2/3。由此来看，不同国家间数字贸易发展规模存在较大差距，发展不平衡性较为明显。全球数字贸易发展集中度较高，仍然集中于几个头部国家，对后发进入市场的国家造成贸易壁垒。

2.1.1.3 数字平台重要性凸显

在数字贸易时代，数字平台作为数据的关键载体，其重要性逐渐凸显。数字平台作为数字贸易的主要组织形态，是数据要素配置的重要组织形式，大型数字平台对全球数据价值链的控制力逐渐增强，在数据收集、传输、存储、处理和使用过程中的影响力日益显著。相较于传统的市场，数字平台的显著优势表现在其高效而精准地匹配了交易双方的信息，简化了交易流程，使商品的价值实现更为顺畅，缩短了资本周转时间，加速社会财富积累，推动了交换方式的进步。大型数字平台如电子商务、搜索引擎、社交媒体等的快速发展深刻改变了全球服务贸易格局，打破了地域和中间层级限制，从需求端倒逼生产活动改变，在国际贸易中扮演着越来越重要的角色。

2.1.1.4 数字贸易业态推陈出新

数字技术在文化产业价值链的各个环节的普遍应用，促进了文化产品与服务的生产、营销、交易等环节的转型升级，持续催生贸易新业态。动漫游戏、流媒体、数字广告等数字内容新业态应运而生：动漫游戏等数字 IP 开发猛增，虚拟偶像、云游戏等将传统文化消费提高到新的层次，市场消费需求空前提高；流媒体成为数字贸易新载体，消费时长和消费规模持续增加；数字广告也大量替代传统广告市场份额，占全球广告市场总规模的比重超过一半，数字贸易新业态发展态势良好。

2.1.2 全球数字贸易发展趋势

当前全球数字贸易发展趋势呈现新一轮科技革命改变数字服务贸易的形式和业态；主要大国在数字服务贸易领域的竞争和博弈可能更加激烈；全球数字服务贸易的保护主义倾向正在凸显等特点。

2.1.2.1 新一轮科技革命将极大改变数字服务贸易的形式和业态

当前，以数据为核心的新一轮科技革命正在兴起，围绕数据这一关键要素，在计算、存储和传输三个环节不断取得新突破，将极大改变数字服务贸易的形式和业态。计算领域方面，当前针对量子计算的研究正在趋向突破，由于量子计算的算力远超传统超级计算机的算力，未来人类的计算能力将迈上一个新台阶；存储领域方面，大数据时代内数据量和数据价值都在陡升，推动数据存储的规模和效率呈指数级扩张，存储市场不断发展，规模也在不断扩大；传输领域方面，数据传输技术正在从第四代移动通信技术（4G）时代迈向第五代移动通信技术（5G）时代，连接方式也正在从互联网向物联网实现万物互联的转变。计算领域、存储领域和传输领域实现的突破和创新将充分体现在数字服务贸易的发展中，改变数字服务贸易的规模、形式和业态。随着数据计算和传输的加速，空间和距离对服务贸易的限制作用越来越小，更多的线下服务贸易将被转移到线上。虚拟现实技术（VR）的应用使得大量原来面对面才能购买的服务转移到互联网和物联网上；三维（3D）打印技术可以将大量商品贸易转变成基于数据流的信息贸易；区块链技术将推动线上金融服务的革命，各种新型数字货币将重塑全球支付体系等。

首条量子芯片生产线有了"火眼金睛"

记者日前从安徽省量子计算工程研究中心获悉，我国量子计算机"悟空"即将面世，我国第一条量子芯片生产线正在紧锣密鼓生产"悟空芯"——为"悟空"配套的量子芯片。

为高质量生产我国完全自主可控的量子芯片，在这条量子芯片生产线上采用了一双"火眼金睛"——国内首个专用于量子芯片生产的NDPT-100无损探针电学测量平台，简称"无损探针台"。可实现量子比特电阻快速精准测量，像孙悟空的"火眼金睛"一样近乎零损伤识别量子芯片的质量优劣，从而进一步提高量子芯片良品率。

据了解，该无损探针台由合肥本源量子计算科技有限责任公司完全自主研发，最小测量范围缩至微米级，探针造成的薄膜伤痕直径最小在1微米以内，测量过程不影响超导量子比特相干性能，具备高稳定性和高运动精度的优势，也适用于半导体芯片、半导体器件等精密电气测试。目前，该无损探针台已在国内第一条量子芯片生产线上投入使用。

"无损探针台对量子芯片的生产具有重要作用。它就像孙悟空的火眼金睛识别'妖怪'一样，能快速、精准识别量子芯片上哪些量子比特是合格的，哪些是不合格的。"安徽省量子计算工程研究中心副主任贾志龙博士介绍，就像光刻机是传统芯片制造的工业母机，这台仪器也是量子芯片的工业母机之一，是生产量子芯片的必要工具，可以大大缩短量子芯片的研发周期，进一步提高量子芯片良品率。

资料来源：吴长锋. 首条量子芯片生产线有了"火眼金睛"[N]. 科技日报，2022-11-30（02）.

2.1.2.2 主要大国在数字服务贸易领域的竞争和博弈更加激烈

数字服务贸易是蓬勃发展的朝阳产业，各国都力图将数字贸易作为其全新的经济增长点，主要大国在数字贸易领域展开了激烈的竞争。目前，世界主要大国围绕数字技术和数字贸易规则制定两方面展开了博弈。数字技术方面，世界主要大国围绕人工智能、云计算、5G、大数据等前沿技术已经展开了竞争，其中美国、欧盟、中国、英国、日本等国凭借其经济和技术优势，积极开展前沿技术与产业化的布局，发展出智能汽车、智慧医疗、智能家居、智慧金融等新应用新场景。未来各国还将积极应用新兴数字技术，推动各行各业实现跨越式增长。数字贸易规则制定方面，欧盟和美国分别建立"欧式模板"数字贸易规则和"美式模板"数字贸易规则；日本借《跨太平洋伙伴关系全面进步协议》（CPTPP）推销数字贸易规则理念；中国则基于《区域全面经济伙伴关系协定》（RCEP）表达了其在数字贸易规则上的立场；其他各国扮演着防守方角色。

2.1.2.3 全球数字服务贸易的保护主义倾向正在凸显

近年来，全球贸易保护主义凸显，在数字服务贸易领域也有所体现。对世界各国而言，数字贸易的发展既是机遇也是挑战，各国既想要融入全球数字贸易，分享数字红利，又要保护本国公民和国家数据安全，维护本国经济利益，因此一些国家实施了不同程度的保护主义政策。这些保护主义政策包括设置技术性贸易壁垒和实施出口限制为主的贸易保护政策，如美国政府采取单边保护主义，不断以安全为名，采取经济制裁、长臂管辖、禁令、封杀等保护措施；也包括实施数字本地化、数据跨境流动限制、强制公开源代码等数字贸易壁垒，如欧盟对跨境数据的自由流动采取审慎的态度，认为实施数字本地化和限制数据跨境流动措施，可以将相关数据限制在欧盟境内，减少因数据跨境传输而给欧盟及其公民带来的危害；还包括各区域组织在数字贸易规则上的差异或将形成隐性的贸易壁垒，全球多边数字贸易规则仍未形成，而各区域协定如《美墨加协定》（USMCA）、《全面与进步跨太平洋伙伴关系协定》（CPTPP）、《区域全面经济伙伴关系协定》（RCEP）、《数字经济伙伴关系协定》（DEPA）等率先就数字流动和电子商务规则进行了协议谈判。各区域数字贸易规则也呈现了不同侧重点，如 CPTPP 更加强调数据自由流动，放松对跨境数据流动的限制；DEPA 引入数据监管沙箱这一新型工具，在沙箱中，缔约成员可放松法律约束，通过在企业间共享数据鼓励私营部门数据创新来加速企业成长等，这些区域贸易协定的差异化规则或将构筑起区域性和排他性的数字贸易壁垒。

2.2 发达经济体数字贸易的发展概况

发达经济体的资本和技术实力雄厚，在培育具有资本和技术密集型特征的数字服务行业上有着得天独厚的优势，也能让其在全球数字贸易的激烈竞争中脱颖而出，崭露头角。据联合国贸易和发展组织（UNCTAD）发布的相关数据，2005～2020 年，发达经济体通过数字形式交付的服务出口规模从 10 229.32 亿美元增长至 24 364.27 亿美元，占世界总额的 76.92%，年均增速为 6.20%。2019 年和 2020 年数字贸易出口排名前十的国家中，发达国家占 80%，发展中国家仅有中国和印度，且位次较低，2020 年印度和中国的排名分别为第五位和第六位（见表 2-1）。这充分表明全球数字贸易出口集中于发达国家，发展中国家和发达国家之间有着明显的数字贸易发展鸿沟，这一发展态势很有可能会抑制数字贸易领域的市场竞争，导致后发国家进入数字贸易领域市场的难度加大。

下面将从美国、英国、欧盟、日本、新加坡五个发达经济体出发，分别介绍该五个经济体的数字贸易发展概况。

表 2 – 1　　　　　　　　　2019～2020 年数字贸易出口国家排名

排名	2019 年	2020 年
1	美国	美国
2	英国	英国
3	爱尔兰	爱尔兰
4	德国	德国
5	荷兰	印度
6	法国	中国
7	印度	法国
8	中国	荷兰
9	新加坡	新加坡
10	日本	日本

资料来源：联合国贸易和发展组织。

2.2.1　美国的数字贸易发展概况

美国是数字贸易发展综合表现最好的国家，在各个领域都独占鳌头。美国的数字服务出口规模最大，数字技术全球最强，数字服务企业实力雄厚，数字战略遥遥领先。

2.2.1.1　数字服务出口规模全球第一

据联合国贸易和发展组织（UNCTAD）报告的相关数据，2020 年美国通过数字形式交付的服务出口规模为 5 330.93 亿美元，占世界总额的 16.83%，数字服务出口规模位居全球第一。2005～2020 年，美国通过数字形式交付的服务出口规模从 2 019.06 亿美元增长至 5 330.93 亿美元，年均增速为 6.85%。近 15 年来，美国可数字化交付的服务出口占服务贸易出口比重持续保持在 50% 以上，2020 年美国数字贸易出口占服务贸易出口的比重首次超过七成，达到历史最高点 75.55%，数字贸易出口占比的大幅提升，显示当前数字贸易在美国服务贸易中占主导地位。

2.2.1.2　数字服务企业推动数字贸易蓬勃发展

美国数字产业体系发展完善，网络基础设施发达，科技创新能力领先，这些显著优势推动其发展了一批又一批全球领先的数字服务企业，这些数字服务企业又积极推动美国数字贸易的蓬勃发展。数字企业方面，2022 年福布斯发布的全球科技企业排名前 10 的企业，其中有 7 家企业来自美国，分别是苹果（Apple）、谷歌母公司（Alphabet）、微软（Microsoft）、脸书母公司（Meta）、英特尔（Intel）、思科（Cisco）和国际商业机器公司（IBM），这些企业在各自领域都处于行业龙头地位，尽管其他国家的数字企业也发展迅猛，但这些老牌企业依旧稳坐第一的宝座；数字媒体方面，谷歌（Google）控制了全球搜索引擎市场92%的份额；同时谷歌（Google）和脸书（Facebook）共同占有全球数字广告约50%的市场份额；网飞（Netflix）和迪士尼（Disney）作为流媒体市场巨头，截至2021年12月31日，网飞（Netflix）在全球的订阅用户为2.22亿人，迪士尼（Disney）在全球的订阅用户为1.964亿人；数字技术方面，2021年亚马逊（Amazon）、微软（Microsoft）与谷歌（Google）三大科技巨头占据了全球云服务市场65%的份额，主导着全球云计算服务行业。

2.2.1.3 数字战略布局为数字贸易创造外部条件

美国是最早开展数字战略布局的国家，美国政府以战略手段积极推动数据跨境流动、数字服务市场开放等，为其数字贸易发展创造更好的外部条件。克林顿、小布什执政时期，美国政府颁布了《国家信息基础设施行动计划》《数字经济2000》《数字经济2002》《数字经济2003》等年度报告，发展信息技术产业为数字经济赋能，奠定了美国数字经济的领头羊地位。奥巴马继任后，加大了对数字战略的推进力度，颁布了《联接美国：国家宽带计划》，提升美国宽带业务的普及度和应用度。此外奥巴马政府还先后布局云计算、大数据、先进制造、5G、量子通信等前沿领域，推动移动互联网、人工智能、区块链等为代表的新一代信息技术快速发展。特朗普执政以来，将人工智能、量子信息科学、5G和先进制造四大科技应用领域列为国家"未来产业"，特朗普还签署了《维护美国人工智能领导地位的行政命令》，大幅提高美国在人工智能和量子信息科学领域的研发支出，强化关键技术领域的国际竞争。拜登上台后，又颁布了《2021美国创新与竞争法案》，授权1900亿美元用于科技领域的支出，其中将540亿美元用于半导体、微芯片和电信设备的生产，以此来维护美国在半导体、5G等领域的世界领先地位。美国的数字战略布局为数字贸易的发展营造了良好的外部环境，为世界各国实施数字战略树起标杆。

2.2.2 英国的数字贸易发展概况

英国是世界数字贸易出口的第二大国，拥有强大的金融和保险服务部门、繁荣的在线市场和蓬勃发展的科技投资，是发展数字贸易的理想之地，此外数字英国战略也积极助力英国保持数字贸易领域的优势地位，引导英国的数字化转型之路。

2.2.2.1 数字服务出口规模全球第二

英国作为老牌资本主义国家，其资本、科技实力雄厚，是世界数字贸易出口第二大国。据UNCTAD数据显示，2005～2020年，英国通过数字形式交付的服务出口规模从1767.99亿美元增长至2867.01亿美元，占世界总额的4.87%，年均增速为9.05%。2005～2020年以来，英国可数字化交付的服务出口占服务贸易出口比重逐年上涨，占英国服务贸易出口的比重均保持在70%以上，2020年可数字化交付的服务出口占英国服务贸易出口的比重突破八成，达到了 83.72%。

2.2.2.2 金融科技产业助力数字贸易发展

传统的金融服务利用数字信息技术的广度和深度不断扩展，朝着数字化、网络化、智能化方向进化，发展出金融科技新业态，助力英国数字贸易可持续发展。英国拥有庞大的金融规模和强大的金融基础设施，再加上政府对金融行业积极的扶持政策，金融科技产业高速增长。英国金融科技产业地理分布上集聚程度较高，产业优势领域覆盖范围广。伦敦作为全球最大的金融科技集群，根据 2021 年 3 月发布的《卡利法金融科技审查报告》指出，2021 年上半年，伦敦金融科技领域的风险投资额为 53 亿美元，是 2020 年同期的 2.4 倍，占所有欧洲金融科技融资的 1/3 以上。该报告还指出，2021 年金融科技公司迎来了井喷式发展，伦敦现共拥有 3 018 家金融科技公司，其中有 29 家金融科技独角兽公司，2021 年上半年全球金融科技领域最大的 13 笔融资，位于伦敦的公司占据了前 4 名，分别是支付公司 SaltPay、支付独角兽公司 Checkout. com、线上银行 Starling Bank 和保险科技公司 Bought by Many。金融科技产业为英国数字贸易创造了三方面的机会：一是创造就业机会，金融科技产业有潜力创造高知识和高技能人才就业，实现劳动力收入增长，成为经济新引擎，并在提升技能和再培训现有劳动力方面发挥作用。二是创造贸易机会，英国的金融科技企业通过进入国际市场，有望实现全球贸易规模扩张，并继续在相关技术领域引领监管和标准制定。三是创造经济复苏机会，金融科技企业为公民提供更多、更好、更便宜的金融服务，持续推进普惠金融和以可持续的方式推动经济复苏。

2.2.2.3 数字战略引导英国数字化转型

英国政府提出一系列数字战略，旨在通过数字化转型建立更具包容性、竞争力和创新性的数字经济，提升英国在数字贸易领域的全球地位。2017 年英国政府发布《英国数字战略》，该战略主要包括连接战略、数字技能与包容性战略、数字经济战略、数字转型战略、网络空间战略、数字政府战略和数据经济战略七大战略，为英国脱欧后推进数字转型、打造世界一流的数字经济作出了全面的部署。2020 年英国政府发布《国家数据战略》，旨在进一步推动数据在政府、企业、社会中的使用，并通过数据的使用推动创新，提高生产力，创造新的创业和就业机会，改善公共服务，帮助英国经济尽快从疫情中复苏。2021 年英国政府发布《国家网络空间战略》，计划到 2030 年不断加强网络能力建设和减少网络风险，使英国成为最安全和最具投资吸引力的数字经济体之一，并在未来技术变革中居于世界前列。2022 年 6 月，英国政府发布新版《英国数字战略》，旨在巩固英国科技大国的地位。英国政府发布的一系列与数字贸易相关的政策，为数字贸易的发展打下了坚实的技术、人才、监管等支持，强化了英国在数字贸易领域的领先地位。

2.2.3 欧盟的数字贸易发展概况

欧盟凭借完善的数字化基础设施和庞大的市场潜能，服务出口的比较优势凸显，成为全球服务出口的主要来源地；欧盟也表现出对新兴数字服务强劲的消费需求，催生出巨大的进口市场；此外欧盟也全方位布局数字战略，展露出其在数字贸易领域发力的雄心，并取得了一定成效。

2.2.3.1 全球主要出口来源地

数字技术改变了服务交付方式，极大提升了服务产品的交付能力，助推欧盟服务贸易快速增长。UNCTAD 数据显示，2010～2020 年，欧盟通过数字形式交付的服务出口规模从 6 968.23 亿美元增长至 12 411.89 亿美元，占世界总额的 39.18%，年均增速为 4.80%。欧盟可数字化交付的服务出口占服务贸易出口比重平均保持在 50% 以上，2020 年占欧盟服务贸易出口的比重首次超过六成，达 64.15%，体现出数字贸易在欧盟服务贸易中出口潜力巨大。

2.2.3.2 新兴数字服务消费需求催生进口市场

数字技术快速普及和更新催生出许多新的数字服务领域，面对新的市场变化，欧盟消费者在数字媒体、搜索、在线游戏等领域表现出旺盛的需求，催生了庞大的进口市场，欧盟成为数字媒体、搜索、在线游戏三大领域的主要输出国。数字媒体领域，欧盟用户主要使用的社交媒体是优兔（YouTube）、瓦茨艾普（WhatsApp）、脸书（Facebook）、飞书信（FB Messenger）、照片墙（Instagram）和推特（Twitter）等，这六大主要社交媒体平台公司全来自欧盟外国家——美国。搜索引擎领域，欧盟用户主要使用的搜索引擎是谷歌（Google）、必应（Bing）和雅虎（Yahoo!）等，其中谷歌在欧盟的市场占有率超过 90%，且这三大搜索引擎公司同样来自美国。在线游戏领域，据全球应用软件权威数据公司 SensorTower 统计，2019 年欧洲移动游戏总下载量达 104 亿次，同比增长 9.5%，欧洲用户在移动游戏中的支出达 74 亿美元，占欧洲移动应用市场总收入的 66%。2019 年在欧洲最畅销的移动游戏中，收入最高的 10 款游戏有 6 款来自欧盟外国家，下载量最大的 10 款游戏有 7 款来自欧盟外国家。我们可以看到，在数字媒体、搜索、在线游戏等领域中，欧盟外发行公司的海外份额占比较高，但欧盟本土发行公司的海外份额占比较低，凸显出全球竞争力不足的问题。客观原因是美国凭借其数字技术优势和跨国公司垄断潜力抢占先机，持续深入占有欧洲市场，压缩了欧洲本土企业的市场空间；主观原因是欧盟企业对数字技术的利用程度不高，对互联网销售和营销重视不足，制约了在线业务扩展；加之欧洲人口数量少，互联网活跃用户绝对数量少，多语言环境造成的天然障碍，对本土数字科技企业的规模化扩张形成约束。

2.2.3.3 欧盟多方位布局数字战略

欧盟也十分重视数字经济和数字贸易发展，采取了一系列政策措施，全方位布局数字战略。这些战略包括《数字红利战略》《欧洲 2020 战略》《数字化单一市场战略》《地平线欧洲计划》《2030 数字罗盘计划：数字化十年的欧洲道路》等，欧盟希望通过数字战略，消除同世界其他国家的数字合作壁垒，为数字经济、数字贸易的发展创造更好的市场环境。2009 年，欧盟发布了《数字红利战略》，要求成员国到 2013 年底实现欧盟区高速宽带全覆盖目标，并促进跨境电子商务发展和欧盟区单一无线市场形成。2010 年欧盟出台《欧洲 2020 战略》希望在欧盟建立数字化的单一市场，提供无国界、安全的欧盟网络服务和数字化资讯市场，以获得经济和社会效益。2015 年，欧盟启动了《数字化单一市场战略》，该战略重点关注数字服务贸易，旨在消除欧盟成员国之间开展数字经济合作的壁垒。2018 年欧盟公布了《数字化单一市场战略》的详细规划，旨在建成一个包容性的数字化社会，使民众能抓住互联网发展带来的机遇和就业机会。据欧盟委员会预测，《数字化单一市场战略》将带动 4 150 亿欧元的经济增长，并创造数十万个新就业岗位。2021 年 3 月，欧盟发布《"地平线欧洲" 2021—2024 年战略计划》，该计划整合了欧盟研发框架计划（FP）、欧盟竞争与创新计划（CIP）、欧洲创新与技术研究院（EIT）三家预算，在物联网、云计算、人工智能、5G、高性能计算等核心数字技术领域加大投入力度，以减少对外国技术的依赖，确保欧洲科技创新的领先地位。2021 年 3 月，欧盟委员会继续发布题为《2030 数字罗盘计划：数字化十年的欧洲道路》的文件，文件将欧盟到 2030 年要实现的数字能力目标进行了具体化，涉及 11 个目标，涵盖数字化教育与人才建设、数字基础设施、企业数字化和公共服务数字化四个方面。例如到 2030 年，拥有 2 000 万名信息技术领域的专业工作人员；欧洲所有家庭应实现千兆网络连接，所有人口密集地区实现 5G 网络覆盖，并在此基础上发展 6G；75% 的欧盟企业应使用云计算服务、大数据和人工智能；90% 以上的中小企业应至少达到基本的数字化水平；所有关键公共服务都应提供在线服务，所有公民都将能访问自己的电子医疗记录（即在网上查阅自己的就诊档案）；80% 的公民应使用电子身份证（e－ID）解决方案等。为了全面提升欧盟在数字贸易领域的竞争力，维护自身的数字主权，欧盟近年来打出一系列"组合拳"，展露出其在数字贸易领域发力的雄心，并取得了一定成效。

2.2.4　日本的数字贸易发展概况

数字贸易正在成为引领经济高质量发展的重要驱动因素，日本也紧紧抓住数字贸易发展机遇，如今已成为全球数字贸易领先的国家之一，但日本国民强烈的隐私保护意识和政治特有的条块分割特点，导致日本在数字化领域方面发展停滞不前，因此日本也积极推出一系列数字贸易战略，发展本国的数字硬实力，完成产业数字化改造。

2.2.4.1　数字贸易发展潜力巨大

近年来日本数字贸易呈快速增长态势，在服务贸易中的占比不断增加。据 UNCTAD 数据显示，2010～2020 年，日本通过数字形式交付的服务出口规模从 651.06 亿美元增长至 1 147.41 亿美元，占世界总额的 3.62%，年均增速为 6.01%。日本可数字化交付的服务出口占服务贸易出口比重平均保持在 50% 以上，2020 年占日本服务贸易出口的比重首次超过七成，达 71.58%，体现出数字贸易在日本服务贸易中出口潜力巨大。

2.2.4.2 数字化领域停滞不前

日本虽为世界科技强国，但是其强烈的隐私保护意识、政治特有的条块分割特点、数字化投资不足和人才资源缺乏等问题，导致日本在数字化领域方面发展停滞不前。一方面数字贸易的发展需要数据的自由交换和流动，但日本国民强烈的隐私保护意识严重限制了数据的自由流动；另一方面日本数字贸易发展由多个部门主导，条块分割现象严重，每个省厅只负责其管辖范围内的一部分，仅在其所管辖范围内推进数字化工作，这导致各部门数据储存分散，不利于数据统一集中利用，严重阻碍了日本实现数据共享。此外，大数据、人工智能、物联网等新兴技术在日本产业中的使用情况均落后于中国与美国，原因在于日本制造业在人工智能、物联网等领域投入不足，导致日本本土企业数字使用和占有能力竞争力不足，无法像中美两国一样发展出世界领先的数字化平台企业，例如美国的谷歌、苹果、脸书、亚马逊和中国的阿里巴巴、腾讯等企业，处于被动落后局面。最后，数字人力资源缺乏也是制约日本发展数字化领域的瓶颈之一，日本老龄化问题加剧，劳动力短缺问题日趋严峻，数字化人力资源严重缺乏，严重制约了日本数字贸易的发展。

2.2.4.3 大力推进产业数字化和数字产业化

日本政府制定了一系列关于数字经济、数字贸易的战略，大力推进产业数字化和数字产业化进程，包括"e-Japan 战略""u-Japan 战略""i-Japan 战略""社会 5.0 战略""综合创新战略 2021"等。2001 年，日本政府提出"e-Japan 战略"，该战略的核心目标是促进日本信息化基础设施建设以及相关技术的研发，为信息化的发展打下坚实的物质基础。此外，该战略还在教育上下足了功夫，包括鼓励培养高级 IT 人才、完善 IT 教材、加强对校园内网络的建设和利用 IT 提升教育质量等。2004 年，日本政府再次提出"u-Japan 战略"，战略指出日本将进一步加强官、产、学、研的有机联合，在解决其高龄化等社会问题的同时，实现所有人与人、物与物、人与物之间的连接，确保其在国际竞争中的领先地位，并成为未来全世界信息社会发展的楷模和标准。2009 年，日本政府又提出"i-Japan 战略"，意图在经济社会发展的各个领域推广和应用信息技术，提升整个经济社会的数字包容水平。同时，推进企业低成本、高收益的体制改革，兼顾环境与资源限制和可持续发展，加强和国际社会的交流与合作。为了适应数字化发展，2016 年日本政府又推出"社会 5.0 战略"，该战略的最终目标是依靠物联网、人工智能、大数据等科技手段，融合网络空间与现实的物理空间，使所有人，不分年龄、性别、地域、语言，均能在需要的时候享受高质量的产品与服务，实现经济发展的同时解决人口老龄化、劳动力短缺等社会问题，最终构建一个以人为中心的超智能社会。2021

年，日本政府发布"综合创新战略 2021"，该战略强调在经济产业省设立数字化厅，发布数字战略，培育数字产业；将人工智能技术、生物科技、量子技术、材料科学确立为战略性的基础技术等。日本政府颁布的一系列战略，有利于推进产业数字化和数字产业化进程，为数字经济和数字贸易的蓬勃发展打下坚实的物质基础，营造良好的外部发展条件。

2.2.5　新加坡的数字贸易发展概况

新加坡作为世界上数字基础设施最发达的经济体之一，在数字贸易领域的发展也不甘人后。新加坡凭借在东南亚便捷的连通性、一流的营商环境、强大的基础设施和高素质的劳动力，为数字贸易发展提供了有力支撑。新加坡完善的数字基础设施能有效满足云计算、大数据和物联网等高端技术的强劲需求，将会进一步推动其数字贸易的发展。

2.2.5.1　数字贸易发展势头强劲

近年来，新加坡数字贸易呈快速增长态势，在服务贸易中的占比不断增加。据 UNCTAD 数据显示，2010～2020 年，新加坡通过数字形式交付的服务出口规模从 396.61 亿美元增长至 1 222.74 亿美元，占世界总额的 3.86%，年均增速为 12.56%，新加坡可数字化交付的服务出口占服务贸易出口比重均保持在约 40% 以上，2020 年占新加坡服务贸易出口的比重首次超过六成，达 65.19%，数字贸易出口在新加坡服务贸易中出口潜力巨大。

2.2.5.2　通信、金融科技、电商推进数字贸易发展

贸易一直是新加坡经济的基石，新加坡政府积极利用新兴数字技术，推进资讯通信、金融科技和电子商务领域快速发展，为国民经济创造出源源不断的活力，开辟出一条独特的发展之路。在资讯通信领域，5G 作为当前全球瞩目的通信技术，是新加坡数字基础设施建设的重要一环，正在成为数字贸易的加速器。5G 的广泛应用将为互联网、交通运输、物流、电子商务等产业扫除障碍，打造出智慧交通、智慧物流、智慧仓储、智慧医疗等贸易新业态。同时，相关基础设施建设如半导体产业链、光纤网络等也将从中获益迎来新的经济增长点。在金融科技领域，得益于政府亲商的政策、良好开放的监管环境和完善的数字基础设施建设，新加坡的金融科技生态快速发展。监管方面：新加坡金融管理局推出的"监管沙盒"制度，通过简化金融科技市场准入标准与门槛，协助企业快速测试并落地金融科技产品与服务；与此同时，新加坡金融管理局于 2019 年向非银行机构发布五个数字银行牌照，旨在推动银行业的数码化与自由化；截至 2021 年 1 月 7 日，共有 21 个团体参与竞标，包括蚂蚁金服、字节跳动、小米等多家科技公司，数字银行牌照的发行将进一步满足海外投资者在东南亚的银行和金融需求，助力其业务拓展与业务组合的多元化发展。应用方面：区块链将成为未来数字银行的核心技

术，新加坡金管局也正联合多家银行、技术公司和学术机构共同发起 Ubin 项目，包含探索使用区块链技术来建立更低成本、更透明和更具弹性的银行间清算系统，以提升银行效率，为商业发展提供支持；新加坡政府也在大力推行电子支付系统，2018 年新加坡推出全球首个统一付款 QR 码"SGQR"，支持 27 种支付模式，包括 PayNow、NETS-Pay、PayLah！等本地付款应用，以及支付宝和微信支付等海外应用。电子支付的普及将尤其帮助零售业和餐饮业提升效率，升级业务模式，为商业发展创造新机遇。在电子商务领域，新加坡背靠东南亚，发展潜力无限，不仅拥有 Lazada、Shopee 等优秀的东南亚电商平台，也迎来了国际电商巨头如亚马逊的登陆加盟。面对愈益激烈的全球竞争，新加坡也在积极利用自身优势，建设全球电子商务中心，其高度发展的互联网与数字经济生态体系、与多国建立的紧密进出口贸易关系、高效的物流、电子支付和移动设备的普及、高水平的国民收入以及拥有的广阔的东南亚市场都使新加坡成为发展电子商务的热土。此外，2018 年新加坡海关和新加坡政府科技局联合建立互联贸易平台（Net-worked Trade Platform），协助企业简化贸易流程，提高生产力与全球连通性，助力电子商务发展。新加坡政府设计了更开放的、数字化的互联贸易平台，取代用于贸易相关申请的贸易管理电子平台（TradeNet）及用于连接贸易和物流业的商贸讯通平台（TradeX-change），旨在驱动全行业的数字化转型。

2.2.5.3 数字贸易战略引领数字贸易全面发展

新加坡也积极实施数字贸易战略，致力于实现数字贸易全面发展愿景。20 世纪 80 年代新加坡政府提出了"国内服务计划化计划"和"国家计算机化计划"，旨在推广计算机应用，解决城市信息互联互通和数据共享的问题，将信息共享从政府扩展到全社会，消除信息孤岛，加速社会的信息化进程。20 世纪 90 年代新加坡政府发布"IT2000 战略"，旨在为公民提供随时随地的 IT 服务。1998 年覆盖全国的高速宽带多媒体网络全面运行，对企业和社会公众提供全天候不间断的网络接入服务，新加坡从此迈进信息产业的前沿。21 世纪以来新加坡政府分别实施了《信息通讯战略》和《连接新加坡战略》，目的是推进信息、通讯、科技在新加坡经济和现代服务业领域内的快速成长，使得信息与通信技术平台成为新加坡重要的经济平台，每一个行业都有能力采用数字化技术应用和电子商务来改变传统的经济模式，将传统的行业改造为知识型的经济。2006 年在移动技术和云计算等蓬勃发展的背景下，新加坡政府提出了"智慧国家战略"。在此基础上，2014 年，新加坡再次推出"智慧国家计划"，包括构建下一代全国资讯通信基础设施；发展具有全球竞争力的资讯通信产业；培养具有全球竞争力的信息化专门人才；利用信息通信技术提升数字媒体与娱乐、教育培训、金融服务、旅游零售和电子政府等 9 大经济领域的发展水平；以数字革命改变新加坡的生活、工作和娱乐方式，成为数字创新驱动的世界领先经济体和世界级城市。此外，新加坡政府于 2018 年还推出了《数字经济行动框架》，框架以数字基础设施、政策规则与标准、研究与创新、人才这四方面为助推器，以加速已有产业数字化、培育新的数字生态系统提高竞争力、发展下

24

一代数字产业作为增长引擎为战略优先领域，以成为一个有着持续自我重塑能力的世界领先的数字经济体为目标。2019 年，新加坡政府成立"数字产业发展司"，推广新加坡在网络安全、人工智能、云端科技等领域的解决方案。2020 年，新加坡还推出"全国人工智能策略"，即在交通物流、智能市镇与邻里、医疗保健、教育、保安与安全五大领域，大力推动人工智能技术应用，以促进经济向数字化转型。

2.3 中国数字贸易的发展概况

近年来，中国数字经济发展迅猛，带动数字贸易蓬勃发展，为全球实现经济贸易复苏提供了强大动力。党的二十大报告指出："推动货物贸易优化升级，创新服务贸易发展机制，发展数字贸易，加快建设贸易强国。"中国数字贸易发展增速快，与其他国家的贸易顺差趋势凸显；在国际市场的占有率较低，有待进一步开放；且中国的数字贸易出口以其他商业服务和 ICT 服务为主。中国的数字贸易还呈现出跨境电商与数字服务贸易齐头并进、数字服务类型更加多样化、数字经济领域国际合作不断深化等特点。此外中国的数字贸易战略也沿着改善数字基础设施，优化信息化发展环境；营造良好的数字贸易环境，促进电子商务蓬勃发展；加强个人数据跨境流动管理，探索中国特色监管模式等方向发展。

2.3.1 中国数字贸易发展概况

中国作为世界上最大的发展中国家，也像其他发达国家一样主动把握数字贸易机遇，积极发展网络基础设施和新兴科技水平，孕育了一大批知名互联网企业，如阿里巴巴、腾讯、字节跳动等。中国数字贸易发展增速较快，占服务贸易比重较高，出口服务以其他商业服务和 ICT 服务为主，在世界数字贸易出口方面享有一席之地。

2.3.1.1 数字贸易发展增速快，贸易顺差趋势凸显

在国家政策的积极引导下，数字经济新模式、新业态不断涌现，持续推动数字贸易高速增长，规模逐渐扩大。据 UNCTAD 数据显示，2005～2020 年，中国通过数字形式交付的服务出口规模从 173.48 亿美元增长至 1 543.75 亿美元，数字服务贸易规模增长近十倍，年均增速为 17.48%，增速在主要国家中位居前列。其中 2018 年增速达到近五年内的峰值，为 28.86%，长期来看，中国的数字贸易出口一直保持稳步增长。中国可数字化交付的服务出口占服务贸易出口比重也在逐年上涨，2019 年可数字化交付的服务出口占中国服务贸易出口的比重首次超过五成，达 50.69%，2020 年可数字化交付的服务出口占中国服务贸易出口的比重继续上涨，达到 55.01%。从顺逆差看，经过十年

国际化创新发展，我国数字服务海外市场取得巨大突破，数字服务贸易净出口额从 2011 年的逆差 148.2 亿美元逐渐扭转为顺差，2018～2020 年已连续 3 年实现顺差，国际竞争力持续增强。2020 年，我国数字服务贸易顺差为 147.7 亿美元，贸易竞争力指数（净出口与进出口总值之比）为 5%，与 2019 年基本持平。

2.3.1.2 国际市场占有率较低，有待进一步开放

中国的数字贸易国际市场占有率较低，有待进一步开放。数字贸易政策的灵活性，为国内互联网企业开展国际业务提供了理想的支点，像阿里巴巴、腾讯、字节跳动等知名互联网企业，依靠在国内培育的成熟商业模式，大刀阔斧走出国门，发展其在海外市场的潜力，海外业务实现大幅增长。但是全球数字贸易竞争激烈，据 UNCTAD 数据显示，2020 年美国、英国、爱尔兰、德国和印度五大经济体合计数字贸易出口在国际市场占比约五成，为 44.90%，其中美国数字服务出口国际市场占有率超过 10%，为 16.83%，英国、爱尔兰、德国的国际市场占有率介于 5%～10% 之间，中国国际市场占有率介于 1%～5% 之间，国际市场占有率有限。原因在于数字贸易属于资本和技术密集型行业，美国、英国等国家凭借强大的资本和技术资源优先占领国际市场，而我国的数字基础设施建设起步较晚，发展受限。未来我国会继续扩大开放，数字贸易发展有更大的潜力和空间。

2.3.1.3 占服贸比重升高，出口以其他商业服务和 ICT 服务为主

中国数字贸易占服务贸易比重逐年升高，数字贸易出口以其他商业服务、ICT 服务为主。中国的数字贸易增长优势明显，逐渐形成从商品贸易到服务贸易再到数字贸易的转变趋势。随着数字技术的创新应用和数字经济的快速崛起，数字贸易已逐渐成为服务贸易的核心。据 UNCTAD 数据显示，中国的数字贸易占服务贸易比重逐年升高，从 2010 年的 32.33%，上升到 2019 年中国数字贸易占服务贸易比重首次突破 50%，为 50.69%，2020 年再次突破五成，为 55.01%，数字贸易已成为引领服务贸易发展的强劲动力。此外，2021 年中国 6 类细分数字服务按出口规模从大到小排序依次为其他商业服务、ICT 服务、知识产权服务、保险服务、金融服务、个人文娱服务，出口规模分别为 923.6 亿美元、794.7 亿美元、117.8 亿美元、52 亿美元、49.7 亿美元、19 亿美元，在数字服务出口中的占比依次为 47.2%、40.61%、6.02%、2.66%、2.54%、0.97%，其他商业服务和 ICT 服务在中国数字服务出口中占比最高，成为数字贸易发展的主导力量；相较于 2020 年，其他商业服务、ICT 服务、知识产权服务、保险服务、金融服务、个人文娱服务 6 类细分服务的增长率分别为 23.4%、30.8%、35.6%、-3.4%、18.8%、44.4%，除保险服务有小幅下降趋势外，其他 5 类细分服务都有大幅增加，其中个人文娱服务、知识产权服务和 ICT 服务的增幅超过 30%。这主要得益于中国超大规模的信息基础设施网络建设，加快打造市场化、法治化、国际化的营商环境，持续扩大金融、电信等领域对外开放，不断释放数字服务领域的发展活力，

对优化我国服务贸易结构发挥了重要作用。

2.3.2 中国数字贸易发展特点

中国数字贸易迅速发展，呈现出跨境电商推动外贸提质升级、数字服务类型更加多样化、数字经济领域国际合作不断深化等特点。

2.3.2.1 跨境电商推动外贸提质升级

跨境电商作为数字贸易的重要组成部分，已逐渐成为中国贸易发展的重要引擎和新的经济增长点。中国是全球最大的跨境电子商务零售出口经济体，据中国海关统计，2021 年中国跨境电商进出口总额达 1.98 万亿元，同比增长 15%；跨境电商出口总额为 1.44 万亿元，同比增长 24.5%。跨境电商推动对外贸易提质升级，疫情期间，中国连续出台跨境电商综试区"扩容"、B2B 出口监管试点等政策，以促进跨境电商保持良好增长态势。中国企业通过各大跨境电商平台打通全球市场，中国的跨境电商企业逐步深度融入全球市场。此外截至 2021 年 12 月，我国海外仓数量已超过 2 000 个，总面积超过 1 600 万平方米，海外仓已成为海外营销重要节点和外贸新型基础设施，为跨境电商的发展和国际市场的开拓起到关键的支撑作用。

2.3.2.2 数字服务类型更加多样化

以社交媒体、搜索引擎、移动支付、移动游戏为主要代表的数字平台快速成长，成为数字内容服务创新创造的重要载体和传播渠道。社交媒体领域，微博、微信、抖音、快手、小红书等百花齐放。微博可实现信息的即时分享，带动大批网民互动；微信提供即时通信服务，微信小程序则为中小企业提供多样开发工具，将中小企业纳入小程序生态内；抖音、快手创建火爆短视频，并通过内嵌的电商平台进行销售；小红书则策划用户自建内容和产品评价，也同样通过嵌入电商进行销售。搜索引擎领域，百度搜索引擎一家独大。据 StatCounter 统计数据显示，截至 2022 年 8 月，中国的搜索引擎市场中，百度占据领先优势地位，市场占有率为 65.81%，而必应、搜狗、好搜则以微弱市场份额位列第二、第三、第四名，市场份额分别为 10.16%、8.99%、6.05%。移动支付领域，支付壁垒逐渐被打破，互联互通成为新趋势。线下场景中，以支付宝、微信支付为代表的第三方支付平台与云闪付在全国多个城市实现了扫码互认；线上场景中，美团和拼多多等互联网平台，已支持众多主流支付渠道，比如微信支付、支付宝、银联云闪付、ApplePay、华为 Pay 等。此外，数字人民币试点测试规模有序扩大，应用领域逐步拓展，促进了我国数字经济规模扩张与质量提升。截至 2021 年 12 月 31 日，数字人民币试点场景已超过 808.51 万个，累计开立个人钱包 2.61 亿个，交易金额 875.65 亿元。移动游戏领域，中国手游发展迅猛。据 SensorTower 商店情报平台显示，2022 年 6 月中国手游发行商在全球 AppStore 和 GooglePlay 的收入排名中，共 38 个中国厂商入围全球手游发行商收入榜 TOP100，合计吸金超过 20 亿美元，占全球 TOP100 手游发行商收入近 40%。

数字内容平台——小红书的成功秘诀

小红书已成为覆盖全球约 3 亿用户的超级内容社区电商平台，它创新地采用了一种 B2K2C 模式，链接企业（Business）、关键意见领袖（KOL）与消费者（Customer）三方，实现种草经济闭环，打造具有高效出海渠道的品牌创新策源地。

小红书作为内容平台的先行者和成功者，具有强大的内容转化能力。在电商平台的强势压力下，小红书已经尝试摆脱单一的广告营销收入，开始寻找内容与电商跨平台的契合点。小红书主要包括两个板块，即 UGC 内容（用户原创内容）社区和海淘跨境电商以及三大业务，即内容业务、电商业务和直播业务。小红书的盈利主要来源于电商和内容两大板块。在电商业务中，福利社自营实现了产品与自身品牌形象的关联，小红书品牌效应吸引用户购买产品，产品质量则提升用户对小红书的信任。此外，小红书也逐渐将电商空间开放给第三方平台和品牌商家，有效提高用户黏性。在内容板块中，品牌方在平台进行的内容铺设和信息流广告、开屏广告的投放是小红书的主要盈利来源。整体来看，电商板块与内容板块互利共生，内容为电商引流，电商为内容巩固口碑，共同实现小红书用户生态的扩张。

小红书独有的商业模式，内容 + 电商模式打造完整闭环。最早小红书是作为购物笔记分享社区进入用户视野的，即 UGC 内容模式。在 UGC 模式下，网友不再只是观众，而是成为互联网内容的生产者和供应者，体验式互联网服务得以更深入地进行。以前 UGC 平台的分类注重圈子和版块，边界较为封闭，现在 UGC 用户自身的标签身份更加多样化（美食、护肤等）。通过社区内容的不断丰富，目前小红书已经成为各种领域的分享内容聚集地，用户在平台上不仅能浏览各个领域相关内容，在遇到心仪的商品时也能便捷地完成"种草"到"拔草"的过程，在这个内容到电商的闭环下，用户对于产品的信任度得到了增强，也使得小红书成为了社交内容电商头部平台。

小红书独有的种草机制，KOL + KOC 共同发力，发挥对用户的影响。小红书的种草模式从内容和形式上共同发力：内容上头部 KOL 和腰部 KOC（关键意见客户）发挥各自定位优势，对用户发挥不同的影响。头部的 KOL 具有流量优势，借助粉丝效应来提升用户对产品的关注度和商品转化率；中腰部的 KOC 和普通用户的 UGC 则为用户提供更加真实直观的感受，增强平台真实感。小红书橱窗式的浏览模式也是其种草的重要机制，其图片视频的精美封面能够吸引用户，口语化的交流表达则拉近了与用户的距离。

小红书已经走出了一条其他平台难以复制的发展道路，是否能够成为下一个超级独角兽，打造一个新的中国超级品牌，值得期待。

资料来源：朱影影. 小红书跨境电商平台闭环经营的成功经验与启示［J］. 对外经贸实务，2018（8）：93-96.

2.3.2.3 数字经济领域国际合作不断深化

中国不断加强国际范围内的数字贸易合作，从积极推动"数字丝绸之路"建设，到签订《区域全面经济伙伴关系协定》（RCEP），到申请加入《全面与进步跨太平洋伙伴关系协定》（CPTPP）和《数字经济伙伴关系协定》（DEPA），不断深化数字贸易国际合作与交流。中国积极推动"数字丝绸之路"建设，"数字丝绸之路"的建设，将有助于推动"一带一路"沿线国家和地区在信息基础设施、贸易发展、文化交流等领域的全方位交流合作，有效缩小"数字鸿沟"。据国务院新闻办公室发布的统计数据显示，截至2022年10月，中国已与17个国家签署了"数字丝绸之路"合作备忘录；与23个国家签署了双边电子商务合作谅解备忘录；与阿联酋等7个国家发起"一带一路"数字经济国际合作倡议，与沿线国家共建国际陆缆海缆、跨境电商平台等数字基础设施，利用互通互利、共商共建来分享数字贸易和数字化转型的变革红利。此外中国还积极推动与沿线国家间的数字贸易便利化，与多国共同发起设立海关和标准化领域的信息交换和共享平台，开展数字化公共服务合作，共享信息数据。中国积极推动和参与数字贸易全球治理，签署《区域全面经济伙伴关系协定》（RCEP），并积极加入《全面与进步跨太平洋伙伴关系协定》（CPTPP）和《数字经济伙伴关系协定》（DEPA）。2020年11月15日，中国、日本、新西兰、澳大利亚等15国历经8年、31轮正式谈判后最终签署《区域全面经济伙伴关系协定》（RCEP）。RCEP以更加开放的态度推动数字贸易发展，并限制缔约国政府对数字贸易施加各种影响，为区域内数字贸易的发展注入强大动力。就数字贸易而言，RCEP在强调跨境数字传统规则的同时，纳入知识产权保护、电子商务等重要规则。其中无纸化贸易、电子认证和电子签名等在国内已发展成熟的数字技术的推广必将促进区域内产业的数字化转型；消费者权益、个人信息、知识产权等方面的保护规则将有利于构建数字贸易发展的良好营商环境；网络安全与数据传输监管将为数字贸易发展提供强有力的保障；传输设备等硬件建设将为数字贸易的发展提供强大技术支撑；新技术应用规则将加速跨境电商以及新型物流业的飞速发展等。2021年9月16日，中国正式提出申请加入《全面与进步跨太平洋伙伴关系协定》（CPTPP）。CPTPP以"全面且进步"为目标，被视为21世纪新型国际经贸规则的典范与引领者之一。与RCEP相比，CPTPP更侧重于服务贸易、高科技、知识产权、数据流动等新业态领域，其开放标准也更高。中国加入CPTPP，将有助于我国加快推进高标准、高规格的数字贸易相关规则制订，增强数字治理国际化水平，缓和国际贸易摩擦，提升国际数字贸易规则话语权；加入 CPTPP，有利于中国为电子商务以及信息技术领域的优势产业争取到更大的国外市场，从而为中国数字服务业"走出去"创造出公平、自由而广阔的世界市场。CPTPP 对约 98% 以上的商品直接采取了零关税措施，并要求电子传输免关税，可大幅降低企业贸易成本，加入 CPTPP 将为中国带来更大的经济上的收益，到 2030 年国民收入将增加 2 980 亿美元。2021 年 11 月，中国向新西兰正式提出申请加入《数字经济伙伴关系协定》（DEPA）。作为全球首个数字经济领域的协定，DEPA 采用模块化框架、关注政府间合作促进数字贸易发展、围绕非约束原则建立共识等内容，为破解全球数字治理难题提供了新思路，将对全球数字经济发展格局产生重要影响。中国申请加入 DEPA，主张在发展和安全、自由和稳定之间寻求平衡的数字经济治理理念，认为数字税、数据流动、数据本地化等数字经济政策制定的核心理念应该兼顾国家公共安全的保护与商业价值的增长，并助力其他国家普惠发展。中国将代表发展中国家利益，有助于凝聚亚太地区的数字经济发展共识，为亚太地区参与全球数字经济治理创造更多有利条件，有利于维护数字经济时代平等发展的目标。同时，中国有大规模体量的数字贸易和全面的数字产业体系，可与各成员分享中国数字经济发展红利，进而助推全球数字经济健康发展。从"数字丝绸之路"到 RCEP 生效，再到申请加入 CPTPP 和 DEPA，表明我国的扩大开放，尤其是在签署自贸协定方面，已经超越地理区域，深入数字领域。这是我国以实际行动实施更大范围、更宽领域、更深层次对外开放的又一具体表现。

2.3.3　中国数字贸易战略

中国的数字贸易战略主要以改善数字贸易的基础设施、优化信息化发展环境、营造良好的数字贸易政策环境、促进电子商务蓬勃发展、加强个人数据跨境流动管理、探索中国特色监管方式为主。

2.3.3.1　改善数字基础设施，优化信息化发展环境

中国的数字贸易战略着力改善国家的数字基础设施，增强国家信息化发展能力，提高信息化应用水平，优化信息化发展环境。2016 年，中国政府发布《2006 – 2020 年国家信息化发展战略》，战略以信息化驱动现代化为主线，提出网络强国"三步走"的战略目标，到 2020 年，核心关键技术部分领域达到国际先进水平，信息产业国际竞争力大幅提升，信息化成为驱动现代化建设的先导力量；到 2025 年，建成国际领先的移动通信网络，根本改变核心关键技术受制于人的局面，实现技术先进、产业发达、应用领先、网络安全坚不可摧的战略目标，涌现一批具有强大国际竞争力的大型跨国网信企业；到本世纪中叶，信息化全面支撑富强民主文明和谐的社会主义现代化国家建设，网络强国地位日益巩固，在引领全球信息化发展方面有更大作为。2021 年，中国工信部相继发布《"十四五"大数据产业发展规划》和《"十四五"信息通信行业发展规划》。

《"十四五"大数据产业发展规划》以加快培育数据要素市场、发挥大数据特性优势、夯实产业发展基础、构建稳定高效产业链、打造繁荣有序产业生态、筑牢数据安全保障防线为主要发展任务，希望形成创新力强、附加值高、自主可控的现代化大数据产业体系和具有国际影响力的数字产业集群，全面深化国际交流。《"十四五"信息通信行业发展规划》以建设新型基础设施、拓展数字化发展空间、构建新型行业管理体系，全面加强网络和数据安全保障体系和能力建设、加强跨地域跨行业统筹协调为发展重点，到 2025 年，信息通信行业整体规模进一步壮大，发展质量显著提升，基本建成高速泛在、集成互联、智能绿色、安全可靠的新型数字基础设施。同年，中央网络安全和信息化委员会印发《"十四五"国家信息化规划》，该战略以深化供给侧结构性改革为主线，进一步解放和发展数字生产力，加快构建以国内大循环为主体、国内国际双循环相互促进的新发展格局；以改革创新为根本动力，完善创新体系和发展环境，激发创新活力，增强发展动能；以满足人民日益增长的美好生活需要为根本目的，统筹发展和安全，推进国家治理体系和治理能力现代化，加强数字社会、数字政府、数字民生建设。该规划还重点部署了建设泛在智联①的数字基础设施体系、建立高效利用的数据要素资源体系、构建释放数字生产力的创新发展体系等 10 项重大任务，有利于加快推进数字中国建设。

2.3.3.2 营造良好的数字贸易环境，促进电子商务蓬勃发展

电子商务作为数字贸易中规模最大、表现最活跃、发展势头最好的新业态，在促进国内国际双循环中发挥着重要作用，我国也积极出台了一系列政策，为数字贸易发展营造了良好的政策环境，有力推动了电子商务蓬勃发展。2021 年 1 月，商务部发布《关于推动电子商务企业绿色发展工作的通知》。通知强调要大力支持服务电商企业绿色发展，引导电商企业提高绿色发展能力，积极探索形成资源节约、环境友好的企业发展模式，推动塑料污染治理、快递包装绿色转型等取得实效。同年 10 月，商务部、中央网信办、发展改革委三部门联合发布《"十四五"电子商务发展规划》。该规划设定了"十四五"时期我国电子商务发展战略框架：以电子商务引领消费升级、推进商产融合、服务乡村振兴，推动服务业、制造业、农业等产业数字化；推动 5G、大数据、区块链、物联网等先进技术的集成创新和融合应用，实现电子商务高质量发展；依托"丝路电商"，深化数字经济国际合作，积极推动跨境电商发展，加强数字产业链全球布局；推进跨境交付、个人隐私保护、跨境数据流动等数字领域国际规则构建，倡导开放共赢的国际合作新局面。

---

① "泛在智联"即人工智能技术将广泛渗入新型基础设施建设，且获得越来越多元的应用场景和更大规模的受众。

助力地区疫后经济复苏　RCEP 为电子商务注入新活力

1月1日，《区域全面经济伙伴关系协定》（简称"RCEP"）正式生效。这标志着覆盖全球人口最多、经贸规模最大、最具发展潜力的自由贸易协定正式落地。新加坡、文莱、泰国、老挝、柬埔寨、越南、中国、日本、新西兰和澳大利亚 10 国已推进实行，韩国将于 2 月 1 日起全面实施，马来西亚、印度尼西亚、菲律宾和缅甸也将在国内批准程序完成后开始实施。

为促进地区贸易便利化，创造有利的电子商务环境，RCEP 针对电子商务制定了一套明确的规则，覆盖了无纸化贸易、电子认证和电子签名、线上消费者保护、线上个人信息保护、国内监管框架、海关关税、网络安全等多个方面。柬埔寨电子商务平台高管表示，RCEP 将促进自由贸易，使各成员国商品进口到柬埔寨的成本降低，有利于本地企业及电商平台发展，同时也将为柬民众提供更大实惠。

随着新冠肺炎疫情持续，很多东盟国家都实施保持社交距离、封城等防疫措施，实体店不得不面临消费需求减少、零售额下跌、暂停对外营业等困境，传统实体零售行业因此陷入低迷。东盟各国民众在面对面交易频次降低甚至难以迈出家门走进实体店消费的情况下，互联网的使用程度逐渐加深，网络购物的频率大幅增加。在疫情期间，东盟各国民众平均每天的上网时间都增加了 1 小时，这正促使东盟各国加快推动经济社会数字化转型的脚步，电子商务也成为其中不可缺少的重要组成部分。据统计，2021 年新加坡、泰国、越南、马来西亚、印度尼西亚和菲律宾等东盟主要经济体共新增互联网用户 4 000 万人，地区内网民规模由 2019 年的 3.6 亿人增加到 4.4 亿人，互联网普及率达 75%，其中有 80% 的网民在 2021 年至少有过一次网购经历，他们倾向于在网络购物平台购买日用品、美妆用品、服饰和电子产品。随着东南亚地区网民日益体会到电子商务安全、便利等诸多优点，可预测疫情结束后民众转向网购的趋势仍将持续。

在中国对外边贸迅速恢复、中老铁路开通等多个积极因素的影响下，RCEP 生效对促进地区贸易便利化的作用更加明显。东盟各国期待 RCEP 能够进一步完善自贸协定的公共服务体系，促进信息互联互通，实现地区疫后经济复苏。泰国商业部贸易谈判司司长奥拉蒙表示，RCEP 生效后成员国将对 3 万多项泰国产品免除关税，其中 2 万多项产品可以立即享受零关税待遇。RCEP 将有力促进区域经济疫后复苏，提升贸易投资自由化、便利化水平。同时，由于中国市场庞大，中老铁路的开通也将使泰国从中受益。老挝国家工商会执行副会长道旺·帕占塔冯表示，RCEP 让老挝与中国之间的联系更加紧密，加上能够与中老铁路实现作用叠加，将有效降低商品贸易成本。新加坡国立大学东亚研究所高级研究员余虹表示，RCEP 对线上消费者个人资料保护、无纸化贸易以及电子签名等都有非常详细的规定，这将促进区域电子商务便利化，改善区域电商贸易环境，有助于区域成员电子商务的发展。

RCEP 生效引起国际社会极大关注。联合国贸发会议对此予以积极评价，表示RCEP 将大大推动区域内部和其他经济体对该地区的外国直接投资增长。德国柏林自由大学客座教授史世伟表示，作为世界经济最活跃地区之一，RCEP 各成员国间价值链、供应链的融合程度不断提高。RCEP 生效后，各成员国之间可以更好地实现优势互补、互利共赢，促进供应链、价值链提质增效。意大利米兰理工大学教授朱利亚诺·诺奇认为，老挝、柬埔寨等增长潜力巨大的东盟国家将是最大受益国。为更好地抓住 RCEP 带来的机遇，中国商务部将会同有关部门出台《关于高质量实施 RCEP的指导意见》，以指导和帮助地方和企业更好地运用 RCEP 规则。

RCEP 生效使成员国，特别是东盟各国与中国的贸易往来更加紧密，将在一定程度上促进跨境人民币业务落地。缅甸中央银行日前发布公告，为促进缅中两国贸易，便利货物流通，便捷两国货币交易和结算，促进缅甸国内货币流通，准许在缅中两国边境地区直接使用人民币和缅币进行交易。柬埔寨电子商务平台 Tinh Tinh 在其官网针对中文用户群体设计了专门的简体中文页面，还提供银联、支付宝、微信等作为结算方式。此外，该平台还与中国国内多家物流快递公司合作，优化针对跨境电商的全链路配送网络。

资料来源：陈晓阳. 助力地区疫后经济复苏 RCEP 为电子商务注入新活力［N］. 光明日报，2022 - 01 - 16（8）.

2.3.3.3 加强个人数据跨境流动管理，探索中国特色监管模式

中国高度重视个人数据跨境流动的发展，出台了一系列相关政策法规，强调以保证国家数据安全为前提，促进个人数据跨境流动。2021 年 11 月 1 日《个人信息保护法》正式开始实施，标志着我国个人信息保护步入新阶段。该法律奠定了我国数据存储本地化原则，强调了数据跨境流动的安全评估。此外《关于银行业金融机构做好个人金融信息保护工作的通知》《信息安全技术公共及商用服务信息系统个人信息保护指南》《关于加强党政部门云计算服务网络安全管理的意见》《互联网电子公告服务管理办法》等法规中都涉及了跨境数据流动的管理，有利于加快完善金融信息、个人隐私等跨境流动数据精准评估与管理，致力于形成中国特色的数据流动和数据保护法律体系，切实保障国家安全及经济稳健运行。

◎ 本章提要

全球数字经济蓬勃发展，数字贸易也将继制成品贸易、中间品贸易后，成为国际贸易的

主体。数字贸易在与传统产业的碰撞中扩大经济增量，衍生出新业态、新技术、新模式，从而成为各国竞争的焦点。本章主要介绍了美国、英国、欧盟、日本、新加坡和中国六大经济体数字贸易发展的概况，分别从数字贸易发展的现状、特点及其独特的数字贸易战略三个方面出发，详尽地概括出六大经济体数字贸易发展的概况。另外重点突出了中国数字贸易的发展情况，指出中国的数字贸易蓬勃发展，为全球实现经济贸易复苏提供了强大动力。中国数字贸易发展增速快，与其他国家的贸易顺差趋势凸显；在国际市场的占有率较低，有待进一步开放；且中国的数字贸易出口以其他商业服务和 ICT 服务为主。中国的数字贸易还呈现出跨境电商与数字服务贸易齐头、数字服务类型更加多样化、数字经济领域国际合作不断深化等特点。此外，中国的数字贸易战略也沿着改善数字基础设施、优化信息化发展环境、营造良好的数字贸易环境、促进电子商务蓬勃发展、加强个人数据跨境流动管理、探索中国特色监管模式等方向发展。

◎ **概念复习**

数字贸易　数字平台　数据监管沙箱

◎ **阅读资料**

（1）商务部新闻办公室. 中方正式提出申请加入《全面与进步跨太平洋伙伴关系协定》（CPTPP）［EB/OL］. 中华人民共和国商务部网站，http：//www. mofcom. gov. cn/article/news/202109/20210903199707. shtml，2021－09－16.

（2）杜海涛，罗珊珊. 区域全面经济伙伴关系协定正式生效——推动贸易投资促进开放合作［N］. 人民日报，2022－01－02（04）.

（3）商务部新闻办公室. 中方正式提出申请加入《数字经济伙伴关系协定》（DEPA）［EB/OL］. 中华人民共和国商务部网站，http：//www. mofcom. gov. cn/article/syxwfb/202111/20211103213288. shtml，2021－11－01.

◎ **课后思考题**

（1）全球数字贸易的发展现状是什么？

（2）科技革命是通过什么手段改变数字服务贸易的形式和业态？请举例说明。

（3）在数字全球化背景下，有的国家为什么要实施数字保护主义？

（4）欧盟为什么会成为数字贸易的主要进口国家，请试着分析原因。

（5）请分析日本在数字化领域停滞不前的原因。

（6）中国是如何布局其数字贸易战略的？请概括其特点。

第 3 章
数字贸易规则

学习目标

(1) 了解当前国际上使用的数字贸易规则，对不同的国际组织和区域贸易协定中的相关数字贸易规则进行初步掌握；

(2) 了解数字贸易规则制定的异同点，对各国、各组织制定的规则进行分类、归纳，加深对数字贸易规则特点的认识；

(3) 掌握国际数字贸易规则制定的核心思想，基于当前国际形势认识到数字贸易规则制定的挑战和机遇；

(4) 归纳总结现有数字贸易规则的优缺点，以此为基础对我国数字贸易规则的发展进行合理展望。

内容提要

　　数字贸易是数字经济时代新出现的国际贸易形式，在贸易方式和内容上与传统的贸易不同，所以与之对应的数字贸易规则也与传统的贸易规则有所不同。本章列举国际组织、联盟以及区域贸易协定中的数字贸易规则，从多个角度来介绍国际数字贸易规则，以此对比当前国际上数字贸易规则间的异同。

3.1 消费者保护规则

消费者保护规则是保护消费者权益、维护社会经济秩序的基本规则。数字贸易作为新兴的国际贸易形式，也出台了有关消费者权益保护的国际规则，本节从线上消费者保护、商业电子信息保护两个方面来介绍数字贸易下的消费者保护规则。

3.1.1 线上消费者保护

在数字贸易规则中会给予线上消费者特别保护，这是由于科技水平提高和信息不对称等社会经济因素，线上消费者在贸易中处于弱势地位，在诸多方面存在着不平等的社会关系，因此本小节从线上消费者保护的角度介绍消费者保护规则。

3.1.1.1 《联合国保护消费者准则》

《联合国保护消费者准则》是联合国为保护消费者权益而颁布的一套国际准则，该准则要求各国政府应当拟订、加强或保持有力的消费者保护政策，协助有关会员国制定和执行适合其自身经济、社会和环境情况的国内和区域法律、规则和条例，以及促进成员国之间的国际执法合作，并鼓励分享消费者保护方面的经验。

该保护准则于电子商务章节中包括了以下关于消费者保护的原则：成员国应致力于提高消费者对电子商务的信心，通过制定透明和有效的消费者保护政策，以确保电子商务提供的保护程度不低于其他商务形式提供的保护程度；成员国应当酌情审查现有的消费者保护政策，政策内容需要考虑跨境电子商务的特点，并确保消费者和企业对政府在数字贸易中行使的权利和义务持有知情权；成员国需要考虑相关国际准则和标准，并对这些准则进行酌情调整和修订，使之与本国的经济、社会和环境情况相适应，以便成员国能够遵守，并与其他成员国进行跨境合作。

可以看出，联合国保护消费者准则更加注重保护的无差别性、公开性以及适应性，对于促进各成员国加强和完善本国保护电子商务消费者立法发挥了积极作用。

3.1.1.2 《经济合作与发展组织电子商务消费者保护准则》

1999 年经合组织理事会通过了《经济合作与发展组织电子商务消费者保护准则》，这是第一个电子商务背景下的消费者保护国际文书。《经济合作与发展组织电子商务消费者保护准则》对电子商务消费者保护的核心特征为：

（1）公平透明的商业和广告活动；

（2）相关的商业、商品、服务和交易信息；

（3）适当的争议解决和补救机制、支付保护、隐私保护和教育。

由于电子商务的急剧扩张，在带来了新的趋势的同时也带来了新的挑战。经合组织理事会于2016年修订了新的建议书，修订后的建议书被新的电子商务消费者保护委员会发布。2016年建议书解决了现有的难题并实现了有效的消费者保护，并激发市场创新和竞争的积极性。建议书中涉及的电子商务的主要新发展内容包括非货币交易、数字内容产品、活跃的消费者、移动设备、隐私和安全风险、支付保护和产品安全，还提出需要加强消费者保护机构交换信息的能力，以促进在跨境事务上进行合作，期望能在不增加交易障碍的前提下为消费者在参与电子商务的过程中提供保护。

《经济合作与发展组织电子商务消费者保护准则》其目的在于：

（1）帮助政府建立、规划并执行旨在提供电子商务环境下消费者的有效保护的相关政策、法律法规及相关实践；

（2）在电子商务中，为商业组织、消费者团体以及自我合规组织提供指导，指明一些在检验、规划并执行自我合规计划过程中需要了解的有关消费者有效保护的核心要素；

（3）在电子商务中，为参与电子商务的个体企业和消费者提供更为明确的指导，指明在公平交易中，商家应该提供的或者消费者应当指导的信息披露原则。

准则承认有关消费者保护的准据法与管辖权的规则将会在电子商务领域产生广泛影响，同时也承认消费者对于电子商务的信心会随着透明、有效的消费者保护程序发展而不断增强，从而限制线上欺诈、误导和不公平交易行为。

3.1.1.3　区域贸易协定关于线上消费者保护的条款示例

1.《全面与进步跨太平洋伙伴关系协定》

《全面与进步跨太平洋伙伴关系协定》（Comprehensive and Progressive Agreement for Trans-Pacific Partnership，CPTPP）中的线上消费者保护以维护消费者保护措施为基础，保证消费者在参与电子商务活动时的自由和安全性，同时也要求成员国推动线上消费者的福利提升。

在网上消费者保护章节中规定：双方承认采取和保持透明和有效的消费者保护措施的重要性，使其在从事电子商务时免受消费者保护条例所述的欺诈和欺骗性商业活动的影响；各方应通过并维护消费者保护法，禁止对从事在线商业活动的消费者造成伤害或潜在伤害的欺诈性和欺骗性商业活动；双方承认各国消费者保护机构或其他相关机构就跨境电子商务相关活动开展合作以增进消费者福利的重要性。因此，双方一致同意基于消费者保护条例而寻求的合作，包括在线商业活动方面的合作。

美国管理认证协会也出台了相关条款，以保护线上消费者权益，其中网上消费者保护章节中的三个条款与《全面与进步跨太平洋伙伴关系协定》中的相同，表明美国管理认证协会在线上消费者保护方面也注重保护线上消费者免受电子商业活动的影响，进而提升消费者福利。

2. 《日本－欧盟经济伙伴关系协定》

《日本－欧盟经济伙伴关系协定》（EU－Japan Economic Partnership Agreement，EPA）针对各方在保护线上消费者权益中采取的措施达成一致，更加注重从各方政府机构的立法、执法以及参与电子商务活动方面对线上消费者采取合理的保护措施，更加关注电子商务活动的透明性和有效性问题，同时也关注到线上消费者个人数据安全问题。

在《日本－欧盟经济伙伴关系协定》的消费者保护章节中，协定要求各方承认采取和维持线上消费者保护措施的重要性，包括采取和维持电子商务适当的透明度、有效的电子商务消费者保护措施以及其他有助于增强消费者对电子商务的信心的措施；要求双方承认负责消费者保护的主管当局在与电子商务有关的活动中积极开展合作的重要性；要求双方承认根据各方的法律法规而采取或维持保护电子商务用户个人数据的措施的重要性。

3. 《东盟电子商务协议》

《东盟电子商务协议》也更加注重从各成员国政府机构的立法、执法以及参与电子商务活动方面对线上消费者采取合理的保护措施，并认可线上消费者保护对电子商务的重要性。

在协议的在线消费者保护章节中，要求各成员国承认采取和维持线上消费者保护措施的重要性，包括采取和维持电子商务适当的透明度、有效的电子商务消费者保护措施以及其他有助于增强消费者对电子商务的信心的措施；同时还要求各成员国应根据其相关法律、法规和政策规定，为参与电子商务活动的消费者提供与参与其他形式商务的消费者同等水平的保护；并且各成员国承认负责消费者保护的主管当局在与电子商务有关的活动中积极开展合作的重要性。

3.1.2 商业电子信息保护

为保障数字贸易各方主体的合法权益，维护市场秩序，促进数字贸易持续健康发展，商业电子信息问题逐渐成为国际规则制定的重要部分。而商业电子信息作为数字贸易中的重要组成部分，是数字贸易规则制定时需要着重考虑的问题。本小节介绍经合组织、南部非洲发展共同体（简称南共体）以及区域贸易协定中的商业电子信息保护规则。

3.1.2.1 《经济合作与发展组织电子商务消费者保护准则》

在经合组织理事会通过的《经济合作与发展组织电子商务消费者保护准则》中，有关未经请求的商业电子信息的规定包含以下内容：

（1）企业应制定和实施有效且易于使用的程序，允许消费者选择是否希望通过电子邮件或其他电子方式接收未经请求的商业信息。当消费者在任何时候表示不希望收到此类信息时，他们的选择应该得到尊重。

（2）准则对电子商务中广告必须能被明确识别，以及广告需要充分披露的信息、消费者对是否接收电子邮件的选择权等对电子商务广告的核心问题进行了阐述。此外，准则还特别对弱势群体保护给予关注，准则规定："企业应当审慎对待以儿童、老年人或者严重疾病患者为对象等其他可能存在有理解缺陷障碍人群的广告和市场推广行为。"

在经合组织的电子商务消费者保护准则中，表明经合组织更加尊重消费者的个人意志，努力在国内和国际层面就消费者保护的核心问题达成共识，增强消费者信心、增加交易和消费者保护的可预测性，准则还要求加强对电子商务广告的监管，同时保护到电子商务中的弱势群体。

3.1.2.2　南共体电子交易和电子商务示范法

《电子交易和电子商务：南部非洲发展共同体（南共体）示范法》是南共体寻求加强区域一体化的一部示范法，其目的在向成员国提供参与电子商务活动的最佳做法和建议，以解决电子交易和电子商务的法律问题。

在示范法中未经请求的商业通信章节中包括下列关于主动商业通信的规定：

（1）通过电子通信手段进行的营销应向收件人提供：发件人的身份和详细联系信息，包括其营业地点、电子邮件、地址和传真号码；有效且可操作的退出机制，以避免收件人将来接收类似的通信；发件人获取收件人个人信息来源的渠道。

（2）未经请求的商业通信只能发送给符合选择加入要求的收件人。

（3）下列情况将被视为符合选择加入要求：收件人的电子邮件地址和其他个人信息是由电文的发件人"在销售或销售谈判过程中"收集的；发件人仅向收件人发送与其"类似产品和服务"相关的促销信息；当个人信息和地址被发件人收集时，发件人向收件人提供了选择退出的机会（除传输费用外免费），而收件人拒绝选择退出；在随后的每一份电文中，发件人都向收件人提供了选择退出的机会。

（4）如果收件人没有对未经请求的商业通信作出答复，合同就不成立。

（5）发件人未能向收件人提供便利的退出选项，即构成犯罪，一经定罪，将受到示范法中规定的处罚。

（6）任何发件人坚持向收件人发送未经请求的商业通信，而收件人已通过发件人的退出机制，选择不再接收发件人的任何电子通信，即属犯罪，一经定罪，将受到示范法中规定的处罚。

（7）任何一方违反本节的规定为其商品或服务做广告，即属犯罪，一经定罪，将受到示范法中规定的处罚。

（8）被判犯有本节所述罪行的人，一经定罪，可处以罚款或不超过五年的监禁。

《电子交易和电子商务：南部非洲发展共同体（南共体）示范法》对商业电子信息保护更具有法律层面的强制性，要求发件人完善收件人拒绝未经请求的商业信息的退出机制，更注重收件人的个人意愿，对违反示范法规定的行为进行了合理量刑。

3.1.2.3 区域贸易协定关于商业电子信息保护的条款示例

1. 《全面与进步跨太平洋伙伴关系协定》

《全面与进步跨太平洋伙伴关系协定》以缔约国的具体国情为基础，对未经请求的商业电子信息①制定了相关规则：各缔约方应针对未经请求的商业电子信息采取或保持下列措施：要求信息供给商提高对未经请求的商业电子信息的管理能力，避免收件人继续接收这些信息；按照各方法律法规的规定，要求收件人同意接收商业电子信息；否则规定最大限度地减少未经请求的商业电子信息；每一缔约方应对不遵守商业电子通信准则并向收件人主动提供未经请求的商业电子信息的供应商行使追索权；各方应在未经请求的商业电子通信监管的适当情况下，积极地就共同关心的问题进行合作。

《全面与进步跨太平洋伙伴关系协定》对商业电子信息的供应商提出管理能力和尊重收件人意愿的要求，并为收件人提供相应的追索权，保护收件人的合法权益。

2. 美国管理认证协会

美国管理认证协会在主动提供的商业电子信息章节中，对未经请求的商业电子信息作出以下要求：各缔约方应采取或维持限制未经请求的商业电子通信的措施；各缔约方应针对发送到收件人电子邮箱的未经请求的商业电子信息的问题，应要求信息供给商提高对未经请求的商业电子信息的管理能力，避免收件人继续接收这些信息，并且需按照各缔约方法律法规的规定，要求收件人同意接收商业电子信息；各缔约方应努力采取或保持措施，使收件人能够减少或避免接收到除电子邮件地址以外的未经请求的商业电子信息；各缔约方应在其法律中规定对不遵守商业电子通信准则并向收件人主动提供未经请求的商业电子信息的供应商行使追索权；各缔约方应在未经请求的商业电子信息监管的适当情况下，积极地就共同关心的问题进行合作。

美国管理认证协会也对商业电子信息的供应商进行监管，保护收件人在接受未经请求的商业电子信息上的主动权，以维护收件人个人权益为核心，并为收件人提供相应的追索权。

3. 《日本 – 欧盟经济伙伴关系协定》

《日本 – 欧盟经济伙伴关系协定》对未经请求的商业电子信息的态度与其他国际规则相类似，其目的在维护消费者的个人利益，其中包含的关键内容如下：各缔约方应针对未经请求的商业电子信息采取或保持下列措施，要求信息供给商提高对未经请求的商业电子信息的管理能力，避免收件人继续接收这些信息；根据其法律法规的规定，要求收件人事先同意接收商业电子信息；每一方应确保商业电子信息可被清楚地识别，明晰发件人的身份信息，并包含必要的信息，使收件人能够在任何时候不受限要求停止商业电子信息的接收；每一缔约方应对不遵守第一款和第二款的行为，即对不遵守商业电子通信准则并向收件人主动提供未经请求的商业电子信息的供应商行使追索权。

---

① 文莱在实施其关于未经请求的商业电子信息的法律框架之前无须适用本条。

《日本－欧盟经济伙伴关系协定》提高了对商业电子信息供应商的监管，同时也对供应商提供必要信息制定标准，要求供应商公布自己的身份信息，并对必要信息保持公开透明，维护收件人的追索权。

3.1.3 总结

国际规则以增强消费者信心，促进数字贸易发展为目标，维护线上消费者保护的无差别性和公开性，通过相关国际规则和立法规范电子商务活动，以此保障线上消费者的合法权益，提升消费者福利，推动数字贸易发展。国际规则中对消费者的保护是基于消费者的个人意愿，维护消费者对接收未经请求的商业电子信息的自主权，加强对商业电子信息供应商的监管。

随着数字贸易的发展和数字化技术的普及，我国也针对线上消费者保护问题作出了相关规定。我国颁布的《消费者权益保护法》就对线上消费者权益保护问题制定了相关保护法，并提出了我国网络消费者权益保护制度的构想。在《消费者权益保护法》中，提到了消费者享有消费者安全权、赔偿权、消费者知情权、选择权、公平交易权、自我保护权，由此可以看出我国以维护消费者个人利益为出发点来保护线上消费者权益。与国际规则相比，我国当前对线上消费者保护方面缺少完整披露经营者信息、加强对第三方交易平台的监管力度以及通过立法明确规定格式合同内容等问题。针对以上问题，我国应该解决线上消费者与经营者之间的信息不对称问题，完善经营者信息披露机制；加快对线上交易平台的立法进程，利用法律手段规范电子商业活动；对格式合同的使用进一步规范，遵循合同制定的公平、公正原则，合理规定消费者享有的权利。

在我国通过的《全国人民代表大会常务委员会关于加强网络信息保护的决定》中，也规定了"经营者未经消费者同意或者请求，或者消费者明确表示拒绝的，不得向其发送商业性电子信息"，这与现有的国际规则基本一致。但是我国没有明确为消费者提供向违背商业电子信息准则的供应商追责的权力，并在事后惩罚、加强监管方面存在空缺。我国应吸取国际规则中的经验，完善当前法律法规中的不合理之处，通过立法、执法保障线上消费者的自主权，健全商业电子信息保护机制，规范经营者发送未经请求的商业电子信息的行为，进而推动我国数字贸易消费者保护规则体系的构建。

3.2 数字便利化规则

贸易数字化是跨境贸易发展的必然趋势，而数字便利化是数字贸易发展中需要重点关注的问题，当前国际上关于数字便利化规则面临着无纸贸易、可转让记录等一系列问题，各国对此也制定了不同的法律，本节从这两个方面来介绍数字便利化规则。

3.2.1 无纸贸易

无纸贸易作为数字贸易时代新出现的贸易形式，主要由于数字化的交易模式，减少了纸质票据、合同的使用，因此无纸贸易被广泛使用在数字贸易中。因此，本小节从无纸贸易角度介绍数字便利化规则。

3.2.1.1 《贸易便利化协定》

2013 年世贸组织成员结束了对《贸易便利化协定》的谈判，该协定经 2/3 的世贸组织成员批准后于 2017 年 2 月生效。它旨在进一步加快货物（包括过境货物）的流动、放行和清关，采用风险管理和后续稽查等管理手段，并对经认证的贸易商提供降低单证要求和查验比例等额外的贸易便利化措施，加强对发展中国家和不发达国家的援助和支持，促进成员之间在贸易便利化和海关规则问题上的有效合作。

在货物抵达前处理电子文件问题上，协定规定各成员应根据实际情况在货物抵达前办理舱单等进出口手续，包括电子格式文件，以便在货物抵达前对该文件进行及时处理，并能对其进行快速通关放行。

在接受副本的问题上，协定规定在适当的情况下，每一成员应接受进口、出口或过境手续所需的证明文件的纸质或电子副本；并且如果成员国的政府机构已持有此类文件的原件，则该成员的任何其他机构应接受由持有原件的机构提供的纸质或电子副本，以代替原件。

在构建单一窗口的问题上，协定规定各成员应积极建立并维持单一窗口，使贸易商能够通过单一入境点向贸易主管机构提交货物进口、出口或转口的文件和数据材料。贸易主管机构对相关文件和数据进行审查后，应及时通过单一窗口将审查结果通知申请人。

在《贸易便利化协定》中，提出电子文件副本可以代替原件，承认了电子格式文件的效用，同时通过建立单一窗口，依托"单一窗口"数据汇聚优势，结合实际应用场景，以推动无纸贸易的发展。

3.2.1.2 欧洲经委会"贸易便利化建议"

欧洲经委会制定并维持了一系列国际贸易提议，这些提议提供了贸易程序、数据和单据要求方面的最佳做法，提议中的非强制性规范在简化和协调国际贸易程序和信息流动方面发挥了关键作用。

欧洲经委会"贸易便利化建议"关于第 33 号提议，还建议各国政府积极考虑在其国内实施单一窗口设施的可能性，以便参与贸易和运输的各方在单一入境点提交标准化的信息和文件，以满足所有与进口、出口和过境有关的监管要求。如果信息是电子格式的，那么单个数据文件只需提交一次。

由于编码信息是国际商务中数据交换的一个组成部分，电子商务中心还开发、维护和出版了大量在商业交易中广泛使用的代码清单，这些建议鼓励国际贸易的参与者使用某些代码，例如表示货币、时间和国名的代码。

欧洲经委会建立了数据交换标准，例如，《联合国行政、商业和运输的电子数据交换标准》（UN/EDIFACT）是一套国际商定的标准、目录和准则，用于独立的计算机化信息系统之间的结构化数据的电子交换，提供了一套语法规则的结构、互动交流协议，并提供了一套允许多国和多行业的电子商业文件交换的标准消息。

3.2.1.3 《亚洲及太平洋跨境无纸贸易便利化框架协定》

由联合国亚洲及太平洋经济社会委员会牵头，于2016年5月19日通过了《亚洲及太平洋跨境无纸贸易便利化框架协定》，这是联合国框架下跨境无纸贸易领域的第一个多边协定，涵盖国家贸易便利化政策框架和有利的国内法律环境、跨境无纸贸易便利化和发展单一窗口系统、电子形式贸易数据和文件的跨境互认、电子形式贸易数据和文件交换的国际标准，以及相关行动计划、能力建设、试点项目和经验交流等内容。框架协定的目标是"促进本地区电子形式的贸易数据和文件的交换和互认，推动国家和次区域单一窗口和其他无纸贸易系统之间的兼容，打造良好的跨境无纸贸易法律规制环境，从而提高国际贸易的效率和透明度"。该框架协议致力于促进无纸贸易，特别是跨境无纸贸易，将有助于成员国满足自由贸易协定的相关要求。

框架协定规定了七项一般原则：功能等同；不歧视使用电子通信；技术中立；促进互操作性；改善贸易便利化和监管合规性；公共和私营部门之间的合作；改善跨境信任环境。

针对跨境无纸贸易便利化和构建单一窗口系统的问题上，框架协定规定了各缔约方应努力通过利用现有运行系统或创建新系统，实现电子形式贸易数据和文件的交换，从而便利跨境无纸贸易；鼓励各缔约方发展单一窗口系统并将其运用于跨境无纸贸易。鼓励各缔约方在发展单一窗口系统或升级现有系统的过程中遵守本框架协定确定的总体原则。

在电子形式贸易数据和文件的跨境互认的问题上，框架协定规定了各缔约方应在可靠程度大致相当的基础上对来自其他缔约方的电子形式贸易数据和文件提供互认；"大致相当的可靠程度"由各缔约方通过在本框架协定下建立的机构安排共同商定；各缔约方可根据跨界信任环境原则及其他各项总体原则，缔结用于实施电子形式贸易数据和文件跨境互认的双边和多边安排，条件是这些双边和多边安排中的条文不与本框架协定相矛盾。

在以电子形式进行贸易数据和文件交换的问题上，框架对此制定了国际标准：各缔约方应努力适用国际标准和指南以确保无纸贸易中的兼容性并制定安全、保险和可靠的数据交换通信方式；各缔约方应努力参与跨境无纸贸易相关国际标准和最佳实践的制定工作。

《亚洲及太平洋跨境无纸贸易便利化框架协定》将促进本地区电子形式的贸易数据和文件的交换和互认，推动国家和次区域单一窗口和其他无纸贸易系统之间的兼容，打造良好的跨境无纸贸易法律规制环境，从而提高国际贸易的效率和透明度。

3.2.1.4 区域贸易协定关于无纸贸易的条款示例

1.《全面与进步跨太平洋伙伴关系协定》

《全面与进步跨太平洋伙伴关系协定》规定参与无纸贸易的各缔约方应努力以电子形式向公众提供国际贸易的相关文件资料；接受以电子方式提交的国际贸易管理文件，作为这些文件的纸质版本的法律等价物。

《全面与进步跨太平洋伙伴关系协定》更加注重无纸贸易中的电子文件的法律效用问题，协定将电子文件的效用与纸质版文件的效用看作等价，从增强无纸贸易的便利性角度推动数字贸易发展。

2.《数字经济伙伴关系协定》

《数字经济伙伴关系协定》（Digital Economy Partnership Agreement，DEPA）在无纸贸易问题上，规定了各缔约方应公开现有的全部贸易管理文件的电子版本，包括通过该缔约方规定程序的电子贸易文件[1]；且各缔约方应使用英文或 WTO 规定的任何正式语言提供第一款中所指的贸易管理文件的电子版本，并应努力以电子设备可读的格式提供此类电子版本。协定要求各缔约方应接受电子版的贸易文件以作为与纸质版文件同等的法律文件，但是当国内或国际法律有相反的要求，或这样做会降低贸易管理的有效性，这两种情况下除外。

协定还规定每一缔约方应构建或维持单一窗口，使人们能够通过单一入境点向参加的主管机关或机构提交货物进口、出口或过境的文件或数据要求；各缔约方应积极构建或维持各自单一窗口的无缝、可信、高可用性[2]和安全的互连，以促进与贸易管理文件有关的数据交换，这些文件可包括卫生和植物检疫证书、进出口数据、各方共同确定的任何文件；各缔约方应承认在各自管辖区内进行的电子记录交换的重要性，以促进各方企业之间商业贸易活动有序进行；并要求各缔约方应积极构建系统，以支持各缔约方主管机关之间的商业电子信息交换，以及在各方企业之间的商业贸易活动中所产生的电子记录。

协定中也提到对数据交换系统的规定，要求各缔约方应认可数据交换系统应相互兼容并可互相操作，且认可国际公认的开放标准在数据交换系统构建和管理中的作用；各缔约方应就促进和推动数据交换系统的构建和使用，开展适当的协作与交流，包括但不限于分享数据交换系统构建和管理领域的信息、经验和最优做法，以及在构建和管理数据交换系统的试点项目上进行合作。

---

① 为提高确定性，电子版贸易管理文件包括以电子设备可读格式提供的贸易管理文件。
② 为提高确定性，"高可用性"是指单一窗口持续运行的能力。它没有规定具体的可用性标准。

《数字经济伙伴关系协定》鼓励缔约国在双边、多边以及国际论坛上开展合作，以提高企业间商业贸易活动中使用的电子版贸易管理文件和电子记录的可接受性，同时在制定其他的无纸贸易倡议时，鼓励缔约方积极考虑相关国际组织同意的规则。数字经济伙伴关系协定赋予了电子文件和纸质文件一样的法律效用，从而促进透明度和公平的竞争环境，并鼓励成员国构建单一窗口和系统，促进数字贸易便利化发展进程。

3.2.2 电子可转让记录

在数字贸易中，电子可转让记录也就是纸质版的可转让文件的数字化形式，降低了成本，使得交易更加便捷，因此电子可转让记录也属于数字便利化规则的重要部分。

3.2.2.1 《电子可转让记录示范法》

联合国大会于 2017 年 7 月通过《电子可转让记录示范法》，旨在从法律上支持电子可转让记录的国内使用和跨境使用。可转让单证或票据是纸质单证或票据，通常包括提单、汇票、本票和仓单，可转让单证和票据是基本商业工具。提供电子形式的可转让单证和票据将大大有利于促进电子商务，例如，提高传播速度和安全性，允许再利用数据，并通过"智能合同"实现某些交易的自动化。

根据《电子可转让记录示范法》，电子可转让记录在功能上等同于可转让单证或票据，前提是该记录包含可转让单证或票据需包含的信息，并使用一种可靠的方法：

（1）确定该电子记录为单一电子可转让记录；

（2）使得该电子记录能够自其生成至其失去任何效力或有效性期间被置于控制之下；

（3）保全该电子记录的完整性。

"控制"条款是《电子可转让记录示范法》的一个基本概念，因其在功能上等同于可转让单证或票据的占有。特别是，就电子可转让记录而言，如果使用一种可靠方法：

（1）证明某人对该电子可转让记录享有排他控制；

（2）指明该人为控制权人，即为满足这种占有要求。

此外，《电子可转让记录示范法》使得能够在电子可转让记录中包含纸质可转让单证或票据因其性质而无法包含的信息。除此之外，《电子可转让记录示范法》还就用于管理电子可转让记录的方法的可靠性以及媒介转换（电子转纸质、纸质转电子）提供指导。《电子可转让记录示范法》旨在通过支持不歧视在国外签发或使用的电子可转让记录的原则，促进电子可转让记录的跨境使用。《电子可转让记录示范法》不以任何方式影响可转让单证或票据的适用法律，此种法律称为"实体法"，包含关于国际私法的规则。

3.2.2.2 《数字经济伙伴关系协定》的电子交易框架

《数字经济伙伴关系协定》通过要求缔约方提供电子版本的贸易管理文件来促进数

字便利化，从而提升贸易管理程序的有效性。在大多数情况下，电子版本的贸易管理文件的效力与纸质文件相同。通过数字经济伙伴关系协定，新加坡、智利和新西兰的海关当局将通过连接各自国家的单一窗口并启用可互操作的跨境网络，从而履行 WTO《贸易便利化协定》中的义务。《数字经济伙伴关系协定》还将促进海关清关电子贸易文件（例如电子原产地证明书、卫生和植物检疫证书）和 B2B 交易（例如电子提单）的使用并实现交换；并要求缔约方在电子发票系统内进行合作，从而促进了在协定地区跨境使用电子发票。

《数字经济伙伴关系协定》还鼓励各国对其国内电子发票系统采用类似 Peppol（Pan – European Public Procurement On – Line）的国际标准。这将使从事国际业务的企业能够通过跨境的互操作系统更轻松地进行交易。企业可以期望缩短发票处理时间并可能更快地付款，并通过数字化节省大量成本，从而提升商业交易的效率、准确性和可靠性。随着越来越多的国家采用类似的标准，这将促进跨境互操作性并简化买卖双方之间的处理付款请求的程序。

由此可见，《数字经济伙伴关系协定》提出构建跨境网络和电子发票系统，兼并低成本和高效率，提升跨境企业的积极性。并且可以发现《贸易法委员会电子可转让记录示范法》是国际上大多区域贸易协定制定电子可转让记录的规则的范本，其中可转让票据和单据原则、控制原则以及不歧视原则都是当前电子可转让记录规则制定关注的重点。

3.2.3　总结

数字便利化规则本节从两个方面来介绍。一方面，关于无纸贸易的国际规则更加关注电子文件和单一窗口问题，将电子文件的效力等价于纸质文件，并鼓励建立单一窗口促进无纸贸易的进行，加快贸易相关文件和数据的交换、流动，构建高效、安全、简洁的无纸贸易流程。另一方面，国际规则普遍认可电子可转让记录的地位，有意将电子可转让记录引入数字贸易，对传统国际贸易体系进行革新，以优化数字贸易的过关单证环节，简化贸易流程。

数字便利化规则对我国而言，在中央提出改进海关监管和服务后，我国也进行了通关无纸化改革。通过提升通关流程的科技和信息化水平，无纸化通关改革不仅使进出口企业通关环节提速，通关成本降低，也大大提升了海关的监管效率。我国的无纸化改革与国际规则相比，将无纸贸易的重心放在通关程序的改革，将纸质单证从通关流程中抽离出来。但总体而言，无纸化通关仍未实现进出口企业的全覆盖，此项改革仍有深化的空间，而且可以覆盖更多领域，惠及更多企业。比如，进出口业务可以无纸化通关，其他涉及海关的业务能不能在技术环节也做一些提升，以帮助更多企业减少经营压力，真正将海关监管转化为企业自身的竞争力。

但是由于未建立关于电子提单的立法，电子可转让记录发展缓慢，作为国际贸易大国，我国应积极吸取国际规则在电子可转让记录规则制定中的经验，制定符合自身数字贸易需求的规则，在数字贸易国际立法中争取主动权、进一步落实国内实施情况、充分了解相关法律，以便为解决我国跨境企业未来国际贸易争议奠定坚实基础。

3.3 数字化物流规则

数字化物流也称为"第五方物流"，是指在商贸的实际运作中应用互联网技术去支持整个物流服务链，并且能组合相关的执行成员协同为企业的物流需求提供高效服务。本节以数字化物流为中心，从海关程序、最低减让标准两个方面来介绍数字化物流规则。

3.3.1 海关程序

海关程序是跨境贸易物流中的重要环节，数字贸易的兴起也对传统的海关程序发起了挑战，因此国际上也对此制定了新的海关程序规则。

3.3.1.1 《贸易便利化协定》

《贸易便利化协定》广泛包括加快货物流动、放行和清关的规则和原则。例如，第十条规定了包括减少和简化进出口手续和单证要求、接受进出口证明单证副本、鼓励成员在制定进出口手续和单证时以国际标准为依据、努力设立单一窗口、取消与税则归类和估价有关的装运前检验、不得强制要求适用海关代理等。

《贸易便利化协定》规定成员过境运输法规或程序不得构成变相限制，不得寻求任何自愿限制，过境费用应与所提供服务的成本相当，手续和单证要求不得超过必要限度，不得对过境货物适用技术法规和合格评定程序等。

3.3.1.2 世界海关组织《跨境电商标准框架》

跨境电子商务的主要特点，如对时间敏感的货物流动、大量小包裹、匿名参与者的参与、退货/退款程序。在贸易便利化、安全与公平、有效征收关税、社会保护等条件下，给海关管理带来了挑战。

世界海关组织（WCO）是一个独立的政府间机构，其任务是提高海关管理的效力和效率，它与所有的利益相关方之间存在紧密联系，以期共同确定应对这些挑战，寻找解决问题的适当方法。2018年WCO制定了《跨境电商标准框架》，海关当局、其他相关政府机构和电子商务利益相关方应使用该框架对电子商务活动进行协调监管。这些全球标准支持跨境电子商务，促进国家和全球经济发展，同时确保适当的海关控制，以保护包括陆地和水上环境中的自然和生产区域在内的经济、社会和环境。

这 15 项标准涵盖电子商务的以下 7 个方面：

- 高级电子数据和风险管理；
- 促进和简化；
- 安全和保障；
- 税收；
- 测量和分析；
- 伙伴关系；
- 公众意识、外联和能力建设，以及立法框架。

3.3.1.3 世界海关组织《全球贸易安全与便利标准框架》

世界海关组织（WCO）理事会于 2005 年 6 月通过了《全球贸易安全与便利标准框架》，框架中 90% 的内容都与海关相关，它旨在建立一套维护全球供应链安全和便利的标准，以促进全球贸易的确定性和可预测性，以及加强海关当局、海关与政府机构及海关与商界之间的合作。《全球贸易安全与便利标准框架》形成了相关海关监管互认制度——AEO 制度[①]，WCO 在《全球贸易安全与便利标准框架》中将 AEO 定义为以任何一种方式参与货物国际流通，并经海关认可符合世界海关组织或相应供应链安全标准的一方。AEO 制度的基本内涵是海关以企业为基本合作对象，通过海关为守法、安全的企业提供最大化的通关便利，建立合作伙伴关系，达到互利共赢的目的。AEO 制度的构建从本质上改变了海关与企业之间在传统意义上的管理与被管理的关系，以适应现代化海关制度建设及大监管体系建设改革需要，符合政府职能转变的要求。

《全球贸易安全与便利标准框架》由四个要素组成：

- 《全球贸易安全与便利标准框架》统一了对进口、出口、转运货物提前提交货物电子信息的要求。
- 加入《全球贸易安全与便利标准框架》的成员国承诺采用一致的风险管理办法来应对安全方面的威胁。
- 《全球贸易安全与便利标准框架》要求基于可比的风险识别方法，根据进口国的合理请求，出口国海关应对高风险的出口集装箱和货物进行查验，并提倡使用非入侵式检测设备，如大型 X 光机和放射性物质探测仪。
- 《全球贸易安全与便利标准框架》规定了成员国要向达到最基本供应链安全标准并采纳最佳做法的企业提供相应的便利。

3.3.1.4 《万国邮政公约》

《万国邮政公约》是指万国邮政联盟制定的一项有关处理国际邮政业务的基本法则

---

① AEO 即 "Authorized Economic Operator" 的缩写，意为 "经认证的经营者"。AEO 制度是世界海关组织 WCO 为了实现《全球贸易安全与便利标准框架》的目标，构建海关与商界之间的伙伴关系，实现贸易安全与便利方面目标引入的管理制度。

的条约，它有助于保障一个全球邮政网络有序运行。万国邮联为国际邮件交换制定规则并提出建议，以刺激邮件、包裹和金融服务量的增长，提高客户服务质量。万国邮联制定的规则包括《万国邮政公约》《邮政支付服务协定》，以及还制定了技术标准和电子数据交换（EDI）信息规范，以促进邮政运营商之间的业务信息交换。

《万国邮政公约》包括适用于整个国际邮政服务的规则以及关于信件和邮包服务的规定。这些法令对所有成员国都有约束力，成员国必须确保其指定的经营者履行《万国邮政公约》及其条例所规定的义务。

在《万国邮政公约》的邮政安全章节中，其敦促邮政总局出于保障海关和航空安全目的，制定一种邮政安全机制，要求成员国及其指定的经营者应遵守万国邮联安全标准中的规定，并应在各级邮政业务中积极采取安全措施，以维护和加强公众对经营者提供的邮政服务的信心。该安全措施应包括条例中规定的目标，以及按照万国邮联技术信息标准，遵守行政理事会和邮政业务理事会通过的执行规定（包括邮件的类型和标准）中确定的提供邮件电子数据的要求原则；还应包括在成员国及其指定运营商之间关于维护邮件运输和中转安全的信息交流。

公约要求国际邮政运输链中适用的所有安全措施都必须与其应对的风险或威胁相称，并且必须在不妨碍全球邮件流动或贸易的情况下实施，同时也需要考虑到邮件网络的特殊性。必须在相关利益方的参与下，以国际协调和平衡的方式对邮政业务实施具有潜在全球影响的安全措施。

《万国邮政公约》以维护海关安全为目的，促进数字化物流的发展，并对海关程序中的电子数据的流动制定安全标准，从协调邮联安全稳定的角度制定国际规则。

3.3.1.5 《日本-欧盟经济伙伴关系协定》

《日本-欧盟经济伙伴关系协定》要求缔约方基于可预测、一致、透明和非歧视的方式，实施其海关立法和其他与贸易有关的法律和法规；并要求各缔约国中的海关程序中规定适用于各缔约方的国际标准，旨在促进合法贸易，在考虑贸易惯例变化的同时遵守其法律法规；对违反海关程序法律和条例的行为，包括逃税和走私，进行有效执法；并要求缔约国不包括强制使用报关或装运前检验。

协定还要求各缔约方应在对符合其法律规定的贸易商或经营者放行货物之前，在海关管制方面采取或维持给予优惠待遇的措施；应促进先进系统的构建和使用，包括基于信息和通信技术的系统，以促进贸易商或经营者与其海关当局，以及与其他贸易相关的机构之间的电子数据交换；应积极推动海关当局和其他贸易有关的机构所要求的数据和文件的进一步简化和标准化。

《日本-欧盟经济伙伴关系协定》基于相关海关法律对进出口程序进行管理，突出欧盟强调的"规范性的力量"，利用数字技术构建新型海关系统，简化过关审核程序，以维护海关程序数字化。

3.3.2 非歧视性待遇

在国际贸易中，非歧视性待遇一直是国际贸易规则制定中的重要部分，因此本小节从《全面与进步跨太平洋伙伴关系协定》和《区域全面经济伙伴关系协定》的角度介绍数字贸易规则制定中的非歧视性待遇。

3.3.2.1 《全面与进步跨太平洋伙伴关系协定》

《全面与进步跨太平洋伙伴关系协定》明确规定了数字产品的定义，指电脑程序、文本、视频、图像和声音记录，以及其他以数字进行编码和制作用于商业销售或分销，且可通过电子方式进行传输的产品。其中，不包括金融工具的数字形式，也不包括货币。《全面与进步跨太平洋伙伴关系协定》要求给予数字产品非歧视性待遇，即缔约方给予另一缔约方数字产品的待遇不低于给予其他同类数字产品的待遇，且上述同类数字产品也涵盖非缔约方的同类数字产品。

这种非歧视性待遇既包含最惠国待遇，也包含国民待遇，体现了自由竞争的价值导向。但也列出三个例外条件：不得与知识产权章节存在冲突；不适用于补贴或赠款，包括政府支持的贷款、担保和保险；不适用于广播。

《全面与进步跨太平洋伙伴关系协定》关于数字贸易中的非歧视原则与其他类型产品及服务的非歧视原则基本一致，即保护数字产品贸易待遇的公平性，但也列出三种例外情况，以在合理条件下促进数字贸易的自由竞争。

3.3.2.2 《区域全面经济伙伴关系协定》

《区域全面经济伙伴关系协定》（Regional Comprehensive Economic Partnership，RCEP）并未纳入数字产品的非歧视性待遇内容，仅在"电子商务对话"条款中提及，考虑在数字产品待遇领域开展对话。这主要是由于数字产品的内容与文化密切相关，多数国家对文化领域开放较为慎重，而美国基于其数字产品竞争优势，力推非歧视性待遇条款，因而在"美式模板"的数字贸易规则中大多包含这一内容，而 RCEP 成员国对区域文化的保护较高，因此对数字贸易中的非歧视性待遇规定不如 CPTPP 中的完善。

3.3.2.3 《数字经济伙伴关系协定》

《数字经济伙伴关系协定》对数字产品的非歧视性待遇问题作出了规定，表明任何缔约方给予在另一缔约方领土内创造、生产、出版、签约、代理或首次以商业化条件提供的数字产品的待遇，或给予作者、表演者、生产者、开发者或所有者为另一缔约方的人的数字产品的待遇，不得低于其给予其他同类数字产品的待遇。

在《数字经济伙伴关系协定》中，对数字产品的非歧视性待遇为成员国的数据流通扫清了障碍，也进一步保护了自身数据的健康发展，对于全球数据跨境流通的发展起到了不可替代的重要作用。

3.3.3　总结

国际规则对于数字化物流更加关注海关程序和非歧视性待遇的问题，在数字贸易过程中对海关程序更加追求便利、简化、安全以及不受限制，致力于优化过关、报关、审单流程，通过立法保障通关过程的高效、透明，鼓励利用数字技术变革海关程序，借助数字化手段提升工作效率、实施精准高效的监管和服务，推动数字化物流高速发展，进一步提升消费者和企业通关"获得感"。而国际规则中关于数字产品的非歧视性待遇规则，意味着要给予来自成员方的数字产品以最惠国待遇和国民待遇，对数字产品服务持有开放自由的态度。但可以看出，当前国际规则对数字产品的非歧视性待遇不太一致，处于保护本国文化的角度，对数字产品的非歧视性原则规定存在分歧。

我国以"互联网+海关"为数字化物流的优化目标，"互联网+海关"是贯彻落实党中央、国务院决策部署，把简政放权、放管结合、优化服务改革推向纵深的关键环节。其中，"互联网+政务服务"一体化平台是推进"互联网+海关"建设的前提，海关总署以互联网为基础，整合升级了海关内部网、电子口岸专网、门户网等多个网络渠道平台，对接国际贸易"单一窗口"建设和全国通关一体化改革，实现企业和群众"单点登录、一网通办"和跨关区、跨层级、跨部门协同服务，做到"全国是一关，一关通天下"。与国际规则相比，我国也把重点放在利用电子形式文件优化报关流程，引入数字技术对海关程序进行改革，我国"互联网+海关"平台的部署，也给"关检融合"政策的落地创造了坚实的基础，通过简化流程切实降低了企业成本，进一步优化提升了口岸的营商环境。借助数字化创新与海关业务的融合，海关部门能够以更加高效和智能的业务平台，进一步提升通关效率、优化口岸服务、深化口岸协作。

而我国当前关于数字产品的非歧视性待遇的国际规则仍注重于市场准入方面，国际上对中国的挑战也主要在于市场准入压力，因此中国对数字产品的非歧视性待遇规则的态度要慎重，接受该规则须建立在对数字产品市场开放意愿进行摸底并充分利用协定所规定的例外机制的基础上。

3.4　数字贸易信息流规则

数字贸易过程中存在大量的数字信息流动，因此关于数字贸易信息流的规则也是国际规则制定中必须涉及的一部分，本节从跨境信息转移、电子传输关税、计算设施位置三个方面介绍数字贸易信息流规则。

3.4.1　跨境信息转移

数字化技术赋予了个人信息潜在商业价值，而数字贸易的发展使得个人信息跨境转移产生价值。由于跨境信息的自由流动，个人信息权益与国家安全容易受到威胁，因此本小节对跨境信息转移进行介绍。

3.4.1.1　隐私保护和跨境个人数据流动指南

经合组织在《隐私保护和跨境个人数据流动指南》中对跨境信息转移的问题作出了解释。在数据流管理章节中，指南要求成员国应考虑个人数据的国内处理和再出口对其他成员国的影响；还要求成员国应采取一切合理和适当步骤，确保个人数据的跨境流动，包括通过成员国的过境、不间断和安全。

指南规定成员国应避免限制其与另一成员国之间的个人数据跨境流动，除非该成员国尚未充分遵守本指南，或此类数据的再出口将规避其国内隐私立法。一个成员国还可以对某些类别的个人数据施加限制，鉴于这些数据的性质，其国内隐私立法中包括了具体的规定，而另一成员国没有提供同等的保护。同时成员国还应避免以保护隐私和个人自由的名义制定法律、政策和做法，因为这会对个人数据的跨境流动造成障碍，超出这种保护的要求。

《隐私保护和跨境个人数据流动指南》关注个人数据流动的自由、安全等问题，通过在成员国之间制定规则来保护个人数据隐私，力求在保障个人隐私的同时不对个人数据流动造成阻碍，也表明所规定的保护标准应当视为最低保护标准，至于其他有关保护隐私和个人自由的措施，各成员国可以自行予以补充。

3.4.1.2　《亚太经合组织隐私框架》

《亚太经合组织隐私框架》是一个在经济体内部和外部保护隐私的框架，来确保个人信息区域性转移利于消费者、企业和政府。亚太经合组织经济体赞同基于原则的《亚太经合组织隐私框架》，认为它是鼓励发展适当的隐私保护措施和确保亚太地区信息自由流动的重要工具。

因此，《亚太经合组织隐私框架》是基于 OECD 的《隐私保护和跨境个人数据流动指南》制定的，该框架的制定和更新是基于以下几点的重要性：

（1）对个人信息实施适当的隐私保护，特别是避免个人信息被入侵和滥用的有害后果。

（2）信息的自由流动对贸易，以及对发达和发展中市场经济体的经济和社会增长的重要性。

（3）使在亚太经合组织成员经济体中收集、访问、使用或处理数据的全球公司能够在其组织内制定和实施统一的方法，以便在全球范围内获取和使用个人信息。

（4）赋予隐私执法机构权力，以履行其保护个人隐私的任务。

（5）推进国际和区域机制，包括亚太经合组织跨境隐私规则（CBPR）系统，以促进和实施隐私保护，并保持亚太经合组织经济体之间以及与其贸易伙伴之间信息流动的连续性。

（6）鼓励各组织对其控制下的所有个人信息负责。

（7）促进该框架及其实施措施（如 CPEA 和 CBPR 体系）与其他地区的隐私做法之间的互操作性。

在跨境隐私机制的问题上，亚太经合组织强调在保持个人信息跨境自由流动的同时保护隐私的重要性，并鼓励成员经济体实施该框架，例如通过使用 CBPR 系统①，以确保隐私信息可以安全地进行跨境流动；要求成员国积极构建跨境隐私机制，以供成员国在亚太经合区域内传输个人信息时使用，同时认识到亚太经合组织仍有责任遵守组织区域内的隐私要求，以及所有适用法律。此类机制应适用亚太经合组织信息隐私原则，鼓励成员经济体开发了 CBPR 系统，为成员国在全球跨境贸易背景下推行《亚太经合组织隐私框架》提供了一个切实可行的机制，并为各组织跨境传输个人信息提供了一种手段，使其可以信任个人隐私信息得到了合理的保护，并要求成员国与适当的利益相关方合作开发了 PRP 系统②，以补充 CBPR 系统的不足之处，PRP 系统帮助个人数据处理者证明他们能够有效履行个人信息控制者在处理个人信息方面的义务。

在个人信息跨境转移的问题上，框架要求对个人信息跨境流动的任何限制都应与传输带来的风险相称，并考虑信息的敏感性以及跨境传输的目的和背景。同时框架还规定了成员国应避免限制自身与其他成员国之间的个人信息跨境流动的例外情况：

（1）该成员国已制定并实施基于该框架的立法或监管文书；

（2）存在足够的保障措施，包括有效的执行机制和由个人信息控制者制定的适当措施（如 CBPR），以保证维持符合该框架以及实施该框架的法律或政策的保护水平。

如上所述，在《亚太经合组织隐私框架》的基础上，亚太经合组织成员经济体构建了 CBPR 系统，该系统"为组织提供了一种跨境传输个人信息的方式，使个人可以信任他们的个人信息隐私得到了保护"。同时亚太经合组织注重平衡个人信息跨境流动与维护个人隐私之间的关系。

3.4.1.3 《东盟跨境数据流动示范合同条款》

《东盟跨境数据流动示范合同条款》（东盟 MCC）作为实施东盟跨境数据流动机制的第一步，鼓励企业在成员国之间进行数据传输时广泛使用，以期建立区域性数据传输的最低标准，而无论相关成员国是否有数据保护法。东盟 MCC 采用两大模块设计合同条款，对应如下两个传输场景：从控制者到处理者（C-P）和从控制者到控制者（C-C）。

---

① CBPR 体系包括经济体的认证、责任代理的认证和组织认证三个级别，并由跨境隐私执法安排给予实施上的保障，通过三级认证构建政府、认证机构和业务组织三个层级的跨境隐私管理体系。

② 处理器隐私识别（PRP）旨在帮助个人数据处理器（"处理者"）证明其协助控制器遵守相关隐私义务的能力。CBPR 系统的目标对象是数据控制者，而 PRP 系统适用于数据处理者。

东盟 MCC 规定合同双方在使用 C - P 模块时需要具备如下三项条件：

（1）通过履行东盟 MCC 中的义务来保护数据；

（2）数据向任何其他方后续传输时适用于相同的合同条款，并遵守相同的数据保护和安全要求；

（3）在数据主体提出相关问询时能提供应答，并约定具体由哪一个合同进行迅速应答。

东盟 MCC 规定合同双方在使用 C - C 模块时需要具备如下两项条件：

（1）通过履行东盟 MCC 的义务来保护数据；

（2）数据接收方需具有一定独立性，即接收方无须接受对所传输数据进行处理的限制，而可以拥有数据传输方的同等权利和义务（除非另行约定）。

《东盟跨境数据流动示范合同条款》是为了东盟成员国之间的数据传输而设计，目的在保障跨境信息流动有序进行，为东盟与区域和全球合作伙伴的合作铺平了道路。

3.4.1.4 《数据出境安全评估办法》

明确数据出境安全评估的具体规定，是促进数字经济健康发展、防范化解数据跨境安全风险的需要，是维护国家安全和社会公共利益的需要，是保护个人信息权益的需要。《数据出境安全评估办法》规定了数据出境安全评估的范围、条件和程序，为数据出境安全评估工作提供了具体指引。

《数据出境安全评估办法》要求数据处理者在申报数据出境安全评估前，应当开展数据出境风险自评估，重点评估以下事项：

（1）数据出境和境外接收方处理数据的目的、范围、方式等的合法性、正当性、必要性；

（2）出境数据的规模、范围、种类、敏感程度，数据出境可能对国家安全、公共利益、个人或者组织合法权益带来的风险；

（3）境外接收方承诺承担的责任义务，以及履行责任义务的管理和技术措施、能力等能否保障出境数据的安全；

（4）数据出境中和出境后遭到篡改、破坏、泄露、丢失、转移或者被非法获取、非法利用等的风险，个人信息权益维护的渠道是否通畅等；

（5）与境外接收方拟订立的数据出境相关合同或者其他具有法律效力的文件等（以下统称法律文件）是否充分约定了数据安全保护责任义务；

（6）其他可能影响数据出境安全的事项。

《数据出境安全评估办法》认为数据出境安全评估重点评估数据出境活动可能对国家安全、公共利益、个人或者组织合法权益带来的风险，因此办法中还包括以下要求：

（1）数据出境的目的、范围、方式等的合法性、正当性、必要性；

（2）境外接收方所在国家或者地区的数据安全保护政策法规和网络安全环境对出境数据安全的影响；境外接收方的数据保护水平是否达到中华人民共和国法律、行政法规的规定和强制性国家标准的要求；

（3）出境数据的规模、范围、种类、敏感程度，出境中和出境后遭到篡改、破坏、泄露、丢失、转移或者被非法获取、非法利用等的风险；

（4）数据安全和个人信息权益是否能够得到充分有效保障；

（5）数据处理者与境外接收方拟订立的法律文件中是否充分约定了数据安全保护责任义务；

（6）遵守中国法律、行政法规、部门规章情况；

（7）国家网信部门认为需要评估的其他事项。

由此可看出，我国对跨境信息转移仍持保守的态度，更加注重跨境数据保护以及国家安全问题，制定相关法律以规避跨境数据流动带来的风险，同时明确划分数据交易双方的责任和义务，通过保障数据安全和个人隐私推动我国数字贸易信息流高效发展。

3.4.1.5　区域贸易协定关于跨境转移信息的条款示例

1. 《全面与进步跨太平洋伙伴关系协定》

《全面与进步跨太平洋伙伴关系协定》以保护跨境转移的自由为宗旨，对以电子方式传输的跨境信息制定了相关条例，协定要求各缔约方应承认各方都对以电子方式传输的跨境信息有独立监管要求；各缔约国应允许利用电子方式进行包含个人数据信息的跨境传输，前提是此活动是为了开展相关人员的业务而进行的；只要各缔约国的措施实施方式不构成任意或不合理的歧视手段或对贸易的变相限制，以及对信息传输的限制不会超过实现目标所需的范围，那么本条款中的任何规定均不得阻止缔约国为实现合法的公共政策目标而采取与以上内容不一致的措施。

《全面与进步跨太平洋伙伴关系协定》允许跨境数据的自由流动，同时也赋予各成员国独立监管的权力，保障在合理的情境下跨境信息传输顺畅进行。

2. 美国管理认证协会

美国管理认证协会也对以电子方式传输的跨境信息制定了相关规则，美国管理认证协会对跨境信息的自由更重视，要求任何一方不得禁止或限制通过电子方式跨境传输包括个人信息在内的电子信息，前提是此活动是为了开展相关人员的业务而进行的；且不妨碍缔约国为实现合法的公共政策目标所采取或维持的必要措施，前提是该措施实施方式不构成任意或不合理的歧视手段或对贸易的变相限制，以及不对信息传输施加超出实现目标所需的限制。[①]

美国管理认证协会保护跨境信息不受限制，并在不妨碍成员国合法的政策要求下维护跨境信息的有效传输，协会承认跨境信息自由流动的重要性。

---

① 如果一项措施仅以数据传输是跨境的为由，对数据传输给予不同的待遇，从而改变了竞争条件，损害了另一方服务供应商的利益，则该措施不符合本条款的条件。

3. 《东盟电子商务协定》

《东盟电子商务协定》也是支持以电子方式进行的跨境信息转移自由流动,以促进数字贸易信息流快速地发展。协定要求成员国应认可通过电子手段进行信息跨境流动的重要性,但这种信息必须用于商业目的,并遵守各自的法律和法规;同时成员国应积极消除或尽量减少包括个人信息在内的信息跨境流动的障碍,以促进跨境电子商务的进行,但在其他合法的公共政策目标有此要求时,必须遵守适当的保障措施,以确保跨境电子信息的安全和保密。

协定中也提到以上要求并不适用于《GATS 金融服务附件》中界定的金融服务和金融服务供应商。《东盟电子商务协定》在成员国的法律标准下,为跨境信息的自由流动减少障碍,促进跨境信息转移,以期能为数字贸易带来更大的利益。

3.4.2 电子传输关税规则

当前国际上对电子传输的定义是通过电子方式进行传输的数字内容和产品,因为当前国际上对"电子传输"没有明确的定义,因此本节介绍区域贸易协定中的电子传输关税规则。

在数字贸易的过程中,电子产品和服务的传输是关税规则制定中重点关注的部分,本小节介绍关于电子传输的关税规则。

3.4.2.1 《全面与进步跨太平洋伙伴关系协定》的电子传输关税条款

《全面与进步跨太平洋伙伴关系协定》明确规定,不得对电子传输包括以电子方式传输的内容征收关税。协定要求较为严格,不仅"永久性"免征电子传输关税,还明确要求涵盖电子传输的内容,即数字产品。这在一定程度上反映出发达国家和发展中国家的分歧,美欧日等发达国家大多主张将电子传输免关税永久化,以中国为代表的部分发展中国家主张延续 WTO 现有电子传输免关税决议。

其中在对关税的要求中包含了电子传输关税的内容,协定要求任何一方不得对一方当事人与另一方当事人之间的电子传输征收关税,包括对电子传输的内容征收关税;并且为了提高确定性,任何一方不得对以电子方式传输的内容征收国内税、费用或其他费用,前提是此类税、费用或费用的征收方式与本协议一致。

美国管理认证协会在关税章节中对电子传输关税的规定与《全面与跨太平洋伙伴关系协定》中的基本一致,其中关于电子传输关税条款的规则制定更加注重电子传输免关税,但也并不是对所有国家免征,而是在特定的贸易协定下的成员之间永久免征。

3.4.2.2 《区域全面经济伙伴关系协定》的电子传输关税条款

1998 年 WTO 成员达成的电子商务关税征收备忘录中规定了不对电子传输征收关税。2016 年签署的 TPP 协议中沿用了上述规定,但明确不阻止缔约方按照 TPP 的约定对电子传输的内容征收国内税、费或其他收费。2019 年 1 月,欧盟发布的电子商务规则提案中也提出永久禁止对电子传输征收关税。根据 WTO 相关要求，缔约方之间的电子传输暂时免征关税，但允许缔约方保留根据 WTO 决议对电子传输关税进行调整的权利。

《区域全面经济伙伴关系协定》明确了维持对电子传输不征收关税的现行做法，以及不阻止缔约方按照《区域全面经济伙伴关系协定》的规定征收其他税费、费用或其他支出，但做出了一些保留，如各缔约方可根据世贸组织部长会议，就电子传输关税进一步调整协定中所提及的征收关税的现行做法。

《区域全面经济伙伴关系协定》明确规定，允许以商业行为目的通过电子方式跨境传输信息，且不得将计算设施本地化作为在境内进行商业行为的条件。此外，《区域全面经济伙伴关系协定》还允许基于保护基本安全利益而采取措施限制跨境信息转移，且其他缔约方不得对采取的措施提出异议。

3.4.3 数据存储本地化

数据存储本地化，即计算设施的物理位置在国界之内。一些国家因重视数据安全等情况，采取数据存储本地化措施，这在一定程度上会增加数字贸易成本，阻碍数据跨境流动。本小节从国际上现有的区域贸易协定的具体条款介绍数据存储本地化的数字贸易规则。

3.4.3.1 欧盟《通用数据保护条例》

欧盟对于数据本地化的规制在个人数据与非个人数据领域有所不同，其在原则上禁止以非个人数据存储本地化作为商业行为的条件，但也设置了公共安全例外条款。欧盟主要在《通用数据保护条例》（General Data Protection Regulation，GDPR）中对个人数据加以保护，但 GDPR 并未对数据本地化提出明确的要求，而是禁止将境内个人数据传输至保护充分性不足、无适当安全维护措施、亦不符合特定例外情况的第三国，并设置了严格的充分性认定和保障机制，使得数据出境面临巨大的合规成本，在实质上受到限制。

而关于非个人数据的保护主要见于欧盟《非个人数据自由流动条例》（RFFND）中，RFFND 对于非个人数据的自由流动情形下的数据存储本地化作出了明确禁止，除非根据欧盟法律，也即根据《欧洲联盟运行条约》（TFEU）第 52 条以公共安全为由提出正当理由，并符合《欧洲联盟条约》（TEU）第 5 条的相称性原则才可进行本地化，也即本地化的内容和形式不得超出实现条约目标所必需的范围。

可以看出，以欧盟为代表的充分保护原则下的数据流动，这种方式不要求数据本土化存储，但要求本地管辖。

3.4.3.2 《东盟电子商务协定》

《东盟电子商务协定》对数据存储本地化的规定体现在对计算设施位置的规则制定

上。协议要求成员国认识到每个成员国都可能有自己关于计算机设施使用的监管要求，包括寻求以保障通信安全和保密的规则；还规定成员国应根据各自的法律和条例，不要求另一成员国的法人及其附属公司将其计算设施设在各自的区域上，作为在各自区域上开展业务的一项要求。同时东盟电子商务协定也提到，以上提到的规定不适用于《服务贸易总协定金融服务附件》所界定的金融服务和金融服务提供者。[①]

东盟跨境数据流动治理机制总体而言与欧盟的机制具有相似性，但相比于欧盟的单一规制，东盟的机制显得更具系统性，作为以新兴国家和发展中国家为主体的区域组织，东盟的机制兼顾成员国各自发展水平和自身国情，在执行中贯彻的东盟方式和"东盟＋X"方式，则是跨境数据流动治理方式的一大创新。

3.4.3.3 美国管理认证协会

美国管理认证协会对数据存储本地化的规则制定也是从计算设施位置的角度出发。协会规定了双方应认识到一方的金融监管机构能够迅速、直接、完整和持续性地获取相关人员的信息，包括此类人员交易和运营的基本信息，并认识到消除对这种获取的任何潜在限制的必要性，这对于金融监管和监督至关重要；同时只要一方的金融监管机构出于监管目的，能够迅速、直接、完整和持续性地访问相关人员在该方区域之外使用或放置的计算设施上处理和存储的信息，那么任何一方都不得要求相关人员以使用或放置计算设施作为在该区域开展业务的条件。[②]

协会还规定在要求相关人员使用或定位其境内或另一管辖区域内的计算设施之前，各缔约国应在可行的情况下，向相关人员提供合理的机会，以补救无法获取信息的情况。[③] 协会制定的条款不限制一方采取或维持保护个人数据、个人隐私以及个人记录和账户保密性的措施的权利，前提是这些措施不得用于规避本条款的承诺或义务。

美国管理认证协会对数据存储本地化持有自由态度，显示出以美国为代表的"全球化"方式，主张数据在全球范围内自由流动。由于美国具有发达的互联网经济和科技实力，美国的大型跨国公司和跨国资本集团的势力已经覆盖全球数据流动的范围，因此这种"全球化"方式的实质是美国维系其网络空间权力地位的体现。数据流动意味着丰厚的利润，而"自由"的背后则是美国可以通过长臂管辖等方式实现对跨境数据的隐蔽控制。

---

① 一般例外适用于这一条款（《东盟电子商务协定》第14条）。
② 为提高确定性，对信息的访问包括对在受保人的计算设备或第三方服务供应商的计算设备上处理或存储的受保人的信息的访问。为提高确定性，一方可采用或维持与本协议不一致的措施，包括与第17.11.1条（例外）一致的任何措施，如要求被保险人事先获得金融监管机构授权特定企业为信息接收方的措施，或采用由金融监管机构在行使其对受保人的业务连续性规划实践的权力时的措施。
③ 为提高确定性，只要一方的金融监管机构无法获得第二款所述的信息，该方可根据第三款要求相关人员在该方境内或该方有权获得信息的另一管辖区域内使用或定位计算设施。

3.4.4 总结

国际规则更关注个人数据的自由流动与个人隐私保护之间的平衡，鼓励各国制定相关法律法规，集中使用、访问保护跨境信息，降低跨境信息转移的风险，推进数字化信息保护机制，进而促进数字贸易的发展。跨境信息转移是进行数字贸易的前提，鉴于跨境信息转移对数字贸易的重要性，各国对跨境信息转移的态度出现分歧。对跨境信息转移的限制一方面有利于国家对数据进行监管，保障其国内政策目标，但另一方面也会限制企业在特定国家中可以进行交易或提供服务的类型，可能构成贸易壁垒，严格限制跨境信息转移也可能导致国内市场被孤立，相关的国内企业难以参与国际竞争。当前国际上关于数据存储本地化规则也出现不同派别，欧盟支持对数据充分保护下的自由流动，东盟则是结合自身国情下进行数据跨境流动，而美国支持数据在全球范围内自由流动。由于跨境数据流动和数据存储本地化的治理机制对国际数字治理和数字经济秩序有着重要影响，所以各国在该方面的规则制定都会出于本国实际情况来考虑。

我国对跨境信息转移的态度与国际规则出现小分歧，与国际上注重促进跨境信息自由流动的态度不同，我国更加注重维护个人隐私和国家安全，其目的是进一步规范数据出境活动，保护个人信息权益，维护国家安全和社会公共利益，促进数据跨境安全、自由流动，力求以安全促发展，以发展保安全。

总体而言，我国对个人信息的重要数据采取"本地信息布署 + 跨境运输评估"的监管模式。《网络安全法》第三十七条规定，关键信息基础设施的运营者在中国境内运营中收集和产生的个人信息和重要数据应当在境内储存。虽然目前跨境电商行业中关键信息基础设施运营者的范围仍未落定，考虑到跨境电商企业在日常业务中涉及体量较大的个人（敏感）信息，仍然有可能被认定为关键信息基础设施运营者，相应的则可能需要履行个人数据本地化的义务。中国高度重视数字经济国际合作，在《网络安全法》《数据安全法》《个人信息保护法》"三法"的立法宗旨下，不断推进数据跨境流动和数据安全领域的规章落地，体现出中国在数据跨境流动治理领域的制度开放性。

3.5 数字贸易网络安全规则

网络安全是指通过采用各种技术和管理措施，使网络系统正常运行，从而确保网络数据的可用性、完整性和保密性。对于数字贸易而言，保证网络安全极为重要，本节介绍国际上现行的网络安全规则。

3.5.1 《携手构建网络空间命运共同体》白皮书

2022 年 11 月中国国务院新闻办公室发布了《携手构建网络空间命运共同体》白皮书，提出构建网络空间命运共同体必须坚持以下基本原则：

尊重网络主权。《联合国宪章》确立的主权平等原则是当代国际关系的基本准则，同样适用于网络空间。网络主权是国家主权在网络空间的自然延伸，应尊重各国自主选择网络发展道路、治理模式和平等参与网络空间国际治理的权利。各国有权根据本国国情，借鉴国际经验，制定有关网络空间的公共政策和法律法规。任何国家都不搞网络霸权，不利用网络干涉他国内政，不从事、纵容或支持危害他国国家安全的网络活动，不侵害他国关键信息基础设施。

维护和平安全。实现网络空间的安全稳定，事关人类的共同福祉。各国应坚持以对话解决争端、以协商化解分歧，统筹应对传统和非传统安全威胁，确保网络空间的和平与安全。各国应反对网络空间敌对行动和侵略行径，防止网络空间军备竞赛，防范网络空间军事冲突，防范和反对利用网络空间进行的恐怖、淫秽、贩毒、洗钱、赌博等犯罪活动。各方应摒弃冷战思维、零和博弈、双重标准，以合作谋和平，致力于在共同安全中实现自身安全。

促进开放合作。开放是开展网络空间国际合作的前提，也是构建网络空间命运共同体的重要条件。各国应秉持开放理念，奉行开放政策，丰富开放内涵，提高开放水平，共同推动互联网健康发展。积极搭建双边、区域和国际合作平台，强化资源优势互补，维护全球协同一致的创新体系，促进不同制度、不同民族和不同文化在网络空间包容性发展。反对将网络安全问题政治化。反对贸易保护主义。反对狭隘的、封闭的小集团主义，反对分裂互联网，反对利用自身优势损害别国信息通信技术产品和服务供应链安全。

构建良好秩序。网络空间同现实社会一样，既提倡自由，也保持秩序。自由是秩序的目的，秩序是自由的保障。既尊重网民交流思想、表达意愿的权利，也依法构建良好的网络秩序。网络空间不是"法外之地"。网络空间是虚拟的，但运用网络空间的主体是现实的，都应遵守法律，明确各方权利义务。坚持依法管网、依法办网、依法上网，让互联网在法治轨道上健康运行。加强网络伦理、网络文明建设，发挥道德教化引导作用，用人类文明优秀成果滋润网络空间、涵养网络生态。

3.5.2 经合组织的建议

自 20 世纪 90 年代初以来，经合组织一直在解决数字安全问题，其观点中提出的数字转型对于经济和社会繁荣至关重要，经合组织的数字贸易网络安全围绕"不受约束"的主题展开。

3.5.2.1 经合组织《关于重要活动数字安全的建议》

随着一系列经济社会活动的数字化转型，发生数字安全风险的数量以及相关安全事件的复杂度都在不断增加。在这些活动中，有些活动至关重要，因为活动的中断可能会对公民的健康与安全、对重要的经济社会服务的有效运作甚至是更广泛的经济和社会繁荣造成重大影响。在此背景下，经合组织于 2019 年通过了经合组织《关于重要活动数字安全的建议》，取代了 2008 年经合组织《关于保护关键信息基础设施的建议》。该建议构建了关于重要活动数字安全的总体政策框架，包括以下内容：

（1）制定国家数字安全战略。一是确保国家数字安全战略与国家风险评估以及具体行业部门的战略保持一致。二是建立并公开发布内部治理机制，明确专门的负责机构，以便其能够与各利益相关方一起制定和实施政策。此外，治理机制还应当考虑国家安全部门和国防部门可以在哪些方面发挥作用。三是确保国内政府部门间的协调统一，包括促进数字安全专家与行业部门专家之间进行充分对话；确保各部门采取措施的一致性，尽可能解决政策之间相互矛盾的问题；在相关政府部门中进行有效的资源分配等。

（2）增强数字安全风险管理和重要活动突发情况的还原应急能力。一是开发新的方案或加强现有的事件响应能力，例如通过一个或多个计算机紧急事件响应小组（CERT）、计算机安全事件响应小组（CSIRT）、安全运营中心（SOC）等，负责监测、预警并执行恢复措施，以及建立沟通机制以促进突发事件响应人员之间更紧密地开展合作。二是促进 CERT、CSIRT、SOC 和运营商之间进行有效的业务合作，包括事件报告和分析。三是推广国际数字安全标准、方法、最佳做法和工具等。四是向运营商提供必要的支持，包括共享有关风险、漏洞和管理实践的信息，支持运营商评估风险并采取适当的风险处置措施，在发生安全事件时提供帮助或指导等。五是促进各种可信任的安全服务和产品在全球市场的发展，包括管理服务、审计和响应服务。六是加大能够对跨部门或特定部门的数字安全风险进行熟练管理的人才培养。七是通过并鼓励采用协调一致的漏洞披露和管理流程。

（3）建立基于证据的监督机制。一方面可以评估运营商对政策要求的执行情况；另一方面能够持续改进政策、法律框架和自我监管计划，以达到预期的保护水平。

（4）将数字安全风险整合到国家风险管理中。一方面国家风险评估可以识别重要活动及其运营商，同时考虑整体的价值链条；另一方面也可以督促运营商进行周期性的企业风险评估，以确保重要活动所需的核心功能能够正常运转。

3.5.2.2 《电商环境下消费者保护准则》

经合组织理事会于 2016 年 3 月 24 日通过《电商环境下消费者保护准则》，该准则旨在保护消费者在电商环境下的贸易安全，以减少或缓解与消费者参与电子商务相关的不利影响。《电商环境下消费者保护准则》结合电子商务的一些新发展等，提出了电商环境下消费者保护的八大原则：

（1）透明和有效的保护。消费者在参与电子商务活动过程中，应当获得透明、有效的消费者保护，并且所获得的保护水平不得低于其他非电子商务方式所提供的保护水平。

（2）公平的商业、广告和营销。从事电子商务的企业应当充分考虑消费者的利益，并按照公平的商业、广告和营销的一般惯例以及诚信善意的一般原则从事商业活动。企业不得作出任何具有欺骗性、误导性、欺诈性或有失公平性的陈述、遗漏或者其他行为，尤其是那些默示性的虚假陈述。

（3）在线信息披露。在线信息披露一般原则是：在线信息披露应当清晰、准确、易得和明晰，确保消费者能够拥有充分信息就交易作出"知情——决定"；在线信息披露应当采用简明易懂的语言，并且确保消费者能够完整、准确和持久地保留在线信息披露的记录；如果在线交易可以采用多种语言，从事电子商务的企业应当以多种语言形式向消费者提供就交易作出"知情——决定"所需的相同且全部信息；除非从上下文中可以显而易见地知悉所指货币种类，否则所有涉及费用的信息都应当明确其计量所用的种类货币；企业提供所有必要的信息时，应当考虑技术条件限制、电子商务所用设备或平台的专有特性等特定因素。

（4）确认交易过程。除非消费者已经提供了明示的"知情——同意"条件下的交易确认，否则企业不应当处理相关交易。企业要求消费者确认交易的时间点，即在此之后必须进行付款或者应当受到合同约束，必须是明确、清晰的。同时，企业要求消费者完成交易所需的操作步骤也必须是明确清晰的，尤其对于采用新型支付机制的交易来说更是如此。对于整个交易过程的全部信息，企业应当确保消费者能够以与消费者用于完成交易的设备或平台相兼容的格式，保留完整、准确和持久的交易记录。

（5）支付机制。从事电子商务的企业，应当为消费者提供便利的支付机制，并采取与支付机制相匹配的安全保障措施，以防止发生支付风险，例如未经授权访问或使用个人数据、欺诈和盗用身份等风险。无论采用何种支付机制，成员国政府和利益相关方应当共同努力，为电子商务支付建立最低标准的消费者保护。同时，成员国政府还应当鼓励其他能够增强消费者对电子商务信任的支付方式，例如第三方托管服务。

（6）争议解决和补偿。企业不得试图限制消费者作出负面评价，不得试图限制消费者提出投诉和争议，不得试图限制消费者向政府机构进行咨询或者向政府机构和其他投诉机构进行投诉。成员国政府应当为消费者提供公平、便利、透明和有效的争议解决机制，及时解决国内和跨境电子商务争议，确保消费者能够获得适当补偿，但不得因此产生不必要的费用或负担。

（7）隐私保护与安全保障。企业应当确保其收集和使用消费者数据的行为合法、透明和公平，应当确保消费者能够有机会参与和选择电子商务，并为消费者的隐私提供合理的安全保障措施。企业应当加强数字安全风险管理并采取相应的安全保障措施，以减少或减轻消费者因参与电子商务而可能产生的不利影响。

（8）教育、意识和数字化能力。成员国政府和利益相关方应当共同努力，向消费者、政府工作人员和企业宣传电子商务，应当努力提高企业和消费者对在线电子商务中有关消费者保护的法律认识和法律意识，包括国内层面和跨境层面的各种权利、义务和风险。成员国政府和利益相关方应当共同努力，通过教育和宣传不断提高消费者的数字能力，为消费者提供获取和使用数字技术、参与电子商务的相关知识和技能。

3.5.3　区域贸易协定关于网络安全的条款示例

3.5.3.1　《全面与进步跨太平洋伙伴关系协定》

《全面与进步跨太平洋伙伴关系协定》在电子商务章节中对网络安全问题作出规定，明确规定了在网络安全事务上合作的缔约国之间需要培养应对计算机安全事件并对此负责的能力，以及利用现有的协作机制开展互助合作，以甄别和减轻各方电子网络的恶意入侵或恶意代码传播的影响。

《全面与进步跨太平洋伙伴关系协定》注重网络安全能力的培养，促进国家间的网络安全合作，共享处理事件的经验，以降低网络风险给数字贸易带来的影响，维护国际数字贸易的安全稳定。

3.5.3.2　美国管理认证协会

在网络安全方面，美国管理认证协会规定各方应认识到网络安全威胁破坏了各方对数字贸易的信心。因此，各方应积极培养应对网络安全事件并对此负责的能力；加强现有的合作机制，以协作查明和减轻电子网络的恶意入侵或恶意代码传播的影响，并利用这些机制迅速处理网络安全事件，以及提高甄别信息的能力和分享处理信息的最佳做法。

鉴于网络安全威胁不断变化的特性，协会认为各方在应对这些网络安全威胁时，基于风险而采取的方法可能比指令性监管更有效。因此，各方应积极采用并鼓励其管辖范围内的企业基于风险因势利导，这些方法依赖于达成共识的标准和风险管理最优实践，以甄别和防范网络安全风险，并检测、应对和处理网络安全事件。

美国管理认证协会从提升能力和加强监管两个角度提出与网络安全相关的规定，旨在降低网络安全风险，合理应对网络安全事件，维护电子商务活动参与方的利益，促进数字贸易快速发展。

3.5.4　总结

随着网络安全问题日益突出的战略地位和利益关切，对网络安全规则的制定成为数字贸易规则中的重要环节。网络安全问题已经威胁国家数字贸易的安全发展，其中美国通过网络安全和基础设施安全局（CISA）主导国际网络空间漏洞治理规则，协同国家安全部、国防部、商务部等多方合作，将漏洞治理工作上升至《国家安全战略》高度，并在国际上通过强调共同利益来保护美国国土安全，通过多边合作来减少漏洞资源向美及盟国以外的区域流动，进一步扩大了网络空间主动权，拓展了网络空间霸权。

我国在数字贸易网络安全规则方面仍存在不足，需将构建完善的网络安全规则体系作为推动数字贸易发展的重要步骤。应提高国家网络安全监管机制，提升我国网络安全威胁的防御水平。首先，应建立健全的网络安全管理流程，有效降低危害网络安全事件的发生率；其次，推动网络安全方面的资源共享合作，提升网络漏洞披露协同性，充分发挥网络安全预警的重要作用，及时遏制网络安全威胁，提升我国网络空间治理能力。2022 年 11 月 9 日，国家主席习近平向 2022 年世界互联网大会乌镇峰会致贺信，强调"加快构建网络空间命运共同体，为世界和平发展和人类文明进步贡献智慧和力量"，旨在推动网络空间构建互联互通、共享共治的国际秩序。我国针对网络安全问题需要各级相关机构加强沟通、扩大共识、深化合作，共同提高我国整体网络安全保障水平。

3.6　互联网和数据准入规则

数字贸易必须通过互联网进行数字产品和数据的流通，因此本节从互联网准入规则、开放政府数据两个方面介绍互联网准入和数据规则。

3.6.1　《全面与进步跨太平洋伙伴关系协定》互联网准入规则

互联网标准是支撑互联网基础设施的公认技术规范，由互联网相关的标准制定机构制定，这些机构以开放互联网标准为宗旨，允许任何人参与制定互联网标准的过程。但是互联网标准制定机构当前面临的最大挑战之一就是缺乏政府的认可，即国内法律法规没有引用开放标准。本小节从互联网准入规则角度切入，讨论《全面与进步跨太平洋伙伴关系协定》是如何制定互联网访问原则的。

《全面与进步跨太平洋伙伴关系协定》制定了电子商务访问和使用互联网的原则，原则提出根据适用的政策、法律和法规，缔约国应认识到其区域内消费者的利益，根据合理的网络管理办法，访问和使用消费者选择的互联网服务和应用程序[①]；将消费者的最终用户设备连接到互联网，前提是此类设备不会损害网络；提供互联网接入服务的供应商通过网络管理合理接入信息。

《全面与进步跨太平洋伙伴关系协定》以终端用户的设备不损害网络为前提，对电子商务活动开放互联网准入和访问路径，通过互联网接入服务拓宽数字贸易数据信息流

---

① 双方承认在独家的基础上，向其用户提供某些内容的互联网接入服务供应商不会违背这一原则。

动渠道，推动成员国互联网准入规则发展。

3.6.2　开放政府数据规则

随着政府信息化水平的不断提升，政府部门在履行职责过程中已生成、采集和保存了海量的数据，成为社会主要的数据保有者，政府所保存的这些数据与公众的生产生活息息相关。开放政府数据常常有利于数据的共享流动，促进双向贸易的共赢发展，但是开放政府数据也需要相关的国际规则保护，本小节介绍开放政府数据规则。

3.6.2.1　美国《开放政府数据条例》

在数字经济时代，数据已成为驱动经济发展和技术创新的国家基础性战略资源，是衡量国家竞争力的重要标志。美国作为开放政府数据的先行者和引领者，通过了最新的《开放政府数据法》，为美国政府数据的开放与利用提供了更有力的保障。美国的《开放政府数据法》包括以下重要内容：

（1）对收集的数据的公开程度、数据质量及其利用进行日常性审查，并规定公开除了隐私泄露、安全风险、法律责任、知识产权限制等因素或全面考虑不宜公开的政府数据。还规定联邦机构应及时了解用户对政府数据的评价，并采取措施促进与非政府机构（包括企业）、研究人员以及公众的合作互动。

（2）建立全面的数据清单并定期更新，同时公开联邦数据目录与开发在线存储库，规定了相关机构数据存储一般事宜的指引，并开发和维护数据清单，清晰且全面地反映数据资产。

（3）设立首席数据官及其委员会制度，负责以最佳方式使用、保护、传播和生成政府数据，与使用数据的用户和其他利益相关方就如何更好地维护数据进行互动，评估确定用于改进数据收集和使用的新技术方案等。

（4）针对此前对政府数据缺乏反馈评估和改进机制，建立了开放政府数据的报告及评估制度。

美国针对开放政府数据问题不仅制定了《开放政府数据法》，美国管理认证协会还制定了相关规则，规范缔约方的政府数据开放行为。在开放政府数据章节中，要求各方应承认促进公众获取和使用政府信息有助于经济和社会的竞争力和创新性的发展；如果一方选择向公众提供了政府数据信息，它应积极确保政府数据信息是作为开放数据被提供，并且是设备可读的，同时具备被搜索、检索、使用、再使用以及再分发的特性；同时各缔约方应积极参与合作，鼓励各缔约国拓宽获取政府数据信息的渠道，以及提供使用其公开的政府数据信息的方式，特别是为中小企业增加和创造商业机会。

美国对开放政府数据的相关法律规定体现了其结合数字经济的发展特点，把推进政府数据开放作为增强国家竞争力、赢取全球资源配置优势的重要战略举措，为美国成为全球数字贸易领导者奠定数据资源基础。

3.6.2.2 《数字经济伙伴关系协定》的开放政府数据条例

《数字经济伙伴关系协定》展望数据创新的未来，为数据共享项目的未来工作设定框架，旨在探索拓宽访问和使用公开政府数据的方式。在《数字经济伙伴关系协定》中的开放政府数据章节中，明确规定缔约方应认可促进公众获取和使用政府信息有助于经济和社会的竞争力和创新性的发展；如果一方选择向公众提供政府数据信息，它应积极确保政府数据信息是作为开放数据被提供的；还要求缔约方应积极参与合作，鼓励双方拓宽访问渠道和使用开放数据的方式，以增强和创造商业机会。

《数字经济伙伴关系协定》还说明协定中的合作可包括以下活动：共同确定开放数据集，特别是具有全球价值的数据集，可用于促进技术转让、人才培养和部门创新；鼓励成员国应积极实现政府数据的公开，并基于开放数据集开发新产品和服务；促进使用和开发提供的标准化公共许可证形式的开放数据许可，允许所有人出于法律允许的目的自由访问、使用修改和共享开放数据。

可以看出，《数字经济伙伴关系协定》以各缔约国法律为前提，以政府数据的公开和自由流动为目标，积极促进政府数据的开放，以创造商业机会，促进数字贸易的发展。

3.6.3 总结

国际规则对互联网准入方面的条款较少，但以开放互联网准入，拓宽信息互联渠道为目标，降低互联网准入门槛，进一步提升用户在电子商务活动中的效用。而国际规则关于开放政府数据普遍以各国法律为前提，最大限度地开放政府数据的自由流动，加快政府数据市场化流通、创新数据资源的开发利用机制等，推动建立开放政府数据市场体系。

我国互联网准入秉承共同发展的原则，坚持"尊重各国自主选择网络发展道路、网络管理模式、互联网公共政策和平等参与国际网络空间治理的权利，不搞网络霸权，不干涉他国内政，不从事、纵容或支持危害他国国家安全的网络活动"。中国要在保护互联网核心主权的基础上走出去，通过与国际接轨走出去，为世界的网络安全提供中国的选择是非常重要的，这既关乎自身的发展，也关乎世界的网络安全。

但我国目前仍在国家层面缺乏对政府数据开放的明确规则，关于开放政府数据的专门立法相对滞后，亟待进一步建立健全的政策法规体系。我国应在强化政府信息资源的规范化、标准化、信息化管理的基础上，借鉴美国、《数字经济伙伴关系协定》等国际规则的立法经验，进一步对开放政府数据进行专门立法，建立健全的国家级政府数据开放平台，明晰政府数据管理机制，建立日常性审查、报告评估等制度，有效提升政府数据开放的力度，助推我国数字贸易高质量发展。

3.7 数字贸易企业源代码规则

源代码是相对目标代码和可执行代码而言的，源代码就是用汇编语言和高级语言写出来的代码。在数字贸易中企业也会使用专属的源代码，因此本节从企业源代码角度对数字贸易企业信托规则进行介绍。

3.7.1 世贸组织协议

世贸组织协议中对数字贸易中的企业源代码问题作出了相关规定，主要是与贸易相关的知识产权和技术性贸易壁垒相关的协定，旨在保护数字贸易中的源代码安全，进而维护数字贸易安全稳定地发展。

3.7.1.1 《与贸易相关的知识产权协议》

在《与贸易相关的知识产权协议》（TRIPS）中，规定源代码受世贸组织的保护，同时也受到专利、版权或商业秘密的保护，协议针对强制披露源代码措施作出合规性的初步判断，具有一定的包容性。

《与贸易相关的知识产权协定》规定在计算机程序中，无论是源代码还是目标代码均应根据 1971《伯尔尼公约》的规定作为文献著作而受到保护；还规定不论是机读的还是其他形式的数据或其他材料的汇编，其内容的选择和安排如构成了智力创造即应作为智力创造加以保护，这种不得延及数据或材料本身的保护不应妨碍任何存在于数据或材料本身的版权。

3.7.1.2 《技术性贸易壁垒协定》

世贸组织公布的《技术性贸易壁垒协定》旨在确保技术法规、标准以及符合技术法规和标准的评估程序，同时不对国际贸易造成不必要的障碍。这些规则也将适用于包括软件在内的通信技术产品的法规、标准和合格评定程序。根据《技术性贸易壁垒协定》，允许世贸组织成员为嵌入软件的产品制定技术规格，只要这种规格"不对贸易的限制超过实现合法目标所必需的程度"。世贸组织成员也有义务确保嵌入软件的进口产品符合该协议规则中的此类技术规范准则。

软件具有开发成本高和复制成本低等特征，获得源代码即可复制软件，但不提供源代码不仅不会影响软件的运行，反而有助于保护源代码，因此世贸组织将源代码定义在著作权范围内并予以一定的保护，以维护商务活动中参与方的核心竞争力和商业利益。

3.7.2 区域贸易协定关于企业源代码的条款示例

3.7.2.1 《日本－欧盟经济伙伴关系协定》

《日本－欧盟经济伙伴关系协定》中对企业源代码的规则更加凸显"欧式规则"，协定要求一方不得要求转让或访问另一方人员所拥有的软件源代码。[①] 并说明条款中的任何内容均不得阻止在商业谈判合同中纳入、执行、转让或授予源代码访问权相关的条款和条件，或在政府采购等情况下自愿转让或授予源代码访问权。

协定还对强制披露企业源代码的特殊情况制定了除外条款：对于商业缔约和政府采购；法院、行政法庭或竞争管理机构要求纠正违反《竞争法》的行为；法院、行政法庭或行政机关在知识产权范围内，对知识产权的保护和执行的要求。

《日本－欧盟经济伙伴关系协定》体现了欧盟关于源代码的数字贸易规则的立场。首先，欧盟对源代码的规定以数字贸易自由化为原则，在合理保护的同时兼并源代码的自由访问。其次，在条款中规定了禁止强制披露源代码措施的要求，但是在例外条款上欧盟也具有合理性和多样性。欧盟对源代码的保护路径更加灵活和务实，合理地考虑到特定情形下，对数字贸易自由进行限制的必要性。

3.7.2.2 《全面与进步跨太平洋伙伴关系协定》

《全面与进步跨太平洋伙伴关系协定》重视对软件源代码知识产权的保护，要求缔约方不得将转移软件源代码作为在其境内销售或使用该软件的条件，但也设置了三条例外条款：

（1）上述软件限于大众市场软件，不包括关键基础设施所使用的软件；

（2）允许商业谈判合同中包含关于源代码的条款和条件，允许要求修改软件源代码；

（3）不得影响专利申请或授予的有关要求，包括司法机关关于专利争端的命令。

《全面与进步跨太平洋伙伴关系协定》中的源代码规则仅适用于大众市场软件，不适用于政府采购和金融行业。该源代码规则明确排除使用于关键基础设施中的软件，且未对"关键基础设施"进行定义，实际上是将解释权交给了缔约方，体现了对国家规制关键基础设施权力的尊重。

3.7.2.3 《美墨加协定》

与《全面与进步跨太平洋伙伴关系协定》相比，首先，《美墨加协定》（USMCA）中对源代码规则未对软件类型作任何限定，表明缔约方不得主张关键基础设施情形的除外适用；其次，"监管和司法获取例外"所允许的情形看似宽泛，但未允许监管和司法机关要求软件所有人转让其源代码或算法。并且，该例外还将缔约方要求获取源代码或

---

① 为更明确起见，"另一方人员拥有的软件源代码"包括产品中包含的软件源代码。

算法限定于"具体"调查等活动中，表明缔约方不能以监管或司法为由将获取源代码或算法作为一般性要求。最后，即便缔约方援引"监管和司法获取例外"作为强制获取源代码或算法的合法性依据，也应在软件所有人主张源代码为其商业秘密时，确保相关措施不得影响源代码的商业秘密地位。

综上所述，《美墨加协定》的源代码规则通过较为宽泛的适用范围和严格的例外条款，较大地限制了缔约方在政府采购和金融行业之外采取源代码措施的权力和规制灵活性，并强化了监管和司法机关对所获取源代码的保密义务。

3.7.3 总结

国际规则中对源代码的规定有所不同，一方面认为保护源代码的知识产权将维护商业利益和核心竞争力，另一方面认为源代码的自由流动可以促进数字贸易的发展。

我国在源代码问题上，明确要求或可能要求软件所有人转让或允许获取其源代码或算法的规定主要包括：网络安全等级保护制度明确要求获取源代码；关键信息基础设施的网络安全审查中或要求获取源代码；强制性认证中或要求获取源代码；强调信息技术的安全可控或隐含强制获取源代码要求；将促进自主创新和安全可控等目标与政府采购挂钩的做法可能暗含要求外方转让或提供源代码。我国制定源代码规则是出于确保国家安全并推进自主创新政策和产业政策的目的，并在数字贸易中制定"中式规则"。

3.8 数字贸易市场竞争规则

有贸易往来的地方就存在市场竞争，数字贸易也不例外，与数字贸易繁荣一同出现的市场竞争是国际贸易中不可避免的情况，并且由于数字贸易的技术特殊性，所造成的市场竞争也有所不同。本节介绍国际上现行的数字贸易市场竞争规则。

3.8.1 《关于在竞争调查和诉讼中开展国际合作的建议》

在 1967 年首次提出并经过一系列修订后，经合组织理事会于 2014 年 9 月通过了《关于在竞争调查和诉讼中开展国际合作的建议》，解释了"调查或诉讼"指的是遵行国[①]的竞争主管部门根据本国竞争法授权，或开展的任何正式的事实调查或执法行动，还解释了"具有反竞争效应的合并"指的是根据遵行国的竞争法律和惯例的定义，限制或可能限制竞争的合并，在本建议中，它可能包括遵行国竞争主管部门根据该国的合

---

① "遵行国"系指成员国和遵行本建议的非成员国。

并法正在审查的、以确定其是否具有反竞争效应的合并。

该建议呼吁各国政府加强对本国现有的竞争法以及针对市场竞争所实施的措施，以进一步促进各国竞争主管机构之间的国际合作，并减少反竞争行为和具有反竞争效应的合并对本国市场运行造成的伤害。除此之外它提出对协调竞争调查或诉讼、在竞争调查或诉讼中交换信息，以及向其他竞争主管部门提供调查协助的相关规定，这在处理数字业务造成的市场扭曲方面是具有重要意义的。

3.8.1.1 协调竞争调查或诉讼

如果两个或两个以上遵行国针对同一或相关反竞争做法或具有反竞争效应的合并进行调查或诉讼，则建议其努力对相关调查或诉讼开展协调，只要其各自的竞争主管部门认为此举符合本国利益。

3.8.1.2 在竞争调查或诉讼中交换信息

在适当且可行的情况下，建议各遵行国在合作的过程中相互提供相关信息，以便各自的竞争主管部门可以针对反竞争做法和具有反竞争效应的合并进行调查并采取适当有效的行动。

3.8.1.3 向其他竞争主管部门提供调查协助

建议无论两个或两个以上加入方是否针对相同或相关的反竞争行为或具有反竞争影响的兼并，加入方的竞争主管机构应在自愿的基础上相互支持其执法活动，在适当和可行的情况下相互提供调查援助，同时考虑到现有资源和优先事项。

经合组织理事会对竞争调查和诉讼问题旨在依靠主管部门之间有效和高效的合作，通过竞争执法造福于消费者、企业和纳税人，实现社会福利的有效提升。该建议意在帮助各遵行国提升其处理竞争调查和诉讼的能力，增进遵行国与其他司法管辖区的执法合作，遏制反竞争做法和可能具有反竞争效应的合并。

3.8.2 《数字经济伙伴关系协定》

《数字经济伙伴关系协定》创造了一个数字经济的监管框架，数字经济伙伴关系协定缔约国，其以政府为主导的数字经济模式在电子政务、智慧交通、智慧医疗等数字经济基础设施建设领域处于全球前列，但是这些国家缺乏具有全球影响力的大型ICT企业，因而在协议中对当地的数字初创企业和中小企业做出特别关照。《数字经济伙伴关系协定》代表了为数字经济创建和谐框架的良好开端，它包含允许成员在明确需要时根据当地情况调整规则的灵活性，并且为其他成员创造良好的数字贸易市场竞争条件。

《数字经济伙伴关系协定》对数字贸易市场竞争规则制定的重心放在竞争政策和合作交流方面，协定要求缔约国可以通过分享其执行竞争法以及制定和实施竞争政策的最佳做法，以获得应对数字经济挑战所带来的有益经验。缔约国应考虑根据可用资源开展技术合作活动，包括交流数字市场中的竞争政策信息和经验；分享促进数字市场竞争的最优做法；通过官员交流提供咨询或培训，协助一方培养必要的处理能力，以加强数字市场中竞争政策的制定和竞争法的执行。协定还要求缔约国应就数字市场中的竞争法执法问题开展合作，包括通过互相告知、磋商和信息交流；并且同意以符合各自法律、法规和重要利益的方式，在合理可用的资源范围内进行合作。

3.8.3　总结

国际规则对数字贸易竞争问题的规定都以各国政府为中心，注重政府机构对相关法律的制定，交流处理市场竞争的经验和最优做法，促进数字贸易市场的良性竞争。

政府对受危机影响的市场的干预是必要的，也是合法的，但为了确保经济的稳健复苏，必须在长期内重建市场的有效竞争。因此，必须在短期内采取种种措施支撑和刺激经济实现复苏，同时提高经济的韧性、包容性。我国当前在数字贸易市场竞争规则方面的规定较少，我国应吸取国际规则中的有利经验，制定符合自身国情的数字贸易市场竞争规则。在价值链具有跨境性质的市场上，以及在一个司法管辖区的政策和执法反应可能对其他司法管辖区产生直接影响的市场上，我国应利用自身的影响力，促进本国和世界数字贸易竞争良性发展。

扩展阅读

数字贸易国际规则构建

数字贸易已成为全球经济数字化发展的重要推动力，对国际分工、交易方式及贸易体系产生了广泛而深远的影响。全球数字贸易所衍生的数字价值链对传统国际贸易秩序下的利益分配体系产生了巨大冲击，通过管控跨境信息转移来推动本国数字产业繁荣的"数据重商主义"开始出现，各大经济体围绕跨境信息转移进行规则制定，加速构建符合自身利益的贸易规则。

目前，在全球层面基本形成了以欧盟、美国两大规制体系为主体，辅以其他国家规制体系的跨境信息转移治理格局，但是由于保护主义规制对数字贸易的限制，各国之间跨境信息转移治理的平衡被不断打破，限制数据自由流动或强制获取数据都可能引发数字贸易壁垒，平衡被破坏后所产生的负面效应阻碍了全球数字贸易的协同发展。

一方面，美国、欧盟等数字经济先发经济体之间因数据流动不畅而导致的市场割裂现象持续蔓延；另一方面，数字经济先发经济体与后发经济体之间的"数字鸿沟"不断加深。例如，2020年7月，欧盟法院以美国的监控计划不利于数据保护为由，裁定欧盟与美国签署的《欧美隐私盾牌》协议无效，美国从欧盟自由获取数据的通道被切断；2020 年 10 月，爱尔兰隐私监管机构出台规定，禁止脸书（Facebook）将欧洲用户的数据转移至美国；2020 年 12 月，欧盟出台《数字服务法案》和《数字市场法案》，要求对数字平台治理问题和竞争问题进行严格监管，旨在重新规范欧盟的数字市场秩序，创造公平有序的竞争环境。美国、欧盟之间的一系列摩擦事件加剧了全球跨境信息转移治理规则的竞争，经济发展潜力大、拥有庞大数据量的亚太地区成为新的竞争场域。例如，美国、墨西哥、日本、加拿大、新加坡、韩国、澳大利亚和菲律宾都申请加入 APEC 构建的 CBPR 体系；2019 年 2 月，《欧日经济伙伴关系协定》正式生效，对促进欧日双边跨境数据自由流动产生积极作用。日本于 2008 年与东盟签订《东盟－日本全面经济伙伴关系协定》后，积极通过向东盟输入数字基础设施、数字信息技术，以开拓亚洲数字贸易市场；2019 年 9 月，美国与日本达成《美日数字贸易协定》，确保双方企业在遵守个人信息保护的法律框架的同时，通过跨境信息转移促进数字贸易发展；《美国－墨西哥－加拿大协定》禁止美国、墨西哥和加拿大的数据本地化保护，实现三方跨境信息转移；2020 年 11 月，由中国、日本、韩国、澳大利亚、新西兰和东盟 10 国共同正式签署的《区域全面经济伙伴关系协定》明确限制成员国政府对数字贸易施加各种限制，包括数据本地化（存储）要求等，其中第 12 章第 15 条申明"不得阻止基于商业行为而进行的数据跨境传输"。作为超大型自由贸易协定，《区域全面经济伙伴关系协定》将有助于减少数字贸易成本，推动形成数字贸易规范，并巩固多边贸易体系。

随着中国数字技术带动了数字经济的高速发展，中美两国在数字领域的摩擦也日益增加。例如，2020 年 8 月，时任美国总统特朗普签署行政命令，禁止美国个人和企业与字节跳动及腾讯进行任何交易；同年 9 月，美国商务部称美国公司将被禁止与微信和 TikTok 进行商业交易，同时禁止美国公司通过微信"以在美国境内转移资金或处理付款为目的"提供服务；同时，美国外交关系委员会发布《美国和盟国创建数字贸易区对抗中俄互联网愿景报告》，呼吁在美国与其盟友间建立一个开放的互联网治理体系，针对中国形成国际统一战线，抑制中国数字贸易的发展；2021 年1 月，时任美国总统特朗普签署行政命令，禁止与包括支付宝、微信支付在内的 8 款中国应用软件进行交易。美国采取交易禁令等限制市场准入的干预措施，主要是为了防止中国数字企业迈向数字价值链上游并进军美国本土数字市场。作为数字技术最先进、数字经济最发达的市场主体，全球范围内数据流通自由度的提升对美国的国家安全影响较小，因此，凭借数字市场方面的先发优势，美国历来追求促进数字贸易领域内的贸易开放性及其自由化发展，力推跨境数据自由流动和数据存储非强制当地化，甚至采用长臂管辖的方式维持获取其他国家数据的能力。与此同时，对涉及本国利益的关键数据则大力保护，拒绝实行同等程度的数据开放，因此，在中国数字企业走向海外之初，美国就以侵犯国家安全、公民隐私等理由进行封杀。为维系对全球数据市场流动性的主导权，美国采取了一系列数据保护主义行为，这对形成一个协同多方、公正有效的全球数据跨境流动规制体系带来了挑战，也给全球数字贸易的发展带来了负面效应。

资料来源：刘典．"数字贸易战"：一场被严重低估的中美交锋│文化纵横［EB/OL］．腾讯网，https：// new. qq. com/rain/a/20210526A0BZW900，2021 - 05 - 26.

◎ **本章提要**

数字贸易的迅速发展不断推动各国、各经济体加速对数字贸易国际规则的制定，以此夺取在国际数字贸易市场的领导地位。本章从数字贸易规则多角度进行介绍，包括消费者保护规则、数字便利化规则、数字化物流规则、数字贸易信息流规则、数字贸易网络安全规则、互联网和数据准入规则、数字贸易企业源代码规则以及数字贸易市场竞争规则，各国对数字贸易规则的制定存在较大分歧，特别是涉及本国国家安全、隐私利益的问题上，各国制定的数字贸易规则目的大有不同。当前我国数字贸易规则仍然存在空白，我国应该顺应数字贸易的国际形势，吸取国际上关于数字贸易规则制定的经验，进而推出国际数字贸易规则的中国方案。

◎ **概念复习**

数字贸易规则　消费者保护　数字便利化　数字化物流　数字贸易信息流　网络安全　互联网和数据准入　企业源代码　数字贸易市场竞争

◎ **阅读资料**

（1）联合国贸易与发展会议．联合国消费者保护准则［S］. 2016.

（2）经合组织．电子商务对消费者保护准则（1999）［S］. 2016.

（3）世贸组织．贸易便利化协定［R］. 2017.

（4）联合国欧洲经济委员会"贸易便利化建议"第 25 号提议［R］. 1995.

（5）联合国欧洲经济委员会"代码列表建议"［R］. 1996.

（6）联合国欧洲经济委员会"贸易便利化和电子商务（UN/CEFACT）"［R］. 2017.

（7）亚洲及太平洋地区跨境无纸贸易便利化框架协议［R］. 2019.

（8）联合国国际贸易法委员会"贸易法委员会电子可转让记录示范法（2017 年）"［S］. 2017.

（9）WCO 跨境电子商务标准框架［R］. 2022.

（10）WCO 安全标准框架［R］. 2018.

（11）万国邮联标准［R］. 2020.

（12）东盟个人数据保护框架［R］. 2016.

（13）布达佩斯公约［R］. 1980.

（14）世贸组织"电信服务"［R］.

（15）开放互联网标准［S］. 2015.

（16）经合组织. 公共部门如何实现数据驱动［R］. 2019.

（17）经合组织. 密码学政策指南［R］. 2017.

（18）经合组织. 关于竞争调查和诉讼国际合作的建议［R］. 2014.

（19）经合组织. 衡量数字贸易手册（第一版）［R］. 2020.

◎ 课后思考题

（1）中国关于数字贸易的规则有哪些？

（2）当前国际上的数字贸易规则主要分为哪几个派别？具体的规则特点是怎么样的呢？

（3）讨论基于数字贸易的发展，中美之间的贸易交锋对数字贸易规则体系造成了什么影响？未来又将如何发展？

（4）数字贸易的发展推动了全球数字价值链的产生与演变，在经济全球化的背景下，数据能否跨境自由流动，直接影响数字价值链相关市场主体的商业效率。由于跨境信息转移规制存在冲突，全球数字贸易面临什么样的问题？

（5）目前在全球层面基本形成了以欧盟、美国两大规制体系为主体，辅以其他国家规制体系的跨境信息转移治理格局，如何在更大范围内维护数据有序流动和国家数据安全之间的平衡？

（6）随着互联互通水平的空前提升，国际经贸活动在数字世界的形式、体量、范围等方面发生了深刻变化。基于数字生态系统在数字价值链层面产生的溢出效应，全球数字贸易模式的重要演进形式是什么样的？

第 4 章
数字贸易壁垒

学习目标

(1) 了解数字贸易壁垒的概念，熟悉数字贸易壁垒的内涵与一般特点，对 WTO 与其他主要多边贸易协定背景下不同国家对其的规制现状进行初步掌握；

(2) 了解数字贸易壁垒的概念，熟悉数字贸易壁垒的内涵与一般特点，对 WTO 与其他主要多边贸易协定背景下不同国家对其的规制现状进行初步掌握；

(3) 熟悉数字贸易界定指数的概念，清楚"数字贸易限制指数"和"数字服务贸易限制指数"的概念；

(4) 能从国内国际两个角度归纳总结中国现阶段对数字贸易壁垒的相关应对措施，展望中国未来在数字贸易壁垒领域的新思路。

内容提要

　　数字贸易改变了传统货物、服务和知识产权贸易的形态，由其带来的数字贸易壁垒与传统的关税非关税壁垒有许多不同之处。本章归纳了数字贸易壁垒异于普通货物贸易壁垒的特点，总结了 WTO 与其他主要多边贸易协定背景下不同国家对其的规制现状。本章同时介绍了"数字贸易限制指数"和"数字服务贸易限制指数"这两个在国际上最具有代表性的数字贸易壁垒界定指数，并从国内与国际两个层面入手，为中国实现数字贸易和数据规制协调发展提出改进措施。

4.1　数字贸易壁垒的内涵、特点与规制

4.1.1　数字贸易壁垒的内涵与特点

贸易壁垒是对进口的货物商品或劳务进行的人为限制，主要指进口国对出口国出口的商品劳务的各种限制措施，例如进口关税及同等效用的其他关税；在商品进口数量与金额上采取限制的配额制；以及为限制商品进口而制定的一系列歧视性法律法规和限制条例等。数字贸易成功改变了传统货物、服务和知识产权贸易的形态，因此数字贸易壁垒与传统的关税非关税壁垒并不完全相同。针对以互联网为基础的商品服务，数字贸易壁垒更大程度上体现在对数据信息的人为限制。

有学者将数字贸易壁垒直接等同于数字贸易监管措施，然而这两者并非完全相同，要把握数字贸易壁垒的本质内涵，必须从更深层次从监管体系方面去挖掘其判定标准。一方面，以合理的监管目的为前提的数字贸易监管措施，例如为维护国家安全与政治稳定，或是维护民众个人隐私及相关法律法规等，国家对数字贸易作出适当合理的监管限制，这类数字贸易监管措施是被普遍接受与支持的。另一方面，在不违反世贸组织（WTO）的非歧视原则下，即相应的数字贸易监管措施在相同情形下对本国主体和外国主体未存在差别待遇，或对不同外国主体并没有存在差别待遇，同时没有对数字贸易交易设置更多的限制措施，此类数字贸易监管措施依然不能算作数字贸易壁垒。

综上所述，未出于维护国家政治安全及保护民众隐私等合理的监管目的，并且违反WTO非歧视原则的数字贸易监管措施才能被称为数字贸易壁垒。那么我们得出的数字贸易壁垒的一般定义如下：出于保护本国数字商品与服务，不以维护本国政治安全及民众隐私等为主要目的，同时辅以较不合理的歧视性手段的数字贸易监管措施，是数字贸易壁垒。

按照上述标准，数字贸易壁垒在全球范围内已广泛出现。譬如欧盟2018年出台的《一般数据贸易条例》（GDPR）的数字跨境转移规则里规定，只有通过欧盟数据保护水平评估才能被允许个人数据的跨境传输，然而由于评估执行程序的不透明性与评估方法的不确定性等问题，非欧盟企业想要实现与欧盟市场间的数据传输，需要承担很高的合规成本，这违反了市场准入原则，构成了事实上的数字贸易壁垒。

一般认为数字贸易壁垒有如下几个特点。

第一，数字贸易壁垒具有广泛性。数字贸易的发展使得数字贸易壁垒的范围也随之变得广泛。从交易对象上看，传统贸易中的商品具有实体性，而数字贸易的无形性决定

了商品不需要实体载体，从而扩大了商品交易的范围。在交易方式上，传统贸易受到时间、空间的限制；数字贸易则以数字形式进行交易，省去了一系列的实体交付流程，并可以随时随地进行，交易方式的发展扩大了数字贸易的普及范围，也使得数字贸易壁垒的范围随之扩大。随着科技的发展，电子商务的发展得益于大数据、云计算等新型技术的不断升级，其交易的内容将随着科技的发展而不断地发展和更新。由此可以推出，数字贸易壁垒的形式与内容也会变得更加复杂。

第二，数字贸易壁垒具有特殊性。一方面，数字贸易壁垒的限制对象比较特殊。数字贸易有别于其他的传统贸易，其建立在数据流的基础之上。在以数据为主要载体的数字经济中，信息流通对于商业的发展起着举足轻重的作用。由于数字贸易的这种特性，数字贸易壁垒的限制对象大多是信息和数据。另一方面，数字贸易壁垒限制对象涉及的法律范畴较为特殊。数字贸易壁垒涵盖了个人隐私、国家安全、知识产权、网络安全等多个方面，难以用单一的法律体系去解释与管制。

第三，数字贸易壁垒的存在是隐性的。电子商务的一个重要特征就是商品的网上交易与传送，这使得海关不再是贸易的主要障碍。大多数措施都以"国家安全""个人隐私保护"之名，行数字贸易壁垒和贸易保护之实。所以在实际操作中，很难辨别出采取这些措施的国家是不是以合理的借口实施了贸易保护主义。

4.1.2 数字贸易壁垒规制

数据本地化存储、数据跨境移动限制、数据流量限制以及开源代码和加密密钥成为数字经济下新的数字贸易壁垒。数据本地化存储体现国家对数据进行本地化控制和监管的要求，包括本地存储和处理，数据本地化措施将阻止数字技术公司开展细致的工作，无法将信息传输或存储到本国之外，这从根本上限制了数字贸易的发展。对跨境数据流动的限制将导致企业的贸易未能建立在与贸易方达成相互协议的基础上，因此选定的合作企业往往不是开展此类贸易活动的最佳选择，这种情况会降低企业从数字贸易中获得的效益。把提供商业源代码或加密密钥作为外国数字技术公司进入本国市场的先决条件，对于一个数字技术公司，这将暴露其商业机密，使其处于竞争劣势。

对数字贸易壁垒进行规制，有助于推动国际贸易发展。数字贸易是世界经济发展的重要动力，但数字贸易壁垒抑制了相关市场的活力，阻碍了世界贸易的发展。一个国家所能制造的商品种类和大小取决于其所在的市场。国际贸易促进全球一体化市场的产生，把一国经济从市场规模的约束中解放出来。

首先，数字贸易壁垒一定程度上违背了经济全球化的宗旨，对其进行规制可以使市场规模进一步扩大，从而推动全球经济的发展。其次，管制数字贸易壁垒能够促进数字贸易开放，进而使数字贸易的市场更加稳固。数字贸易自由是以贸易自由化为基础的，要想真正实现贸易自由化，就必须削减贸易壁垒，避免贸易中出现的歧视行为。最后，规制数字贸易壁垒有利于提高本国数字产业在全球范围内的竞争优势。美国贸易代表办公室（USTR）在 2020 年曾作调查指出：数字贸易壁垒对企业利益构成了威胁。由于各国政府对跨国数据流量设定了不必要的障碍，或者对国外的数字服务有歧视，本国企业常常会因未能充分发挥其全球竞争力而遭受重创。

世贸组织（WTO）很早就关于数字贸易相关问题进行多边谈判，并取得了一系列协定及法规上的进展。比如长达八年的乌拉圭回合谈判中就屡次提到数字贸易的相关问题，然而彼时的数字贸易与如今发展规模庞大的数字服务贸易早已不可相提并论，当时的谈判规则已经没法顾及今天出现和面临的许多问题。《服务贸易总协定》（GATS）和《与贸易有关的知识产权协定》（TRIPs）作为 WTO 框架下的重要协定，大篇幅阐述了数字经济相关问题。然而，从现在的角度看，这些规定难以满足数字经济高速发展的需要。《信息技术协定》（ITA）是新加坡部长会议上 29 个成员国签订的信息技术产品清单，WTO 在 2015 年对 ITA 清单上的产品内容进行进一步扩充，以满足数字经济快速发展的需要。成员方承诺通过 ITA 协定对所附产品清单中的信息技术产品实行零关税。同时，以促进世贸组织成员削减贸易壁垒为宗旨的多哈回合谈判由于各方分歧，持续了多年依旧收效甚微，数字贸易壁垒规制遭受巨大挫折。综上所述，WTO 框架下的数字贸易壁垒规制呈现各成员分歧大、规则落后、进展缓慢等特点。在这一背景下，发达国家组织发起并加入新的区域贸易协定或法规，如《跨太平洋伙伴关系全面进展协定》（CPTPP）、《日本－欧盟经济伙伴关系协定》（EPA）、《美墨加协定》（USMCA）。新兴的区域贸易协定在跨境数据流动、隐私保护及数字经济发展方面起到了积极作用，同时在数字贸易壁垒规制方面作出了独有的贡献。比如 USMCA 第 19.11 条对跨境信息传输作出了规定，其指出，如果是出于商业目的，贸易双方皆不得禁止或限制信息（包括个人信息）以电子方式跨境传输。若为了达成合法的公共政策目标，则本条款允许缔约方采取违背上述条款的措施，条件是：（a）采取的措施不会构成任意或不合理的歧视，也不会成为变相的贸易限制手段；（b）采取的措施对信息传输的限制将控制在实现目标所必需的合理范围之内。

CPTPP 第 14.4 条在非歧视待遇方面规定："所有缔约方给予在另一缔约方领土内创造、生产、出版、订约、代理或首次商业化提供的数字产品的待遇，或给予表演者、作者、开发者或所有者为另一缔约方的人的数字产品的待遇，不能比其给予其他同类数字产品的待遇要低。"此条款不适用于违背知识产权义务的情况，当然 CPTPP 对于政府提供的补贴或赠款，包括政府支持的贷款、担保或保险规定了例外条款。

新型区域贸易协定，都对新型服务贸易的数字流动和电子商务等作出相关要求，不同程度地提高了全球市场开放水平。以 CPTPP、EPA 和 USMCA 为代表的新型自由贸易协定将"边境后措施"作为协议谈判重点，并要求各成员方执行，从边境贸易壁垒措施入手逐步影响成员国内部的制度和政策，促进对数字贸易壁垒的规制，推动多边框架下数字经济全球市场的进一步开放。

4.2 数字贸易壁垒现状

互联网技术和数字技术的发展促进了传统货物贸易和服务贸易向数字贸易转变。随着跨境数据流动量的大幅提高，各国政府出于保护本国产业发展等的考虑，纷纷采取数字贸易限制措施，设置了各种关税和非关税壁垒。

4.2.1 数字贸易关税壁垒

数字贸易产品的载体为无形数据流，同时现行的海关估价体系分类中一般不包括数字贸易产品。因此，数字贸易的兴起对以传统贸易为基础的国际贸易规则和惯例产生了很大的挑战与冲击。在目前全球并无统一数字贸易规则的情况下，各国数字贸易关税壁垒越来越明显。针对数字贸易关税壁垒，WTO 提出了成员之间电子传输免征关税的议题，目前，根据 WTO 的最新谈判结果，各成员国暂时同意对数字产品免征关税。但该条款不属于永久性条款，具有限时性。再者，WTO 的技术中立原则中提到，政府应该公平公正地制定不同技术市场的竞争规则，这使得电子传输免征关税条款与之相悖，因此电子产品免征关税条款在实践中往往具有不可操作性。发达国家之间、发达国家与发展中国家之间因为产业发展水平不同、利益主张不同，因此对数字贸易征税的态度也不同。

1998 年开始，欧盟虽然把数字贸易销售收入划入劳务销售范畴，对其免征关税，但成员国内部的数字产品需要征收 20% 的增值税。在数字服务方面，还规定非欧盟成员国向欧盟成员国境内提供数字服务时，同样征收 20% 的增值税。在 WTO 的谈判会议上，欧盟的态度偏向保守与谨慎，反对数字产品永久免征关税的提案。背后的主要原因在于欧盟成员国虽然基本都是发达国家，但相比美国，其数字贸易发展有着起步较晚、水平较低的特点，因此欧盟在数字贸易中主要持谨慎态度。与此同时，美国作为发展数字贸易的先行者和数字贸易强国，对 WTO 电子传输永久免关税的主张表示支持，并提出要建立更加开放自由的数字贸易市场，对所有的数字产品和服务免征关税。

发展中国家的立场与欧盟大体上一致。由于处在数字产业的起步阶段，在数字贸易中处于劣势地位，其数字产品逆差往往较大，对数字产品免征关税将会降低其关税收入，损害其税收主权，更难以令其有效地监管数字贸易。因而绝大多数发展中国家均对数字贸易产品免征关税主张持反对态度。但数字贸易壁垒的存在反过来又会阻碍发展中国家的数字贸易发展，发达国家先进的数字技术、数字服务、高端知识要素能在一定程度上促进发展中国家落后的数字产业发展，因此也有部分发展中国家改变了对数字产品征税的态度，主张对电子传输免征关税条款设置更长的时间限制，降低或取消数字贸易关税以促进本国数字产业发展，中国就是其中一员。同时，在 WTO 第十一届部长会议中，部分发展中国家成员国希望能够通过电子传输免征关税条款放宽欧盟、美国等数字产业发达国家对本国的市场准入标准，提倡延长执行电子传输免征关税决议。

4.2.2　数字贸易非关税壁垒

目前电子传输免征关税条款仍处于执行期限之内，此时非关税壁垒就成了各个国家用来限制数字贸易的手段。常见的数字贸易非关税壁垒主要包括数据本地化、个人隐私保护、知识产权侵权等。如果国家之间未对数字贸易作出国民待遇承诺和市场准入允许，各国仍可以用各种歧视性的法律法规对贸易国的数字贸易主体设置不同的监管标准和市场准入标准，以非关税壁垒的形式限制数字产品和服务的贸易。

4.2.2.1　数据本地化

数据本地化是跨境数据流限制的主要措施，是最早出现用来限制数字贸易的非关税壁垒，即国家对在本国产生的数据施以控制监管，将这些数据储存在国境内的云服务器中，从而限制本国数据向境外流动。在维护网络空间安全的层面，具有防御本质的数据本地化能将重要数据限制在国家境内，降低泄露公民个人隐私及威胁国家数字安全的风险。数据本地化及跨境数据流限制不利于数字贸易的发展与优化，尤其是提高了企业的交易成本和运行成本，信息的不对称性提高，不利于企业的数字技术研发，降低了企业的竞争力。但数据本地化的根本目的是应对数字贸易中的国家数据安全问题，各国政府仍然采取了各种措施，包括设置外商准入标准、当地存在要求、当地含量要求等。

作为世界数字技术与经济的龙头，美国是数据自由化最大的受益者也是最积极的倡导者，自然而然成为反对数据本地化的急先锋。奥巴马政府时期签订的《跨太平洋贸易与伙伴关系协定》（TPP）的第 14.13 条明确规定缔约方不得在领土内设置数据本地化壁垒，特朗普政府于 2018 年推出的《美墨加协定》（USMCA）完全吸收了上述规定。美国为数据跨境流动带来的国家安全隐患所采取的限制措施较少，仅通过制定联邦政府云计算战略规定数据存储地和保障数字服务。相比之下，欧盟与中国在这一问题上则更偏向于折衷主义者，为保障国家数据安全和个人隐私安全，对跨境数据流动作出了一系列的本地化限制措施。由此可见，在跨境数据流动问题上，需要不同国家从本国国情出发，通过多方博弈来达到跨境数据流动与信息安全保护的平衡点，以达成数字贸易发展互利共赢的目标。

4.2.2.2　个人隐私保护

欧盟及其成员国是历史上众多国际法的创设者，也是世界上最为强调个人隐私保护的地区。进入数字经济时代，欧盟意识到数字经济发展对个人隐私带来的冲击和挑战。1995 年 10 月 24 日，欧盟就通过了《关于保护个人数据处理与自由流动指令》，为成员国立法保护个人数据设立了最低标准。该指令规定了个人数据保护的一般性原则，包括数据主体的权利以及数据控制者、处理者的义务，对跨境数据传输也作出了相应的制度安排。

为了建立统一的欧盟数据市场，加强个人数据保护和促进数据流通，确立欧盟在数字贸易发展和规则制定方面的话语权，欧洲理事会于 2016 年 4 月 14 日通过了《通用数据保护条例》（GDPR），替代了 1995 年的指令。同一日，欧洲议会还通过了《刑事犯罪领域个人信息保护指令》，和 GDPR 一起构成了数字贸易背景下欧盟保护隐私的强力法律武器。非欧盟企业想要实现与欧盟市场间的数据传输，需要承担较高的合规成本。

美国和欧盟为了保证双方贸易不受影响，于 2015 年达成了新的《隐私盾协议》（EU – US Privacy Shield），取代了原《安全港协议》。根据新协议，美国商务部将对美国企业处理欧洲数据实施监控，以及时发现违反传输要求的行为；设立独立于安全机构之外的"监察员"制度，对于侵犯个人隐私的行为由监察员专门负责。欧盟相关人员拥有向企业投诉、提交争议至欧盟主管数据保护局（DPA）或使用替代性争议解决方案等权利；美国企业则需要进入隐私盾名单，同时需要证明自身隐私政策符合协议标准，并由美国商务部方面进行监督并向公众开放。

维护个人数据权利，防范隐私信息不被泄露和滥用，是数字贸易新背景下的挑战；对隐私保护的苛求，也无疑会构成事实上的数字贸易壁垒，不利于多方数字贸易发展的需要。数字贸易发展与个人隐私保护的平衡点，是亟待各方寻找以实现互利共赢的关键。

4.2.2.3 知识产权侵权

经过长达 8 年的乌拉圭回合谈判，《与贸易有关的知识产权协定》（TRIPS）于 1994 年 4 月 15 日在摩洛哥草签通过，并于 1995 年 1 月 1 日正式生效。TRIPS 是 WTO 体系下最重要的知识产权协定，已经成为知识产权保护国际协调的重要方式，正在深刻影响着国际知识产权法律制度的变革与发展。协议保护规定了最低保护要求，并规范和强化了知识产权执法程序。TRIPS 的宗旨是促进知识产权在国际贸易范围内受到更充分、有效的保护，使权利人能够从其创造发明中获取应有的利益，鼓励其在创造发明方面继续努力，同时减少知识产权保护对国际贸易的扭曲与阻碍，确保知识产权协定的实施及程序不对合法贸易构成壁垒。

近年来，欧美发达国家对发展中国家的知识产权保护现状日渐不满，并将矛头指向了 TRIPS 规定的"最低保护标准"。在近期一系列双边投资协定（FTA）和自由贸易协定（TRIPS）中，美国等发达国家利用自身强大的经济实力和国际话语权将知识产权的国际保护义务拉高到"TRIPS – plus"标准，超出了 TRIPS 所确立的义务。美国、欧盟、日本另起炉灶，共同推动《反假冒贸易协定》（ACTA）的订立。与 TRIPS 相比，ACTA 在民事、刑事、边境、国家合作和协同、信息共享、执法监督等方面制定了更为严格和细致的措施。此外，美国还尝试构建新的贸易组织，通过贸易上的优惠措施使相关国家接受"美国标准",《美墨加协定》（USMCA）和《跨太平洋伙伴关系协定》（TPP）就是典型案例。

在 USMCA 中，美方针对数字贸易壁垒提出了"互联网中介责任保护规则"，这里的互联网中介指的是指不生产或拥有在线内容的互联网服务提供者。结合 OECD 对互联网中介的定义，互联网中介包括互联网接入平台、服务提供商、数据处理或网络托管提供商，如域名注册商、互联网搜索引擎、不对所售商品拥有所有权的电子商务平台以及不创造或拥有其出版或广播内容的媒体。根据这条规则，互联网服务提供商、社交媒体平台和搜索引擎不能出于责任目的被视为信息内容提供商，这意味着他们不用对用户生成的内容承担法律后果。在互联网中介责任的界定方面，TPP 第 18.82 条涉及法律救济和安全港的规则，即为互联网服务提供商的在线服务提供适当的安全港，免除互联网服务提供商对版权侵权内容采取行动的义务，比如通知和删除的行动。后来因为美国退出TPP，剩下的缔约国在重新谈判达成 CPTPP 的时候便暂停了对这一条款的适用。主要是各缔约国对知识产权的保护水平不尽相同，高标准的条款反而会打击国内的产业发展，因此 CPTPP 选择了冻结这一条款。在非知识产权领域，CPTPP 没有与之对应的规定。RCEP 则是既没有在知识产权领域对互联网中介责任作出规定，也没有在非知识产权领域作出规定。相比于这些协定，USMCA 对互联网中介责任的规定更为明确和具体，美国国内的实践证明减轻互联网中介的责任能够促进互联网中介平台的创新和蓬勃发展，能给美国带来可观的经济利益和改变商业布局。当网络平台在一般情况下不对第三方内容负责时，其更愿意允许用户发表观点、发送内容，这极大地促进了主要依赖用户生产内容的在线网络平台的发展。此外，USMCA 在自由贸易协定中首次提出这个规则，这有利于其在制定数字贸易规则中抢占先机。

由于在知识产权数量上欧美发达国家有着绝对的优势，因此欧盟在知识产权保护上与美国在同一战线上，其制定了一系列法律法规来构建单一专利体系，包括使用单一的专利语言，构建单一的专利规则和建立统一的单一专利协定。单一专利法规中，欧盟各成员国负责事务的管理和统一执行，该法规很大程度降低了申请专利的成本和门槛。另外，在知识产权保护中，源代码的问题在发达国家和发展中国家之间争议较大。美国在递交给 WTO 的提案中强调要保护关键源代码，"创新者不必将其源代码或专有算法交给竞争对手或监管者，然后又经由他们泄露给国有企业"。欧盟在提案中也明确提出"不将要求转移或获取软件源代码作为市场准入的条件"。日本的态度与美、欧类似，日本强调"重要信息的披露，如商业秘密，包括源代码，不应成为进口、分销、销售或使用成员领土内包括数字编码产品在内的相关产品的条件"。发展中国家则持相反的意见，大多数发展中国家的数字贸易发展水平还处在较低的阶段，禁止源代码公开会提高企业的技术成本，不利于本国的数字贸易发展。

4.2.2.4 其他数字贸易非关税壁垒

除以上三种之外，常见的数字贸易非关税壁垒还包括数字产品合格评定程序、机构设立限制、网络基础设施壁垒和电子交易壁垒等。

数字产品合格评定程序指任何直接或间接用以确定数字产品是否满足技术法规或标准的程序。如巴西国家电信局（ANATEL）要求进口的数字电信产品由指定的测试设施对电信产品和设备进行测试，而不允许由独立认证机构认证的机构进行测试。由于巴西方面的这些要求，相关设备在投放巴西市场之前，出口和制造商必须提供几乎所有的信息技术和电信设备在巴西的实验室进行测试。这种冗余测试提高了产品出口商的成本，推迟了产品在巴西的上市时间。

机构设立限制。机构设立限制主要包括服务本地化及设施本地化要求。服务本地化要求指企业应在东道国设立企业等办事处；设施本地化要求指企业应将其设施在东道国境内使用，或者使用东道国境内的设施。

电子交易壁垒。电子交易壁垒衡量是否存在电子商务活动发放许可证的歧视性条件及非居民企业进行网上税务登记和申报的可能性，同时包含是否存在偏离国际公认的电子合同规则、禁止使用电子认证（如电子签名）的措施及缺乏有效的争端解决机制等情况。

网络基础设施壁垒。网络基础设施壁垒指影响网络基础设施的相关壁垒，最典型的是通信基础设施与连接的限制。由于数字贸易活动依赖网络平台，因此限制或阻止使用包括虚拟专用网络或专线的通信服务，必然会阻碍数字贸易活动的进行。

4.3　数字贸易壁垒的界定指数

尽管数字贸易壁垒不断增加，覆盖范围越加广泛，然而目前世界上还没能形成统一的数字贸易壁垒界定标准。目前国际层面也有一些比较权威的机构从不同的评估思路入手，建立起几种较有代表性的数字贸易壁垒界定指数，一是欧洲国际政治经济学研究中心（ECIPE）在 2018 年发布的"数字贸易限制指数"（Digital Trade Restrictiveness Index，DTRI）。DTRI 从财政限制和市场准入、企业设立限制、数据限制、贸易限制四方面考察限制商品、服务、投资、人员和数据流动的数字贸易限制政策，是衡量和评估数字贸易壁垒的一个较为完整和被普遍使用的指标。二是经合组织（OECD）于 2019 年提出的"数字服务贸易限制指数"（Digital Services Trade Restrictiveness Index，数字STRI）。数字 STRI 下设五大类别的数字贸易限制措施，即基础设施与连通性、电子交易、支付系统、知识产权、影响数字服务贸易的其他壁垒。第 1 类（"基础设施和连通性"）衡量与影响跨境数据流的互联性和连通性相关的限制，即数据本地化。第 2 类（"电子交易"）措施是针对非居民企业的歧视性限制，如发放许可证、在线税务登记和申报，以及偏离国际公认的电子合同规则等。第 3 类（"支付系统"）衡量与通过电子方式支付相关的限制。第 4 类（"知识产权"）衡量与知识产权保护相关的限制。第 5 类（"其他"）衡量下载和流媒体的限制、在线广告的限制以及商业或本地性能要求。每个等级的值在 0 到 0.5 之间，值越高表示数字贸易限制越多。由于只覆盖数字服务贸易，其指标相对来说不够全面。

除了上述两个指数外，还有比如美国国会研究服务处（CRS）早在 2017 年就发布的"美国贸易政策报告"从本地化要求、知识产权侵犯、政策一致性、国家标准与合格评定及网络中立、网络安全风险五个部分入手细分了数字贸易非关税壁垒，但该报告未形成具体的量化指标，本书具体介绍前两种指数。

4.3.1 数字贸易限制指数

欧洲国际政治经济中心（ECIPE）在 2018 年发布了数字贸易限制指数（Digital Trade Restrictiveness Index，DTRI），其吸收广泛的数字贸易政策，涵盖全球 64 个国家的一百多类政策措施，是比较全面且被广泛采用的数字贸易壁垒界定和评价标准之一，DTRI 为每个国家打分。这个分数概括了一个国家的数字贸易政策的总体限制性，这些政策已被记录在数据库中。该分数通过权衡其对数字贸易的经济重要性来考虑每项政策的限制性。该指数是第一个提供应用数字贸易限制透明度的全球倡议，并揭示了各国之间的比较，同时其基于数字贸易估算（DTE），是一个由 ECIPE 开发的数据库，任何人都可以免费使用。DTRI 包括四个分指数，分别为：（1）财政限制和市场准入，涵盖关税和贸易保护、税收和补贴以及公共采购；（2）企业设立限制，包括外国投资限制、知识产权措施、竞争政策和商业流动性；（3）数据限制，包括数据政策、中介责任、内容访问准入等；（4）贸易限制，包括定量贸易限制、标准以及在线销售和交易。

DTRI 建立在 DTE 数据库中列出的增加数字贸易成本的政策措施之上。已被纳入 DTE 数据库并在 DTRI 使用的措施会进行评估，评估的基础是以下三点：这些措施是否对外国提供商具有歧视性；是否对数字提供商具有歧视性；是否过于烦琐。经过评估筛选出的数字贸易限制措施被认为具有极高的贸易扭曲性，以实现其非经济目标。

该指数还揭示了全球各国的经济政策模式，并提供了不同国家之间进行比较的简单方法。DTRI 的范围从 0（即完全开放）到 1（即实际受限），数值越大，企业的数字交易成本越高。总体而言，DTRI 与经济发展水平呈负相关，在经济欠发达的国家，数字贸易的限制性程度更高。一些对数字贸易采取最严格限制措施的经济体也是市场规模巨大的国家，从这个角度来看，根据 DTRI 得出的数字贸易十大最受限的国家人口占据了世界人口的近一半。

除了发展水平之外，在信息和通信技术（ICT）水平等数字技术水平较低的国家，DTRI 也较高。例如，印度尼西亚、印度、越南或俄罗斯等国家的技术成熟度和 ICT 使用水平较低，却采用了许多扭曲的数字贸易限制措施。

此外值得一提的是，DTRI 和现有的衡量经济限制性的其他指数之间呈现出正相关关系。虽然这些政策指数是从不同的经济部门或领域衡量经济限制性，如对具体的产品和服务市场的限制，但是从结果上看仍然呈现出一定的正相关性。对这种现象作出的一种合理解释是，在一个经济部门实行限制性政策措施的国家通常也会选择在其他经济领域实行限制性政策。例如经合组织的商品市场监管指数（PMR），该指数通过一个国家的整体产品市场法规来衡量其整体监管水平，如国家控制、创业障碍和特定部门的国内服务法规。DTRI 水平较高的国家也是整体经济监管水平较高的国家。

与此同时，DTRI 也与美国国际贸易委员会（USITC）提出的数字贸易限制性的另一个指标 USITC（2014）有很好的相关性，USITC（2014）根据对美国公司的调查提供了不同国家数字贸易壁垒的排名，即调查受访者在不同国家是否面临数字贸易限制。经过结果比对可以得到：DTRI 得分高的国家也被 USITC 的调查评估为在数字贸易方面具有限制性的国家。

4.3.2 数字服务贸易限制指数

数字服务贸易限制指数（数字 STRI）是经合组织（OECD）在 2019 年发布的指数工具，以经合组织服务贸易限制性指数（STRI）的方法为基础，确定、分类和量化了影响 44 个国家数字服务贸易的壁垒，作为一个指数工具，数字 STRI 旨在帮助决策者确定监管瓶颈，设计政策，为数字贸易培育更加多样化和更具竞争力的市场。通过抓住影响全部类型的数字化服务交易的交叉障碍，该指数显示了各国数字贸易复杂多样的监管环境。结果显示，在通信基础设施和信息跨网络流动方面，涉及影响各种类型的电子交易措施，如电子合同和支付的不同标准，贸易壁垒也普遍存在。

根据数字 STRI 报告显示，近年来各国对数字贸易环境的监管总体上呈上升趋势。比起 2014 年，在 2018 年有 10 个国家的指数值较高，只有 3 个国家的指数值较低，2014～2018 年，这 10 个国家的指数平均增长率为 32%，同期最高为 50%。限制政策的变化在性质上是多样的，但往往集中在与基础设施和连通性有关的措施上。数字 STRI 框架分为以下五个领域：

第一，基础设施和连通性。这一领域包括与从事数字贸易所必需的通信基础设施有关的措施。其描绘了网络运营商之间互连的最佳实践规则的应用范围，以确保通信的无缝运行。这一领域也包括限制或禁止使用通信服务的措施，比如虚拟专用网络或租用线路。这一领域涵盖影响连通性的政策，如关于限制跨境数据流和数据本地化的措施。

第二，电子交易。这一领域包括为电子商务活动批准发放许可证的歧视性条件，非居民公司在线税务登记和申报过于烦琐的流程，与国际公认相违背的电子合同规则，禁止使用电子认证（如电子签名）的措施以及缺乏有效的争端解决机制。

第三，支付系统。此领域主要是影响电子支付方式的措施。它包括与支付方式有关的措施，同时会对支付交易的国内安全标准是否符合国际标准进行评估。其涵盖其他领域未涵盖的与网上银行业务相关的限制。

第四，知识产权。这一领域包括与版权和商标有关的国内政策，这些政策在知识产权保护方面对国外厂商构成歧视。同时其反映了处理与版权及商标有关的侵权行为，包括对发生在网上的侵权行为的执法措施或机制。

第五，影响数字化服务贸易的其他壁垒。这一领域涵盖针对数字贸易的各种其他壁垒，包括影响跨境数字贸易的性能要求（例如，强制使用本地软件和加密或强制技术转让）；下载和流式传输的限制；对网络广告的限制；商业或当地存在要求；缺乏针对数字垄断行为的有效补救机制等。

在以上数字 STRI 的框架下，根据 STRI 的计算方法，数字 STRI 的评分采用二进制。评分系统以一种简单的"是"或"否"回答的方式设计。如果没有数字贸易限制，输出的值为 0，反之若有数字贸易限制，则输出 1。评分还考虑了具体的监管和市场特征，以及衡量标准之间的联系和等级。制定指数还需要为这些指标分配权重，以反映它们在数字贸易交易中的相对重要性。2018 年的对象国数字 STRI 介于 0.04 和 0.48 之间，平均值为 0.18。有 29 个国家低于平均水平，15 个国家高于平均水平。

综上所述，经合组织数字服务贸易限制指数（数字 STRI），描绘并衡量了管理数字服务贸易的监管环境。其旨在为现有的 STRI 工具套件添加一项新功能，通过识别和消除监管瓶颈并制订改革方案，为数字贸易创造更加多样化和更具竞争力的市场，帮助政策制定者最大限度地实现数字化转型的好处。与 STRI 的其他组成部分类似，数字 STRI 将每年更新一次，以评估各国的数字贸易壁垒新进展。

4.3.3 对两种指数的评价

DTRI 和数字 STRI 两种指数的提出，拓宽了研究者对数字贸易壁垒的界定思路，接下来本书从两种指数的具体内容入手，深度剖析它们的异同点，并作出评价。

作为数字贸易壁垒的界定指数，两者的相同之处在于都从制度环境、数据本地化、知识产权、财政与贸易限制、政府管控等多个方面对数字贸易壁垒进行划分界定。对于一些无争议的数字贸易限制措施，皆放入量化标准中，因此两种指数呈大致正向相关的关系。

两种指数的不同之处主要在于侧重点与核心具有较大的差异。一方面，由于欧洲一直以来都有重视隐私保护的传统，因此 ECIPE 的 DTRI 指标体系中大量出现对隐私保护的内容，比如 DTRI 在"制度环境"方面将数据隐私相关内容细分为"数据保存""数据隐私的主体权利""数据隐私的管理要求""违规处罚"四个层面，而数字 STRI 没有提及。另一方面，DTRI 对数字贸易壁垒进行划分界定的范围较 OCED 的数字 STRI 更广，比如 DTRI 在数字贸易壁垒的解构内容中包含了技术壁垒与财政限制方面，这是数字 STRI 所没有涉及的。在技术壁垒层面，DTRI 把要求放弃专利、源代码或商业秘密和技术的要求算入了数字贸易壁垒的考量中。在财政限制层面，DTRI 详细规定了在线服务税收制度、数据使用税和补贴及税收优惠的歧视性政策等细分内容，而数字 STRI 在这些层面几乎都是空白。

综上所述，尽管两种界定指数在多个方面存在差异以及价值观不同的问题，在目前国际范围内没有对数字贸易壁垒进行测度的统一标准的当下，两种指数从不同的思路维度出发，拓宽了数字贸易壁垒的研究视野，为各国考察数字贸易进展提供了量化指标，其进步意义值得肯定。但是目前这两种界定指数从概念到量化标准还有一些值得商榷的不足之处。例如，指数的部分指标显得太过"严苛"，归为数字贸易壁垒不妥当，即将对数字贸易的一些合理限制措施都当作贸易壁垒，极端抵制管控，盲目追求"绝对自由"。例如，OCED 的数字 DTRI 在制度环境方面把跨境交易的国内规则与国际标准不符作为考量指标是较为不合理的。"国际标准不符"里的国际标准较为牵强，当前国际上公认的数字贸易统一标准有限，并且一些服务贸易条款，如服务贸易总协定（GATS）在条款中允许成员在必要时采取与总协定不一致的措施，以实现某些公共政策目标。即国家有权采取合理的数字贸易监管措施，这一部分直接归为数字贸易壁垒是欠考虑的。宏观经济需要政府的合理调控与监管，追求减少数字贸易壁垒，推动数字贸易发展不是极端追求自由放任，而是给予市场适当的自由调节功能，以达到更高的数字经济发展水平，从这个角度看来，DTRI 和数字 STRI 都有灵活性与合理性不足的问题。

4.4 中国的应对

数字经济发展要求更低的数字贸易壁垒，使得数据在全球范围内自由流动。然而，片面追求自由而不受限制的数据流动势必威胁公共安全和个人隐私保护。数字经济发展的特点也使得数字市场趋于垄断，产生了数字竞争规制的新问题。面对日益复杂的数字贸易壁垒，中国应当从国内层面与国际与多边层面寻求合适的应对措施。国内层面，中国应进一步完善国内相关法律法规，做到保障国家网络空间安全、企业间公平竞争、个人信息保护的统筹发展。多边层面，包括 CPTPP、EPA 和 GDPR 在内的许多经济规模较大的区域贸易协定或法规在关于数据流动、数据本地化与其他数字贸易相关问题上都提出了具有前瞻性的规则及法规设计，在促进数字贸易发展上深具积极意义。中国是多边贸易体制的受益国，近年来数字经济产业蓬勃发展，已经达到国际上的前列水平，因此推动合理的多边数字贸易机制建立符合中国的诉求。在数据流限制和数据本地化等数字经济问题上，中国应当发挥主导作用，鼓励在多边框架内建立数字贸易发展的负面清单模型，坚持去壁垒化，支持数据合理且自由流动的首要地位。

4.4.1　国内层面

4.4.1.1　构建促进数字贸易和数据规制相协调的法律体系

数字贸易发展需要各国之间的数据自由流动，没有限制的数据自由流动会给国家安全带来严峻挑战，而过度强调国家安全的严格规制又会阻碍数字贸易的发展。又因为数据在数字经济产业中具有极为重要的地位，这使得数字产业容易形成自然垄断，大量数据会被极少数数字巨头所掌控，随之带来的数据集中化不可避免地产生数据垄断的相关问题，但如何平衡数字技术创新、数据自由流动效率和公平竞争相协调，是一个悬而未决的竞争规制问题。对于个人用户来说，由于数据涉及普通个人的隐私信息，数据自由流动可能产生个人数据泄露和隐私保护的严重问题，但不加区分的个人信息保护也存在加大数字技术型企业合规成本、阻碍数据流动和数据有效利用的问题。

中国国内现行相关法律在对数据安全和使用、个人隐私信息保护和合法使用的结合上还有提高空间，私人数据保护层面仍有待提高。例如，《中华人民共和国网络保护法》禁止从敏感信息基础设施向外传输个人数据。此类对非机密个人数据流动的限制可能会抑制正常数据的传输和数字贸易发展。《中华人民共和国电子商务法》对电子商务经营者申请的个人信息进行查询、更正、删除等方面作出了明确的规定，但不能涵盖在实际操作层面上，如许多其他非网络应用运营商的个人信息收集、查询、更正或删除。

数据自由流动与国家安全审查在本质上是网络空间安全治理问题，世界各国侧重于从公法角度对网络空间主权、国家安全以及数据安全进行维护。《中华人民共和国国家安全法》确立的国家安全审查制度，《中华人民共和国网络安全法》确立的网络安全等级保护制度、关键信息基础设施重点保护制度和个人信息保护制度，都是对网络安全治理的制度回应。基于国家安全而进行的数据流动限制和安全审查制度，也符合 WTO 框架下的《服务贸易总协定》（GATS）的安全例外条款。但是，当前中国数据立法更侧重于从安全规制和审查角度构建数据安全保护制度，在促进数据自由流动和降低数字贸易壁垒方面尚没有予以足够的重视。新的数据安全法应当吸纳新型区域贸易协定和欧盟 GDPR 的有益经验，建立促进数据自由流动和维护数据安全相协调的法律制度。

关于网络空间安全和隐私保护的立法应当在促进数据自由流动方面起到关键作用。其可以对关键信息基础架构中包含的个人信息进行特别分类，例如健康状况、家庭背景等相关敏感数据，有必要进行特别分类而其他不包括在此类别中的大量非敏感数据，应当允许其自由流动和非本地化存储。对于数据垄断问题，现行中国反垄断法不仅要考量互联网竞争相关性因素，以评估市场支配地位，判断是否达成垄断，还要考虑到数字技术进步和商业模式创新的可能性，在这一点上仍有改善空间。

4.4.1.2　优化数字贸易营商环境

除了立法之外，在国内层面还应注重提升数字贸易营商环境质量。把构建合理的数据跨境监管机制作为支撑点来降低数字贸易壁垒产生的负面影响，把建立更高水平的数字贸易硬件开发体系作为平台促进数字经济进一步发展，推动诸如 5G 网络、传感终端和大数据媒介等领域的基础设施加快达成国际领先水平。发挥各地自贸试验区的区位发展优势，发挥与"一带一路"沿线国家数字贸易合作的产业与制度优势，优化完善数据安全及保护体系，建立起高效先进的跨境数据保护与监管体系。

中国现在已经是世界上经济体量第二大的国家，然而本身仍然处于社会主义初级阶段，社会主义市场经济体制尚未完全成熟，国内的数字贸易法律法规依旧需要不断完善，完全开放数字贸易市场会使国内的数字经济产业遭受一定的冲击，这在数字产业发展、个人隐私保护与政治安全等方面都会产生消极影响。因此，眼下国内可以发挥各地自贸试验区的区位发展优势，譬如北京市已发布的《北京市关于打造数字贸易试验区的实施方案》，已经成为中国数字贸易试验区的领头羊，以其为支点，稳步推进规则探索与政策创新，再将成功经验进一步推广至全国数字贸易发展较为成熟的地区，从而达成数字经济全方位发展。同时坚持扩大开放，增加数字贸易试点区域，降低数字贸易壁垒，在全球化背景下积累中国数字贸易发展经验。

4.4.2　国际和多边层面

4.4.2.1　坚持在多边贸易体制下推动数字贸易机制改革

中国作为多边贸易体制的受益者，应利用世贸组织的多边谈判体制，积极引导削减各国共同重视的数字贸易壁垒，谈判达成适应数字经济发展的新贸易规则。目前，包括中国在内的大多数国家都致力于对现有 WTO 规则进行改革，其中创建多边数字贸易法规机制成为一个可行之举。为了解决目前多边贸易体系中缺乏数字贸易规则的问题，解决方案应包括两部分，一部分是确保直接影响商品和服务对外贸易的数字贸易壁垒得到妥善处理，另一部分是解决政府如何更普遍地监管跨境数据流动的问题。然而当前区域贸易协定在该方面的覆盖范围较为有限，缺乏与数字贸易壁垒相关的权威制度是世贸组织多边协议亟待解决的问题之一。

与此同时，中国也应该发挥数字贸易大国作用，参与国际治理。首先，以 WTO 的多边谈判体制为支点，呼吁各方关注数字贸易壁垒问题，主动阐述欧美体系壁垒界定指数在忽视不同主权国家间发展差异的不足之处，提出发展中国家寻求平等合理的数字贸易限制措施的诉求。中国应致力于弥合国别、区域间日益扩大的数字鸿沟，适当给予数字经济发展进程较慢的国家建立数字基础设施与健全完善相关国内法律法规的帮助。其次，针对数字贸易在一些细节领域上的固有矛盾，例如企业获取客户数据与个人隐私保护之间的矛盾，国家数据安全与国外数字企业获取数据自由之间的矛盾。中国应当在充分考量缓和双方矛盾的同时，将有关规则细化，使之适应数字贸易发展中出现的一系列问题，真正做到完善数字贸易法规，最终为数字经济优化发展服务，以实现兼顾公平与效率的双赢目标。最后，总结不同机构对数字贸易壁垒的界定方式和评估结果存在的差异，考察不同类型数字贸易规则的侧重点与核心诉求，探讨数字贸易壁垒界定背后国家或地区间的价值取向之争，进而推动生成适合绝大多数国家的数字贸易壁垒界定标准，从而达到提高全球市场开放水平的目标。

参与双边、多边贸易协定谈判时，应以现有模板为基础，"挖掘"现行数字贸易规则内涵，限制监管边界，丰富纠纷处置方式，让自贸协定有据可依、有据可行，充分发挥制度作用。与此同时，"拓展"数字贸易规则范畴，基于已经构建的贸易模式、市场准入、国民待遇原则和争端解决机制，适度增加条款数量和细则，在确保不影响国内政策目标实现的前提下积极考虑对接国际高水平自贸协定认可的通行准则。在效率基础上充分考虑公平，"创造性"地设计和纳入与基础设施投资、跨境通关和物流、电子支付等领域相关的条款，以弥补现有自贸协定中数字贸易规则的欠缺与不足。

目前国际上还没能达成对数字贸易壁垒的统一界定标准，不同机构推出的界定指数在研究范畴与侧重点甚至价值观层面都存在较大差异，得到的研究结论在很多方面都出现分歧与对立，这说明数字贸易不同发展程度的国家（地区）之间存在截然不同的经济政治诉求。近年来中国的数字贸易发展较快，俨然已经成为世界数字经济领域具有广泛影响力的一员，在数字贸易壁垒乃至其他法规建立制定过程中发挥更重要的作用，既符合中国自身发展利益，又是大势所趋。

4.4.2.2 构建中国特色数字贸易壁垒界定指数

如前所述，美国和欧盟在价值理念和规制模式上存在根本性差异。一直以来，美国都试图将限制跨境数据流定性作为一项贸易保护主义措施，欧盟则更多地主张国家监管自治。尽管欧盟和美国在政策文件和谈判中都使用了"数字贸易"和"数字保护主义"，但这些术语背后的理解和价值观差别很大。以对跨境数据流的监管为例，如果仅仅将"数据"视作一种"经济资产"，那么在新自由主义范式下实现经济效益最大化的方式无外乎要确保要素的自由流动。但关键就在于"数据"不仅是一种经济要素，还涉及"道德价值"，包含了"以尊重个人隐私为优先"等社会学语境。其研究提出的一个重要观点在于，当就数字贸易政策进行交流时，不同国家应该以更广阔的多学科综合视角而非单一的经济学框架去探讨涉及国家、集体和个人权利的非经济溢出效应问题。

为体现不同于 OCED 和 ECIPE 的界定方式和研究视角，来明确区别有效监管和数字贸易壁垒，中国应尝试构建中国版数字贸易壁垒界定指数。近年来，中国持续推进扩大开放，积极寻求区域经贸合作。2020 年 11 月中国签署《区域全面经济伙伴关系协定》（RCEP），2022 年 1 月已经正式生效，2021 年 9 月 16 日中国已经正式申请加入 CPTPP，这显示了中国政府持续深化改革、推进区域经贸合作的意愿和决心。在积极融入多边协定之余，中国有关研究或统计机构应向 OCED 和 ECIPE 看齐，寻求构建中国版数字贸易壁垒界定指数，进而分析与解释不同数字贸易限制措施的实施细节与作用特点，并试图将该指数的适用范围扩展到大多数发展中国家。这不仅能够打破欧美发达国家主导的界定体系的垄断话语权，还能推动建立国际公认的普适性数字贸易壁垒界定指标体系。

扩展阅读

诺奖得主斯蒂格利茨：数字贸易真正障碍更多来自人为壁垒

在 2020 年 9 月 5 日上午举行的服贸会数字贸易发展趋势和前沿高峰论坛上，诺贝尔经济学奖得主、前世界银行副总裁以及首席经济学家约瑟夫·E. 斯蒂格利茨在后疫情时代全球数字贸易展望主题演讲中提出，全球范围增长迅速的数字贸易所面临的真正障碍，越来越多地来自人为壁垒。

他提出，随着通信成本下降，数字贸易成本也随之迅速下降。信息通信、数字贸易、人工智能和电子商务在各个经济体中所占份额虽小，但增长迅速。

他举例称，中国在全球数字贸易中发挥着重要作用，在全球电子商务中的比重超过 40%。美国与人工智能相关工作岗位在 2010 年到 2019 年间，比重从 0.26% 增长到 1.32%，50% 的大公司通过不同方式使用人工智能。

斯蒂格利茨提醒，要想推动数字贸易更好发展，人们必须解决众多问题，其中越来越多的障碍来自人为原因造成的壁垒，包括税收、垄断、滥用等。

如税收，"数字贸易正在夺走许多国家所需的收入来源，人们认为数字巨头没有缴纳其应付税款，从而造成冲突，这也暴露了国际税收制度中的潜在问题。"斯蒂格利茨说，国际上为解决这一冲突而付出的努力已陷入僵局。他举例说，脸书、亚马逊等全球互联网可能通过从海外某国收集数据，并获得收入，但并未为收集数据进行相应的付出。针对这一问题，很多欧洲国家提议实施数字税收。

另一人为壁垒还有垄断问题。国际化的大型数字平台为自己获得巨大收入的同时，并无全球性的监管机构对其进行监管。"包括我在内的绝大多数经济学家认为，更好解决垄断的途径是增加竞争、防止竞争滥用。"斯蒂格利茨说。

资料来源：孙奇茹. 诺奖得主斯蒂格利茨：数字贸易真正障碍更多来自人为壁垒 [EB/OL]. 北京日报，https://ie.bjd.com.cn/5b165687a010550e5ddc0e6a，2020-09-05.

◎ 本章提要

互联网技术和数字技术的发展促进了传统货物贸易和服务贸易向数字贸易转变。随着跨境数据流动量的大幅提高，各国政府出于保护本国产业发展等的考虑，纷纷采取数字贸易限制措施，设置了各种关税和非关税壁垒。数字贸易壁垒与传统货物贸易相比，有着广泛性、特殊性与隐性等特点，因而对数字贸易壁垒的规制需要考量不同方面，在 WTO 框架之下，包括《服务贸易总协定》（GATS）和《与贸易有关的知识产权协定》（TRIPs）在内的协定很早就对数字贸易壁垒进行规制。然而随着数字贸易的进一步发展，传统框架下的规制已经不能满足当下的需要，因此各国纷纷通过区域贸易协定来对数字贸易壁垒规制提出了更高水平的要求。目前国际上并没有一个统一标准来对数字贸易壁垒进行量化与界定，欧洲国际政治经济学研究中心（ECIPE）与经合组织（OECD）从不同角度入手，分别建立起颇具影响力的数字贸易壁垒界定指数，给各国相关研究人员提供了对数字贸易壁垒的新研究思路。在数字贸易壁垒上升的新背景下，中国应当从国内国际两方面出发，一方面构建促进数字贸易和数据规制相协调的法律体系，优化国内营商环境；另一方面则以 WTO 框架为中心，推动数字贸易机制优化改革。

◎ **概念复习**

数字贸易壁垒　数据本地化　数字贸易壁垒界定指数

◎ **阅读资料**

(1) 戴龙. 数字经济产业与数字贸易壁垒规制——现状、挑战及中国因应 [J]. 财经问题研究，2020（8）：40 – 47.

(2) 戴龙. 论数字贸易背景下的个人隐私权保护 [J]. 当代法学，2020，34（1）：148 – 160.

(3) 周念利，李玉昊，刘东. 多边数字贸易规制的发展趋向探究——基于 WTO 主要成员的最新提案 [J]. 亚太经济，2018（2）：46 – 54，150.

(4) 赵晓斐. 数字贸易壁垒与全球价值链分工 [D]. 对外经济贸易大学，2020.

(5) 王岚. 数字贸易壁垒的内涵、测度与国际治理 [J]. 国际经贸探索，2021，37（11）：85 – 100.

◎ **课后思考题**

(1) 什么是数字贸易壁垒？并概括它的特点。

(2) 数字贸易非关税壁垒主要包括哪些？

(3) 结合相关资料，试分析各主要国家对数字贸易关税壁垒的态度。

(4) 国际上目前有哪些主要的数字贸易壁垒界定指数？

(5) 试比较"数字贸易限制指数"与"数字服务贸易限制指数"的异同。

第 5 章
数字贸易理论

学习目标

(1) 了解数字贸易对传统国际贸易理论的挑战，包括数字贸易改变了传统国际贸易形态，数字贸易比较优势的内涵发生改变，数字贸易比较优势的要素结构发生改变；

(2) 了解最新的国际贸易理论，包括贸易政策不确定性、贸易政策政治经济学、密码经济学，掌握未来数字贸易理论的主要方向；

(3) 认识数字技术理论与数据权属模糊的相关理论。

内容提要

数字贸易具有更低的生产和交易成本、更显著的规模经济和范围经济、更高的资本有机构成、交易的平台化和供应链的网络化等特征，这些特征从比较优势的内生化、经典引力模型的适用性、生产区位与贸易格局以及产品要素密集度逆转等方面对传统的贸易理论提出了挑战。本章从数字贸易对传统国际贸易理论的挑战出发，介绍了最新的国际贸易理论以及数字技术理论和数据权属模糊理论。

94

5.1 数字贸易对传统国际贸易理论的挑战

现有国际贸易理论虽然在较大程度上能够提供理解数字贸易的基础，但却并未考虑到数字贸易在生产要素、成本结构和经营模式等多方面与传统国际贸易的较大差异。随着数字贸易规模的不断壮大，这种差异性有可能挑战现有国际贸易理论对数字贸易发展的解释力。

5.1.1 数字贸易改变了传统的国际贸易形态

解释国际贸易形式是贸易理论的重要功能之一。所以，数字贸易的形式特征变化应成为数字贸易理论研究的重要起点。作为数字技术变革的产物，数字贸易本身可能具有技术偏见性高、网络效应强、市场集中度高等特点，与此同时，3D 打印技术对劳动密集型制造业所产生的替代作用给发展中国家带来了巨大的挑战。但同时，数字贸易也给发展中国家带来了难得的机遇。由于信息通信技术的发展，越来越多的发达国家企业将部分业务外包给印度、菲律宾、印度尼西亚等发展中国家，使其建立了数字贸易发展的基本条件，并逐渐成为某些领域不可或缺的参与者。例如，印度 IT 产业占 GDP 的比重高达 8%，出口规模日益扩大，使印度正在成为全球"数字技能"中心，班加罗尔也被称为印度的"硅谷"。菲律宾现在则被称为世界呼叫中心之都，全球市场份额为 16% ~ 18%。

5.1.2 数字贸易比较优势的内涵发生改变

自比较优势理论提出以来，它在解释国际贸易形式和促进国际贸易发展方面发挥了前所未有的作用。毋庸置疑，它也应该成为理解数字贸易国际模式的重要基础。总的来说，比较优势理论可以用于数字贸易的分析，这个论断是得到了支持的。但数字贸易优势的内涵发生了改变。

一方面，国际贸易的传统优势可能出现弱化。数字经济的虚拟性和无形性降低了对有形中间品的需求，提高了劳动者素质的要求，降低了普通资源禀赋和低技能劳动力成为比较优势来源要素的重要性。由于运输成本在数字贸易中的贸易成本相当小，在整个成本组成上几乎可以忽略不计，所以，基于传统国际贸易特点建立的比较优势，例如便利的交通，其优势也在逐渐弱化，这在一定程度上影响了国际贸易的地理格局。

另一方面，数字知识和信息作为数字贸易的核心生产要素，也就使得数据构成了相关企业的核心竞争力，因此可以成为数字贸易比较优势的新来源。与此同时，数据也是生产手段，是可以自主交易的资产，是构成服务交易和全球价值链的手段。

5.1.3 数字贸易比较优势的要素结构发生了改变

从贸易动机的角度来看，古典主义背景下的比较优势理论以完全竞争的市场结构作为前提假设，将国际贸易的产生看作是各国生产率的差异，认为贸易参与者可以通过生产和出口具有比较优势的产品获得福利。

在李嘉图模型中，劳动是唯一的生产要素，比较优势的唯一来源也就是各国间劳动生产率的相对差异。但实际上，劳动生产率的相对差异并不能涵盖全部的贸易形态。事实上，贸易的产生仍是各国资源禀赋不同的结果。20 世纪上半叶，瑞典经济学家赫克歇尔和俄林研究认为，生产要素的相对丰裕差异是产生比较成本差异和国际贸易的重要条件。这一理论用要素禀赋的差异来解释国际贸易比较优势，所以也被称为要素禀赋理论。要素禀赋理论假设产品生产的规模报酬保持不变，各要素投入的边际生产率随着投入的增加而下降，在这种情况下，即使两国不存在技术差异也可以产生比较优势，导致国际贸易的发生。总而言之，要素禀赋理论认为，一个国家资源的可用性为没有技术优势或者技术优势不明显的国家提供了比较优势的其他来源。需要说明的是，赫克歇尔和俄林并没有把要素禀赋作为比较优势的唯一来源，国际贸易的基础是只有当各国孤立时相对价格差异的差异。然而，在数字贸易中，传统要素禀赋无法完全解释现实的贸易形态，数据已经成为要素结构中的新的考虑方面。

5.2　最新国际贸易理论

5.2.1 贸易政策不确定性

5.2.1.1 贸易政策不确定性概述

贸易政策不确定性研究的理论基础主要有两方面：不确定性和进入成本。不确定性是指投资环境信息的不确定，包括政策、经济状态、要素市场价格、产品市场价格等方面信息的不确定。进入成本是指企业进入市场前必须支付一定的进入成本。当企业预期收益的折现值低于成本（包括进入成本），企业会推迟进入市场或者持观望态度；相反，如果企业预计收益的折现值大于成本，企业才可能选择进入市场。外部环境的不确定性导致企业的收益也是不确定的。一旦外部环境不确定性下降，企业预期利润折现值高于投资沉淀成本，企业便开始投资。

5.2.1.2　贸易政策不确定性的度量

贸易政策不确定性是一个抽象的概念，如何对其进行度量，是所有理论和经验研究的起点和重点。识别和测量政策不确定性是一个难点。但是，学术界对经济不确定性的度量为贸易政策不确定性的度量提供了参考。与用股票市场波动衡量经济不确定性的方法相似，可以通过贸易政策指标的波动衡量贸易政策不确定性，但是此种方法可操作性低，因而没有被广泛引用。此外，构建的基于不确定性的贸易政策不确定性指数得到普遍认可。与此同时，有学者基于引力模型构建了关税度量法，其他学者在此基础上进行了改善，直接用关税的差额表示贸易政策不确定性。

5.2.2　贸易政策政治经济学

5.2.2.1　贸易政策政治经济学概述

贸易政策是各个国家使用政治手段决定经济制度，而对其的政治经济研究就是对国家政治、经济、军事力量等的综合研究，是各国国内政治经济诸因素综合作用的结果，是如实反映各种集团利益决策的政治过程。贸易政策政治经济学试图从贸易保护政策政治决策过程的角度，探究贸易保护和贸易干预的原因、水平、结构、形式及其变化。贸易政策政治经济试图解释政府为何实施各种贸易干预政策。

5.2.2.2　贸易保护程度的衡量指标

贸易限制指数是一套测度贸易保护程度的指标。其从微观经济基础出发，将各种贸易政策的保护水平描述为一个统一关税，该关税是在保持初始效用水平不变的前提下，使新贸易状态和初始贸易状态下的贸易收支差额保持相等的统一关税水平，该统一关税即为贸易限制指数。

5.2.2.3　贸易政策政治决策影响因素

来自公众社会福利的压力。政府在制定贸易政策时主要考虑公众福利，在过去的20年中，发展中国家大大降低贸易壁垒，结果造成粮食进口激增。基于公众社会福利最大化，关注利益群体的方法对于解释国家的政策成果仍然有用，有学者利用"二战"后来自74个发展中国家和发达国家的政治和经济数据，探讨了政治竞争在确定农业保护水平方面是否起着重要作用（Falkowski et al.，2014），研究结果表明，政治竞争的程度越高，对农业的保护越高。

来自政治献金的压力。研究表明，如果某行业的产品被下游行业作为中间品使用，下游行业又能够组成利益集团对决策者提供政治献金，该行业所获得的保护率将会提高。

来自社会关注的压力。与政治献金结果类似，但是初衷却不同的还有社会关注理论模型。不同于政治献金是来源于利益集团的捐献，社会关注理论是政府从对社会收入关注的角度出发制定贸易政策。该理论假定各个利益集团的收入状况和权重成正比。权重越大，政府在制定贸易政策时越重视该集团利益。

来自劳动力就业等经济方面的压力。经济增长与稳定就业之间存在重要联系。贸易与就业关系的争论主要集中在两个方面，一是贸易与就业机会的相关性；二是贸易导致了就业质量提高还是降低。例如，劳工权利、劳动报酬是改善还是恶化了。传统制造业者认为，制造业向海外输出了就业机会，导致经济衰退和失业率居高不下。因此，制造业积极游说国会和政府采取贸易保护措施，提出制造业回归本土策略。

5.2.3 密码经济学

近百年来，人类社会正在从物质经济转向信息经济，人们生活的核心也从物质产品转向信息产品。信息技术的快速发展给人们带来了便利，同时一系列的风险和问题也接踵而至。信息经济当前面临三个主要问题：一是信息安全，二是信息垄断，三是"公地悲剧"，如何解决这三大问题成了学术界研究的热点。密码经济学的出现为解决这些问题提供了新的思路，由多学科融合发展而来的密码经济学正逐渐兴起。但是，由于密码经济学发端于计算机行业，多数学者对密码经济学的研究多偏向于计算机视角。因此，理解密码学与经济学之间的关系，研究密码经济学带来的经济学价值是对密码经济学的进一步探索。

5.2.3.1 密码经济学相关概念

密码经济学一词最早由以太坊社区开发者弗拉德·赞菲尔在一次演讲中所提及，弗拉德·赞菲尔认为密码经济学是一门独立的学科，主要研究的是去中心化数字经济学中的协议，这些协议被用于管理商品与服务的生产、分配。密码经济学后来在相关领域被广泛传播，但密码经济学至今尚未有公认的定义。

密码经济学的定义，从复杂系统视角提供了密码经济学微观、中观和宏观定义。其中微观视角涉及代理人层面的行为；中观视角涉及政策制定和治理；宏观视角涉及系统层面指标的测量和分析。每个视角都是相互依赖的，不能单一地从一个视角定义。有学者则将密码经济概括为在区块链上发生的经济活动。可见，不同的学者对密码经济学的定义虽有所不同，但大体相似。

综上所述，密码经济学可以被定义为一个多学科的研究领域，研究和分析在分散的数字经济中管理虚拟决策的协议。这些协议激励参与者为特定目标作出最佳决策，并确保决策历史在区块链环境中保持不变。密码经济是基于非对称密码技术，从根本上解决互联网的信息安全和信息垄断问题，所形成的新的经济形态。

5.2.3.2 密码经济学的核心思想

密码经济学的核心思想是通过经济奖励（如新的比特币）激励人们操作和保护网络，同时让攻击网络的计算成本变得昂贵。因此，用以太坊创始人之一布特林的话说，密码经济学的重点不是市场化本身，而是试图构建保证某些信息安全的系统。技术和社会特征的融合有助于在用户中产生信心，因此对人类中介的需要和由此带来的风险大大降低了。从信任到信心的转变将治理负担从人转移到了技术系统。例如比特币的加密算法可以防止总账中出现单位不足的情况，这些单位的感知价值反过来又促使用户花费计算量来执行被称为"工作量证明"的加密算法。算法可以保障经济，经济又会激励人们使用算法。

5.3 数字技术理论

5.3.1 交易成本理论

5.3.1.1 交易成本理论概述

17 世纪以来，古典经济学思想广泛传播。古典思想认为，政府不应干预市场，市场机制会自发调节生产活动并促使社会对工作进行分工。但 1929 年的经济危机让古典经济理论失效，学者由此提出了两个问题：在分工高度专业化的市场中，为什么存在市场失灵现象以及组织的存在究竟有何意义？因此，不仅生产活动产生成本，交易过程也并非零成本。组织的作用就是作为资源配置的一种工具，其存在的目的是减少交易成本。在此之前，经济学家认为成本仅包括生产成本，并认为企业遵循市场机制，仅关注利益最大化，忽略交易过程带来的成本。

5.3.1.2 交易成本理论的基本假设

1. 有限理性假设

有限理性是指人在处理信息时存在的能力有限，其来自环境和行为的不确定性。环境的不确定性是指其不可预测和复杂易变，因而提高事前的契约协商成本和适应成本（包括传递新信息、重新订约及反映新环境的有关活动所产生的直接成本）。行为的不确定性则来自监督对方执行交易的困难，因而产生绩效评估成本。当交易处于不确定和复杂的情况下时，便难以事先拟定涵盖所有可能情况的长期契约，因而造成市场失灵。

2. 机会主义假设

投机主义是指契约另一方通过说谎、偷窃、欺骗，及其他诡计来追求自利。交易成本理论并非假设所有的社会行为者皆有投机主义倾向，只是有些人会表现出投机行为，但要在事前确认投机行为者有困难并耗费成本，而在事后才发觉，将蒙受损失。投机主义与资产专属性有关，资产专属性是指某一资产具有特定用途，无法轻易移转到其他交易关系中而保有同样价值，因而做出投资的一方可能受到另一方剥削。在资产具有专属性的情况下，为防范另一方的投机行为，因而产生防卫成本。在交易成本理论的原始概念中，因为需要预防投机主义，评价问题产生的原由，因而产生衡量成本。衡量成本的产生是为了公平地分配报酬给合作伙伴，若报酬分配不公，伙伴可能减少其努力，因而导致生产力的损失，而产生机会成本。由于信息的不对称性，导致事前筛选合作伙伴的直接交易成本产生，若与缺乏技术和动机的伙伴建立关系将产生相关的机会成本。

有限理性和投机主义是彼此相关的。因为有限理性，无法事前拟定一个面面俱到的契约，而为防范契约对方的投机主义，因而产生相关成本。

5.3.2 信用理论

5.3.2.1 信用理论概述

马克思的经济学信用理论产生、成熟于 19 世纪 40 年代初至 50 年代末，在扬弃了资产阶级古典经济学家和庸俗经济学家信用思想理论的基础上，利用 19 世纪英国丰富的信用发展资料，植根于劳动价值论和剩余价值论，从商品经济产生和发展的路径阐述信用起源、发展、性质、本质和价值，考察了资本主义生产方式，最终揭示了资本主义生产关系产生、发展和灭亡的客观规律。这一科学的信用理论体系包含了三个层面：

一是以货币理论基本内核分析信贷商业信用、银行信用在社会总生产中的作用机制，从"体""相""用"三维度透视货币循环如何传导至经济边界，形成经济周期波动；

二是信用扩张下的资本主义经济冲突凸显，扩张的信用货币为盲目扩张的生产提供了资金条件，加大了供给产品数量、质量与需求不相匹配的可能性，当货币回流中断，要以货币的表面形式保证商品的价值，就会出现商品价值的牺牲，从而使经济整体受损；

三是资本积累背后的资本主义生产关系发展趋势，结合欧洲商业危机的爆发和应对，揭示了信用关系背后的阶级利益矛盾和资本历史演化规律。

5.3.2.2 信用的形式

信用以两种主要形式存在：商业信用和银行信用。

商业信用构成"信用体系的基础"，是资本家在生产和流通过程中相互提供的信用。由于不同商品的生产时期不同，一些资本家作为卖方来到市场，而另一些资本家作为买方来到市场。劳动分工越广泛，生产的商品越多，同步问题就越严重，商品转化为货币就越困难。在这种情况下，资本家必须赊销商品，延期付款，这样才能保持生产和流通的连续性。实际上，资本家互相借贷商品，并以书面承诺在未来某个特定日期付款。这些本票被称为汇票（或商业票据），是商业票据的一种形式。按照马克思的说法，商业信用的汇票形式提供了一切信用形式——货币的基础。

仅仅依靠商业信用，资本主义不可能广泛发展。其局限性之一是，汇票的发行受到"工商业者的财富，即他们在延迟回报情况下对储备资本的控制"的限制。还有不确定性的问题。在汇票发行和到期期间，市场条件可能会发生变化，并可能对借款人履行付款承诺的能力产生不利影响。因此，马克思认为："汇票运行的时间越长，储备资本就必须越大，通过价格下跌或市场过剩减少或延迟回报的可能性就越大。"

因此，很明显，以汇票形式出现的商业信用不能迅速扩大到足以适应产出的增长、市场的扩大、生产周期的延长以及伴随资本主义货币经济发展而来的不确定性的增加。资本主义生产不能仅仅在信贷资本家相互促进的基础上发展。它必须由一种不同的、可供选择的信贷来源来补充，那就是银行信贷。

银行信贷的一种新形式涉及商业银行或其他金融机构对汇票的贴现。银行购买汇票，并向持票人支付现金。它通过扣除票据到期前剩余时间的一定利息费用来贴现票据。一旦票据到期，银行将向债务人收取票据的面值。在这个看似简单的操作中，银行家开始了信贷来源的集中和集中化过程，并在各种资本主义企业之间充当金融中介。信贷来源和潜在货币资本的集中和集中化的过程进一步发展，因为资本家减少彼此之间的借贷，并开始以存款的形式向银行提供信贷，同时以贷款的形式从银行获得信贷。

随着银行系统内可贷货币资本的这种集中和集中化，商业信贷的局限性被克服了，银行信用随之发展起来。

5.4 数据权属模糊

5.4.1 产权理论

产权是指对资产和资源的使用权、收益权、转让权或交换权。将产权概念化为具有多个维度的经济含义，即许多不同的人能够持有对单个资源的特定方面的权利。也就是说，存在所有权共享。以一块土地为例。一个人可能有权在它上面放牧，另一个人可能有权走过它，还有另一个人可能有权在它上面开飞机。在这里，不同的个人可能对一块土地的不同分割用途拥有产权。

当两个以上的缔约方可以影响来自一组产权的收入流动时，划定每个缔约方各自的产权就变得困难起来。因此，需要考虑由不同缔约方的集体努力所产生的收入分配这一关键的经济问题。产权的初始转让不仅会影响缔约各方的个人努力，而且预期的分配也会影响参与集体努力的个人。

经济逻辑驱使资源的分界使用在几方之间进行划分，并以这种方式将这些权利划分为财产权捆绑包。特别是所形成的产权配置（例如制度安排）被认为是对合同情况的经济有效的反映。按照经济效率，标准的产权定义适用于以下情况：将产权分割成适当的捆绑，分配给最有能力进行有效生产的交易方，并将组成这些捆绑的产权分组，以便为每一捆绑财产权的所有人创造适当的经济激励。

在没有交易成本的情况下，向最优制度安排的趋同总是可以实现的。然而，由于交易成本为正，最优安排只能逐步出现。产权分割是推动产权理论各种应用的经济学原理。在任何一种涉及两个以上缔约方的制度安排中，资源所有者必须将对资源某些属性的控制权转让给另一个交易方。这种控制权的转移正是交易的定义：在交易方之间重新分配权利。各种制度和合同安排试图以经济高效的方式将产权分配给多个缔约方。

5.4.2　垄断理论

5.4.2.1　垄断的概念

垄断是一种市场结构，指一个行业里有且只有一家公司（或卖方）交易产品或者服务。一般分为卖方垄断和买方垄断。卖方垄断指唯一的卖者在一个或多个市场，通过一个或多个阶段，面对竞争性的消费者；买者垄断则恰恰相反。

5.4.2.2　马克思的垄断理论

马克思在《资本论》中对竞争与垄断有着深刻的研究。马克思指出："从概念来说竞争不过是资本的内在本性，是作为许多资本彼此间的相互作用而表现出来并得到实现的资本的本质规定，不过是作为外在必然性表现出来的内在趋势。"马克思从资本的本性出发，通过阐释市场发展的必然趋势，肯定了竞争的正面作用。对于竞争与垄断的关系，马克思是这样阐述的："在实际生活中我们不仅可以找到竞争、垄断和它们的对抗，而且可以找到他们的合题。这个合题并不是公式而是运动。垄断生产着竞争，竞争产生着垄断。垄断资本家彼此竞争着，竞争者逐渐变成垄断资本家，垄断只有不断投入竞争的斗争才能维持自己。"

十分明显，马克思关于竞争与垄断关系的观点是独具慧眼的。首先，马克思指出了竞争与垄断的对立统一关系。二者的统一"并不是公式而是运动"。这里所说的运动就是市场的运动经济的发展。其次，马克思指出了竞争与垄断在资本主义市场经济中的相互依存谁也离不开谁，"垄断只有不断投入竞争的斗争才能维持自己"。最后，马克思区分了封建垄断与资本主义垄断，"垄断生产着竞争，竞争产生着垄断"。这里前者指的是封建垄断，后者指的是资本主义垄断。马克思明确指出"竞争是由封建垄断产生的"。

首届全球数字贸易博览会将于 12 月在杭州举办

首届全球数字贸易博览会由浙江省人民政府和商务部联合主办，杭州市人民政府、浙江省商务厅和商务部外贸发展事务局共同承办，是目前国内唯一经党中央、国务院批准的以数字贸易为主题的国家级、全球性的专业博览会，将于今年 12 月 11 日至 14 日在浙江杭州举办，主题为"数字贸易商通全球"，面积 8 万平方米，北京、上海、四川担任主宾省（市），旨在搭建展示数字经济、数字贸易发展成果的高水平盛会和互利共赢合作的重大国际性平台。

此次盛会有五个方面情况值得期待：

一、着力汇聚高端国际元素

广泛邀约国际组织、国际政要、国际企业，扩大数字贸易"朋友圈"。有"欧洲硅谷"之称的爱尔兰将担任主宾国，联合国工发组织总干事和部分国家政要将在线上参会，30 余个国家使领馆代表线下出席。同时，本届数贸会将联动一些国际顶级展会集团，导入优质国际展览资源，提升了数贸会的品质。

二、着力引领行业发展风向

本次展会围绕数字贸易产业、平台、生态、制度、监管五大体系，聚焦前沿议题，将举办之江数字贸易论坛主论坛、中国 RCEP 丝路电商合作高峰论坛、DEPA 与数字经济合作高峰论坛、世界直播电商大会、数字文化贸易高峰论坛等一系列高层次论坛会议，开展全球数字贸易博览会先锋奖（DT 奖）评选活动，发布《福布斯全球数字贸易百强榜》《中国数字贸易发展报告 2021》等一批重磅研究成果，全力打造数字贸易领域"风向标"。

三、着力展示前沿技术产品

本次数贸会围绕数字化改革背景下的数字贸易全产业链，汇聚了 800 余家头部企业，世界 500 强企业 14 家，参会来宾可以现场参观亚运数字火炬、汽车机器人自动驾驶、360 的态势感知一体机等诸多新技术、新产品，现场体验数字人民币亚运场景、数字文旅元世界、3D 数字分身体验舱等互动项目，见证全球数字贸易领域的各类"首发""首秀""首展"。

四、着力助推产业招大引强

积极发挥数贸会溢出效应，依托展会平台招引一批大产业、大企业、大项目，助力"展商变成投资商"。结合浙江数字产业优势和未来发展趋势,将组织开展数字航空产业创新论坛、德国工业 4.0 与未来汽车产业全面数字化赋能闭门会等多场投资洽谈配套活动,共同推动产业项目落地。同时推进会展、产业与区县有效联动,在展馆中开设智能物联、生物医药、高端服务业等产业展示专区,服务产业发展和区县招商引资。

五、着力创新线上融合办展

创新采用实体和数字会展融合方式,打造线上数贸会——即数贸会 D 平台。围绕"一键互动、一码通行、一屏通览"三大特色,建立涵盖展商、观众、媒体、嘉宾等 6 大服务中心,打造更加开放的数字会展管理平台,服务数贸会全生命周期,使参展参会企业、嘉宾可以尽享全流程数字化服务。目前,D 平台已发布数字展位近 600 个、数字展品近 2 000 个。

资料来源:尚天宇. 首届全球数字贸易博览会将于 12 月 11 日在杭州开幕 [EB/OL]. 腾讯网,https://new. qq. com/rain/a/20221209A0154000,2022 - 12 - 09.

◎ **本章提要**

纵观人类文明史,每一次技术革命都颠覆了原有的生产生活方式。贸易作为经济活动中配置资源的关键环节,受第三、第四次工业革命的影响,正经历"数字化"的深刻变革。数字贸易已经开始展现其蓬勃的生命力。所以本章对数字贸易理论进行一次全面的梳理,在原有理解与全新实践的基础之上明确数字贸易对传统国际贸易理论的挑战,同时介绍最新的关于数字贸易的相关理论。唯有如此,才能更好地推动数字贸易的发展以及相关领域学术研究的顺利进行,从而进一步助力全面开放新格局的形成。

◎ **概念复习**

贸易政策不确定性　贸易政策政治经济学　密码经济学　交易成本　信用理论　产权理论
垄断理论

◎ **阅读资料**

(1) 从传统贸易到数字化贸易,数字时代的贸易未来 [EB/OL]. https://www. thepaper. cn/newsDetail_forward_13590872.

(2) 数字贸易:重塑全球价值链的关键力量 [EB/OL]. http://theory. people. com. cn/n1/2020/1216/c40531 - 31967779. html.

◎ 课后思考题

（1）数字贸易的概念是什么？

（2）数字贸易对传统国际贸易理论的挑战有哪些？

（3）什么是数字贸易的本质属性？

（4）什么是数字贸易的基本原则？

（5）数字贸易是如何兴起的？

（6）数字产品的非歧视原则体现在哪些自由贸易协定上？

第 6 章
数字技术

学习目标

(1) 理解数字技术的一般定义,知晓常见的几种数字技术;

(2) 对大数据和人工智能有初步的认识,明确其在数字经济领域的重要性;

(3) 了解物联网与区块链的概念,知晓两者的主要应用领域;

(4) 了解常见的电子交易技术,学习这些电子交易技术的定义与用途;

(5) 学习《联合国国际合同使用电子通信公约》和《贸易法委员会电子商务示范法》中有关电子交易技术的部分,比较其异同。

内容提要

数字技术是数字经济得以运行的关键,是支持其运作的发动机。无论是数字产业价值创造还是数字产品的诞生都离不开数字技术的运用,在 20 世纪 60 年代,基于计算机的新兴技术可以被视为一种狭义的数字技术。人们通过计算机把图形、文字、声音、图像等信息转换成二进制"0""1",然后进行运算、加工、存储、传输、还原,从而为经济活动提供服务。广义的数字技术则包括大数据、人工智能、物联网、云计算、区块链、3D 打印,以及相关的软件硬件研制与电子交易技术。依托数字技术的广泛应用,数字经济发展不断深化,在国民经济中的占比不断提高。

6.1　数字技术支撑

计算机和互联网起到了数字平台和媒介工具的作用，而大数据与人工智能在国民经济各行业中的作用更为直接，是数字技术间接生产力转化为直接生产力的支撑点。

物联网有望成为下一个将所有对象集成到互联网中的革命性技术，而区块链技术进一步释放物联网的力量。物联网和区块链的结合将允许任何类型的交易发生在两个支持物联网的对象之间。云计算和区块链类似，都属于对数据进行处理的特殊手段和模式。本书主要介绍这些具有代表性的数字技术。

6.1.1　大数据和人工智能

大数据是一个用来描述处理大量数据的技术的术语。大数据有三个特征：海量、速度、非结构化。这使得大数据不同于传统的数据库。由于数据收集、传输、存储和处理的成本降低，现在越来越多的大数据比传统数据库技术更便宜、更容易获得。

大数据需要巨大的数据处理能力以及数据路径——收集、传输、存储和处理。数据处理能力必须与数据量同步增长。这对数字经济基础设施提出了巨大的需求。大数据使用并行数据库管理系统来处理海量的非结构化数据。有许多用于并行数据处理的编程语言。在更高的层面上，大数据的数据库管理平台通常被称为数据湖。数据湖可以组合和综合来自多个来源的所有类型的数据。这些数据可以是结构化的（传统的关系数据库），也可以是非结构化的，比如文本、图像、音频、视频、PDF 和二进制数据。这与只包含结构化数据的传统数据仓库截然不同。

数据湖将数据分布在多个服务器上进行存储。这种分布式并行架构可以显著提高数据处理速度。它还对描述每个数据集的信息进行编目。这种信息允许开发者获得对数据的理解和信任，并开发应用程序。数据湖平台可以快速接收和转换数据，跟踪和记录数据集。

当下的数据湖平台有很多。高性能计算集群（HPCC）就是一个典型的例子。能够跨多台服务器自动分区、分发、存储和交付结构化和非结构化数据是它的优势。HPCC 还拥有机器学习算法来分析数据、文本、图像、视频和传感器数据。通过对历史数据的识别，能够在一定程度上预测未来的数据。

另一个数据湖平台是谷歌的 MapReduce。使用 MapReduce，能查询拆分数据并分布在并行节点上，通过并行处理之后收集并推出结果。

数据湖允许对信息从集中控制到共享管理的灵活处理，以适应信息管理的动态变化，这使得数据能快速分离到数据湖中，从而减少时间的耗费。

大数据是一座亟待挖掘的金矿。利用大数据，人们可以有效地将预测分析和数据挖掘集成到整个分析生命周期中。例如，医学研究组织可以从他们的大数据中提取大量的医学数据和信息，以加快他们的研究。企业可以使用大数据来准确预测结果，并应用分析来优化他们的行动步骤。通常，大数据总是和人工智能协同工作。

人工智能的概念已经深入人心，各式各样的小说与电影题材喜欢加入人工智能元素来增加科幻性与新奇感。人工智能，即 Artificial Intelligence，是研究、开发用于模拟、延伸和扩展人的智能的理论、方法、技术及应用系统的一门技术科学。人工智能源于人工智能机器和大数据。人工智能机器由硬件、内存和算法组成，此处的硬件指的是电脑。今天，越来越多的人工智能由神经计算机而不是传统计算机驱动，神经计算机模仿人脑的功能。算法则是深度学习或机器学习软件。如今，大多数硬件都位于数据中心或云中。数据是从各处收集的，它们通过互联网被发送到人工智能机器。

AI 机器接收和学习的数据越多，它们就变得越智能。全世界在 2018 年创建、捕获、复制和消耗的数据总量为 33 泽字节（ZB），相当于 33 万亿 GB。2020 年，这一数字增长到 59ZB，预计到 2025 年将达到令人难以想象的 175ZB（Melvin M. Vopson，2021）。传统的计算机架构在处理人工智能算法和处理海量数据方面面临困难。人工智能计算机架构正在演变成一个类似神经元的系统。它被称为神经计算机。其处理单元可以包括中央处理单元（CPU）、图形处理单元（GPU）、现场可编程门阵列（FPGA）和专用集成电路（ASIC），都是半导体芯片。人工智能机器中使用的特殊 ASIC 被称为智能处理单元（IPU）。

GPU 是一种芯片，用于加速多维数据处理，以提高图像等数据的性能。FPGA 具有可重新配置的逻辑块和互连层次结构，以执行并行和串行顺序处理。FPGA 的行为方式类似于神经元之间的连接，可以创建、断开和重新路由神经元之间的连接。此外，它还具有更好的能效和低延迟处理。因此，FPGA 已被广泛用于神经网络加速。这些芯片使用传统的架构，它们能模仿神经处理。还有新开发的类似神经元的芯片。英特尔使用他们的 Loihi 芯片开发了一个神经形态系统，模拟了 800 万神经元的计算过程。密歇根大学也展示了一种允许本地化人工智能的忆阻器阵列芯片。这些新开发的神经人工智能处理器能够并行进行大量计算，并通过在单个人工智能芯片中存储整个人工智能算法来加快内存访问。这种计算机架构也被称为神经形态 AI 系统，它类似于大脑中的神经元网络。

神经形态系统由神经网络（NN）组成，也称为人工神经网络（ANN）。ANN 通过一套算法模仿人脑。反过来，其包括许多节点层。节点层包括输入层、隐藏层和输出层。每个节点，也称为人工神经元，连接到另一个节点，并具有相关的权重和阈值。如果一个节点的输出高于指定的阈值，则该节点被激活，向网络的下一层发送数据。否则，没有数据传递到网络的下一层。一旦生成了隐藏层的所有输出，它们就被用作计算神经网络的最终输出的输入。当网络有更多层时，它就"更深"，因此得名"深度学习"。在多层人工神经网络中，因为一层的输出被传递到网络的下一层，所以单个变化可以对其他神经元产生级联效应。因此，当 NN 更深时，最终输出将受到来自更多输入的级联效应的影响，结果会更准确。

人工智能机器有两个主要任务：学习和执行。在学习阶段，人工智能系统接收数据，并学习数据是什么以及它应该如何表现。这种学习的结果存储在它的存储器中。在第二个任务执行中，人工智能系统被输入数据，然后处理这些数据以产生适当合理的响应回馈。这就是人工智能的创造过程。

特斯拉创始人马斯克曾说，人工智能对人类构成了威胁。物理学家斯蒂芬·霍金也说过，人工智能的出现可能是我们文明史上最糟糕的事件。许多人担忧人工智能的发展会产生不可逆的后果，在有心之人的训练下，AI 可以从多个方面犯罪与作恶，甚至脱离人类控制，做出违背人类利益的事情，不管怎么说，商业和国家利益的驱动下，人工智能的发展正在加速，并且无法停止。人工智能已经在改变世界，并对社会、经济和治理提出了重要问题。

近年来，由于计算能力和数据量的大幅提高，以及投资的大量涌入，人工智能取得了巨大的进步。数字经济中的大公司，如亚马逊、谷歌、IBM 和阿里巴巴，都在云计算服务中提供人工智能算法，以便他们的客户可以构建使用基于人工智能的应用程序。

数字经济以数字技术为基础要素，数字技术是数字经济运行的支柱与驱动数字经济的马达，而以大数据和人工智能为例的数字基础技术，更是数字经济贸易赖以运转的枢纽。

6.1.2　物联网和区块链

物联网，即"使万物相连的互联网"，其思想起源最早可以追溯到 20 世纪 80 年代，当时提出了无处不在的计算理念，其目标是将数字技术嵌入日常生活。而物联网一词最初由"物联网之父"凯文·阿什顿（Kevin Ashton）于 1999 年提出，其主要是建立在物品编码、RFID 技术和互联网的基础上，基于唯一的通信协议，物联网具有自适应性和自主性以及内在安全性。物联网有望成为下一个将所有对象集成到互联网中的革命性技术。借助工业设备和应用，每台机器或设备都可以实现全方位的生产率提升——从设备的预测性维护到生产线上产品的定制配置。它还为设备供应商提供来自现场的宝贵性能数据，以及远程诊断和故障排除能力，以改进他们的设备。目前，物联网无论是在个人还是专业领域都有着重要的应用。对于个人而言，物联网在电子医疗、智能家居等日常生活方面都发挥着不可替代的作用；在专业领域，物联网可以应用于自动化、智能供应链和运输、远程监控和物流。物联网在这些方面的广泛应用带动了商业模式的创新发展，奠定了数字贸易未来发展的技术基础。

物联网的关键特征在于在数字世界与物理世界之间架起了一座桥梁，凭借大量的终端，物联网能感知到世间万物乃至它们的行为特征，进而使这些数据映射至数字空间，并将这类已赋予智能特征的数据转换成为对终端用户有价值的信息数据，物联网使用集成网络智能的原则，在不同的系统之间提供协调性和可见性。连接物理与人类网络的数字经济可以作为一种运行的系统，其可成为直接为用户与市场提供实时反馈及分配的机制，可以说物联网与数字经济的关系与物联网和服务互联网的发展要求是相辅相成的。

物联网是新一代数字与信息技术的综合运用，有着前所未有的发展前景。依托于物联网的新数字商业模式要求大规模连接、高隐私性和安全性、完全覆盖、超高可靠性和超低延迟等。目前，物联网智能算法与5G技术的融合进展也较为顺利，5G智能物联网的目标是智能地处理大量数据，优化通信渠道，有效提升信道利用率。支持5G的物联网有着更高的数据传输速率、更庞大的覆盖范围和容纳量，并支持机器人、执行器和无人机，进而拓宽了数字商业模式发展与变革的视野。

然而，物联网本身仍存在一些问题，这给其在数字贸易的应用领域带来了一些限制与麻烦。

第一，数字物联网技术给数字经济的供应链中带来了新的网络风险，在数字经济中的中小企业（SME）供应链中，物联网数字技术下的网络风险尤其容易被忽视。物联网数字技术在供应链中的集成需要标准化参考架构来有效处理资源复杂性问题，但目前的数字经济缺乏对供应链中物联网数字技术带来的战略、功能和运营挑战的个体层面的应用经验。

第二，处理来自所有网络节点的大量物联网数据是一项极为烦琐的任务。因此数据中心的能源效率是必须考虑的问题。此问题下，部署人工智能技术、新型融合算法、先进的时态机器学习方法和神经网络来实现自动化决策和提高能源效率是一种可行之举。

第三，安全和隐私一直是物联网架构中的最大问题之一。终端用户数据需要受到保护来防止被非法使用，所以要对数据进行认证，同时在用户端维护数据的完整性。尽管各种先进的密码算法能被用于数据认证，但是它具有严重的能源使用与消耗问题。因此密钥加密方案与远程无线重编程协议便应运而生，每当从节点进入或者当节点上运行的应用需要安装或更新时，物联网网络的安全性和隐私性也会进行检测。供应链流程是物联网的基石，然而数字供应链流程本身存在相当程度的安全性问题，这对物联网系统的风险评估提出挑战。对于数字经济来说，安全问题必须放在首要位置上。但若不对物联网系统本身有着深刻的理解，要对其做出正确的风险评估是困难的。消化核心网络影响评估概念，来吸收物联网风险评估设计原则，从而在数字经济中构建合理正确的物联网风险影响评估体系。

总体来说，物联网及其在数字贸易领域的应用具有长远的发展前景。物联网技术是数字经济发展的重要技术基础，推动中国物联网产业发展，是使其适应当今世界数字经济高速发展与变革的需要。中国在"十二五"和"十三五"发展规划中都对物联网提出了多层次、全方位的发展要求，且成效显著，当前中国诸多省市纷纷发挥其地区特色优势，稳步推进互联网基地的拓展建设，符合"十三五"规划中所提到的物联网基地建设需要遵循的"个性化"目标。政策层面，相关政府部门需要出台对应的法规政策，构建兼具核心产业优势与地区特色的物联网产业链，同时为物联网建设提供适宜的发展环境，让物联网产业引领产业布局与结构调整，进而促进数字经济更深层次的发展。

数据是数字经济的核心要素，而数据安全问题的最优化解决方案不在于对数据进行最为有效的保护，而在于使数据获得不可破解性。区块链就是这样一种解决方案，其提供了一种安全、不可变、分布式的数据处理方式。

区块链也被称为相互分布式账本（MDL）。作为一个结构化的数据库，MDL将数据分为三种类型：身份数据、事务数据和内容数据。利用这三种数据，可以创建传统数据库无法实现的各种应用程序。

区块链技术简化了可信信息的管理，使用户更容易访问和使用关键的公共部门数据，同时提高这些信息的安全性。区块链技术使用数据块，使数据块形成被衔接起来的链条，这样任何变化都会引起整个区块链升级进而使数据安全性得到保障。此外，区块链数据库是分布式的，一个副本的任何变化都会使其显得与其他副本有明显不同。

区块链帮助金融科技类公司、政府机构和其他用户在安全的基础设施内数字化管理现有数据记录使之更为智能。一旦达成预设条件并且第三方身份得到验证，第三方便可以在规则和算法之下获取区块链中的特定共享数据。一些国家在应用这种技术方面更先进。例如，爱沙尼亚正在推出一个名为无钥匙签名基础设施（KSI）的平台来保护所有公共部门的数据。KSI创建原始数据的散列。这些哈希值存储在区块链中，分布在政府计算机网络中。每当底层文件发生变化时，一个新的哈希值就会附加到该链中。未经授权的数据更改将产生区块链无法接受的哈希值。每个记录历史的透明性可以检测和防止未经授权的篡改。政府官员可以监控有关对象在不同时间地点的任何变化。所有爱沙尼亚公民的健康记录都通过KSI平台进行管理，该平台可供国内所有政府机构和私营部门公司使用。

除了防止未经授权的访问和更改的数据保护之外，数据共享可能是最容易受到攻击的数据路径。目前，数据共享是不可逆的。一旦一方接收到数据，他就拥有了该数据。在某些情况下，这可能会带来风险。例如，当你交出你的信用卡信息时，你必须相信对方不会将其用于除预期交易之外的任何其他目的。

区块链和物联网的结合创造了巨大的工业应用潜力。区块链技术进一步释放物联网的力量。物联网和区块链的结合将允许任何类型的交易发生在两个支持物联网的对象之间。在有许多利益相关者的复杂价值网络中，行业可以创建产品的防篡改历史，从组件供应链到现场操作。

区块链增加了物联网数据的安全性，不仅允许信息传输，还允许有价值的资产通过网络发送。这使得两者在没有人工干预的情况下相互处理事务成为可能。例如，在工厂中，通过质量检查的零件可以自动发送到生产线。否则，它们可能会被发送到废料箱或降级箱。该工厂研发实验室开发的一种新药生产过程的专有配方，在发布用于生产时，可以发送到工厂的生产物联网平台，而没有被黑客攻击的风险。

或者，开发中的复杂系统的高度敏感的技术规范可以在使用物联网平台的不同合作伙伴之间的不同设备之间共享。智能合同可以通过区块链发送到供应链中承包商的物联网平台，以触发合同中的特定事件。当一个集装箱的货物被装载到由物联网连接的货机上时，智能合同会立即触发支付，而无须第三方（比如银行）的参与。

三星和 IBM 正在使用区块链创建物联网设备的分散网络。IBM 的沃森物联网平台使物联网设备能够向区块链总站发送数据。中国的永安科技公司推出了"步步鸡"项目，将物联网与区块链技术有机结合，使得从鸡苗供应、养殖、检疫，到屠宰、物流的全部环节都形成了不可篡改的真实信息记录，给予了每只鸡一张具有唯一标识的"身份证"。

除了以上领域，物联网与区块链的结合在医疗卫生领域同样有使用空间，将跟踪设备连接到患者身上，医院方面可以实时访问并记录在公共区块链上的信息，如胰岛素水平或心率，以此提高医疗服务质量。可见物联网与区块链两项数字技术的共同使用具有不可估量的应用前景。

6.1.3　云计算

数字经济中所有经济活动都是围绕数据展开的。因此，数据中心在数字经济中发挥着关键作用，这类似于发电厂之于第二次工业革命一般。数据中心最早可以溯源到 20 世纪 70 年代的大型计算中心。20 世纪 80 年代，廉价的网络设备已经出现，一些公司将服务器放在其内部的特定房间中，为整个公司服务。当互联网变得流行时，数据中心开始为公众服务，而不是属于单个公司的私人数据中心。云计算从数据中心发展而来，是数字基础设施的核心组成部分。

云计算起源于数据中心，是分布式计算、并行计算和网格计算的发展。通过利用因特网"云"的计算服务，云计算能够提供更快的创新，更灵活的资源，以及更大的经济效益。云计算的基础架构包含了 HPC 服务器、数据存储、数据库，以及其他诸如人工智能和区块链的新技术。云计算使得用户可以分享计算资源，以此减少 IT 费用，同时更快速地开发和部署应用。用户无须购买昂贵的计算机系统来安装操作系统和应用软件，这也降低了所有相关的维护成本。另外，云环境网的安全性能也处于较高水平。云服务也可以很容易地按照需求进行扩展。

从云资源所有权的角度来看，云计算可分为公共云、私有云、混合云和多云。

公共云通过公共互联网向用户提供计算和数据存储资源。公共云供应商拥有并管理数据中心、硬件和基础架构。数据中心基础架构由所有云客户共享，客户数量甚至达到数以百万计。

公共云的例子有亚马逊网络服务（AWS）、谷歌云、IBM 云、微软 Azure 和甲骨文云。全球公共云市场正在快速增长。营销公司高德纳（Gartner）[1]估计，到 2022 年，全球公共云市场将超过 3 300 亿美元。

由于开放度高的特点，公共云容易受到隐私侵犯和数据黑客攻击。一个解决方法是使用私有云服务。私有云仅面向单个客户，其基础设施位于内部。私有云保留了云计算的许多优势，包括弹性、可扩展性和服务交付的简便性，以及内部基础架构的访问控制、安全性和资源定制。

出于对数据安全性的考虑，法规要求某些类型的敏感信息需在内部存储，如机密文档、知识产权或任何其他敏感数据。私有云比公有云更能满足这样的要求。拥有此类敏感数据的客户通常会选择私有云。

混合云是公共云和私有云的结合。部分混合云的用户在拥有内部私有云之外，可以选择同时使用公共云。

混合云将公司的私有云和公共云集成到一个灵活的基础架构中。公司必须决定哪些数据可以存储在其私有云中，哪些数据可以存储在其公共云中。通过混合公共云和私有云资源，公司可以选择每个工作负载使用哪个云，或根据不断变化的环境在两个云之间自由移动工作负载。这使该公司能够更有效、更经济地实现其互联网技术目标。

6.2 电子交易技术规则

包括电子认证、电子签名、电子合同、电子发票和电子支付在内的电子交易技术令数字贸易的适用范围更加广泛。当下，越来越多的交易直接在线上进行，这减少了物理交互的需要，大幅提高了数字贸易的效率。

然而，电子交易技术在许多国家得不到当地法律的有效支持。此外，管辖电子交易的国内法律和条例并不总是在国际上协调一致或具有互操作性。为了促进在数字贸易中采纳和使用便利电子交易的技术，有关机构就一系列监管原则进行谈判，以便在监管的关键问题上达成共识。

在这一领域，联合国国际贸易法委员会在建立电子交易框架、电子认证和电子签名以及电子合同的监管规则和原则方面发挥了基础性作用，而在电子发票和电子支付方面仍有待取得进展。同时，ISO 标准也有助于这些技术的技术标准的发展。区域贸易协定

---

① Gartner Group 公司成立于 1979 年，是第一家信息技术研究和分析的公司，其为有需要的技术用户提供专门的服务。Gartner Group 致力于使自己的业务覆盖到 IT 行业的所有领域，希望成为每一位用户的一站式信息技术服务公司。

在制定数字贸易规则方面发挥了重要作用，而促进电子交易是其中非常关键的领域，包括关于电子交易框架、电子认证和电子签名等的具体规则。

6.2.1　电子交易框架

电子交易框架是指为电子交易提供关键原则的总体法律框架。在全球范围内，贸易法委员会发挥了主导作用，制定了具有法律约束力的《联合国国际合同使用电子通信公约》(《联合国电子通信公约》) 和不具约束力的《贸易法委员会电子商务示范法》(MLEC)。两者为各国数字贸易的国内法律和条例的协调统一起到了促进作用。《联合国国际合同使用电子通信公约》和 MLEC 为电子商务立法提供了三项基本原则：非歧视、技术中性和电子通信效力等同于书面文件。

《联合国电子通信公约》以及《贸易法委员会电子商务示范法》所包含的原则已经通过区域贸易协定纳入国内立法。总体而言，15 个行政辖区签署了明确提及《联合国电子通信公约》的区域贸易协定，22 个行政辖区签署了提及《贸易法委员会电子商务示范法》的区域贸易协定。同时，至少有 91 个司法管辖区批准、签署或参考了两者的内容的区域贸易协定。此外，包括《东盟电子商务协定》在内的一些协定，要求其成员维持或通过管理电子交易的法律和条例，并需要考虑适用的国际公约或与电子商务有关的示范法。这意味着受《联合国电子通信公约》或《贸易法委员会电子商务示范法》影响的行政辖区可能比目前记录的法域更多。

区域贸易协定不仅提及《联合国电子通信公约》和 MLEC，而且还包含关于技术中立和数字贸易壁垒的规则作为其电子交易框架的一部分。技术中立原则是《联合国电子通信公约》和《贸易法委员会电子商务示范法》的三项基本原则之一，有 50 个行政辖区签署了包含技术中立原则的区域贸易协定；72 个行政辖区签署了包含在国内电子交易框架下减少设置数字贸易壁垒的区域贸易协定。

6.2.2　电子认证和电子签名

电子认证是指由特定的第三方服务机构以信息技术和密码技术，为电子签名的相关方提供真实性和完整性证明的活动。通常电子认证主要包括签名人身份可信、真实，电子签名过程安全、可靠，数据电文完整且未经篡改。电子认证服务是保障信息安全和数据安全的核心环节，在医疗卫生、金融保险、网上银行、电子商务、教育、交通、移动互联网等领域均有广泛应用，是构建可信网络生态的重要组成部分，随着移动互联网、云计算、物联网等技术的不断发展，网络空间的身份管理、授权访问、用户隐私等安全问题逐渐凸显，电子认证的应用和发展也面临着不少问题。

虽然各国往往有国内规则授权用于交易的纸质文件的法律效力，包括要求手写签名，但基于电子通信的交易（通常包括电子签名）并不总是享有同等程度的法律确定性。在考虑跨境交易文件的法律效力并涉及一个以上管辖区时，这一问题变得更具挑战性。纸质文档需要更多时间去准备和清理，并存在容易丢失等问题。因此将电子通信文件和纸质文件之间、电子签名和手写签名之间功能等同的立法框架标准能够促进贸易便利化，尤其是当今数字经济进一步发展的背景之下。

建立统一的立法框架主要是由联合国国际贸易法委员会推动的。除了上述《联合国电子通信公约》和《贸易法委员会电子商务示范法》（两者都包括关于电子认证和电子签名的条款）之外，贸易法委员会还制定了《电子签名示范法》。这为电子签名和手写签名之间的功能等同提供了与技术可靠性相关的标准。有33个行政辖区通过了基于该示范法或受其影响的立法。

尽管区域贸易协定似乎没有直接提及《电子签名示范法》，但各区域贸易协定中关于电子认证或电子签名方面依然规定了相关条款。除此之外，《贸易法委员会电子签名示范法》的部分条款也出现在其他区域性法规文件中，如《南部非洲发展共同体电子交易和电子商务示范法》。

在贸易便利化方面，联合国贸易便利化和电子商务中心为各国政府提出了一项建议，即审查国际贸易文件中的纸质签名可以用电子签名代替。与此同时，国际标准化组织制定了电子签名的技术标准。标准化组织是一个独立的非政府国际组织，负责制定自愿和基于共识的国际标准，有165个国家标准机构成员。标准化组织的ISO 14533条款提供了技术标准，以确保电子签名的长期真实性和互操作性。

6.2.3 电子合同和电子发票

电子合同的签订是电子商务的起点与开端，可以说没有电子合同的顺利订立，就没有电子商务及数字贸易的发展。但电子合同相较于传统书面合同而言，具有订立环境虚拟性、合同主体不确定性、信息传递瞬时性等特点，这对传统合同相关法律规范的适用带来了新的挑战。中国在《民法典》《电子签名法》和《电子商务法》等法律法规上对电子合同作出了一些零散规定。例如《民法典》第五百一十二条中对电子合同的标的等作出了详细规定。

《联合国电子通信公约》肯定了电子合同和纸质合同在功能上的等同性："一项通信或一项合同不得仅以其为电子通信形式为由而被否定其有效性或可执行性。"同时，《贸易法委员会电子商务示范法》关于电子合同有效性或可执行性的规定如下："在合同订立的情况下，除非当事人另有约定，要约和对要约的承诺可以通过数据电文的方式来表示。在使用数据电文订立合同的情况下，不得仅以使用了数据电文为由而否定该合同的有效性或可执行性。"

电子发票是纳税人在开展购销商品活动、提供或接受劳务服务及其他类型经营活动中，通过税务机关的电子发票管理系统开具或收取的加载电子签章，采取全国统一编码和防伪技术，以电子方式传输和存储的无纸化收付款凭证。电子发票是纸质发票的电子化映像，具有无纸化、平台化、实名化、互联化的特点。相比起纸质发票，电子发票具有节约环保、易于辨别真伪、便于储存管理等优势。在数字经济背景下推行电子发票，不仅可以推进税收信息化建设，还可以降低税收风险，提高财务工作水平。

然而，贸易法委员会文书目前并未涵盖电子发票领域，但是还是有一些组织协定对电子发票作出了相关规定，比如《数字经济伙伴关系协定》（DEPA）有如下规定："双方认识到电子发票的重要性，它提高了商业交易的效率、准确性和可靠性。双方还认识到确保其境内用于电子发票的系统与其他方境内用于电子发票的系统可互操作的好处。""各缔约方应确保其管辖范围内电子发票相关措施的实施旨在支持跨境互操作性。为此，各缔约方应将与电子发票有关的措施建立在现有国际标准、准则或建议的基础上。"同时，联合国电子商务中心和国际标准化组织（ISO 20022）也制定了电子发票技术标准。

扩展阅读

步步鸡：众安科技的区块链农业尝试

为了让消费者能获取更高水平的绿色健康产品，众安科技推出"步步鸡"项目，借助区块链技术实现了散养鸡从养殖场到餐桌的溯源防伪，由连陌科技负责运营。而这也是众安科技将区块链技术应用到农业领域的一次尝试。

众安科技是众安保险旗下的全资子公司，2016 年 11 月成立，主要从事大数据、物联网、区块链、AI、云计算等技术的行业应用研发。连陌科技则是众安科技孵化的一家企业，专注于区块链技术的落地应用。

步步鸡项目在今年 6 月份正式启动，按照 166 天的饲养周期，目前第一批生态鸡已经上架销售，于 12 月 21 日登陆顺丰优选平台。消费者可以花费 238 元或者 268元，在顺丰优选的线上和线下渠道购买。

溯源防伪在供应链场景中已经不是新鲜事。比如我国工商部门强制要求的食品台账制度，食品供应链上的各个参与主体要自我维护一份台账，对食品在供应链上的每一次流转进行登记，确保发生安全问题时可以溯源追责或者实现其他目的。但是这些由各个不同主体维护的台账，相互之间仍是独立的信息孤岛，缺乏有效的外部监督，一旦出现不利于自身利益的账本信息时，其很可能故意篡改或毁坏信息。此类事情并不鲜见，比如摄像头在关键的时候停电了，或者硬盘在关键的时候损坏了。

区块链的作用可以看作是在这些账本登记结算的场景上又增加了事实对账能力，各个账本节点不再是孤立地存在，让篡改和毁坏账本的行为无法进行，从而让溯源防伪行之有效。步步鸡项目正是利用了这个原理。其底层应用的是由众安科技安链云提供的区块链技术，在此基础上又加入了物联网技术。

众安科技安链云步步鸡项目技术负责人张少博介绍，每只步步鸡都佩戴有一个物联设备——鸡牌，相当于鸡的身份证。鸡牌可以记录每只步步鸡在饲养、屠宰、运输等各个环节的数据，如鸡的活动状态、位置轨迹等。这些数据会被实时上传到安链云打造的生态联盟链上进行分布式存储。消费者在购买时可以通过手机 App 进行溯源防伪信息查询，了解这只鸡过去 100 多天的各项数据，包括品种、位置、成长轨迹、屠宰等信息。而鸡牌一旦损毁，区块链上的数据也将自动销毁。

由于这些数据被分布式存储，又被多方共识机制验证，所以数据公开、公正、不可篡改，拥有足够的公信力。不过，这其中目前仍有两大难点需要克服。一是使用区块链技术带来的养鸡成本增加。从目前公布的售价来看，步步鸡精品版售价为 238 元/只，豪华版 238 元/只。相比于市场上其他鸡肉类产品价格仍然偏高。连陌科技 CEO 江隆昊表示，使用区块链技术的确会带来成本提升，但未来这些成本增量将随着养殖规模的扩大慢慢被摊平。二是鸡牌等硬件设备的强度和稳定性。目前步步鸡的鸡牌被固定在鸡的脚上，在屠宰和运输的过程中难免会有损坏。江隆昊称，他们也一直在研究更好的方案，在控制成本的同时保证鸡牌的强度和稳定性，目前已经改良过一代产品。

资料来源：亿欧网. 步步鸡：众安科技的区块链农业尝试［EB/OL］. https：//baijiahao. baidu. com/s? id = 1587907191761010702，2017 – 12 – 27.

◎ 本章提要

大数据、人工智能、物联网、区块链和云计算等在内的新一代数字技术的成熟与应用，是世界进入数字贸易时代的基础。依托数字技术的广泛应用，数字经济发展不断深化，在国民经济中的占比不断提高。本章对上述数字技术的概念与应用领域做了初步的介绍，大数据与人工智能是数字技术间接生产力转化为直接生产力的支撑点；物联网是将所有对象集成到互联网中的革命性技术，而区块链技术进一步释放物联网的力量；云计算和区块链类似，都属于对数据进行处理的特殊手段和模式。包括电子认证、电子签名、电子合同、电子发票和电子支付在内的电子交易技术令数字贸易的适用范围更加广泛，提高了数字贸易的效率。然而电子交易技术在许多国家得不到当地法律的有效支持，同时管辖电子交易的国内法律和条例并不总是在国际上协调一致或具有互操作性。联合国国际贸易法委员会在建立电子交易框架、电子认证和电子签名以及电子合同的监管规则和原则方面发挥了基础性作用，而在电子发票和电子支付方面仍有待取得进展。区域贸易协定在促进电子交易方面也起到了比较关键的作用。

◎ 概念复习

数字技术　物联网　云计算　电子交易技术

◎ 阅读资料

（1）荆继武，刘丽敏. 电子认证走进 2.0 时代 ［J］. 信息安全研究，2017，3（6）：573 - 576.

（2）陈全，邓倩妮. 云计算及其关键技术 ［J］. 计算机应用，2009，29（9）：2562 - 2567.

（3）何玉长，刘泉林. 数字经济的技术基础、价值本质与价值构成 ［J］. 深圳大学学报（人文社会科学版），2021，38（3）：57 - 66.

◎ 课后思考题

（1）广义的数字技术有哪些？请举例说明。

（2）物联网的应用领域主要有哪些？

（3）物联网与区块链有什么联系？两者的结合有哪些应用前景？

（4）云计算可分为哪些类别，各自有什么特点？

（5）《联合国电子通信公约》和《贸易法委员会电子商务示范法》在电子交易领域主要有哪些规定？

第 7 章
智 能 制 造

学习目标

（1）了解智能制造概念的发展、主要内容和关键技术；

（2）认识智能制造与两化融合、工业互联网的关联；

（3）了解智能制造人才、客户、生产、供应链生态系统；

（4）了解主要发达国家和中国智能制造的发展现状，认识我国智能制造的未来发展趋势；

（5）了解中国智能制造的主要发展领域。

内容提要

随着数字技术的高速发展和企业应用信息技术水平的提高，智能制造成为我国制造强国建设的主攻方向，其发展水平关乎我国未来制造业的全球地位。发展智能制造，对于加快发展现代产业体系，巩固壮大实体经济根基，构建新发展格局，建设数字中国具有重要意义。本章就智能制造的内涵、生态系统、国内外发展现状及未来趋势、我国智能制造主要领域及发展情况进行介绍。

7.1　智能制造的内涵

本节介绍了智能制造的概念发展，主要内容，关键技术以及智能制造和两化融合、工业互联网的关系。

7.1.1　智能制造的概念

智能制造最早兴起于 20 世纪 90 年代，日本工业界在 1989 年提出智能制造系统时，首次提出了"智能制造"的概念，并联合美国、加拿大等国一起意图突破柔性制造系统和计算机集成制造系统存在的局限性，随后各主要国家都相继展开智能制造的研究。美国 1992 年实施旨在促进传统工业升级和培育新兴产业的新技术政策（Critical Technology），其中涉及信息技术和新制造工艺、智能制造技术等。2013 年德国在汉诺威工业博览会上正式推出旨在提高德国工业竞争力的"工业 4.0"，其战略的核心是智能制造技术和智能生产模式，旨在通过"物联网"和"务（服务）联网"两类网络，把产品、机器、资源、人有机联系在一起，构建信息物理融合系统（CPS），实现产品全生命周期和全制造流程的数字化以及基于信息通信技术的端对端集成，从而形成一个高度灵活（柔性、可重构）、个性化、数字化、网络化的产品与服务的生产模式。

中国工业和信息化部 2016 年发布《智能制造发展规划（2016～2020 年）》，在该规划中对智能制造概念进行了界定，智能制造是基于新一代信息通信技术与先进制造技术深度融合，贯穿于设计、生产、管理、服务等制造活动的各个环节，具有自感知、自学习、自决策、自执行、自适应等功能的新型生产方式。智能制造的核心价值在于降低生产成本，提高产品质量，提高生产效率，减少资源能源消耗，提升用户体验，重塑生产方式。

7.1.2　智能制造的主要内容

7.1.2.1　产品智能化

产品智能化是将互联网技术、人工智能、数字化技术嵌入传统产品设计中，使产品逐步成为互联网化的智能终端，比如将传感器、处理器、存储器、通信模块、传输系统装入各种产品当中，使生产出的产品具有动态存储、通讯与分析能力，从而使产品具有可追溯、可追踪、可定位的特性，同时还能广泛采集消费者个体对创新产品设计的个性化需求，令智能产品更加具有市场活力。

7.1.2.2　装备智能化

工信部《国家智能制造标准体系建设指南》中提到，在制造系统发展过程中，工业生产装备需要与先进制造、信息技术和人工智能等技术进行集成与融合，从而使传统生产装备具有感知、分析、推理、决策、执行、自主学习及维护的自组织、自适应能力。生产企业在装备智能化转型过程中可以从单机智能化或者单机装备互联形成的智能生产线、智能车间、智能工厂这些方面着手。但是，单纯的生产端的智能化改造还不能算真正意义上的装备智能化，只有将市场和消费者需求融入到装备升级改造中，才算得上是真正实现端到端的全产业链装备智能化。

7.1.2.3　生产智能化

智能化生产催生出个性化定制、极少量生产、服务型制造以及云制造等新业态、新模式，其本质是在重组客户、供应商、销售商以及企业内部组织的关系，重构生产体系中信息流、产品流、资金流的运行模式，重建新的产业价值链、生态系统和竞争格局，实现需求的个性化与生产规模化的完美匹配。在传统工业时代，生产运营模式是标准化、大批量、大规模、满足一致性需求的，产品的价值与价格完全由生产厂商主导，厂家生产什么消费者就只能购买什么，生产的主动权由厂家掌控。而在智能制造时代，产品的生产方式转变为以客户需求为中心，即生产智能化可以完全满足消费者的个性化定制需求，产品价值与定价由消费者需求决定。

7.1.2.4　服务智能化

智能服务是智能制造的核心内容，越来越多的制造企业已经意识到服务在产品生命周期中的作用，开始从生产型制造向生产服务型制造转型，以此应对激烈的市场竞争。智能服务作为智能制造系统的末端组成部分，起到连接消费者与生产企业之间的作用，服务智能化最终体现在线上与线下的融合 O2O 服务，即一方面生产企业通过智能化生产不断拓展其业务范围与市场影响力，另一方面生产企业通过互联网技术、移动通信技术将消费者连接到企业生产当中，通过消费者不断反馈的意见提升产品服务质量、提高客户体验度。

7.1.2.5　管理智能化

在整个智能制造系统中，企业管理者使用物联网、互联网等实现智能生产的横向集成，再利用移动通信技术与智能设备实现整个智能生产价值链的数字化集成，即纵向集成、横向集成和端到端集成的不断深入，从而形成完整的智能管理系统。企业间的横向集成旨在打通产业链的信息壁垒，加速生产、采购、物流过程，提高产业协同水平，使大规模定制成为可能。纵向集成是指在企业内部实现所有环节信息无缝链接。端到端集成即实现产品全生命周期的信息衔接。此外，生产企业使用大数据或者云计算等技术可以提高企业收集数据的准确性与及时性，使智能管理更加高效与科学。

7.1.3 智能制造的关键技术

7.1.3.1 数据

数据是基础，是驱动智能制造提高精准度的核心，只有数据要素流通才能产生大规模的经济价值。从获取工业大数据来看，主要核心技术主要是物联网（IOT）。物联网，是指通过嵌入电子传感器、执行器或其他数字设备的方式将所有物品通过网络链接起来，通过万物互联来收集和交换数据，从而实现智能化识别、定位、跟踪、监控和管理。物联网的几大关键技术包括传感器技术、RFID 标签和嵌入式系统技术。这些技术可以实现透明化生产、数字化车间、智能化工厂，减少人工干预，提高工厂设施整体协作效率、提高产品质量一致性。

7.1.3.2 算法

数据要通过各类算法对其进行建模，产生模型，才能产生业务价值，形成分析决策结果。从算法的角度来看，算法是人工智能和数字孪生这两项智能制造主要技术的核心。智能算法根据人为设定的规则或启发式的方式，通过对个体的学习探索群体的模式，其大致可分为两类：（1）通过逻辑学习产生；（2）通过模拟人与生物的意识及行为产生。通常使用的智能算法包括统计分析、关联规则、聚类方法、深度学习、数学规划、模糊逻辑等。

7.1.3.3 算力

算力是进行大数据储存分析的计算资源，数据模型需要在算力平台上实现。算力为人工智能提供了基本的计算能力的支撑，本质是一种基础设施的支撑。每个智能系统背后都有一套强大的硬件或者软件计算系统。从算力的发展方向来看，一是资源集中化，以云计算为代表。云计算自动化集中式管理使大量企业无须负担日益高昂的数据中心管理成本。二是资源边缘化，以边缘计算为代表。在靠近物或数据源头的网络边缘侧，融合网络、计算、存储、应用核心能力的分布式开放平台，就近提供边缘智能服务，满足行业数字化在敏捷连接、实时业务、数据优化、应用智能、安全与隐私保护等方面的需求。

7.1.4 智能制造与两化融合、工业互联网的关系

7.1.4.1 智能制造与两化融合的关系

两化即信息化和工业化。工信部对"两化融合"基本概念的表述是："两化融合"是信息化和工业化的高层次的深度结合，是指以信息化带动工业化、以工业化促进信息化，走新型工业化道路。

两化融合强调的是信息化和工业化同时发展，并且要融合发展，但并没有具体讨论信息化、工业化要如何发展。《中国制造 2025》中明确指出我国制造业面临严峻挑战，

要加快推动新一代信息技术与制造技术融合发展，把智能制造作为两化深度融合的主攻方向；着力发展智能装备和智能产品，推进生产过程智能化，培育新型生产方式，全面提升企业研发、生产、管理和服务的智能化水平。

因此，智能制造是两化深度融合的集中体现，是推进两化深度融合的突破口。在新一轮科技革命和产业变革中，各国都在研究如何抢占新一轮发展的制高点，深化互联网和传统工业行业的融合，推动制造业高质量发展。在之前两化融合的基础上把智能制造抓在手里，是解决我国制造业由大变强的根本路径。

7.1.4.2　智能制造与工业互联网的关系

工业互联网是将工业系统与信息网络高度融合而形成的互联互通网络，是传统的运营操作技术、计算机技术和通信技术的高度融合。它的本质和核心是通过云平台把设备、生产线、工厂、供应商、产品和客户紧密地连接融合起来，帮助制造业拉长产业链，形成跨设备、跨系统、跨厂区、跨地区的互联互通，从而提高效率，推动整个制造体系智能化。不仅如此，它还有利于推动制造业融通发展，实现制造业和服务业之间的跨越，使工业经济的各种要素资源能够高效共享。工业互联网是基础设施，也是一种新业态和应用模式。

工业互联网是实现智能制造的核心，是支撑智能制造的关键综合信息基础设施。工业互联网实质是促进机器、车间、信息系统乃至产业链与价值链各环节的全面深度互联，通过对工业数据的全面深度感知、实时动态传输与高级建模分析，形成智能决策与控制，驱动制造业的智能化发展。

智能制造与工业互联网的目标都是优化资源配置，但二者对资源优化的深度和广度是有区别的。智能制造关注的重点是单元级的——具体的设备和具体的生产线，而工业互联网关注的是系统级——整个企业的内部，甚至是整个产业链和价值链。

7.2　智能制造的生态系统

本节将智能制造生态系统分为人才生态系统、客户生态系统、生产生态系统和供应链生态系统。

7.2.1　人才生态系统

人才生态系统是创造支撑智能制造所需的技能和职能管道。人才生态系统是由政府、科研院所、公司等不同人才要素构成，受时间、空间等诸多因素影响的复杂的生命系统。与生态系统类似，人才生态系统具备开放性、合作性、竞争性等生态价值特征，系统中人才受到人才主体、环境的主观与客观影响。不同层次的人才发挥自己的功能，构建人才营养链与信息生态链，高技能人才是人才中的佼佼者，承担技术开发以及推动社会进步的重要任务。

7.2.2　客户生态系统

客户生态系统指与客户连接互动，促成客户下单，为产品提供维护和服务。企业感知用户需求的能力一方面靠单个企业的感知需求能力，即企业对一特定群体的了解程度，另一方面看企业构建的生态系统对商业环境的感知能力。智能制造的工业互联网技术加强了企业之间、企业与用户之间的连接能力，企业的感知需求能力提升，获得更多的服务场景和用户流量，能够满足更多类型用户的极致体验需求。

7.2.3　生产生态系统

生产生态系统指生产满足客户需求、品质标准和边际成本的产品。工业互联网技术使得企业在产品设计、研发、制造、营销及服务多环节实现了与用户的分享互动，深度挖掘客户需求，实时感知市场的动态变化，及时调整生产，能有效缩短产品生命周期，提高设备利用率和员工的劳动生产率，改善产品质量，实现柔性生产。同时，生产生态系统的建立，企业能直接了解客户对产品的品质标准和边际成本需求，从而提供契合客户需求的产品。

7.2.4　供应链生态系统

传统的供应链是由供应商、制造商、仓库、配送中心和渠道商等构成的物流网络。供应链生态系统是供应链通过一个共同的数据平台相连接，这包括所有内部职能，如研发、采购、制造、物流、营销、销售，以及所有的贸易伙伴，例如，不同层级供应商、第三方物流、客户。供应中的数据链生态系统在整个网络中为所有伙伴提供关键数据的实时访问权限。采购原材料、匹配供需、促进客户成品的仓储和分发变得更具敏捷性，风险管理更加有效，客户的体验感也会增强。

7.3　国内外智能制造的发展现状及未来趋势

本节介绍了德国、美国、欧盟、日本主要发达国家智能制造的发展现状。从国家政策、产业、企业三个层面详述我国智能制造的发展现状和存在的问题，并分析了我国智能制造的发展趋势。

7.3.1 主要工业发达国家智能制造发展现状

7.3.1.1 德国智能制造发展现状

2013 年，德国正式发布《保障德国制造业的未来：关于实施"工业 4.0"战略的建议》，并将工业 4.0 上升为国家级战略。工业 4.0 的内涵是凭借智能技术，融合虚拟网络与实体的信息物理系统，降低综合制造成本，联系资源、人员和信息，提供一种由制造端到用户端的生产组织模式，从而推动制造业智能化的进程。德国智能制造以信息物理系统为中心，促进高端制造等战略性新兴产业的发展，大幅减少产品生产成本，构建德国特色的智能制造网络体系。德国工业 4.0 战略的智能化战略主要包括智能工厂、智能物流和智能生产三种类别。

随着日益加剧的全球竞争和数字化的迅速演进，德国传统优势产业——汽车工业面临巨大的挑战，同时，在平台经济的互联网企业、人工智能技术实际化应用的商业化、新生物技术等新技术领域，德国发展滞后。因此，为了保证德国工业的竞争力，2019 年 2 月，德国联邦经济与能源部发布了《国家工业战略 2030》。战略旨在加强对创新技术的促进，以及对重要性领域采取保护型政策进行干预。

7.3.1.2 美国智能制造发展现状

20 世纪美国制造业的领先优势为美国成为经济强国打下坚实的基础，然而自 20 世纪 90 年代以来，美国制造业外迁，就业人数减少。为了继续保持制造业的全球领先优势，美国一直致力于推动以发展智能制造为重点的"制造业回流"战略。2011 年，由美国政府、产业界和学术界共同组建的美国智能制造领导联盟发布了《实施二十一世纪智能制造》，该报告明确了智能制造发展的目标和路径，为制造业智能化建设提供了可参考的标准。2012 年，美国国家科技委员会发布了《先进制造业国家战略计划》，重新规划了本国的制造业发展战略，投入超过 20 亿美元研究先进工业材料、创新制造工艺和基于移动互联网技术的第三代工业机器人，希望通过发展先进制造业，实现制造业的智能化升级，保持美国制造业价值链上的高端位置和制造技术的全球领先地位。

2018 年 10 月 5 日，美国国家科学与技术委员会发布《美国先进制造领先战略》，作为对《先进制造国家战略计划》的更新，提出通过发展和转化新的制造技术，教育、培训和连接制造业人力，扩展和提升国内制造业、供应链三大战略方向的发展，确保美国在全工业领域先进制造的领先地位，实现维护国家安全和经济繁荣的愿景。

7.3.1.3 欧盟智能制造发展现状

随着智能制造的兴起，欧洲各国都提出了相应的战略计划。欧盟在整合各国战略的基础上，2016 年提出欧洲工业数字化战略，以推进欧洲工业的数字化进程。计划主要通过物联网、大数据和人工智能三大技术来增强欧洲工业的智能化程度；将 5G、云计算、物联网、数据技术和网络安全等五个方面的标准化作为发展重点之一，以增强各国战略计划之间的协同性；同时，投资 5 亿欧元打造数字化区域网络，大力发展区域性的数字创新中心，实施大型的物联网和先进制造试点项目，期望利用云计算和大数据技术把高性能计算和量子计算有效结合起来，以提升大数据在工业智能化方面的竞争力。

2021 年 1 月 7 日，欧盟发布《工业 5.0：迈向可持续、以人为本、富有韧性的欧洲工业》战略，工业 5.0 相较于工业 4.0，更加注重社会和生态价值，强调可持续性和以人为中心，报告提出，欧盟的复苏要求加快绿色和数字双重转型，以便建立更可持续、更具韧性的社会和经济，工业是其中的主要驱动力之一。

7.3.1.4　日本智能制造发展现状

日本在"二战"之后经历了制造业高速发展的黄金时期，但由于劳动力短缺、生产要素成本高昂、国际贸易摩擦加剧等外部原因，制造业逐渐空心化。日本国内信息技术发达，并且已经与制造技术形成规模的融合并应用到制造业生产中。近年来，日本提出创新工业计划，大力发展网络信息技术，以信息技术推动制造业发展。通过加快发展协同机器人、多功能电子设备、嵌入式系统、智能机床和物联网等技术，打造先进的无人化智能工厂，提升国际竞争力。制造业工厂十分注重自动化、信息化与传统制造业的融合发展，已经广泛普及了工业机器人，通过信息技术与智能设备的结合、机器设备之间的信息高效交互，形成新型智能控制系统，大大提高生产效率和稳定性。2016 年，日本发布工业价值链计划，提出"互联工厂"的概念，联合 100 多家企业共同建设日本智能制造联合体。同时，以中小型工业制企业为突破口，探索企业相互合作的方式，并将物联网引入实验室，加大工业与其他各领域的融合创新，以期巩固自动化生产强国位置。

2022 年 4 月 22 日，日本政府在第 11 届综合创新战略推进会上正式发布《人工智能战略 2022》，作为指导其未来人工智能技术发展的宏观战略。战略目标之一是运用人工智能技术促使人、自然、硬件等相互作用，挖掘隐含的重要信息，推动产业发展；提高劳动生产率，使之达到主要发达国家的同等水平；提升公共服务质量，改善就业环境，降低财政负担。

7.3.2　我国智能制造发展现状

7.3.2.1　国家层面——我国政策给予智能制造行业大力支持

我国对智能制造的研究开始于 20 世纪 80 年代，但研究规模一直较小，没有形成完整的研究体系。新世纪金融危机爆发后，各国经济衰退，引发了各国政府对制造业的重新关注，我国政府及企业也逐渐加大了对智能制造的关注和投入。2015 年，国务院印发的《中国制造 2025》是我国实施制造强国战略第一个十年的行动纲领，并随后出台了 11 个配套的实施指南、行动指南和发展规划指南，顶层设计已基本完成，全面转入实施阶段。从《中国制造 2025》再到《"十四五"智能制造发展规划》的发布，都是以发展先进制造业为核心目标，布局规划制造强国的推进路径。党的二十大报告也指出："实施产业基础再造工程和重大技术装备攻关工程，支持专精特新企业发展，推动制造业高端化、智能化、绿色化发展。"

以《中国制造2025》为总纲，各地方已经出台政策来支持智能制造。同时国家正在进行智能制造试点示范，按照《2015 年智能制造试点示范专项行动实施方案》和《关于开展2015 年智能制造试点示范项目推荐的通知》，已经确定好覆盖38 个行业的46 个试点示范项目，涉及智能装备、智能服务、智能化管理等6 个类别。2021 年5 月《智能制造能力成熟度模型》（GB/T 39116—2020）和《智能制造能力成熟度评估方法》（GB/T 39117—2020）两项国家标准正式实施，为企业持续提升智能制造核心能力提供参考，为评价智能制造水平提供依据。各省市主管部门也相继出台相关政策，鼓励企业基于智能制造国家标准开展智能制造能力成熟度标准符合性评估。

随着国家对智能制造的大力支持，我国智能制造行业保持着较为快速的增长速度，2022 年工信部举行"新时代工业和信息化发展"系列第六场"加快制造业数字化网络化智能化发展"发布会上，相关负责人指出，十年来，我国智能制造工程深入实施，区域协同、行业联动发展格局基本形成，各地出台支持政策260 余项，积极探索各具特色的区域推进模式，汽车、石化、家电、医药等重点行业全面发展。智能制造装备产业规模近3 万亿元，市场满足率超过50%。通过智能化改造，智能制造示范工厂的生产效率平均提升32%，资源综合利用率平均提升22%，产品研发周期平均缩短28%，运营成本平均下降19%，产品不良率平均下降24%。

7.3.2.2　产业层面——八大典型智能制造模式应用广泛

近几年，工业和信息化部持续组织实施智能制造试点示范专项行动，遴选出一批先行先试的试点示范项目，有效带动了我国智能制造的发展。目前应用较为广泛的有八大典型智能制造模式，分别是大规模个性化定制、产品全生命周期数字一体化、柔性制造、互联工厂、产品全生命周期可追溯、全生产过程能源优化管理、网络协同制造、远程运维服务。

1. 大规模个性化定制

在服装、纺织、家居、家电等领域，探索形成了以满足用户个性化需求引领的大规模个性化定制模式。通过实现产品模块化设计、构建产品个性化定制服务平台和个性化产品数据库，实现定制服务平台企业研发设计、计划生产、供应链管理、售后服务等信息系统的协同和集成。

2. 产品全生命周期数字一体化

在航空装备、汽车、船舶、工程机械等装备制造领域，探索形成了以缩短产品研制周期为核心的产品全生命周期数字一体化模式。应用基于模型定义技术进行产品研发、建设产品全生命周期管理系统。

3. 柔性制造

在铸造、服装等领域，探索形成了快速响应多样化市场需求的柔性制造模式，实现生产线可同时加工多种产品和零部件，车间物流系统实现自动配料，构建高级排产系统，并实现工控系统、制造执行系统、企业资源计划系统之间的高效协同与集成。

4. 互联工厂

在石化、钢铁、电子、家电等领域，探索形成了以打通企业运营"信息孤岛"为核心的互联工厂模式，应用物联网技术实现产品、物料等的唯一身份标识，生产和物流装备具备数据采集和通信等功能，构建了生产数据采集系统、制造执行系统和企业资源计划系统并实现这些系统之间的协同与集成。

5. 产品全生命周期可追溯

在食品、制药等领域，探索形成了以质量管控为核心的产品全生命周期可追溯模式，让产品在全生命周期具有唯一标识，应用传感器、智能仪器仪表、工控系统等自动采集质量管理所需数据，通过制造执行系统开展质量判异和过程判稳等在线质量检测和预警等。

6. 全生产过程能源优化管理

在石化化工、有色、钢铁等行业，探索形成了以提高能源资源利用率为核心的全过程能源优化管理模式，通过制造执行系统采集关键装备、生产过程、能源供给等环节的能效数据，构建能源管理系统或制造执行系统中具有能源管理模块，基于实时采集的能源数据对生产过程、设备、能源供给及人员等进行优化。

7. 网络协同制造

在航空航天、汽车等领域，探索形成了以供应链优化为核心的网络协同制造模式，主要做法是建设跨企业制造资源协同平台，实现企业间研发、管理和服务系统的集成和对接，为介入企业提供研发设计、运营管理、数据分析、知识管理、信息安全等服务，开展制造服务和资源的动态分析和柔性配置等。

8. 远程运维服务

在动力装备、电力装备、工程机械、汽车、家电等领域，探索形成了远程运维服务模式，主要做法是智能装备、产品远程运维服务平台、专家库和专家系统以及实现运维服务平台与产品全生命周期管理系统、客户关系管理系统、产品研发管理系统的协同与集成等。

7.3.2.3 企业层面——中国工业企业智能制造重点部署数字化工厂

根据德勤发布的《中国智造，行稳致远——2018中国智能制造报告》，当前中国工业企业智能制造五大部署重点依次为数字化工厂、设备及用户价值深挖、工业物联网、重构生态及商业模式和人工智能。

数字化工厂的建设有利于企业及时收集生产、产品、供应商等各个制造环节中的数据，实时观测数据的变化，通过对数据的分析，优化生产过程，实现业务、工艺和资金流程上的协同，合理配置资源，提高企业决策的准确性。

7.3.2.4 我国智能制造发展面临的问题

1. 自主创新能力有待提升

虽然近年来我国的科技创新取得了很大的成效，但关键核心技术仍然受制于人，先进制造设备、关键零部件和关键材料等仍然高度依赖进口。同时，在智能控制技术、在线分析技术、智能化嵌入式软件，高速精密轴承等先进技术方面自给率低，对外依赖度高。这些核心技术及设备的缺失，增加了建设成本，加大了我国推行智能装备制造的难度。与在智能制造方面具有领先优势的国家相比，我国政府部门对基础研究、共性技术的研发投入不足，制造业创新体系还有待进一步完善。另外，我国制造企业的技术创新主动性较低，还没有形成以企业为主体的制造业创新体系。产学研合作创新机制也有待进一步加强。

2. 智能制造专业人才缺乏

智能制造的目的旨在设计、生产、管理、服务等各个制造环节实现人与机器的互通，因此，在智能制造研究设计、科技成果转换、转换成果应用、生产服务等不同环节和链条中，需要匹配的人才层次也不同，对人才的要求也在不断提高。过去，我国的制造业规模占世界比重在不断增长，但与发达国家相比，我国制造业占比最大的还是集中于中低端技术密集型产品，在高端芯片、电子制造等高端技术领域，中国的自给率严重不足，从事制造业智能化所需的软硬件开发与服务人才严重缺失。另外，智能制造改变了传统生产过程中对人的要求，对从业人员的专业性、能动性、灵活性、协作性等通用技能提出更高的要求。由于我国智能制造起步较晚，跨界融合人才相对紧缺。

3. 工业大数据价值应用深度广度不足

在装备制造业智能化的过程中会产生大量数据，企业通过对这些数据进行分析，充分挖掘工业大数据的价值，可优化企业生产、服务和商业模式，为企业智能化提供重要驱动力。工业大数据的分析应用已被各国重视，德国工业4.0战略信息互联技术重点研究大数据分析和工业数据交换，欧盟数字化欧洲工业计划也花巨资打造了数字创新中心，以提升工业大数据在工业智能化中的应用。但这些数据由传感器、物联设备、生产经营业务数据、外部互联网数据组成，数量巨大、来源分散又格式多样，很难得到有效利用。而我国对工业大数据的应用才刚起步，存在核心技术体系不完善、数据整合缺乏统一标准、专业数据服务匮乏等问题。

4. 智能制造配套服务业有待发展

良好的现代服务业是制造业智能化发展的重要驱动，具备完整体系的先进制造服务业对制造业的升级发展有极为重大的作用。智能装备制造实施过程中，智能流程设计、智能监控技术、智能信息集成管理软件等都需要相关现代服务业的支持。而国内在先进生产性服务业的附加值和技术水平方面，与工业发达国家相比还存在一定差距。主要表现在以下几个方面：一是智能制造服务业市场没有完全打开，相关政策体系不够完善，市场化程度低；二是相比于制造服务业，传统服务业占比过大，存在供给过剩情况，而先进生产性服务产业比例偏小，又存在严重供给不足的问题；三是人才供需匹配性有待提高，相关先进制造服务业人才缺乏，无法满足智能制造技术型人才需求。

7.3.2.5　我国智能制造未来趋势

1. "以人为本"，抓住产业链协同市场

"以人为本"一方面是指智能制造时代的工作人员将在广义上互联协同，不同职位、不同场所的工作人员都将实时广泛互联，即时信息通信来帮助更加智能的产品设计、生产与后期维护。另一方面是指当智能制造达到一定的程度后，伴随而来的将是消费结构和管理结构的全面变革，目前企业为主导、消费者被动接受的生产消费模式将彻底改变，形成以服务为主导的智能制造系统，消费者或将成为设计的主人，而企业将在很大程度上转变成设计的帮助者和生产设施的提供者。企业将充分考虑和尊重消费者的多元化个性需要，提供一种面向服务、高效低耗和基于知识的网络化智能制造新模式。以后制造不仅仅局限于企业的工厂和车间，家庭个人、社区团体等也将形成小规模个性化制造单元，并可以相互之间互联，与企业智能控制中心交换数据，使整个社会制造模式变得更加智能化。

2. 以"双碳"为契机，加速推进智能制造

2020年举行的第75届联合国大会上，中国提出了"双碳"目标，力争于2030年前达到峰值，努力争取2060年前实现碳中和。作为先进生产力代表的智能制造，与"双碳"关系密切。

未来制造企业会利用大数据、人工智能和物联网技术，在智慧园区内建设基于智能制造核心驱动的能效管理系统，对设备能耗信息、环境信息及运营信息进行统计、分析，得出与能涌消耗及能滞效率相关的决策性数据和信息，帮助管理人员了解历史和当前的能涌使用状况，及预测未来的能耗趋势，辅助管理人员作出正确的能滞改善策略，实现多能涌、多业态和多用户的综合管理。

3. 国产工业软件迎来新发展

工业软件，代表着一个国家工业化和信息化融合的能力与水平。欧美工业经历了三次工业革命的发展，其工业软件在国际市场具有明显的优势，当前我国智能制造对国外工业软件的依赖度还较高。但是工业软件作为信息技术在工业领域的具体表现，广泛应用于各个工业领域和制造环节，自主研发的工业软件的欠缺是我国制造业发展的隐患，我国推进工业软件国产化势在必行。随着我国持续加大支持国产工业软件的发展力度，为工业软件企业发展提供优质环境和成长沃土，国产工业软件的发展环境持续向好，未来国产工业软件将迎来新发展。

4. 智能机器趋向多功能化

未来的智能机器并不是特指某单一机器具有智能特性，而是指多种机器、装备和团队在新一代智能传感器的连接下形成网络化的信息互通，相互协作、分析与决策，从而形成一个广义上的智能多体（Intelligent Multi-body），达到智能融合的目的。并且为了

适应未来更加个性化的消费需求，企业产品制造必须满足快速化、敏捷化的要求，因此未来的智能机器必须满足多功能化和可移动化要求，现有制造系统的决策、配置、组织方法必须重新设计或加以改进才能达到智能制造的功能要求。

7.4 我国智能制造的主要领域及发展情况

《中国制造2025》提到智能制造的主要方向，包括数控机床、工业机器人、增材制造设备、非标自动化设备、智能工厂等，本节从这五个方向出发，介绍我国智能制造的主要领域和发展情况。

7.4.1 智能制造的主要领域

《中国制造2025》作为制造强国战略的行动纲领，明确以智能制造为主要方向，包括数控机床、工业机器人、增材制造设备、非标自动化设备、智能工厂等，加快应用融合新一代信息技术和先进制造技术的新型生产方式。

7.4.1.1 智能数控机床

智能数控机床是数控机床的高级形态，融合了先进制造技术、信息技术和智能技术，具有自主学习能力，可以预估自身的加工能力，利用历史数据估算设备零件的使用寿命；能够感知自身的加工状态，监视、诊断并修正偏差；对所加工工件的质量进行智能化评估；通过各种功能模块，实现多种加工工艺，提高加工效能和控制度。其发展呈智能化、多功能化、控制系统小型化趋势。

7.4.1.2 工业机器人

工业机器人（Industrial Robot）是一种集成计算机技术、制造技术、自动控制技术并配备传感器、人工智能系统的智能生产装备。其主体由机器本体、控制器、伺服驱动系统和检测传感装置构成，具有拟人化、自控制、可重复编程等特性。随着人工智能技术、多功能传感技术以及信息收集、传输和分析技术的迅速突破与提升，配备了传感器、机器视觉和智能控制系统的工业机器人逐渐呈现出智能化、服务化、标准化的发展趋势。智能化使工业机器人可以根据对环境变化的感知，通过物联网，在机器设备之间、人机之间进行交互，并对环境自主作出判断、决策，从而减少生产过程对人的依赖；服务化要求未来的机器人结合互联网，在离线的基础上，实现在线的主动服务；标准化是指工业机器人的各种组件和构件实现模块化、通用化，使工业机器人使用更加简便，并降低制造成本。

7.4.1.3 3D打印

3D打印技术以数字模型文件为基础，应用可粘合材料，通过连续的物理层叠加，逐层增加材料来生成三维实体，因而又被称为增材制造，是融合了数字建模技术、机电控制技术、信息技术、材料科学与化学等诸多方面的前沿性、知识综合性应用技术，可对个性化、小批量产品进行很好的成本控制，预计未来将会更多地应用在生物医疗、航空航天、军工等小批量个性化需求的领域。此外，为了节省支撑材料带来的打印成本，未来3D打印将向着无支撑化研究发展。

7.4.1.4 非标自动化设备

非标自动化设备定义是用户定制的、用户唯一的、非市场流通的自动化系统集成设备，是采用按照国家颁布的统一的行业标准和规格制造的单元设备组装而成，是根据客户的用途需要，开发设计制造的设备。与一般的标准自动化设备相比非标自动化设备不仅需要考虑生产流程，还需要根据相关的生产场所或置放环境，以及产品加工的特点来进行一个量身定制。国内的主要需求分布在汽车、加工、电子电器、物流及食品等行业。

7.4.1.5 智能工厂

智能工厂是在数字化工厂的基础上，利用物联网技术和监控技术加强信息管理服务，提高生产过程可控性、减少生产线人工干预，以及合理计划排程。同时融初步智能手段和智能系统等新兴技术于一体，构建高效、节能、绿色、环保、舒适的人性化工厂。

7.4.2 智能制造主要领域的发展情况

7.4.2.1 智能数控机床

随着下游产业的不断升级发展，对机床加工精度和精度稳定性等要求越来越高，中高端产品的需求日益凸显，我国中高端数控机床国产化将加速发展。

我国数控机床产品以数控金属切削机床为主。从中国海关进出口数据来看，我国数控机床的出口情况稳定，进口呈下降趋势。从行业竞争格局来看，数控机床具有固定资产属性，制造业比较发达的地区对数控机床的需求量比较大，我国华东地区制造业发达，对数控机床的需求量大，市场广阔。我国数控机床行业呈现跨国公司、外资企业、国有企业和民营企业相互竞争的格局，整个行业竞争格局分成三个层次。德国、日本、美国等先进国家的数控机床企业起步较早，目前在技术水平、品牌价值等方面仍居明显优势地位，位于第一梯队；我国近数十年来亦产生了一批发展迅速的优秀企业，如秦川机床、海天精工等，在自身优势产品领域内和领先企业乃至国际先进企业进行竞争，位于第二梯队；第三梯队是数量众多的低端数控机床生产企业，竞争激烈。

7.4.2.2 工业机器人

从需求端来看，2021年出台的《"十四五"机器人产业发展规划》中指出，我国已经连续 8 年成为全球最大的工业机器人消费国。根据 IFR 数据显示，2020 年我国工业机器人销售规模达到 422.5 亿元，同比增长 18.9%。2021 年底，工信部、国家发改委、科技部等 15 部门联合印发了《"十四五"机器人产业发展规划》，推动我国机器人产业在"十四五"时期迈向中高端水平。2020 年我国制造业机器人密度达到 246 台/万人，是全球平均水平的近 2 倍。

从供给端来看，2012~2020 年我国工业机器人产量逐年上升，但近年来增速较之前有所下降，主要是因为从 2018 年开始国内汽车、电子等机器人下游行业发展受限，机器人需求增速放缓，但是近两年新能源汽车大力发展带动行业发展，工业机器人增速再次抬头。2020 年时我国工业机器人产量达到了 237 068 台，累计增长 19.1%。据 IFR《世界机器人 2021 工业机器人报告》显示，中国工业机器人出货量为 168 400 台，强劲增长 20%，居世界第一位。

7.4.2.3　3D 打印

经过多年的发展，我国 3D 产业由导入期步入成长期，已经形成比较完整的产业链。以高校科研机构为主的 3D 技术研究不断取得进步，专利申请数量逐年增多；上游原材料推出复合型石膏粉末、环氧树脂、蜡制材料等；中游打印设备及服务皆有企业涉足；下游航空航天、汽车、医疗等众多领域不断拓展。根据艾迪智联《2021 年中国增材制造产业发展调研报告》，2021 年增材制造企业营收约为 265 亿元，近四年平均增长率 30%，较全球年均复合增长率 20.4% 高出 10 个百分点。国家统计局数据显示，中国增材制造规模以上企业由 2016 年的 20 余家增加至 2021 年的 100 余家，营收超过 1 亿元的企业数量已超过 40 家。未来将向材料多元化、技术复合化、生产方式柔性化发展。

7.4.2.4　非标自动化设备

根据中国仪器仪表行业协会《2021 中国智能工厂非标自动化集成商百强榜》研究报告来看，在区域分布方面，集成商主要分布于 15 个省（自治区、直辖市），且集中于沿海地区，尤其以粤港澳大湾区和长三角地区最为集中。其中，广东、江苏、上海和浙江是分布最为集中的省市，入榜集成商数量分别为 34 家、24 家、9 家和 8 家，共计占比高达 75%。究其原因，主要是因为粤港澳大湾区以及长三角地区制造业较为发达，且都在大力发展先进制造业，打造先进制造业中心，对自动化、数字化、智能化升级改造的需求更为迫切。

从企业规模来看，技术上由于存在行业壁垒，非标自动化集成商必须深谙行业及客户需求，深刻理解生产制造工艺，难以像做标准化产品那样，快速实现规模化扩张和发展，入榜集成商整体的企业规模仍不大。营业收入超过 20 亿元的集成商仅有 3 家，分别是北方华创、先导智能和中汽工程；营业收入介于 10 亿~20 亿元的集成商有 11 家；营业收入介于 5 亿~10 亿元的集成商有 21 家；营业收入介于 1 亿~5 亿元的集成商有 53 家；营业收入介于 5 000 万~1 亿元的集成商有 12 家。也就是说，2021 年上半年的营业收入在 5 亿元以下的集成商高达 65 家。

7.4.2.5 智能工厂

目前智能工厂行业处于初创期，市场快速增长，参与主体活跃。中国智能制造系统解决方案供应商联盟将智能工厂的建设主体分为三类，分别是综合型整体解决方案供应商、由设计单位或科研院所发展而来的智能工厂解决方案供应商，以及以提供三维数字化模型为主的供应商。

智能工厂是未来制造业、现代工业的发展方向，是实现制造业企业转型升级的路径。在石化、钢铁、冶金、建材、纺织、造纸、医药、食品等流程制造领域，企业发展智能制造的内在动力在于产品品质可控，侧重从生产数字化建设起步，基于品控需求从生产过程数字化到智能工厂。在机械、家用电器、电子信息等离散制造领域，企业发展智能制造的核心目的是拓展产品价值空间，侧重从单台设备自动化和产品智能化入手，基于生产效率和产品的效能提升实现价值增长，从智能制造生产单元到智能工厂。在家电、服装等靠近下游用户的消费品制造领域，企业发展智能制造的重点在于充分满足消费者多元化需求的同时实现规模经济生产，侧重通过互联网平台大规模个性化定制模式的创新，从个性化定制到智能工厂。

扩展阅读

2022 中国"数字样板"发布　海尔集团两案例入选

2022 年 11 月 25 日~28 日，2022 中国企业家博鳌论坛在海南博鳌举办。在 27 日召开的 2022 博鳌科技创新大会分论坛上，新华网联合中国电子信息产业发展研究院发布《数字经济和实体经济融合发展报告（2022）》，海尔、中石化、阿里等 20 家企业入选，为数实融合的创新实践、数字经济发展的探索提供经验借鉴。

海尔集团共有两个案例入选这一权威报告：一个是郑州热水器工厂智能智造实践，另一个是赋能东营垦利智慧化工园区建设实践。

一、点亮智能制造的"灯塔"

进入存量市场的热水器行业，消费需求已经从购买变为换新升级，产品"价值"成了消费者更核心的追求，这也对行业技术升级提出了更高的要求。健康化、智能化、场景化、个性化等成为热水器产品的重要趋势，也是热水器工厂差异化竞争的重要赛道。

作为全球第一家热水器行业端到端的"灯塔工厂"，郑州热水器互联工厂推动全流程数字化、智能化和人机物的互联互通与端到端的信息结合，通过连接员工、机器以及用户等各类要素，实现上下游企业间与用户的实时连接和智能交互，促成工厂生产的智能控制、系统优化、提质增效。

据介绍，郑州热水器互联工厂规划 11 条柔性总装线、15 个智能模块区及 3 套智能物流系统，应用 43 项行业引领制造技术。5G、仿真、大数据等工业核心技术与先进制造技术深度融合，实现了产品数字化仿真研发，供应链数据共享，生产过程智能调度，高精度、零缺陷的端到端的智能制造。

数字化成绩单也是喜人的：订单响应提前期加快 25%，生产效率提高 31%，产品质量提高 26%，不入库率达到 85%，引领国内热水器互联工厂制造规模和水平。

二、打造产业数字升级新高地

在数字化转型的当务之急下，对化工企业来说，挑战更是巨大。大多化工企业属高能耗企业，生产具有高温、高压、易燃、易爆等特征，危险源和污染源对园区和企业应急管理环保、安全等问题提出更高要求。

此次入选的"2022 年中国数字样板工程案例"的东营垦利智慧化工园区建设实践便给行业带来了全新的智慧解决方案。

针对园区系统孤立不协同、无安全预警预案、招商缺少科学依据等痛点，卡奥斯应用"园区 OS ＋工业 App"一体化解决方案，为其构建了实时感知、动态监测、风险预警、敏捷应急的安全生产"防火线"。不仅能够实现安全、环保、能源、应急、封闭化、运营等 6 大一体化监管场景和物流、招商、办公、政务等一体化智慧服务场景，还能为园区支撑产业协同一体化分析管理，为企业提供产业发展分析服务，实现从"管控"到"管控＋服务"的功能转变。搭载这套解决方案的垦利园区，安全环保应急科学管控能力提高 50%，人工成本降低 45%。园区数字化管理"更聪明"：向上连接政府，实现信息及实时数据联通，向下实现园区内企业安全管控，产业数字化升级新高地跃然而出。

近年来，数字经济发展速度之快、辐射范围之广、影响程度之深前所未有，数字经济正成为重组全球要素资源、重塑全球经济结构、改变全球竞争格局的关键力量。

聚焦实业，做大做强主业，成为数字经济时代的探索者、引领者——这是海尔面对数字技术、数字经济大潮的战略选择。布局智慧住居、产业互联网、大健康三大主赛道，对内，加强科技创新与研发，提升智能制造水平，对外构筑热带雨林般的生态，赋能行业高质量发展。以数实融合激发数字经济活力，在数字中国建设的征程上，我们看到，海尔的步伐愈发铿锵有力。

资料来源：冉晓宁. 2022 中国"数字样板"发布 海尔集团两案例入选［EB/OL］. 新华网，http：//www. xinhuanet. com/tech/20221128/19a8f10de15a4d7e83b18f30e5ad6edb/c. html，2022 – 11 – 28.

◎ 本章提要

智能制造是基于新一代信息通信技术与先进制造技术深度融合，贯穿于设计、生产、管理、服务等制造活动的各个环节，具有自感知、自学习、自决策、自执行、自适应等功能的新型生产方式。新一轮科技革命和产业革命的高速发展，为制造业高端化、智能化、绿色化发展提供了机遇，制造业也成为大国间战略博弈的焦点。美国"先进制造业领导力战略"、"国家工业战略2030"、日本"社会5.0"等发展战略，均以智能制造为主要抓手，力图抢占全球制造业新一轮竞争制高点。我国近10年来，通过产学研用协同创新、行业企业示范应用、央地联合统筹推进，我国智能制造发展取得长足进步，但仍存在自主创新能力不足、专业人才缺乏、工业大数据价值应用深度广度不足、配套服务适配性不足等问题。在全球竞争日益激烈的环境下，要坚定不移地以智能制造为主攻方向，促进我国制造业迈向全球价值链中高端。

◎ 概念复习

智能制造　产品智能化　装备智能化　生产智能化　服务智能化　管理智能化　智能制造生态系统

◎ 阅读资料

（1）国务院关于印发《中国制造2025》的通知［EB/OL］. http://www. gov. cn/zhengce/content/2015 –05/19/content_9784. htm.

（2）"十四五"智能制造发展规划［EB/OL］. https://www. miit. gov. cn/jgsj/ghs/zlygh/art/2022/art_c201cab037444d5c94921a53614332f9. html.

（3）"十四五"机器人产业发展规划［EB/OL］. http://www. gov. cn/zhengce/zhengceku/2021 –12/28/content_5664988. htm.

（4）加快制造业数字化网络化智能化发展［EB/OL］. https://wap. miit. gov. cn/gzcy/zbft/art/2022/art_70337b64b11d45139460e9d2e1b034c9. html.

（5）智能制造能力成熟度模型［EB/OL］. https://openstd. samr. gov. cn/bzgk/gb/newGbInfo?hcno =809991917D73FE52B65C1ECC8B51B418.

（6）智能制造发展指数报告（2020）［EB/OL］. https://www. miit. gov. cn/jgsj/zbys/znzz/art/2021/art_64fb428e80124f73a2d7740979fd9ddb. html.

（7）工信部. 智能制造发展规划（2016 –2020年）［EB/OL］. 工业和信息化部网站，https://www. miit. gov. cn/zwgk/zcwj/wjfb/zbgy/art/2020/art_ef82844f3d864b44906f72bdd2eb14d8. html，2016 –12 –11.

（8）工信部. 国家智能制造标准体系建设指南［EB/OL］. 工业和信息化部网站，https://www. miit. gov. cn/ztzl/rdzt/znzzxggz/bztx/art/2020/art_25766bf03f764fb7b1260bc9ee0ee76c.

html，2018 – 10 – 18.

（9）国务院 . 中国制造 2025 ［EB/OL］. 中国政府网，http：//www. gov. cn/zhengce/content/2015 – 05/19/content_9784. htm，2015 – 05 – 19.

（10）申佳平，吕骞 . 工信部：十年来，我国制造业数字化网络化智能化发展加速推进 ［EB/OL］. 人民网，http：//finance. people. com. cn/n1/2022/0909/c1004 – 32523501. html.

◎ 课后思考题

（1）什么是智能制造？

（2）智能制造包含哪些内容？

（3）智能制造的关键技术是什么？

（4）智能制造与两化融合、工业互联网的关系。

（5）智能制造生态系统包括哪些方面？

（6）我国智能制造的发展现状及未来趋势。

（7）我国智能制造发展面临哪些挑战？

第 8 章
数字交付贸易

学习目标

(1) 了解数字交付贸易的定义，对数字交付贸易形成初步认识；

(2) 了解数字交付贸易类型，针对数字交付贸易的主要类型进行分类，掌握数字交付在各领域的应用；

(3) 认识我国数字交付贸易演变趋势，从结构、规模、地位角度分析数字交付贸易演变趋势；

(4) 认识我国数字交付贸易的发展现状，理解当前数字交付贸易面临的问题与挑战。

内容提要

    本章将数字交付贸易定义为使用专门设计的计算机网络并以数字化形式进行远程交付的国际贸易，强调了范围上的重要差异。本章从数字交付贸易的定义出发，介绍当前数字贸易领域中关于跨境交付贸易的主要类型，对其的界定进行深入了解，进一步了解我国数字交付贸易演变趋势，对我国数字交付贸易的发展形势进行合理分析，针对我国发展数字交付服务贸易中出现的问题提供意见和建议。

8.1　数字交付贸易的定义

数字交付贸易是指使用专门设计的计算机网络，以数字化形式进行远程交付的国际贸易。数字贸易的形成对过境交付服务贸易有推动作用，促进了数字交付贸易的形成。其主要的推动作用表现在三方面：一是过去需要传统跨境运输的软件与传媒产品，如书籍、影视作品、软件、音乐等，现在可通过数字化方式制作成数字产品，从而转变为数字交付贸易；二是传统上必须通过其他方式完成的贸易，现在可通过数字交付方式便捷快速地实现，例如传统的跨境教育服务须通过留学生流动或外籍教师的跨境流动来实现，而数字化远程教育模式的出现使得跨境教育服务可通过数字交付方式实现；三是已经依靠电子商务形成的跨境交付贸易，也将随着数字技术的发展和数据信息的广泛使用而进一步形成数字交付贸易。

经合组织《衡量数字贸易手册》认为数字贸易的交易性质被称为数字交付。数字交付交易的概念基于贸发会议牵头的衡量信通技术服务和信通技术带动的服务工作组的工作。

上述定义中隐含了通过网络提供的服务，这些服务被排除在数字订购的范围之外，特别是电话、电子邮件和传真。为了统一数字订购和数字交付定义中使用的"网络"概念，使用了一组更具限制性的交付模式，即"计算机网络"而非"ICT 网络"来定义数字交付服务，《衡量数字贸易手册》将数字交付服务定义为：使用专门设计的计算机网络，以电子格式远程交付的所有国际交易。

数字交付服务指的是数字化产品或服务通过互联网，包括通过移动设备、外联网或通过电子数据交换进行的跨境交付行为，但应排除通过电话、传真或人工发送的电子邮件所提供的任何服务。从定义上看，数字交付贸易的基本概念类似于通信技术带动的服务的概念，即"通过通信技术网络远程交付的服务或产品"，该概念是由贸发会议领导的研究通信技术促进发展伙伴关系和研究通信技术带动服务的工作组以及贸易效率促进发展工作组提出的。

然而，数字交付的贸易和通信技术带动的服务这两个概念之间有一些重要的区别。第一个问题涉及两个概念所包含的产品范围，第二个问题反映了可用于"交付"的机制之间的差异。本章对"数字"的关注明确排除了电话、传真或手动键入的电子邮件等交付机制，取而代之的是仅包括通过"计算机网络"的交付。另外，至少在理论上，通信技术带动的服务包括通过不一定需要计算机网络的方法提供的服务，如通过电话进行的人与人的互动。

对于通信技术支持范围内的许多产品，通信技术支持和数字交付这两种衡量标准之间不太可能有实质性差异，因为基础产品将仅通过计算机网络，例如云服务、数字在线平台交付。但例如，许多拨号呼叫中心服务，在数字服务的一端有人的参与，将超出数字传输的范围。根据定义，本章认为只有服务可以数字化交付。在实践中，数字交付交易的很大一部分可能是数字订购，特别是完全数字化和可下载的产品，例如软件、音乐、电子书以及数据和数据库服务。与数字订购的情况一样，数字交付服务可以涉及所有机构部门的参与者，并涵盖通过互联网（包括通过移动设备）、外联网或通过电子数据交换进行的交付，但应排除通过电话、传真或人工键入的电子邮件提供的任何服务。然而，许多数字交付的服务交易可能不是数字订购的。例如，在国外发生的漫游移动通信费用，其中"漫游居民"的服务提供商向国外的服务提供商付费。许多大规模的企业间服务交易，尤其是企业内部服务交易就属于数字交付的范畴，而不属于数字订购的范畴。数字交付服务的一部分也可以是数字订购的，这一事实在数字贸易的两个组成部分之间产生了重叠，将两者相加会高估数字贸易，因为数字交付的数字订购服务会被重复计算。鉴于这种重叠，在考虑数字交付服务时，出现了许多与数字订购交易类似的挑战。

8.2 数字交付贸易的类型

数字贸易促进了提供基础硬件和软件设施的条件发展，从电缆和电线的技术设施支持到数字贸易的数据流规则构建。数据流支持数字贸易，并通过支持国际生产网络的控制和协调或促进一系列贸易便利化措施的实施来支持交易活动。尽管所有数字贸易都是以数字化的方式实现，但并非所有数字贸易都是以数字方式交付的。

数字贸易既包括实物交付的贸易，也包括数字交付的贸易（见图 8 – 1）：是以数字方式购买数字产品或服务贸易，如远程计算服务或在线交付的建筑计划等；或者是通过数字化进行交易的，但实际交付时是实物商品或现实服务的贸易，如在数字在线平台上购买商品或通过在线平台预订的酒店等，由于货物的关贸总协定和服务的 GATS 中的贸易政策承诺和规则不同，数字贸易将通过什么渠道进行，将以什么形式进行，以及贸易的产品类型将取决于它所面临的贸易政策环境。

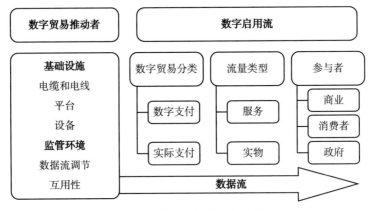

图 8 - 1　数字贸易的初步分类

资料来源：经合组织：《数字贸易发展分析框架》。

　　为了考虑可以数字化交付的产品范围，UNCTAD 领导的 TGServ 任务组制定了一份可能支持 ICT 的服务清单，使用 EBOPS 2010 分类和 CPC 版本。表 8 - 1 中包含的大部分服务都可以清晰地归入潜在数字交付服务的类别，就许多服务而言，它们只能以数字化的形式提供，如云服务或在线教育和卫生服务，在这些服务中如果没有通过计算机网络的传输，就会使目前的国际交付失效。就保险服务而言，尽管数字化显然为消费者获取保险服务提供了巨大的空间，但很难说基础服务本身就是数字化提供的。虽然可以有力地证明交易几乎总是由数字订购流程支持，但所提供的基础服务基本上不受"数字化"的影响。

表 8 - 1　　　　　　　　　　　　　　数字交付贸易项目

数字交付项目	SDMX DSD* (统计数据和原数据结构定义)	EBOPS 2010
保险和养老服务	SF	6
金融服务	SG	7
知识产权服务	SH	8
通信技术服务	SI	9
研究和发展服务	SJ1	10.1
专业和管理咨询服务	SJ2	10.2
建筑、工程、科学和其他技术服务	SJ31	10.3.1
其他商业服务	SJ35	10.3.5
视听及相关服务	SK1	11.1
卫生服务	SK21	11.2.1

数字交付项目	SDMX DSD* （统计数据和原数据结构定义）	EBOPS 2010
教育服务	SK22	11.2.2
遗产和娱乐服务	SK23	11.2.3

注：＊SDMX 数据集定义（统计数据和元数据交换数据结构定义）包含的项目是指用于扩展的国际收支服务分类项目的代码。

资料来源：OECD 数字贸易计量手册。

因此，本节介绍的数字交付贸易类型主要以数字交付的服务贸易为中心，以下将从制造领域、商务领域、金融领域、通信技术领域、知识产权领域以及生活领域进行分类。

8.2.1 制造领域应用：服务型制造

服务型制造是制造与服务融合发展的新型制造模式和产业形态，是先进制造业和现代服务业深度融合的重要方向。工业化进程中产业分工协作不断深化，催生制造业的服务化转型；新一代信息通信技术的深度应用，进一步加速服务型制造的创新发展。制造业企业通过创新优化生产组织形式、运营管理方式和商业发展模式，不断增加服务要素在投入和产出中的比重，进而导致数字服务贸易的需求。我国制造业广泛使用的许多工业软件来自美欧等发达经济体，产生了数字服务进口。

从投入角度看，以 ICT 服务为代表的生产性数字服务被广泛应用于制造企业的研发设计、生产制造、经营管理等环节，提高制造企业全要素生产率、产品附加值和市场占有率。例如，工业设计方面，形成了面向制造业设计需求的网络化的设计协同平台，为众创、众包、众设等模式提供支持，提升工业设计服务水平；生产制造方面，企业加快利用 5G 等新型网络技术开展工业互联网内网改造，利用工业互联网安全监测与态势感知平台提升工业互联网安全监测预警能力；定制服务方面，基于 5G、物联网、大数据等新一代信息技术建立的数字化设计与虚拟仿真系统，为个性化设计、用户参与设计、交互设计提供支持。

从产出角度看，制造企业将生产过程中积累的专业工业知识转化为各类型数字服务，由提供产品向提供全生命周期管理转变，由提供设备向提供系统解决方案转变。例如，美的成立美云智数，将企业业务实践和管理经验软件产品化，为企业数字化转型提供支持，例如 IT 咨询规划、智能制造大数据、数字营销、财务与人力资源、移动化、身份管理等产品和解决方案。

8.2.2 商务领域应用：跨境电商

跨境电商不只是货物贸易，还有围绕货物贸易的开展而形成的一系列数字服务和数字服务贸易，其中最主要的是跨境电商平台企业提供的跨境贸易数字平台服务，此外还包括跨境电商生态中的市场信息服务、支付结算服务、物流信息服务等。平台中介服务方面，阿里巴巴、亚马逊等超大型跨境电商企业纷纷开拓国际市场，将服务对象从国内企业延伸至国际企业。市场信息服务方面，在跨境电商的发展中，由于市场的国别差异和空间距离等因素影响，数据的作用显得尤为重要，专门提供数据对接、数据分析等大数据服务的企业或平台应运而生。跨境电商大数据既可以帮助企业及时掌握市场信息、提高生产经营效率，又能够帮助企业通过大数据进行高效选品和提升销量，抢占全球市场。

跨境支付服务方面，跨境电商支付服务商可为企业提供收款、换汇、支付、融资等一站式金融服务。中国支付清算协会报告显示，2019 年人民币跨境支付系统共处理业务 188.43 万笔，金额 33.93 万亿元，同比分别增长 30.64% 和 28.28%，日均处理业务7 537.15 笔，金额 1 357.02 亿元，跨境消费持续成为电子支付行业最重要的增长点。例如，连连跨境综合了卖家平台、服务商平台、开发者平台和供应商平台，通过聚合开店、选品、营销、物流、金融等全品类服务商，为跨境电商卖家提供一站式全链路服务，支持天猫、亚马逊、易贝（eBay）、贝宝（PayPal）等全球数 10 家平台、10 多种币种的自由结算，覆盖美国、英国、中国香港等全球 100 多个国家和地区；亚马逊在中国上线全球收款服务，帮助卖家使用国内本地银行账户以人民币接收全球付款，卖家直接在亚马逊平台上就能轻松管理全球收付款。亚马逊自有收款服务保障了资金的安全性，并将该项服务与卖家平台进行整合，更加方便快捷。

8.2.3　金融领域应用：金融科技

数字交付贸易在金融领域的应用包括国际结算、国际支付、金融机构业务开展以及金融保险服务等。与保险服务一样，金融服务的某些方面可以数字化，例如访问账户、转账等行为都可以进行数字化的转换。但其规模可能会被无法数字化的金融服务所淹没，即使数字化已经大大提高了这些服务的效率。金融行业天生具备较强的数字化发展潜力，与互联网、大数据、区块链、云计算等数字技术和服务的融合渗透程度超过大多数传统服务行业。

在国际结算方面，环球银行金融电信协会（SWIFT）是出现最早、影响最大的数字金融服务提供者之一。SWIFT 是一个国际银行间非营利的国际合作组织，运营着世界级的金融电文网络，银行和其他金融机构通过它与同业交换电文来完成金融交易。截至2019 年 10 月，SWIFT 服务已经覆盖全球 200 多个国家和地区，报文传送平台、产品和服务对接了全球超过 11 000 家机构，日处理金融电讯达 3 360 万条，高峰期达 3 673 万笔。SWIFT 收益来源与许多互联网平台类企业相似，主要包括会员机构的入会费、年费、信息传输服务费和其他服务费（如软件、商业智能、法律规则等服务）。

在国际支付方面，许多国家尝试发行主权数字货币，可能对国际支付体系带来一定影响。2020 年 1 月，日本银行宣布与英国、加拿大、瑞士、瑞典和欧盟等六大央行及国际清算银行共同组建专门的工作组，共同研究发行央行数字货币问题；同年10月，宣布将力争于2021财年启动央行数字货币实证实验2020年8月，中国商务部《全面深化服务贸易创新发展试点总体方案》指出，将在京津冀、长三角、粤港澳大湾区及中西部具备条件的试点地区开展数字人民币试点。2020年10月，欧洲央行发布一份关于可能发行数字货币的综合报告，计划于2021年中就是否启动数字欧元项目作出决定。在数字交付的金融服务中，移动货币是最典型的例子之一。移动货币指的是一种通过移动设备从一个用户向另一个用户进行数字交付的媒介，这是一种安全易用的电子钱包服务，允许用户使用手机存储、发送和接收金钱。在继续使用国家货币的同时，货币作为信用存储在智能卡或系统提供商的账本中。拥有移动货币设备和已注册SIM卡的用户可以使用PIN码注册移动货币账户，他们可以向该账户存款、提款、发送或接收货币，代理人提供虚拟货币以换取现金，现金以换取虚拟货币，从而为存款和取款提供便利，并收取费用。向注册方发送虚拟货币和从注册方接收虚拟货币是通过移动货币平台进行的，只需遵循服务提供商的应用程序中的菜单，而不需要代理的服务。未注册用户也可以发送和接收移动货币，但只能通过代理，因为他们没有注册的移动货币账户。用户也可以在国外付款，支付国外商品和服务的费用。交易可以是不频繁的和小额的，也可以是频繁的和大额的。在进行跨境支付时，不同类型的用户特别强调低成本、安全性、便利性、可预测性和透明度——确保中介机构将保持信息的保密性。移动货币交易并不局限于国界。例如，非居民可以像居民一样使用漫游网络进行转接。居民和非居民也可以各自使用其各自电信服务提供商的移动货币服务来安排这种跨境交易。反过来，电信提供商通常使用数字技术，来促进合作伙伴之间的贸易，其中数字技术用于转换的汇率，并实时验证移动货币系统的目的地以及接收者在线账户上的资金可用性。无论居民或非居民使用相同的漫游网络还是不同的网络，资金都是从收款人和汇款人在他们各自居住的两个国家的各自移动货币账户或通过这两个国家的指定代理的账户进行贷记和借记。

在机构金融业务开展方面，跨国金融机构纷纷加大ICT投入，拓展金融科技市场，加大对金融科技初创企业的战略投资。数字技术的快速发展和不断演变的市场动态正在改变金融服务的格局。利用这些技术创新的新企业"金融科技公司"已经出现，为消费者、传统金融服务提供应商和监管者等带来了新的机遇和挑战。金融科技公司是使用先进技术，如大数据和基于云的技术的非银行机构，以一种新的、基于移动设备的形式重新包装传统银行活动。金融公司同时也提供新型的服务，这些服务通常被概括为移动货币，可以包括资金转账、支付、储蓄、信贷、保险、贸易融资和其他金融服务。

在金融保险服务方面，以数字养老保险为例，数字化技术促使养老保险服务成为一种数字可交付的服务贸易。《国民经济和社会发展第十四个五年规划和2035年远景目标纲要》指出，要加快数字化发展，建设数字中国，打造数字经济新优势，加快数字社会建设步伐，提高数字政府建设水平，营造良好数字生态。伴随着老龄化社会的持续发展，"居家为基础、社区为依托、机构为补充、医养相结合"的多层次养老服务体系逐渐成形,多元化养老服务诉求进一步释放,在云计算、物联网、人工智能、大数据等新一代信息技术蓬勃发展的大背景下,数字化转型为养老行业的发展带来了新契机。数字化养老是依托"互联网+"、大数据、物联网、云计算、人工智能等数字化新兴科技,搭建由大数据中心、服务中心、监管评估中心等构成的养老数字化平台系统,借助数字化手段构建养老运营和服务体系。数字化养老遵循人性智能、便捷高效、即时预警等运行原则,通过运用移动终端、智能设备等手段,参照不同地域老年群体特征,提供因地制宜、科学系统的多元化多样性多层次数字化养老服务和养老产品。对于数字交付的保险和养老服务来说,在任何给定的时间点,消费者通过数字化支付保险费,从而获得的保险服务是不受数字的影响的,即不受提供支付信息的基础计算机网络崩溃的影响。从这个意义上说,核心保险服务并不是纯粹意义上的"数字化交付"。但并不是说消费者在"保险服务"项下获得的服务都不能数字化。例如,消费者可以通过数字渠道提出索赔,索赔等相关服务当然属于数字交付服务的范围。也就是说不仅是通过数字化支付、交付的贸易属于数字交付服务范畴,通过数字渠道完成交付的行为也包含在数字交付贸易内。

8.2.4 通信技术领域应用:通信技术服务

数字交付贸易中包含的产品范围有通信技术服务,通信技术服务作为高科技产业的代表,与之相关的通信的基础设施建设和孵化产品是未来发展的朝阳产业。以5G为典型代表的通信技术成为世界各国未来通信技术产业发展的必由之路,也是国家未来经济社会发展的必然选择,通信技术服务的引进和出口成为世界各国参与国际贸易的崭新领域。

通信技术服务为数字交付贸易提供了技术支持,降低国际贸易成本。在传统国际贸易发展史上,访问、电报、电话、信件等通信方式和手段是顺利进行国际贸易的重要手段,为传统国际贸易的发展提供了巨大方便。但随着信息时代的来临,供求信息成为开展国际贸易的基本依据,然而国家之间信息不对称以及信息缺乏精准性,各国的供求信息不能实时传递,这无疑阻碍了国际贸易的发展。通信技术服务的出现,全球供求信息实时传递,数字化交易逐渐吸引更多的使用者,为国际贸易提供了技术支持。同时,通信技术服务为国际贸易节约了大量的时间、人力、广告、信息等多方面资源,进而大大降低了国际贸易的成本。通信技术服务带来的移动支付、线上办公、远程遥控等拉动了国际贸易在服务行业、人力资源、金融资本跨国流动等各领域的进步,促进了国际贸易的结构性重塑。依托中国新移动通信技术的创新和发展,特别是中国5G技术的突破和领先,实现国际贸易高质量、名品牌、高科技为标签的结构性重塑成为切实可行的路径。

综上所述,将这些服务的总价值,而不仅仅是数字交付的"纯"组成部分,纳入数字交付的概念具有重大的政策利益,尤其是在税收和贸易规则方面。因此,本章将它们纳入数字交付贸易的范围，并应反映数字交付贸易的类型及特点。

8.2.5 知识产权领域应用：数字交付的知识产权服务

知识财产是人类在社会实践中创造的智力劳动成果，而在数字化时代，海量知识财产和数据的创造、管理和使用面临着前所未有的挑战。数字交付的知识产权服务的关键在于数字化确权，数字化确权通过技术手段为数据生成不可篡改的证据，证明数据在某一个时间点存在，用于防止数据的滥用和盗用，解决相关法律纠纷。和传统的知识产权保护手段相比，数字化确权具有保护隐私、低成本和快捷的优势，可以方便且安全地嵌入数据生产的流程中，提供更细粒度的产权证明和制造过程存证。数字化确权是传统知识产权保护手段的有力补充，在知识产权的前置确权阶段发挥作用，为传统知识产权的确权和维权提供更有力的保障。

在数字交付的知识产权服务中包括"数字钱包"的保护。数字钱包是使用密码学技术为企业生成唯一的数字身份，使用数字身份对企业内数字财产进行签名，可证明企业对数字财产的所有权。企业数字身份保管于基座内置的专用硬件加密芯片，没有密钥丢失风险。全套签名方案使用加密算法，符合国家安全标准要求。高性能软硬件一体架构设计，支持海量高并发的企业数字财产快速签名认证，有效避免延迟认证带来的侵权风险。

8.2.6 生活领域应用：娱乐、教育、医疗

在娱乐服务方面，视频、影音和游戏等数字内容是数字服务贸易的重要组成部分。以视频服务为例，网飞（Netflix）等美国在线视频企业国际化发展走在前列，通过实施内容本土化嫁接、本土化内容创作、本土化资本引入的"本土化战略"，采取了多种措施提升用户体验，一是通过大数据演算完成了对用户数据的实验，能够有效精准地预测用户的偏好和需求，从而制作出当地用户喜爱的题材和内容；二是积极改善用户的移动体验，不断与设备制造商、移动和电视运营商以及互联网服务提供商等建立合作关系，甚至加入了手机及有线电视运营商的行列，允许观众通过现有的视频点播服务访问其内容。以游戏服务为例，游戏类 App 的跨国交易已经非常常见。腾讯游戏是知名的游戏开发与服务运营商，目前已在网络游戏的众多细分市场形成专业布局，打造了涵盖所有品类的产品阵营，为玩家提供休闲游戏平台、大型网游、中型休闲游戏、桌游和对战平台。2019 年第四季度，腾讯网络游戏总收入达到 302.86 亿元，同比增长 25%，其中海外营收近 70 亿元，全球前十手游占据 5 席，全球化战略取得了显著的成效。

在教育服务方面，传统的教育服务因数字化转型变得可数字交付，跨境贸易可能性大大提升。在远程教育方面，运用互联网等技术，改变传统教育以教师为主导的课堂模式，打破时间、空间、主体等限制，促进教育资源的全球流动与有效分配。例如，我国网龙网络公司在数字教育领域的国际化服务已覆盖 190 多个国家和地区，与

俄罗斯、埃及等20多个国家建立了深度合作。目前，俄罗斯首都所有中小学的教室都配备了网龙的互动大屏产品，埃及三年内将快速运输便捷部署26.5万间"智慧集装箱教室"。

在智慧医疗方面，在全球医疗行业面临医疗成本居高不下、医疗资源分配不均等问题的背景下，互联网、人工智能等技术打通医疗体系各环节、各链条，推动医疗资源的跨国界共享，数字医疗的出现推动医疗行业互联网全球化发展，互联网云端的国际联合会诊平台可供多名、多国医疗专家流畅地沟通、共同为患者用户进行联合会诊。医生可通过平台安全地互发信息、通过内嵌的视频会议软件与用户面对面交流、合理利用间歇时间为用户进行疾病诊断、制订治疗方案并开具处方。用户可以通过平台体验多种医疗相关服务，包括上传并随时查阅个人电子病历、实时追踪医生诊断进程、在翻译协助下与国际专家进行视频问诊等功能。

8.3　我国数字交付贸易的演变趋势

数字贸易是在数字经济背景下应运而生的，推动了全球贸易便利化。本节将从我国数字交付服务贸易结构、规则、地位的演变趋势，以及我国发展数字交付服务贸易面临的问题角度来分析当前的演变趋势。

8.3.1　我国数字交付服务贸易结构演变趋势

由于数字交付服务贸易边界的模糊性，学术界对于数字交付服务贸易尚未形成统一的定义，本章将数字交付服务贸易定义为依托信息通信网络技术进行远距离交付的服务贸易，具体核算范围包括数字化金融服务、保险养老金服务、知识产权使用费服务、信息通信技术服务、个人文化娱乐服务及其他数字商业服务，如专业管理咨询和销售营销服务。

根据商务部《数字贸易发展报告》的各类数字交付服务贸易数据来看，2019年信息通信技术服务、专业咨询管理服务、知识产权使用服务贸易额分别为806.45亿美元、732.47亿美元和409.72亿美元，在我国数字交付服务贸易中占比合计高达87%。而保险养老金服务、金融服务以及个人娱乐服务贸易总额为271.70亿美元，占比仅为13%。从数字交付服务贸易差额来看，在六类数字交付服务贸易中，仅有ICT服务与专业咨询管理服务分别实现269.24亿美元和234.72亿美元的贸易顺差。而保险养老金、金融和个人娱乐服务的出口规模显著低于其进口规模，在2019年的贸易逆差分别达到59.88亿美元、24.66亿美元和28.77亿美元。此外，知识产权使用费的贸易逆差最大为

343.28 亿美元。由此可见，当前我国发展数字交付服务贸易需要加强关键核心技术的研发与保护，进一步提高知识产权使用费在我国数字交付服务贸易整体中的比重。从各类数字交付服务贸易变动情况来看，2010~2019 年，个人娱乐服务贸易额虽占比较低，但其增长速度最快，年均增长率达到 31.31%。其次是金融服务、信息通信技术服务，平均增速分别为 19.40% 和 19.36%。而保险、专业咨询管理等服务的增速相对较慢，分别为 1.62% 和 8.5%。

8.3.2 我国数字交付服务贸易规模演变趋势

数字交付服务贸易衍生于数字经济，是现代数字信息技术与传统服务贸易的深度融合，在创新服务贸易形式、提高贸易效率等方面发挥巨大作用。根据联合国贸发会议数据库统计显示，我国数字交付服务贸易展现出巨大的发展潜力。从数字交付服务贸易总额来看，在 2010 年至 2019 年间，我国数字交付服务贸易整体呈波动上升趋势。从 2010 年的 344.10 亿美元增长到 2019 年的 2 240.53 亿美元，达到历史最高水平。其中，2019 年我国数字交付服务贸易对实际 GDP 贡献率达到 1.56%，较 2018 年同比增长 6.21 个百分点，并且占服务贸易总额的 79.12%，数字交付服务贸易成为拉动我国服务贸易增长的重要动力。虽然我国数字交付服务贸易总规模整体呈逐年增长态势，但出口明显小于进口。在 2013 年，我国数字交付服务贸易逆差甚至达到 240.73 亿美元。随后除 2017 年外，数字交付服务贸易逆差逐渐缩小，并在 2019 年实现 43.37 亿美元的贸易顺差。贸易逆差逐渐缩小表明我国在数字交付服务贸易领域中综合竞争力的提高。就数字交付服务贸易增速来看，在面临全球经济深度调整、新兴经济体需求减弱的压力，我国数字交付服务贸易实际增速整体波动较大，但平均增速维持在 10.53% 左右，远高于同一时段传统商品和服务贸易的增速。

8.3.3 我国数字交付服务贸易地位的演变趋势

2010~2019 年，我国数字交付服务贸易占我国服务贸易的比重整体呈波动上升态势。其中 2015 年虽有所下降，但对我国服务贸易的贡献率仍维持在 22% 左右。从数字交付服务贸易进口所占比重来看，近年来，我国数字交付服务贸易进口所占比重变化情况与总体服务贸易所占比重基本保持一致，即从 2011 年开始逐渐降低，在 2015 年占比为 21%，此后又稳步提升。与进口情况不同，我国数字交付服务贸易出口规模虽然低于进口规模，但其对我国服务贸易出口的贡献率一直保持稳步上升态势，从 2010 年的 0.29% 增加到 0.51%。由此可见，当前我国数字交付服务贸易所占比重增长主要来自出口方面，说明我国在数字交付服务贸易方面虽然与欧美等发达国家存在较大差距，但在国家实行强有力的战略支撑且科技创新不断取得进步的背景下，未来我国数字交付服务贸易领域仍存在巨大的发展空间。

8.3.4 我国发展数字交付服务贸易面临的问题

从国际发展趋势来看，发展数字贸易是我国新时期经济发展的必然要求，是引领我国经济高质量发展的重要推手，但我国在数字贸易方面仍然存在未解决的问题，本小节从数据限制、国际惯例与规则缺失、数字交付服务贸易逆差以及内部结构与技术含量问题进行分析。

8.3.4.1 数据限制成为我国数字交付服务贸易出口的主要障碍

在全球数字交付服务贸易蓬勃发展的同时，为保护个人用户隐私和国家信息安全，数据流动有关政策的存在是合法且必要的。但部分国家为实现其非经济政策目标，以数字交付服务贸易中的数据来源、数据相关方和设备使用为着力点，通过对互联网数据来源、使用施加实质或程序要求，顺利介入全球数字贸易市场。数据限制措施的广泛实施，对我国数字交付服务贸易的健康发展造成了不利影响。数据跨境流动限制是数据限制的一个核心内容，主要包括数据本地化、数据留存以及有条件的流动机制三个方面。数据本地化措施可大致分为数据的当地存储要求、本地处理要求和数据跨境传输要求。例如，俄罗斯 2014 年修正的数据保护法中明确要求数据运营商要确保个人用户、金融和媒体部门数据的更新、存储、检索且必须使用位于俄罗斯境内的数据库，未经个人允许不得对数据进行处理或转移到国外。根据 DTE 数据统计显示，近年来，世界数据本地化措施发展形势不容乐观。2000 年全球范围内存在 19 项数据本地化措施，而在 2016年达到 85 项左右。其中数据跨境流动限制措施占比高达 42%，本地数据存储和处理要求则分别占比 25% 和 33%。由此可见，数据的跨境流动限制成为我国当前发展数字交付服务贸易所面临的主要非关税壁垒。

8.3.4.2 国际数字交付服务贸易尚未形成统一的惯例与规则

近年来，数字产品贸易与数字交付服务贸易从数量到价值呈指数增长，成为全球贸易增长最显著的大趋势。然而，作为一种新型贸易方式，数字交付服务贸易严重依赖于数据的自由流动，在贸易形式和内容上与传统货物贸易相比存在显著差异，多边及区域贸易协定并不能适应数字交付服务贸易的发展，传统的国际贸易规则与惯例面临着极大的冲击与挑战。目前，就多边贸易协定而言，多边数字交付服务贸易协定严重缺失。WTO 协定虽在原则上涉及数字贸易争端解决机制，但受限于历史条件，相关法律文本尚未触及数字贸易规制问题。现有区域和双边贸易协定如 TTP、TTIP 等协定，多以欧美发达国家为主导，严重威胁以我国为代表的发展中国家的利益，并且这些协定的成员国在有关数字交付服务贸易规则制定部分仍存在较大分歧。综上所述，国际上关于数字交付服务贸易规则与惯例的缺失将成为阻碍我国及世界各国未来数字交付服务贸易发展的又一障碍。

8.3.4.3 我国数字交付服务贸易持续逆差，整体竞争力不足

虽然我国在 2019 年实现了 47.37 亿美元的贸易顺差，但 2010～2019 年，我国数字

交付服务贸易年均贸易逆差仍然高达99.33亿美元，较美国年均1 759.32亿美元的贸易顺差存在较大差距。主要原因在于，我国作为全球数字技术净进口大国，每年大量引进技术，支付专利许可费成为我国数字交付服务贸易逆差的重要来源。数字交付服务贸易逆差的地位一定程度反映出，当前我国数字交付服务贸易面临整体竞争力较弱的局面。具体而言，2010～2019年，我国数字交付服务贸易竞争力指数（TC）[①]一直在0左右徘徊，即我国数字交付服务贸易竞争力不足，显然不利于我国数字交付服务贸易的可持续发展。

8.3.4.4　我国数字交付服务贸易内部结构不合理，技术含量不高

随着数字经济以及全球科技与产业变革的迅速发展，国家间贸易竞争的焦点更多表现在技术创新实力的较量上。当前我国数字交付服务出口贸易主要集中于电信、计算机和信息服务以及专业咨询和管理服务，数字金融、数字保险以及数字知识产权使用费出口规模明显低于其进口规模。而知识产权使用费作为数字交付服务贸易的重要组成部分，在2019年仍存在343.28亿美元的贸易逆差。较小的知识产权使用费收入与支出规模，反映出的是我国在技术创新和技术输出能力方面的短板。对比美国746.68亿美元的知识产权使用费顺差，表明未来我国大力发展数字交付服务贸易时，依然需要大力培育高价值专利，强化知识产权全球布局，提高我国数字交付服务贸易的国际竞争力。

扩展阅读

数字化和服务贸易

数字交付服务是可以通过信息通信技术（信通技术）网络远程交付的服务，包括通信技术服务、保险和金融服务、专业服务、销售和营销服务、研发服务以及教育服务等。

一、数字交付服务出口在大流行期间更具韧性

在大流行期间，服务出口受到重挫。例如，在2020年，全球旅游和运输服务出口分别下降63%和20%。相较于总体下降的服务和货物出口，数字交付服务出口更具韧性。特别是在2020年，发展中国家的数字交付服务出口增加了1%。2014～

[①] 贸易竞争力指数是竞争优势指数，也叫TC指数，是指一国进出口贸易的差额占其进出口贸易总额的比重。贸易竞争力指数＝（出口－进口）/（出口＋进口）。指数越接近于1竞争力越大，等于1时表示该产业只出口不进口；指数越接近于－1竞争力越弱，等于－1时表示该产业只进口不出口；等于0时表示该产业竞争力处于中间水平。

2020 年，发展中经济体的数字交付服务出口每年增长 5%，相比之下，货物出口和服务总出口每年下降 1%。

二、信息通信技术服务是数字交付服务贸易的动力

数字交付服务贸易的韧性离不开电信和信通技术服务的表现。2014～2019 年，发展中国家这类服务的出口增长了 9%，高于同期这些经济体服务总出口 4% 的增速。大流行强化了这一趋势。根据贸发会议数据库的数据，2020 年，发展中国家的电信和信通技术服务出口增长了 5%，相比之下，这些经济体的服务总出口下跌了 26%。电信和信通技术服务占全球所有部门（包括农业和制造业）出口价值的 4%。上述服务的表现取决于几个因素。根据经济合作与发展组织增值贸易数据库的数据，2018 年，在信通技术服务上游活动中，国外价值的比例在该组织成员国中为 22%，在该数据库所包含的非成员国中为 14%。这说明了国内和国外供应的重要性，因此，影响国外服务供应的贸易政策和影响国内服务供应的产业政策需要协调一致。

三、一些发展中国家在数字交付服务贸易方面迎头赶上

2014～2020 年，发展中经济体的电信和信通技术服务出口增长了 8%，超过发达经济体 7% 的增速。然而，发展中区域之间存在着严重的不对称。同期，亚洲的这类服务出口增长了 9%，拉丁美洲和加勒比增长了 5%；而非洲下降了 2%。根据贸发会议数据库的数据，最不发达国家的这类服务出口下降了 8%。发展中区域之间的差距体现了服务部门的结构差异。2019 年，在大流行爆发前，电信和信通技术服务在非洲、拉丁美洲和加勒比商业服务出口中的占比均为 5%，在亚洲发展中国家的商业服务出口中占比 12%。同年，数字交付服务占非洲商业服务出口的 25%，占拉丁美洲和加勒比的 30%，占亚洲发展中国家的 42%。除了不断改善电信和信通技术服务的有形基础设施之外，开展区域和国际合作，提升数字交付服务所需人才技能，亦将有助于缩小区域间的差距。

四、数字交付服务的贸易框架已经发生变化

数字化改变了服务的供应方式，对多边贸易体系内的服务贸易框架产生了变革性影响。世界贸易组织的《服务贸易总协定》区分了四种国际服务交付模式。例如，利用数字平台，有助于提升跨境营销和交易的效率和效益，进而跨境交付的流量大幅增加；子公司在服务消费国或通过商业存在提供的服务现在可以通过数字方式提供。随着数字化推进，可能需要根据当前国际贸易环境下服务供应和消费的方式，微调现有贸易规则和纪律。世界贸易组织成员已经就影响服务业和服务提供者的国内监管进行讨论。在此背景下，2021 年 12 月，67 个成员达成了一项关于国内服务业监管的联合倡议。每个成员在联合倡议下做出的承诺都将适

用于其他成员，包括并未参与倡议谈判的成员。自 2017 年以来，作为联合倡议谈判的一部分，世界贸易组织的 86 个成员参与了电子商务议题的讨论，涉及电子传输关税、跨境数据流动、数据本地化、源代码、网络安全和线上消费者保护以及电子签名和认证等领域。

资料来源：联合国贸易和发展会议。

◎ **本章提要**

　　数字贸易的发展推动了跨境数字交付贸易的发展，数字交付贸易促进了数字服务贸易模式的创新，优化了贸易结构，逐渐在国际贸易市场上占据重要地位，并且对我国国际贸易发展而言，数字交付贸易也逐渐占据重要领导位置。近年来我国不断加大对数字技术和数字服务的创新投入，致力于构建良性发展的数字贸易环境，数字交付贸易的总体演变状况呈现持续上升的势态，且发展势头良好。虽然当前我国数字交付贸易呈现良好的发展态势，但是仍存在数据受限、惯例与规则未统一、贸易逆差严重以及数字贸易技术难题等问题，这对我国数字交付贸易发展造成了阻碍，也是我国推动国际贸易数字化转型亟待解决的问题。

◎ **概念复习**

数字交付贸易　数字订购　通信技术支持

◎ **阅读资料**

（1）经合组织. 衡量数字贸易手册（第一版）[R]. 2020.

（2）数字贸易发展白皮书 [R]. 2020.

（3）中国信通院与国务院发展研究中心. 数字贸易发展与合作报告 2022 [R]. http：//chi-nawto. mofcom. gov. cn/article/ap/p/202209/20220903345673. shtml，2020.

◎ **课后思考题**

（1）中国的数字化交付贸易的主要类型有哪些？

（2）现在全球数字交付贸易的市场规模是怎么样的？如何分析目前的发展趋势？

（3）当前正处于百年未有之大变局，全球局势复杂多变，数字交付服务给国际贸易结构带来了什么样的变革？

（4）服务合作促发展，绿色创新迎未来。数字交付贸易成为促进对外贸易发展的重要力量，那么数字化交付的服务贸易如何发力？

（5）传统产业被数字产业所颠覆，数字经济和数字贸易正在引领全球经济发展，数字服务
贸易是创新发展的关键领域。面对数字化交付贸易的发展潮流，中国该如何把握这个
关键时刻？

（6）"十四五"时期，中国产业数字化发展空间广阔，全球数字贸易强劲增长，"数字丝路"
建设将释放"一带一路"沿线市场巨大潜力。讨论中国数字交付贸易将面临什么样的
挑战与机遇。

第9章
数字货币

学习目标

（1）了解数字货币的定义，从概念、分类、特点角度进行介绍，加深对数字货币的认识；

（2）理解数字货币对宏观经济的影响，从货币政策、金融机构、金融市场、金融监管以及货币法律的角度深入了解数字货币的影响；

（3）了解我国发行央行数字货币，认识央行数字货币的基本属性和类型，理解我国发行央行数字货币对现行货币政策的影响；

（4）联系数字货币与数字贸易，理解二者之间的关联性，认识到数字货币对跨境结算、跨境支付系统以及跨境支付全球链条的影响。

内容提要

  本章通过介绍数字贸易过程中使用的特殊货币形式——数字货币的整个数字交付体系。如今数字货币不仅仅用于数字贸易的交付过程，变革数字贸易结算系统，同时数字货币也成为一个单独的数字产品参与货币运行体系。本章从数字货币角度阐述数字贸易相较于传统贸易的新亮点，介绍数字货币对国家宏观经济的影响，进一步加深对数字货币与数字贸易之间联系的理解。

9.1 数字货币的定义

国际清算银行将数字货币定义为以数字形式表示的资产，数字货币不像传统的纸币、硬币一样存在物理形态，而是由电子形式存在的货币，本节将从数字货币的概念、分类以及特点来介绍数字货币。

9.1.1 数字货币的概念

数字货币，是一种基于数字加密算法、节点网络的虚拟货币，是一种只能以数字或电子形式获得，而不能以实物形式获得的货币形式，是只能通过计算机、互联网或手机使用的货币形式，因为数字货币只存在于数字化模式中。数字货币本质上是一种用来替代传统纸质货币的电子货币，例如数字金币和数字加密货币等都属于数字货币范畴。数字货币没有发行主体，使用范围不限，但是发行数量是有限的，以数字形式存储，流通方式是双向流通，但是与法定数字货币的货币价值不对等。

数字货币的核心特征主要体现在三个方面：

（1）由于数字加密算法的特性和开放程度不同，数字货币没有发行主体，因此没有任何人或机构能够控制它的发行，因此数字货币发行是公开且自由的；

由于算法解的数量确定，因此数字货币的总量固定，这从根本上消除了虚拟货币滥发导致通货膨胀的可能，保障了数字货币供给市场的稳定。

（2）由于数字货币交易过程需要数字网络中的各个节点的认可，交易数据不易篡改，交易过程被运用数字算法进行加密，交易双方的信息也拥有高匿名性，因此数字货币交易安全、可靠。

（3）数字货币在当前的金融环境下可以包括一切以数字形式存在的货币，主要是由加密算法和数字网络提供的与现实财富有关的服务价值交换符号。尤其是在区块链技术高速发展的今天，数字货币的出现与发展得到了国家央行的高度重视，并且在此基础上诞生了全球数字化经济发展的新概念与新设想，数字普惠金融成为国际大事务。

9.1.2 数字货币的分类

数字货币的发展与支付工具和数字技术的创新密切相关。根据国际货币基金组织（IMF）的研究，认为数字货币是指不同类型的支付手段，按照支付工具的不同属性进行划分，可以按数字货币属性的类型、价值、支持方和技术进行区分。

第一个属性是类型，即按有无抵押物，分为 Claim 和 Object 两类，即分为债权型货币和物权型货币。

第二个属性是价值，对于债权型货币，关键是能否按规定票面价格赎回，即抵押物的价值是否稳定。若是按固定票面价格兑付，即抵押物价值稳定，则类似于债券工具；若是按浮动价格兑付，即抵押物价值不稳定，则类似于股权工具。对于物权型货币，不涉及抵押物，与此类似的问题是它们的面额，法定数字货币是以各主权国家货币单位计价，古时的黄金以其重量单位计价。

第三个属性是支持方，这一属性仅针对可按固定面值赎回的债券型货币，即保证可按面值赎回的主体机构是政府机构还是私人商业机构，承兑机构的公私性关系到消费者的信任和监管态度。

第四个属性是技术，即结算方式是去中心化的还是中心化的。中心化结算方式通过一个专用中心服务器结算，去中心化结算方式使用分布式账本技术或者区块链技术在若干个服务器结算，这些服务器可以是指定的小部分节点，即联盟链，或者向公众开放，即公有链。去中心化结算方式相对容易跨越国界进行，涉及跨境的数字贸易。

根据国际货币基金组织的研究，由图 9-1 可知，目前主要将数字货币分为五个类型，即央行数字货币、加密数字货币、银行发行的支付工具、电子货币和投资类货币。

9.1.2.1 央行数字货币

央行数字货币由各国中央银行发行，是基于央行信用的数字货币，被赋予本地计价单位，也可以理解为是现金的数字化形式。央行数字货币是一个发展中的概念，目前尚未得到统一界定，随着数字经济时代的到来以及比特币等加密数字货币的诞生，各国政府也加入了法定数字货币的发行行列。为与以往的电子货币相区分，央行数字货币侧重使用了数字化的概念。目前发行的央行货币虽然并未被称作数字货币，但大部分实际上已经是数字形式，如批发信贷操作中发行的大多数资金。央行货币形式的多样式在某种程度上使数字货币难以被精准定义。

IMF 指出，央行数字货币是央行以数字化形式发行的新型法定货币，与传统的央行货币有着明显区别，具有以下特征：一是数字化形式，央行数字货币不具备现金的实体形态；二是由公众持有，不同于商业银行存款准备金仅限于银行持有，央行数字货币由公众持有；三是交易方式多样，且不受额度限制。不同于现金一般用于小额支付，商业银行存款准备金用大额支付，央行数字货币不受额度限制，可用于个人对个人、个人对企业或者企业间交易。

根据发行方式的不同，央行数字货币可分为间接型、直接型和混合型。间接型发行方式采用"央行—中介机构"的双层架构，即社会公众在中介机构开设账户，中介机构在央行开设清算账户。中介机构向社会公众发行数字代币，并负责"客户身份识别（Know Your Customer，KYC）"相关工作，保管交易信息。数字货币是社会公众对中介机构的债权，由中介机构对央行的债权予以支持。直接型发行方式通常有两种形式：一是社会公众都在央行开设账户，通过央行账户直接交易；二是央行发行数字代币，并管理一个授权系统来开展清算交易，委托中介机构处理开户前的 KYC 工作。混合型发行方式下，社会公众拥有对央行的债权，但中介机构在传递交易信息中发挥较大作用。

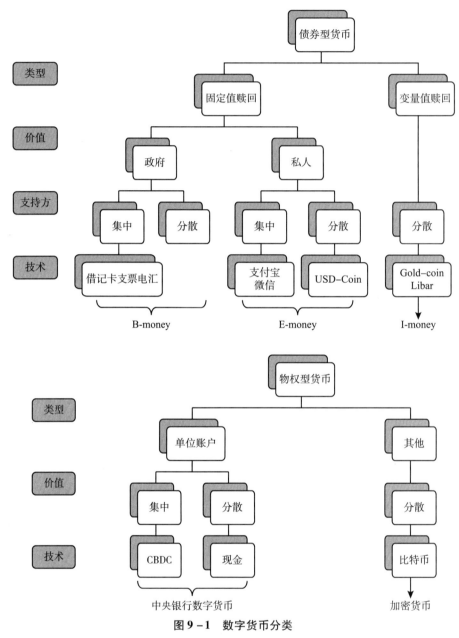

图 9-1 数字货币分类

资料来源：国际货币经济组织：《The Rise of Digital Money》。

按照支付方式的不同，央行数字货币可基于账户（Account-based）或基于标的（Token-based）。在基于账户模式下，求偿权的转让需验证支付双方身份的真实性。以转账为例，银行需判断付款人、收款人账户的真实性。该模式涉及商业银行与央行结算，对于基础设施的要求较高。基于标的模式下，用户可采取直接转移货币的支付方式。该模式无须验证支付双方身份，但需判断标的本身的真实性。以现金交易为例，收款人只需判断现金是否为伪钞即可。因此，基于账户模式下的数字货币流转一般相对安全，具有可追溯性。基于标的模式下的数字货币交易将提供结算的最终性，即支付即结算，已付出款项属于收款人，并且无法撤销。

根据可获得性的不同，可将央行数字货币分为批发型（Wholesale）和通用型（General Purpose）两类。其中，批发型央行数字货币是基于代币、用于批发结算的数字货币，可应用于银行间或证券结算等，它的使用受到严格的限制，侧重于提升效率；通用型央行数字货币是基于代币或账户对社会公众发行的数字货币，类似于数字现金，主要应用于零售交易，可被广泛使用。目前数字形式的央行货币都能够接入央行资产负债表，未来将会发生变化的是有资格接入央行资产负债表的群体范围，这是围绕数字货币讨论的核心。批发型数字货币仅限于固定的金融交易方之间，因此影响不会太大，而通用型数字货币对所有人都可用。

9.1.2.2 加密数字货币

加密数字货币是基于某种加密算法创建的数字货币，由发行机构（通常为非银行机构）自行创设的记账单位计价。加密数字货币的底层技术是区块链，而区块链承载的就是信用，是一个无须三方或金融机构担保的底层技术。如果没有底层区块链技术支持，比特币及其他的各种加密数字货币将会失去原有的价值。加密货币相对于法定数字货币的价值能否保持稳定完全依靠加密算法，但是加密算法的有效性尚未得到广泛证实。

加密数字货币的鼻祖是比特币，比特币是根据中本聪的思路设计发布的开源软件以及建构其上的 P2P 网络，是一种 P2P 形式的虚拟的加密数字货币，点对点的传输意味着一个去中心化的支付系统。因此，加密数字货币不依靠法定货币机构发行，不受央行管控。它依据全世界的计算机运算一组方程式开源代码，通过计算机的显卡、CPU 大量的运算处理产生，并使用密码学的设计来确保货币流通各个环节的安全性。

根据加密数字货币自身的发展特性，其存在以下五个重要的特点：

去中心化：加密数字货币依靠加密网络构成，加密网络又是由大量用户连接成的联盟网络，不存在中央银行，不受央行的监管，因此去中心化是加密数字货币安全与自由的保证。

流通性强：加密数字货币可以在任意一台接入互联网的电脑上管理，不受地理空间位置和用户身份的限制，任何人都可以挖掘、购买、出售或收取加密数字货币。

专属所有权：操控加密数字货币需要私钥，它可以被隔离保存在任何存储介质，除了用户自己之外无人可以获取，这也保证了数字货币的安全性。

低交易费用：可以免费汇出加密数字货币，也可以支付极低的交易费以确保交易更快执行。

无隐藏成本：作为由 A 到 B 的支付手段，加密数字货币没有烦琐的额度与手续限制，只需要知道对方的数字网络地址就可以进行支付。

9.1.2.3 银行发行的支付工具

银行发行的支付工具又被称为 B - money，通常指银行存款。B - money 是 1998 年由计算机科学家戴维首次提出的概念，旨在成为一种匿名的分布式电子现金系统。尽管数字货币在过去几年中已在全球范围内上升到新的高度，但 B - money 仍努力提供许多与当今加密货币相同的服务和功能。戴维的 B - money 概念包括许多当今加密货币普遍存在的特定功能，包括要求运用计算工作促进数字货币的发展、这项工作必须由社区在集体账本中验证的规定，并奖励工人的投入。戴维为了确保交易过程条理清晰提出集体记账，加入了加密协议帮助验证交易，并利用数字签名或公钥来验证交易和执行合同，这些提议与当今的区块链技术非常相似。

目前，B - money 是最常见的债权型货币，比如商业银行的存款，B - money 可以借助于支付工具在境内外不同银行间实现转移，转账通常以集中式技术处理，如借记卡和支票等。在多数国家，人们大多数日常支付是通过资金在商业银行账户间的转移完成，这一过程可能涉及同一银行内不同账户、不同银行间账户、跨国银行账户，通常是中心化结算方式，而 B - money 可以借助于支付工具在境内外不同银行间实现转移，转账通常以集中式技术处理，如信用卡、借记卡、电汇和支票等。B - money 最大的特点是可按面值赎回，且由政府担保其兑付。商业银行受到严格的监管，必须保持足够的流动性。当出现流动性危机时，央行会提供隔夜贷款，或者在发生系统性风险时采取紧急措施。大多数国家会提供一定额度内的存款保险，所以消费者不用担心兑付问题。

9.1.2.4 电子货币

电子货币也就是 E - money，电子货币正在成为支付领域的有力竞争者。电子货币是由私人部门发行，以金融电子化网络为基础，以商用电子化工具和各类交易卡为媒介，以电子计算机技术和通信技术为手段，以电子数据形式存储在银行的计算机系统中，并通过计算机网络系统以电子信息传递形式实现流通和支付功能的货币。电子货币是一种信息货币，即观念化的货币信息，它实际上是由一组含有用户的身份、密码、金额、使用范围等内容的数据构成的特殊信息，因此也可以称其为数字货币。人们使用电子货币交易时，实际上交换的是相关信息，这些信息传输到开设这种业务的商家后，交易双方进行结算，要比现实银行系统的方式更省钱、更方便、更快捷。

如图 9 - 2 所示，相对于加密数字货币，电子货币最大的创新之处在于按照法定数字货币票面价值兑付，但其安全性依赖发行机构的监督管理和相关法律保护，也就是政府不承担保兑责任，它的安全性取决于私人机构的监管和法律保护。如果商业银行发行电子货币，不享受存款保险，因此具有不稳定性，电子货币的结算方式可以是中心化的，比如中国的支付宝和微信支付、印度的 Paytm、非洲东部的 M - Pesa；也可以是基于区块链的，比如 Gemini、Paxos、TrueUSD 和 USD Coin。

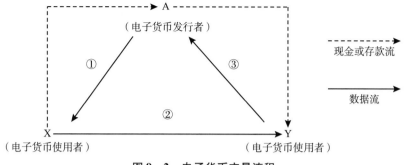

图 9 – 2　电子货币交易流程

电子货币由私人商业机构发行，不受政府担保兑付的保障，因此存在以下 4 种潜在风险：

流动性风险：即没有政府机构承兑，只依靠私人机构的监管，以及现行法律的保护，不能保证按时兑付。

违约风险：即电子货币提供商违规使用客户资金从事高风险投资或者使用客户资金弥补其他业务的亏损，导致不能兑付。

市场风险：即抵押资产价格暴跌，电子货币提供商出现兑付困难。

汇率风险：即抵押资产如果包含以外币计价的资产，那么抵押物的价值受汇率波动的影响，比如 Libra。

9.1.2.5　投资类货币

投资类货币也就是 I – money，投资类货币是一种潜在的新支付方式。除了按可变价格兑换法定数字货币这一显著差别以外，投资类货币和电子货币几乎是等同的，二者的区别在于前者按照浮动价格兑付，其债权对应的是黄金、股票投资组合等价值浮动资产，虽然也具有天然不稳定性，但可按现值计价自由兑换为对应的资产份额，而无须任何价格担保。在债权型货币中，I – money 的风险取决于抵押资产的风险，B – money 由政府担保，稳定性最好，E – money 稳定性一般。

类似于股票工具，投资类货币有对资产的索取权，这种资产通常是商品比如黄金，或者是投资组合的份额，以黄金作为储备的例子有 DSG 和 Novem。投资类货币是否是一种货币，目前是存在争议的。IMF 认为，如果其背后资产是被广泛接受的、安全的、有充足流动性的资产，那么应该称其为一种货币。

投资类货币的价格取决于背后资产的估值，如果投资类货币是流动的，那么资产的市场价格就是透明的。如果资产足够安全，消费者会选择持有投资类货币，用来购买商品或服务。换句话说，投资类货币可以做到价格足够稳定，使其成为一种支付手段。但是，这种投资类货币的交易需要背后资产证券的所有权转移，这会受到严格的监管，从而限制跨境交易。

9.1.3 数字货币的特点

数字货币是基于数字技术发展而来的新型货币形式，具备以往货币所没有的特殊性质，本小节总结出数字货币的四个特点：成本优势、高匿名性、安全性、交易快捷性。

9.1.3.1 成本优势

数字货币作为一种基于网络虚拟空间的电子货币，不需要制作和印刷，也不需要通过银行发行和流通，只需要以数字化形式存在，在货币本身的成本上相比于法定货币具有明显优势。

由于数字货币支付的结构扁平化、交易的直接便捷性以及交易到账的实时性等特征，会使其运行跨境支付金融基础设施的成本较低，其跨境支付成本也会大幅降低。而传统跨境支付由于层级复杂、交易发生的代理中介层级较多、支付网络庞大，需要缴纳由各代理机构、电讯费用、其他支付网络管理的跨境支付费用，成本相对较高。数字经济的迅速发展，数字技术改变了国际贸易，跨境电商的出现让每一个用户都直接参与国际交易，参与跨境支付的个人消费者越来越多，因此对交易成本更为敏感，更容易被数字货币带来的低成本吸引，从而转换支付手段。

另外，数字货币在交易的过程中，可以通过不同的数字在线交易平台进行，交易的双方可以自行约定交易方式和时间，交易过程快捷并且不会产生任何交易费用。而传统的贸易交付需要通过银行等机构，不仅需要银行机构作为中介进行操作，而且跨行交易的时候还可能会产生费用。尤其是涉及跨境支付时，支付方需要向提供交易服务的供应商支付高额的手续费。同时，传统货币的交易需要耗费大量的人力、物力，并且需要到银行进行交易操作，总体的交易成本要远远高于数字货币。

9.1.3.2 高匿名性

高匿名性是数字货币的典型特点之一，与其他流通中的货币相比，数字货币可以实现远程点对点的支付操作，并且不需要第三方供应商作为中介参与进来，并且能够更好地保护交易双方的个人信息，避免了第三方平台获取私人信息的情况。

另外，数字货币在进行交易的过程中，交易双方可以在完全陌生的情况下去完成交易，并且不需要彼此之间的信任，双方无须面对面交易，也无须进行联系，可以很好地保护交易双方的个人隐私，提高了交易过程的安全系数，从而提高了用户对数字货币的信任度。

但是，数字货币的高匿名性有利也有弊，正是这种高匿名性给了违法犯罪分子可乘之机，利用数字货币交易的高匿名性进行网络诈骗、洗黑钱以及其他违法犯罪行为，给数字货币的监管带去了极大的困难，也提升了网络金融诈骗案的发生率。

9.1.3.3 安全性

数字货币是基于数字加密算法和互联网技术的新型货币形式，就区块链技术而言，其采用加密算法构建公匙、私匙和地址共同组成的加密交易网络，只要输入的内容稍稍变动一点儿，加密后输出的结果和之前输出的结果就完全不同，而且这些结果没有规律可循。这些技术赋予跨境支付网络极强的安全性，让仿造伪币成为不可能，保证了数字货币交易环境的安全。安全芯片、身份认证、加密传输等建设内容为客户身份管理、交易数据传输、用户安全隐私提供了有力的技术。

同时，数字货币分布式的交易模式，数字货币交易过程产生的数据被多级节点记录，使得交易记录可追溯，防止被其他人恶意篡改，确保数据的真实有效性，从而提升整个跨境支付网络的安全性。

9.1.3.4 交易快捷性

数字货币的交易是交易双方的点对点支付行为，在对数字货币数据进行处理的时候，不需要通过类似清算中心的中心化机构参与进来，因为数字货币的交易采用的是先进的区块链技术，具有很好的去中心化特征。

如果发行在可交互的区块链上，可以实现自动无缝地支付，避免人工后台操作，极大地提升了效率，使得数字货币交易速度非常快，并且操作简单，随时随地都可以完成交易，没有时空限制。

9.2 数字货币的影响

数字货币作为以电子形态存在的货币，在具备传统货币的基本属性的同时，又包含了自身的特点，因此数字货币的发行也会对当前的经济体系造成影响，本节从货币政策、金融机构、金融市场、金融监管以及货币法律体系角度分析了数字货币发行带来的影响。

9.2.1 货币政策影响

数字货币会影响货币政策的实施，但是不会改变货币政策执行的基本"机制"。因为中央银行对自己持有的资产拥有决定权，也可以运用资产负债表来控制、调节，以适应银行为弥补数字货币资金流入造成的资金损失而增加信贷；还可以通过公开市场操作补偿数字货币的收支平衡，以保持所需的银行间流动性、外汇储备。在下限体系中，只有当数字货币的流入抽干了外汇储备，中央银行才需要采取额外的公开市场操作注入流动性。从利率影响看，数字货币对利率结构的影响取决于多种因素，存款定价方面：数字货币会对商业银行存款货币形成竞争，进而影响商业银行的存款利率定价；贷款定价方面：中央银行应做好国债利率、同业隔夜拆借利率的引导机制，在最低限额制度下，确保边际数字货币利率不超过中央银行存款准备金的报酬率，避免数字货币的利率套利风险。

数字货币对货币政策主要造成两方面的影响，一方面可以影响到货币政策制定与落实，另一方面可以促进货币政策精准化。货币政策是调节宏观经济的一种手段，主要是中央银行通过调节货币供给量去影响货币流通。所以，在数字货币广泛使用与大范围流通的背景下，数字货币在一定程度上代替了传统货币的职能，就会削弱国家货币政策的有效性，为货币政策的制定和实施带去一定影响。

反之，数字货币对货币政策的精准化是起到积极作用的。因为在数字货币流通过程中，由于数字货币去中心化特征中央银行以及数字货币监管部门可以通过区块链技术对每一笔数字货币的去向和交易信息进行实时监管，追溯数字货币的交易量和资金流通速度，以此提高中央银行对货币需求量以及流通情况的了解程度，进而准确分析货币结构，有助于货币政策的精准化，同时提高对货币监控的效率。

9.2.2　金融机构影响

数字货币最大的金融稳定风险在于，可能加快资金从金融机构和市场进行转移的速度。在数字货币体系下，居民持有直接债权，还可以与商业银行的货币共存。数字货币交易的匿名性、交易成本低、交易数量不受限等特性，极易增加跨境活动套利和隐蔽交易的概率，增加人们将资金兑换成数字货币的热情，易引发金融机构声誉风险。以此，一国如果没有存款保险制度，实力较弱的银行可能会遭受挤兑，即便是实力较强的银行，在数字货币存在的情况下，也可能面临挤兑风险。即使有存款保险制度，数字货币也会加快向金融机构、各大银行进行"数字挤兑"的速度和规模。

数字货币诞生以前，银行是货币发行以及存储的唯一机构，人们只能通过现金或者存款的形式去持有货币，在交易的时候也必须到银行办理相关事宜，造成了交易成本的上升。而数字货币诞生并广泛流通起来以后，人们持有货币的方式多了一种，并且可以不通过银行去实现产品和服务交易，数字货币逐渐凭借便捷性优于传统货币。

另外，在数字货币市场持有率不断上升的背景下，数字货币交易数量以及业务量也会随之上涨，并且可以不通过银行机构进行，完全依靠数字货币自身的智能化和数字化特点实现交易，在一定程度上对银行等金融机构的服务职能造成了削弱。数字货币的运送和保存也给银行等金融机构的运行模式提出了更高的要求，传统的货币运送和保存方式并不适用于数字货币，因此需要金融机构根据数字货币的特点和流通形式转变当前的管理模式，确保数字货币有关的金融服务有序进行，提高数字货币交易及管理效果。

9.2.3　金融市场稳定影响

数字货币的出现给金融市场的稳定发展造成了影响，主要是因为数字技术和分布式分类账技术被广泛应用，会对现有的金融体系结构进行变革，金融机构尤其是银行的中介作用会被逐渐削弱。到目前为止，银行依然是储蓄业务和贷款业务的主体，并且银行仍然在金融活动中承担重要的中介角色，起到对金融交易环境的监督管理作用。

数字货币的出现也给传统的支付、清算、结算体系带来的新的变化。数字货币可以改变人们的支付方式，加快货币流通速度和信用风险集中度。如果由于金融基础设施故障、银行间货币流通等原因出现支付障碍的情况，企业与个人间仍可以通过数字货币进行交易。此外，网络安全是当前金融系统所面临的最重要的安全问题之一，中央银行通常对支付、清算、结算服务有非常严格的操作要求，而数字货币的一些支付技术可能达到中央银行的安全标准，数字货币会向匿名参与者和数据节点开放，所产生的大额交易、跨境贸易可以轻易地通过数字货币交付。

另外，银行会开展存款到期转换以及流动性业务，实现存借双方间的货币流转过程。数字货币的主要使用对象是接受数字化技术的用户，但是从数字货币的发展趋势来看，其最终可能会取代传统货币形式，从而影响到银行和金融机构的地位和意义，银行的储蓄和信贷评估机制也会因为数字货币的出现而改变。

9.2.4 金融监管影响

数字货币是一种基于数字技术的虚拟货币，具备显著的去中心化特征，并且不受中央银行的管控，其高度匿名性特点也为金融型的违法诈骗行为提供了有利条件，金融监管对象匿名存在、交易过程隐私度高等情况，对金融监管工作造成了巨大的阻碍。

因此，为了保证数字货币金融监管体系的高效有序运行，相关机构应从金融环境入手，在国家层面上对数字货币的使用与流通进行统一管理，并发行法定数字货币，对法定数字货币的发行数量、货币结构以及流通形式等进行严格监管，并且利用数字技术对数字货币的流向和使用进行监控，提高国家数字货币监管效率。中央银行发行法定数字货币，通过货币网络对数字货币进行实时监控、管理数字货币流通状况，从而对金融业务活动进行严格的监管，实时监控金融市场货币流通变化，以此制定有效的宏观经济政策，提高对金融风险的防范和应对能力。

但是非法定数字货币在进行跨境支付的时候不需要通过银行等金融机构作为中介支付体系，这样将降低央行对数字货币流向的管控，给央行的外汇监管工作带来较大难度，降低了金融监管效率与质量。

9.2.5 货币法律体系影响

数字货币的发展对货币法律体系也造成了极大的影响，因为从当前的货币法律体系发展现状来看，现行的货币法律主要针对的是传统的货币使用和流通，关于数字货币方面的相关法律仍然存在空白，数字货币法律体系的构建相当滞后，无法满足当前数字货币发展现状，也无法保证数字货币交付过程的安全进行。

在货币法律体系发展的过程中，首要的问题是数字货币发行、所有权转移、反洗钱以及法偿性等方面问题，需要对现行的货币法律进行完善。以我国现行的货币法律体系为例，货币法律法规都是根据传统货币形式制定的，而传统货币和数字货币无论是在发行上还是在流通环节上都存在本质上的差异，现行的货币法律明显无法使用。因此，为了促进数字货币的发展，必须构建适宜数字货币发展的法律法规，增加适用于数字货币的条例，建立透明的数字货币信息披露机制，加强对数字货币流向的监管，明确数字货币责权制度。同时，在货币法律体系中明确相关部门的监管范围和监管程度，做到法律监管合理、有效、规范。

9.3 我国的央行数字货币

中国版国家数字货币（Central Bank Digital Currency，CBDC）也被称为数字人民币，是由人民银行发行，由指定运营机构参与运营并向公众兑换，以广义账户体系为基础，支持银行账户松耦合功能，与纸钞和硬币等价，并具有价值特征和法偿性的可控匿名的支付工具。本节将介绍我国发行的央行数字货币。

9.3.1 我国数字货币的基本属性

央行数字货币是一种支付工具，其功能和属性和纸币基本相同，是国家法定货币，由国家信用背书，只不过形态是数字化的。本小节将介绍我国数字货币的基本属性，展示央行数字货币与传统货币的异同之处。

9.3.1.1 发行属性——基础货币

我国央行数字货币的发行者必须是中央银行，而不是商业银行或其他私人部门。这意味着"央行数字货币"是央行的负债，发行属性属于基础货币。

例如，用户在商业银行开设的存款账户，使用商业银行的数字货币，其发行者是商业银行，虽然具备数字化的特点，但并不满足"央行发行的央行债券"的特征。又如，黄金等贵金属，在特定历史阶段的特定地区也曾作为交易货币来使用，但其发行者并非金融机构，而是所有能够开采金矿的个体，价值也是依赖于贵金属自身的价值，也不满足"央行发行"的特征。而另外两种基础货币是现金与商业银行存款准备金，均由央行发行，属于央行的负债，与央行数字货币在发行属性上是一致的。

9.3.1.2 物质属性——数字化

物质属性是数字化货币，而不是实体的传统货币。在原有的基础货币中，现金是实体的传统货币，不满足数字化货币的物质属性；商业银行的存款准备金是数字化的，与央行数字货币在物质属性上具有相似之处。在发行属性和物质属性下，可以理解支付宝、微信、信用卡、比特币以及某银行在另一家银行的电子账户均不属于央行数字货币，因为它们不是"央行发行"，不能归类为"基础货币"，不具备法偿性，不存在于央行的债券中，其安全等级不受央行的保护，在货币政策中的地位也不及"央行基础货币"。

9.3.1.3 价值属性——脱离账户

央行数字货币的价值属性是指在脱离账户后货币价值依然存在，即验证货币是否具有现实价值，需要验证货币本身，而非持有者的身份或账户，数字货币就像传统货币一样，其本身就具有价值。

在原有的两类基础货币中，现金满足这一价值属性，检验现金是否为伪造，只需要对现金自身的防伪标志进行检验，而不需要考察现金的持有者；而存款准备金并不满足价值属性，它与商业银行各自的账户绑定在一起，要检验存款准备金的金额是否真实，需要验证持有者在所属金融机构的账户身份真伪，无法脱离账户而对存款准备金进行验证。因此，虽然商业银行的存款准备金同时满足了发行属性与物质属性，是数字化的基础货币，但并不是"央行数字货币"，因为它并不同时满足脱离账户的价值属性。

9.3.1.4 应用属性——面向大众

央行数字货币的应用属性指的是面向零售市场，即普通大众、普通个体。数字货币的应用不限定于资金批发市场，不限定于银行等金融机构，而是面向广大消费市场，用户群体可以是普通个体。

在原有的两类基础货币中，现金满足这一应用属性，每个普通大众都可以使用现金，现金面向零售市场；而存款准备金限定于商业银行使用，不是每个普通人都可以使用，并不面向零售市场。当前各国的金融资金市场已经逐渐融入了数字化元素，当前出现的"央行数字货币"更多的是针对零售市场。因此需要区分"数字化的央行货币"与"央行数字货币"之间的差别，商业银行的存款准备金账户就是"数字化的央行货币"，但由于其价值是基于账户的，且应用范围仅限定在商业银行，因此不满足面向大众这个应用属性，不能称为"央行数字货币"。

9.3.2 我国央行数字货币的类型

根据央行数字货币的使用形式将其分为三大主要类型，一是作为银行间市场的数字现金的批发型CBDC，二是作为居民的央行数字账户的零售型CBDC，三是作为居民的数字现金的零售型CBDC。本小节将从这三种分类介绍我国央行数字货币的类型。

9.3.2.1 批发型CBDC：银行间市场的数字现金

批发型CBDC可称为"银行间市场的数字现金"，其对应的理论定义为"面向批发市场的无账户数字基础货币"。批发型CBDC满足了基础货币、数字化与脱离账户这三种基本属性，可以理解为应用于资金批发市场交易的电子现金。批发型 CBDC 与普通现金的区别是，可以通过线上进行交易，不需要双方进行线下现金交易，提高了交易效率；批发型 CBDC 与现有银行间账户的区别在于，不需要统一的账户管理体系，不需要特定权威机构统一记录相互转账、资金流动的信息，脱离账户管理体系也可以转账。

在传统体系中，资金批发市场采用了"中央式记账"。"中央式记账"指的是在资金批发市场产生的所有交易都应记录到同一处账本，进行中央集中管理，即所有的银行间市场交易均要报备到同一个记账系统中，可称为"中央式记账"，这个记账系统要为每个银行管理资金账户。这种传统方式有两个潜在弊端：第一是信息储存安全，例如遇到银行记账系统瘫痪或者数据丢失，整个资金批发市场均会受到影响甚至停摆；第二是交易效率，所有的银行间资金流动数据都要记录到同一账本中，这对"中央式记账"系统要求极高，一旦超负荷运行，就会造成交易阻塞的情况。

而"资金批发市场的无账户数字基础货币"，或者简称为批发型 CBDC，将依赖于"分布式记账"，其研究设计的初衷在于克服"中央式记账"在信息存储安全与交易效率等方面的短板。批发型 CBDC 通过加密技术手段，开发出脱离账户的数字货币，不需要中央式的统一记账系统，数字货币可以如同现金一般自由流动。其技术手段主要借鉴比特币的区块链技术，用分布式记账替代中央式记账。

9.3.2.2 零售型 CBDC：居民的央行数字账户

这种零售型 CBDC 指的是"居民的央行数字账户"，对应定义条件应称其为"零售市场的有账户数字基础货币"。这种零售型 CBDC 与当前的支付宝、微信十分相似，唯一区别在于前者的发行者是中央银行。这种零售型 CBDC 满足基础货币、数字化和面向大众这三种数字货币的基本属性。与支付宝和微信相比，这种零售型 CBDC 的类似之处在于数字化和面向大众，且都是统一的中央记账式账户管理，仅发行者有所区别。例如，支付宝和微信支付是由阿里巴巴集团和腾讯公司自行管理电子账户，进行统一集中的中央式记账；而这种零售型 CBDC 由中央银行管理每个用户的电子账户，进行统一集中的中央式记账。

这种零售型 CBDC 在数字技术含量上并不高，相当于让中央银行为每个普通用户开通一个电子账户，由央行直接管理。但是这种零售型 CBDC 存在两个缺点，一是管理过程过于烦琐，二是会对商业银行形成竞争压力。目前各国发行零售型 CBDC 是受到两方面的冲击，一是随着数字经济的发展，数字交付形式迅速发展，产生了一定的风险，央行自己发行数字货币，可以为普通大众提供安全的电子支付工具，有助于降低金融体系的风险，有效管控大额资金的流动，维护国家的经济体系安全；二是来自传统现金使用量的减少，央行有动机去维护法定货币的市场地位与市场信心，央行主动发行零售型 CBDC，其功能与商业银行的活期存款、支付宝的账户余额类似，但是由于零售型 CBDC 属于央行负债，受到中央银行的监督管理，交易的安全性得到了保障，零售型 CBDC 也由中央银行承诺兑付。

9.3.2.3　零售型 CBDC：居民的数字现金

这种零售型 CBDC 被称为"居民的数字现金"，对应定义条件应称其为"零售市场的无账户数字基础货币"。被称为"居民的数字现金"的零售型 CBDC 与现金较为相似，唯一的区别是数字化且能够电子支付。这种数字货币与比特币也有相似性，区别在于它是央行发行的法定货币，而比特币是私人部门发行的非法定货币。这种零售型 CBDC 满足基础货币、数字化、脱离账户身份和面向大众这四个数字货币的基本属性。

与现金相比，这种零售型 CBDC 能够实现电子支付；与常用的支付宝和信用卡相比，它不仅具有央行发行的基础货币特征，而且能够像现金一样，脱离账户与身份信息使用，即这种零售型 CBDC 本身就具有价值，可以直接进行交易转账。脱离账户的价值属性意味着匿名性，能够像现金一样满足个人或机构对匿名交易的需求，但是匿名型的特点将与金融机构的"了解客户""反洗钱""反逃税""反恐怖融资"等原则相违背。目前，美国所讨论的联储币（Fedcoin）就具备以上特征，属于"居民的数字现金"。

9.3.3　我国数字货币发行对货币政策的影响

我国数字货币发行具备传统货币的基本属性，也具备作为数字形式货币的特殊属性。随着今年来我国推行数字货币的使用，数字货币也将对我国的货币政策造成影响，本小节将研究我国数字货币的发行对货币政策的影响。

9.3.3.1　我国数字货币发行对货币政策工具的影响

货币政策工具体系由常规货币政策工具、选择性货币政策工具和补充性货币政策工具组成。中央银行使用的最主要的货币政策工具是常规货币政策工具，其包括存款准备金政策、再贴现政策和公开市场操作。

央行数字货币发行对存款准备金政策的影响主要表现在中央银行通过宏观调控调整法定准备金率。一方面通过影响商业银行的超额准备金，从而控制信贷规模；另一方面影响存款创造乘数，从而影响商业银行的信用创造能力。我国央行数字货币的功能和属性与现金基本相同，只是以数字化形态呈现。相比传统货币，其采取的账户方式，可以降低公众在交易过程中对账户的依赖程度，能够有效降低交易成本，提高支付效率。数字货币的便利性和可控匿名支付的安全性，降低了企业和个人持有数字货币的机会成本，从而对银行的活期存款总额产生一定的挤出效应。但央行数字货币发行使得存款创造乘数、银行体系存款创造能力将变得难以预测，从而导致存款准备金政策效果难以预测。

央行数字货币发行对再贴现政策的影响主要表现在第三方支付的发展已经模糊了货币层次，央行数字货币的发行将进一步加快金融资产之间的转换速度，进而加快商业银行通过回购、同业拆借、债券出售等方式获得资金的速度。这不仅增强了商业银行的负债能力，而且增强了商业银行资产结构的灵活性。而且央行数字货币的特点降低了交易成本，在一定程度上降低了商业银行的负债成本。随着央行数字货币发行引起商业银行负债能力的上升，资产结构灵活性的增加，以及负债成本的下降，会降低商业银行对再贴现政策的依赖程度。由于目前我国再贴现率无法直接改变货币市场的资金借贷利率，当中央银行将再贴现率固定在某个特定水平时，央行数字货币发行使得金融资产的流动性增加，可能引起商业银行存款被更高回报率和更强流动性的金融工具分流，从而导致商业银行存款竞争压力加大，商业银行必须以更高的利率吸引存款，市场利率与再贴现率之间的利差波动，将导致再贴现政策发生非政策意图的波动。

央行数字货币发行对我国公开市场操作主要有回购、现券交易及发行央行票据三种形式。央行数字货币对支付交易的优势在于三个方面，一是有助于中央银行与公开市场一级交易商买卖有价证券的成本下降、交易时间缩短，在一定程度上会减少公开市场操作的时滞；二是有助于中央银行根据市场情况作出迅速判断，进行反向的操作，增强公开市场操作的灵活性；三是有助于中央银行在日常进行经常性、连续性的操作，提高公开市场操作的弹性。而且央行数字货币的发行提升了货币流通速度的可测量度，大数据分析有助于更好地计算货币总量、分析货币结构，从而提高公开市场操作的精准度。当前我国中央银行公开市场操作对象主要是以商业银行为主的银行间金融机构，央行数字货币的发行有助于公开市场操作精准度的提高，有助于中央银行利率决策机制更加精准，使公开市场操作利率调控经济的政策更加有效。

9.3.3.2 我国数字货币发行对货币政策目标的影响

央行数字货币发行对货币供应量的影响主要表现在央行数字货币的发行将有利于货币总量的统计和货币结构的分析。央行数字货币具备"双离线支付"的便利性和可控匿名性的特点，降低公众对第三方支付工具的依赖程度，有利于中央银行对其发行数字货币进行跟踪和监管，有利于数字货币交易数据的追溯，提高对货币流通和周转速度测度的精准性。但随着央行数字货币的发行，各货币供给层次间的界限将变得更加模糊，货币供应量的度量将变得更加复杂，在一定程度上货币供应量的可测性被削弱。央行数字货币仅仅改变了公众持有货币的形式，但并不改变货币的实际价值。根据凯恩斯主义货币非中性理论，央行数字货币的发行会加快货币流通速度，短期内货币供应量的变动会影响就业、产出和收入等因素，而在长期内则会影响价格。因此，央行数字货币发行增强了货币供应量与实体经济的相关性。

央行数字货币发行对我国利率的影响主要表现在央行数字货币发行加快了金融资产的转换速度，部分依靠上浮存款利息来吸收存款的银行机构丧失优势，银行间的利率浮动将趋于平衡，有利于中央银行通过利率水平变化进而分析市场上的资金供给状况。央行数字货币具有的信息优势和中心化管理模式，可以通过大数据技术收集实时的利率信息，并能够根据需要采集不同频率、不同机构的实时交易账簿，为货币政策和宏观政策提供精准的数据基础。因此，央行数字货币发行增强了利率的可测性，加快了公众将现金转化为数字货币的速度，降低了转化成本，在一定程度上提升了中央银行通过改变利率来影响宏观经济的效率。

央行数字货币发行对我国物价、就业、经济增长和国际收支的影响主要表现在央行数字货币发行会引起货币流通速度加快，进而导致实际货币供应量增加。在货币的实际需求量不变的条件下，货币供应量增加会刺激社会总需求的增长。与相对不变的总供给相比，总需求的增加会使经济中出现需求拉动型的通货膨胀。央行数字货币发行引起货币供应量的增加，在长期内不利于国内物价的稳定，央行数字货币发行会引起物价上涨。在菲利普斯曲线理论分析视角下，短期内物价水平的上升会降低失业率。从长期角度来看，央行数字货币发行不仅使得货币供应量的相关性增强，而且使得利率的可测性、可控性和相关性增强，从而有助于中央银行运用政策工具调节货币供应量和利率水平，进而影响总产出，最终通过奥肯法则促进充分就业。增加劳动供给会引起经济增长，央行数字货币发行促进充分就业，进而通过劳动供给的增加促进经济增长。同时，央行数字货币发行引起的货币流通速度加快，将导致实际货币供应量的增加，进而引起利率水平下降。利率下降会通过资本边际收益的影响使投资以乘数方式增加，并通过利率对储蓄的替代效应使消费增加，进而引起总产出增加。一方面，根据购买力平价理论，随着央行数字货币发行引起本国物价水平的上升，会引起本币贬值，有利于本国增加出口、减少进口，进而引起本国经常性项目顺差；另一方面，根据利率平价理论，两国间利率的差距会影响两国币值水平及资金的移动，随着我国金融市场对外开放程度和汇率市场化改革的不断深化，央行数字货币的发行使利率水平下降会引起一定程度的资本外流，进而引起资本和金融项目逆差。因此，央行数字货币发行对我国国际收支平衡目标的实现具有不确定性。

9.4　数字货币与数字贸易

数字货币与数字贸易都是基于数字化技术而产生的，数字货币凭借自身的数字化形式被广泛应用于数字贸易中，本节将从数字货币的跨境结算、跨境支付系统和跨境支付全球链条来介绍数字货币与数字贸易之间的关系。

9.4.1　数字货币与跨境结算

传统的跨境结算方式基于银行账户模式，通过不同国家的银行在资金结算地余额的变化清偿债权债务关系，因此传统的跨境结算方式具有延时较长、费用高昂、风险较高的缺点。而数字货币的结算功能主要是借助区块链技术，实现实时快速结算、分布式账本联合记账和信息共享。所有的结算数字货币均通过各种资产与数字货币之间进行"兑换"，资产可以是实物、也可以是货币或者黄金，兑换方式可以是直接交易或抵押。数字货币与主权货币之间的兑换限制在统一国家范围之内，可以提高交易的安全度。目前阶段只支持企业用户，不支持个人用户，个体跨境贸易商户可以以企业身份对待。

基于区块链的数字货币结算网络由两大角色和四大模块组成，其中两大角色包括客户和网关，四大模块包括网络连接器、区块链分布式账本、做市商的客户端和交易商的客户端。数字货币结算网络能够很好地克服传统跨境结算方式的缺点，为用户提供快速、高效和安全的跨境结算服务。用户发起交易和转移资金，通过基于区块链的网络进行跨境结算服务，可以降低结算成本，用户可以直接获得资金收付确认。网关可以是金融机构、做市商或者流动性提供商等，其目的在于让各法定货币成功进入区块链网络进行支付结算。四大模块中的网络连接器是将各类金融机构作为网关接入区块链的工具，网络连接器作为一种功能模块，它与金融机构现有的跨境结算系统连接，便于金融机构通过区块链网络进行跨境结算。区块链分布式账本是金融机构和做市商通过网络连接器接入的分布式账本。做市商客户端向区块链分布式账本提供外汇牌价。交易商的客户端提供客户与区块链分布式账本的连接，交易商可以通过其客户端直接操作跨境结算。

区块链数字货币结算模式如图9-3所示，银行或者其他金融机构通过网关进入区块链网络之后，外汇做市商通常以中间商的身份给交易金融机构之间提供资金流动性，同时区块链网络通过路由机制在外汇做市商之间选择最优报价，将汇款成本降至最低。同时，区块链网络通过私有链发行的虚拟数字货币充当交易中介，用以强化整个跨境支付系统的安全性。

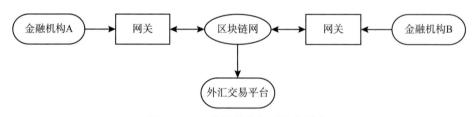

图9-3　区块链数字货币结算模式

9.4.2　数字货币与跨境支付系统

数字货币被使用于跨境支付系统，各国中央银行和特定金融机构共同维护数字货币的分布式账本，这一体系的特点在于跨境支付网络趋于扁平化，更加倾向于点对点的支付结算过程。点对点模式的数字货币用于跨境支付，是由于其可以规避传统中心化的跨境支付清算系统，可以改变传统中心化跨境支付结算系统效率低下、费用高昂的问题。主权数字货币的分布式以及可控匿名的特点，将降低跨境支付的合规成本。

　　数字货币实现了跨境支付货币多元化，打破了传统跨境支付系统对美元的依赖，发挥了区块链技术的中立性特点。数字货币通过区块链技术，为跨境支付用户建立信用纽带，无须借助第三方支付平台。因为区块链技术采用分布式记账方式，交易数据由参与者共同记录、分布式记账后，存储在区块链网络中，并且具备不易篡改的特点。基于区块链的跨境支付网络可以看作是中立的、多元化参与者共同治理的跨境支付系统，参与者获得平等的地位，以此颠覆美元在跨境支付系统中的霸权地位。

　　数字货币通过打破 SWIFT 和 CHIPS（纽约清算所银行同业支付系统）的垄断地位，从而改变美元于跨境支付系统中的主导地位。SWIFT 和 CHIPS 实际上已成为美国政府对外实施金融制裁的工具，而法定数字货币的应用可实现用户之间点对点的直接联系，从而打破 SWIFT 和 CHIPS 等中介机构获取用户信息的特权，打破了 SWIFT 和 CHIPS 的垄断性，得以构造去中心化、多元化跨境支付体系。美国政府利用 SWIFT 和美元清算系统实施制裁已经常态化，虽然美国在 SWIFT 上并没有直接决定的权力，但是美国通过对 SWIFT 公司章程的解释，能够达成指使 SWIFT 的目的。伴随着美国大规模的量化宽松政策的施行，以及数字货币的发行，全球开启了去美元化的进程。采用数字货币技术，打造业务信息传输和多币种清算合一的系统，逐渐解决了银行业务信息的传输问题以及美元清算问题。

　　通过数字货币进行直接跨境结算，降低了外汇兑换手续及成本。从国际资本市场交易壁垒来看，传统国际资本市场交易由于信息不对称存在巨大的交易成本，随着数字货币入场，跨境支付渠道效率得以提升，交易成本下降，更多的金融机构获得交易机会，这将会影响跨境资本流动总额。传统获得外币的方式需要通过银行账户或者进行货币交换，这都需要构建实体金融基础设施，而数字货币通过互联网进行传输，能够克服传统获取外币的障碍。

9.4.3　数字货币与跨境支付全球链条

　　跨境支付系统交易成本高昂是因为跨境支付链条过长，而法定数字货币可以实现交易用户之间的点对点直接支付，大大缩短了跨境制度链条，并可实现跨境支付快速完成与瞬时到账。法定数字货币的跨境支付仅需三个流程：先将支付信息预先转换为智能合同；待交易达成后，智能合同将自动执行交易，无须交易双方介入；支付完成后，智能合同将交易信息自动上传至区块链社区，供全体社区成员共同认证，并加以不可更改时间戳标记。

　　相较于一般意义上的主权货币，法定数字货币之所以能够在跨境支付体系之中担当重要地位，源自在加密算法、区块链与分布式记账等技术演进中，对传统货币在价值尺度、支付和流通手段及国与国价值交换媒介等基本职能之上的创新性改进与数字化赋能。与跨境支付体系实现无缝对接的法定数字货币不仅将改变以美元为主导的国际结算货币体系，改善发达国家与发展中经济体权力利益失衡的现状，还将从跨境支付的成本与效率最优化出发，推动跨境支付体系的重构，提高跨境支付手段的便利水平。但是，不能将法定数字货币简单地理解为主权货币的数字化表现形式，而是货币在历史演进过程中，与晚近密码学、计算机和网络技术逐渐融合发展形成的新型货币形式，具有去中心化的信用机制、分布式记账的数据更新方式等技术特点。但法定数字货币仍然是具有国家信用背书的主权货币，并受中央银行体系的监管。

因此，重构跨境支付体系不仅在于利用区块链等技术进行货币多元化和成本效率优化改进，还在于建构在主权信用与技术创新层面的深度有机融合。具体体现在以下两个方面：

第一，继承了主权货币币值稳定的优势，有利于保障货币供应量与跨国贸易规模增长均衡。跨境支付体系是在跨国商品和服务贸易的发展过程中应运而生的，交易货币币值的稳定与否决定了跨国交易能否最终顺利完成。一国经济与国际贸易能否保持健康、稳定的全局取决于与经济和贸易发展相适应的货币供给规模能否稳步增长。法定数字货币作为主权货币，一方面继承了传统法定数字货币币值稳定的优点，降低了加密货币币值波动的风险；另一方面，中央银行进行货币供应调控，能够满足与经济增长相适应的货币供应规模增长需求。法定数字货币具有基于主权信用的币值稳定性，稳定了跨境支付结算体系，保障了重构跨境支付体系的有序进行。

第二，吸取了监管机构最新的研究成果，有利于更好地将区块链技术等数字货币创新实践与中央银行的发行、监管体系有机结合。高速互联网络等技术的迅速发展促成了以比特币为代表的加密货币迅速发展。法定数字货币在技术上解决了币值波动问题，并开始运用于跨境支付场景中。但是，跨境支付体系对于货币稳定性的要求不仅局限于币值稳定等技术层面，还包括一系列金融基础设施的完备性、现代化与便利化改造。例如，央行数字货币提出的适度中心化设计，即中心化管控、去中心化技术布局，既解决了去中心化数字货币监管的难题，也最大限度地保留了区块链技术的优势；中国的数字货币电子支付（DC/EP）采取了"中央银行—商业银行"的双层运营体系，提出可控匿名的技术处理方案，有利于解决"金融脱媒"的问题，实现金融普惠，也保障了商业银行等专业机构正常参与跨境支付，避免了匿名性对于跨境支付监管失控的隐患。

法定数字货币的发行是一套完整的货币体系的构建，不仅涉及区块链等技术领域，还包括金融稳定、跨境监管和国际金融等更广泛的领域。法定数字货币在跨境支付领域具备独特优势，能够借助金融基础设施和数字技术发展来保障跨境支付体系的稳定，构建高效、快捷、安全的新型跨境支付体系，保证了央行数字货币在反洗钱、反恐怖融资、反逃税等方面的基本原则。重构跨境支付体系不是对原有跨境支付系统的颠覆，未来跨境支付体系是建立在美元、欧元、人民币，甚至包括数字美元、数字欧元、数字人民币等多种类、多元化跨境支付结算货币基础上的，是更为公平、合理的新型跨境支付体系，将会具有支付系统现代化、支付手段便利化等优点。全球经济发展到今日，不管是跨国商品贸易，还是国际服务贸易，都难以承受跨境支付体系突然崩溃的风险，法定数字货币重构将稳定跨境支付体系。

数字人民币

中国人民银行对数字人民币的推出采取了积极审慎的态度，从 2014 年开始，中国人民银行成立专门团队对数字货币进行专项研究，2019 年底，数字人民币相继在几个地区开始试点，目前数字人民币试点已经有序扩大至"10 + 1"，基本涵盖了长三角、珠三角、京津冀、中部、西部、东北、西北等不同地区，覆盖了支付领域的多个方面。运营主体已经拓展到中国银行、农业银行、工商银行、建设银行、交通银行、邮储银行、招商银行、网商银行和微众银行 9 家银行，其他中小银行也将提供数字人民币服务。

我国数字人民币的定位和其他的数字货币不同。一是数字人民币定位为数字形式的法定货币，是流动中的现钞，统计进入 M0（流通中现金），未来在较长时期内是与纸币和硬币共存的。二是数字人民币是一种新的支付手段。现有的支付手段包括银联模式和第三方支付，数字人民币是一种新的支付形式，银行从记账机构变成指令传递机构。三是数字人民币充分利用了商业银行的现有资源，采用的是双层运营体系，即上层是央行对商业银行，下层是商业银行对公众。

从 2019 年开始的试点有效验证了数字人民币业务技术设计及系统稳定性、产品易用性和场景适用性，主要体现在：一是试点已经涵盖了已有支付系统的所有领域。特别是北京冬奥会为数字人民币提供了全场景试点，涵盖了食、住、行、游、购、娱、医等七大重点领域需求，同时也成功在香港地区试点了跨境支付。二是通过试点增进了公众对数字人民币的认识，数字人民币已经形成了一定的规模。截至 2021 年 12 月 31 日，数字人民币试点场景已超过 808.51 万个，开立个人钱包 2.61 亿个，交易金额 875.65 亿元。三是数字人民币 App 的成功推出进一步加快了数字人民币的推广。2022 年 1 月 4 日数字人民币（试点版）App 的公开上架进一步加快了数字人民币的使用，多家商业银行正在陆续接入中。

数字人民币成功试点有利于人民币的国际化

近几年，世界各国央行积极开展央行数字货币的研究和开发，根据国际清算银行（BIS）的报告，2021 年 7 月，至少有 56 家央行开展相关研究，有 6 家央行已经发行数字货币，有 3 家明确反对央行数字货币。美元尚未达成共识，美国财政部长耶伦指出，央行数字货币的利弊需要进一步研究，但是有美联储理事表示要紧急开发数字美元，美国总统拜登也表示要启动美国央行对数字货币的研究。数字人民币的推出对国际社会以及国际货币体系将产生极大影响，这主要是因为：

我国的经济实力进一步加强。一方面，2021年我国经济总量达到1 143 670亿元，人均GDP达到80 976元，按年平均汇率折算达到12 551美元，意味着我国开始迈入中高收入国家行列，未来的市场需求巨大；另一方面，从2013年开始，我国就已经成为世界上最大的贸易国家，特别是在疫情的影响下，我国对外贸易增长迅猛，2021年，我国全年货物进出口达到39.1万亿元，增长21.4%，这进一步增强了数字人民币对国际支付的影响。

人民币的国际地位不断提高。随着我国经济实力的增强，人民币在国际支付体系和储备体系中的地位不断提高，这使得数字人民币的推出受到更加广泛的关注。从国际支付来看，在2021年主要货币的支付金额排名中，人民币国际支付份额升至2.70%，取代日元成为排名第四的货币；从国际储备来看，人民币的份额一直在稳步增长，2021年第三季度，人民币在全球外汇储备中的占比升至2.66%，位居全球第五位。

我国有全世界最大的应用场景。我国是世界上人口最多的国家，截至2022年2月末，三家基础电信企业的移动电话用户数达16.51亿户，5G手机终端连接数达5.2亿户，这为数字货币提供了更多的试验场景。

数字人民币相对已有的第三方支付具有明显优势

数字人民币是对现有支付手段的重要补充，虽然目前试点的数字人民币只有870多亿元，是非现金支付业务中非常小的一部分，但是数字人民币将推动我国形成支付新格局。

第一，数字人民币更加具有法律保障。从理论上讲，商业银行可能出现破产，存款保险对用户的财产有一定的保障；支付宝和微信使用商业银行结算，没有存款保险，因此，一旦出现风险会导致用户出现巨大的财产损失；数字人民币是国家的法定货币，由国家信用担保，更加具有法律保障。

第二，数字人民币的支付更加便捷，节省成本。一是数字人民币可以实时到账，提高了资金的使用效率，也提升了货币政策的传导效率。二是数字人民币更加节省成本。一方面，数字人民币的发行成本比现在的纸币、硬币的发行成本低很多。另一方面，用银联卡需要支付0.6%的手续费，二维码支付（微信、支付宝等）需要支付0.38%的手续费，而数字人民币不同于银联卡和第三方支付，是非营利性的。

第三，数字人民币更加安全，对用户的保护更加完善。一方面，数字人民币的挂失功能和实名制可以使用户持有数字人民币更加安全；另一方面，政府可以更好地保护消费者、商户等在数字人民币交易过程中产生的大数据信息，同时，商业银行受到中国人民银行和银监会的双重监管，这有利于改善我国数据治理环境，提升消费者个人数据的安全性。

第四，数字人民币更具普惠性，也有利于打破支付垄断。数字人民币支持离线支付，类似纸币，可以满足网络覆盖不到的地区以及特定场所的使用；第三方机构为了竞争，往往会设置交易壁垒（微信和支付宝在各自的应用场景中屏蔽对方的支付方式），增加用户额外的支付成本和使用负担（用户需要同时拥有微信、支付宝等多个应用），而数字人民币更有利于打破支付垄断。

第五，数字人民币更加便于金融监管和防范金融风险。数字人民币的可追溯性使央行可以监控交易双方的姓名、金额等完整信息，有助于提升我国金融监管效率，助力政府打击洗钱、逃税、贪污腐败以及电信网络诈骗等违法犯罪行为。

资料来源：龚六堂. 新发展格局下数字人民币的前景与机遇［EB/OL］. 人民论坛，https：//www.gmw.cn/xueshu/2022 –04/14/content_35660030. htm，2022 –04 –14.

◎ **本章提要**

随着数字贸易的深入发展，数字技术的迭代更新，数字货币逐渐兴起。由于数字货币的出现，数字货币的使用逐渐变得更加普遍，对宏观经济的影响也变得极为重要。本章基于数字货币对宏观经济的影响，从货币政策、金融机构、金融市场稳定、金融监管以及货币法律体系的角度分析，并且引入我国发行的央行数字货币，结合本国自身的宏观经济发展状态来介绍数字货币，联系数字货币与数字贸易，理解二者之间互利共生的关系。

◎ **概念复习**

数字货币　货币政策　货币法律体系　央行数字货币　跨境结算　跨境支付系统　跨境支付全球链条

◎ **阅读资料**

（1）IMF. Casting Light on Central Bank Digital Currency［R］. 2018.

（2）IMF. 数字货币的兴起［R］. 2019.

◎ **课后思考题**

（1）比较数字货币和传统货币的异同点。

（2）讨论数字货币在国际贸易结算体系中起到什么作用，对未来国际贸易结构会产生什么影响。

（3）在私人数字货币发展的同时，各国中央银行也纷纷推出数字货币，试讨论央行发行数字货币的目的是什么。

（4）数字货币与电子支付都是信息技术发展的产物，两者相辅相成，正在改变现有的支付方式。试讨论现有的数字货币能否广泛地独立承担起价值尺度的职能。

（5）数字人民币作为以国家信用为支撑的法定货币，具备较强的安全性以及稳定性，因此数字人民币也将形成我国数字支付的新格局，那么这将对我国人民币国际化有什么影响？

第 10 章
数字在线平台

学习目标

(1) 了解数字在线平台的概念，理解数字在线平台的定义，熟悉数字在线平台的具体特征；

(2) 了解数字在线平台的共同经济特征，掌握共同经济特征的优缺点；

(3) 理解数字在线平台的经济影响，从变革和生产力、国际贸易、对企业的影响、对消费者的影响以及对市场运行的影响角度来分析；

(4) 理解数字在线平台的社会影响，分析数字在线平台的出现对当前社会发展的利弊；

(5) 掌握数字在线平台的类型，按照功能、收入源和平台的数据类型划分，并了解数字在线平台的税制问题；

(6) 熟悉中国在线平台的特点，并基于我国数字贸易发展现状对数字在线平台发展作出合理分析。

内容提要

本章从概念、共同经济特征、经济影响、社会影响、类型、税制以及特点等角度来介绍数字在线平台。数字在线平台作为数字贸易中重要的数字媒介，跨境连接买卖双方，传输数字化产品和服务，保障数字贸易安全而有效地进行，在数字贸易中起到了举足轻重的作用。因此本章以数字在线平台为切入点，介绍国内国际数字在线平台的基本特征和应用，揭示数字在线平台与数字贸易的关系，进一步加深对数字贸易的理解。

10.1 数字在线平台的概念

在数字贸易的过程中，数字在线平台作为交易媒介而存在，数字在线平台通过互联网技术将交易双方连接，形成独特的数字网络平台。本节将从概念角度介绍数字在线平台。

10.1.1 数字在线平台的定义

"数字在线平台"是指完成数字贸易的数字化媒介，包括市场、搜索引擎、社交媒体、创意内容渠道、应用程序商店、通信服务、支付系统，以及构成所谓"协作"或"零工"经济的服务等。本章将数字在线平台定义为促进两个或多个不同但相互依赖的用户之间的互动的数字服务，这些用户通过互联网数字服务进行互动。数字在线平台有一些重要的共同点，包括使用信息和通信技术（ICT）来促进用户之间的交易，收集和使用这些交易的数据。

例如，软件工程师认为数字在线平台是一组通用的技术或接口，这些技术或接口可以提供给使用平台或在其上进行商务活动的广大用户，对他们来说平台包括电脑或手机的操作系统。又如，商家认为数字在线平台是进行商务交易的媒介，包括所有的电子商务，可以购买和销售产品和服务。

本章重点关注同时为至少两组不同用户提供服务的在线实体，将他们聚集在一起，并使他们之间的交互能够使用户和平台本身受益。这些实体的双边或在某些情况下是多边的性质与它们所带来的利益和它们所带来的政策挑战的困难程度有很大关系。因此，成为"平台"的先决条件是为两组或多组不同的用户提供服务，这些用户通过服务至少在一个方向上进行交易。

以线下实体为例，传统纸媒是同时服务于广告商和读者的平台，广告商通过付费在报纸上投放广告向读者进行产品或服务的推销。因此，商业活动在数字在线平台上是单向流动的：从广告商端到读者端。又如，证券交易所是用户双向互动的平台，交易所为股票买卖双方提供服务。用户通过发出愿意购买和出售的价格信号在交易所中进行交易。因此，报纸和证券交易所也已经演变成数字在线平台。经济学家们公认的方法是通过专注于两组或两组以上用户相互的服务交易来研究数字在线平台，他们通常使用围绕多边市场概念的平台形式的定义：数字在线平台是不同类型消费者之间的交易促进者，用户数据信息也通过数字在线平台进行流通。

"数字在线平台"这个词实际上更多的是一个设计好的概念，而不是数字经济和社会的自然不变的固定物，数字经济政策委员会（CDEP）认为"数字在线平台"的定义可能会随着时间的推移而改变。因此，本章中使用的定义是，数字在线平台是一种数字服务，它促进了平台用户通过互联网进行双向或者多向的贸易往来。而"平台用户"一词在解释上有合理的灵活性，包括的不仅仅是在使用和受益于网络平台的个人消费者，还包括雇员、政府和大大小小的企业，它们可能扮演着买家、卖家或雇主的角色。这个定义可以适用于政府、非营利和其他非商业的数字在线平台，也可以适用于商业平台。例如，一些政府部门已经建立了在线管理平台，一方面供公共管理人员使用，另一方面供需要进行行政事务的公民使用，企业也有可能在商业过程中使用政府的数字在线平台来验证身份。

10.1.2 数字在线平台的特征

本小节对数字在线平台的介绍从"五全特征""五全信息"和数字生态系统的角度出发，将数字在线平台的特征、信息与数字生态系统进行联系。

10.1.2.1 数字在线平台的"五全特征"

数字在线平台基于数字技术和互联网技术的发展，因此数字在线平台实际存在"五全特征"，包括全空域、全流程、全场景、全解析和全价值。所谓"全空域"，是指打破区域和空间障碍，从天上到地面、从地面到水下、从国内到国际可以广泛地连成一体。所谓"全流程"，是指人类生产、生活中的每一个点，每天 24 小时不停地积累信息。所谓"全场景"，是指跨越行业界限，把人类生活、工作中的所有行为场景全部打通。所谓"全解析"，是指通过人工智能的收集、分析和判断，预测人类所有的行为信息，产生异于传统的全新认知、全新行为和全新价值。所谓"全价值"，是指打破单个价值体系的封闭性，穿透所有价值体系，整合与创建出前所未有的、巨大的价值链。

现代信息化的产业链是通过数据存储、数据计算、数据通信与全世界发生各种各样的联系，正是基于这种"五全特征"，当它们跟产业链结合时形成了全产业链的信息、全流程的信息、全价值链的信息、全场景的信息，成为高价值的数据资源。也就是说，任何一个传统产业链一旦利用了数字在线平台的"五全特征"，就会产生"五全信息"，而利用"五全信息"就会立即产生新的经济组织形态，从而对传统产业构成颠覆性的冲击。信息是认识世界的钥匙，不同的信息形态和内涵所对应的现实世界也是不一样的。农业时代对应的是自然信息，工业时代对应的是市场信息，互联网时代对应的是流量信息，而到了数字时代对应的则是"五全信息"。

10.1.2.2 "五全信息"的特征

"五全信息"是结构型的信息。数字时代所采集的"五全信息"是全样本的结构型信息，这些信息必须包含社会经济系统的各种结构性特征：产业系统要有关于产业的各种特征描述、社会系统要有社会运营的各方面数据。"五全信息"的结构性体现了"数字孪生"的概念，是企业运营、产业生态和社会系统的全样本刻画。

"五全信息"是动态型的信息。具有五全特性的信息，是一个经济系统或社会系统运营的动态信息，每一条"五全信息"都有时间戳，体现事物某一时刻的状态，"五全信息"积累起来可以描绘事物的历史规律，预测未来的发展趋势。

"五全信息"是秩序型的信息。每一个系统的"五全信息"都体现了这一系统的秩序。"五全信息"既包含了社会经济系统的基本制度，也包含了其运营规则。也就是说，"五全信息"采自系统现有的秩序，也会帮助系统构建新的秩序。

"五全信息"是信用型的信息。在以往的社会系统中，始终无法彻底解决全社会、全产业领域的信用问题。而进入"五全信息"社会，这些信息因为区块链等新技术的广泛应用而具有高度的可信性。基于新的信用体系，无论是金融还是其他社会经济系统都将发生更加彻底的革命。

"五全信息"是生态型的信息。"五全信息"不是孤立存在的，而是存在于特定的社会生态、产业生态之中，是在描述特定生态里面的特定状态。各类信息之间往往存在大量关联，并以一个整体的形式展现出来。

在云计算、大数据、人工智能、区块链等技术的驱动下，随着中国的数字化生产关系日趋成熟，在5G背景下，数字化平台还会进一步形成万物互联体系，数字社会将拥有越来越多的"五全信息"。"五全信息"与制造业相结合就形成了智能制造、工业4.0；与物流行业相结合就形成了智能物流体系；与城市管理相结合就形成了智慧城市；与金融业相结合就形成了金融科技或科技金融。

10.1.2.3 数字在线平台与数字生态系统

数字在线平台不同于数字生态系统，数字生态系统是一个更广泛的概念，可以包括数字在线平台。数字生态系统是应用程序、操作系统、平面形式、商业模式或硬件的组合，并非生态系统的所有组件都必须属于同一个实体。数字生态的定义是数字时代下，政府组织、社会组织、企业组织和个人等社会经济主体通过数字化、信息化和智能化等技术，进行连接、沟通、互动与交易等活动，形成围绕数据流动循环、相互作用的社会经济生态系统。

事实上，一个数字生态系统可能涉及数千种不同的业务。数字经济生态系统提供无限的知识和大量设备，汇集成了一个庞大的社区。数字生态系统中的组件通常通过数据联系在一起，每个组件可能会以不同的方式收集或使用数据。在一个生态系统中共享数据可以帮助它更好地运作，并创造机会来扩展生态系统，同时更深入地吸引客户。在消费者与企业之间实现更大的连接性，已经使许多传统产业消亡，取而代之的是现在不可或缺的新产业。而区块链恰是数字经济生态系统中的一个新基础设施，是除现有互联网、物联网、大数据、人工智能之外的关键基础设施。因此数字在线平台属于数字生态系统的一部分，但并不是全部。

10.2　数字在线平台的共同经济特征

虽然当前数字在线平台种类众多，但是由于数字在线平台所具备的基本特征，因而所有的数字在线平台都存在十个共同经济特征，本节将从数字在线平台的十个共同经济特征角度介绍数字在线平台。

10.2.1　积极的直接网络效应

对于某些类型的数字在线平台，一方用户获得的网络效应取决于同一方其他用户的数量，这被称为积极的直接网络效应（Positive Direct Network Effect）。当网络效应随着平台同一侧用户基础的增长而增加时，这种影响是积极和直接的，具有直接网络效应的数字在线平台包括社交媒体和即时通讯平台。以社交媒体为例，当社交平台用户较少时，有限的数据所创造的网络效应非常低，但它们的价值会随着平台用户数量的增长而增加，当社交平台吸引的用户达到一定程度时，大数据所带来的网络效应是无法想象的。

积极的直接网络效应在某些其他类型的数字在线平台上可能更加微妙。例如，随着搜索数量的增加，搜索引擎的算法在预测用户搜索内容方面可能会变得更好，而且改进可能会更快。积极的直接网络效应可以促进数字在线平台快速而强大地增长，因为它们创造了一种良性循环：一边的用户越多，服务就越有价值，从而吸引更多的用户进入平台。

但是直接网络效应的存在并不一定表明企业是多边性的，如电话网络，也并不是所有的平台都有积极的直接网络效应，如自由职业平台，有些平台甚至有负面的直接网络效应，如约会平台。

10.2.2　积极的间接网络效应

相比之下，所有平台都具有积极的间接网络效应（Positive Indirect Network Effect），如果间接网络效应存在，那么实体或市场必然是双面或多面体。当数字在线平台一端用户受益更多时，另一端的用户数量增加，也可能产生积极的间接网络效应，反之亦然。因此，如果一个数字在线平台为其市场的一端提供了更好的服务，它也会促进另一端对其服务的需求。

当间接网络效应作用于双边市场的两个方向时，另一种增长驱动的良性循环就出现了，因为当更多的用户加入一端时，平台对另一端的用户就会变得更有吸引力，这导致更多的用户加入，从而增加了前一端的吸引力。

例如，在线购物平台，当消费者端的用户数量上升，庞大的消费群体会吸引更多的商户聚集，更多更好的产品服务供给也会促进消费者的进一步集聚，也就形成了积极的间接网络效应。

在网络存在积极的间接影响情况下，数字在线平台通过解决两个或多个方面之间的协调问题提供了一种有价值的服务，如果他们能够团结起来并帮助互动，就会受益，这对平台来说可能是一项有利可图的业务。

10.2.3　交叉补贴

交叉补贴（Cross Subsidisation）是主导运营商运用其市场主导地位进行的一种妨碍竞争的定价行为。交叉补贴是一种定价战略，旨在通过有意识地以优惠甚至亏本的价格出售一种产品（称之为"优惠产品"），而达到促进销售盈利更多的产品（称之为"盈利产品"）的目的。而在直接网络效应中，数字在线平台服务的需求量不仅取决于其设定的价格的大小，还取决于这些价格的结构。换句话说，数字在线平台可能在一端收取一笔费用 A，在另一端收取另一笔费用 B。但事实可能是它在其中一端收取 A + B 的费用，而在另一边不收取任何费用，通过这样的方式获取更多的收入。

积极的间接网络效应并不是进入数字贸易的公司自动获得财富的偶然事件，而是数字在线平台的运营商必须先意识到市场中存在间接网络效应，这对数字在线平台的运营商，包括那些支撑新经济的企业很重要。对于那些能够利用积极的间接网络效应的平台来说，积极的网络效应可以产生重大的影响。具体来说，为了增加业务一方的用户基数，许多数字在线平台会对其进行补贴。起初，他们可能会通过负债来实现这一目标，但当业务增长到足够多的时候，他们甚至会依赖于来自其中一方的收入。在许多情况下，这种补贴在经济意义上是绝对的，获得补贴的用户无须支付任何费用。例如，社交平台使用广告收入向平台业务的另一端用户提供免费服务，或者 C2C 平台一般采用卖家补贴卖家，都倾向于交叉补贴。

10.2.4　有规模而无实质

有规模而无实质（Scale without Mass）指的是数字化使许多部门的企业能够在不同的国家定位生产过程的各个阶段，同时与全球更多的客户接触。数字化还允许一些高度数字化的企业在没有任何重要的实体存在的情况下，大量参与一个司法管辖区的经济生活，从而在没有当地规模的情况下实现运营规模。有规模而无实质意味着其提供数字服务的公司可以接触到大量客户并实现高额销售收入，但对厂房和设备的投资相对较少。同时也反映了大规模增长的可能性，而且与实体商品市场的扩大相比，这种增长速度快而缓慢，因为处理、存储、复制和传输数据的单位成本极低，而且仍在不断减少。这种成本结构意味着，一旦数字在线平台吸收了计算机硬件和初始软件重新开发等方面的固定成本，它们可以为许多额外的用户提供服务，同时产生极低或可以忽略不计的边际成本。这使得这些平台能够在不增加有形资产投资或以接近相同增速吸纳新就业人员的情况下实现增长——甚至达到服务数亿人乃至数十亿人的程度。

10.2.5　全景范围

全景范围（Panoramic Scope）是指一些平台公司受益于范围经济，因为他们在一个给定的数字在线平台上或跨平台上提供的两个或多个服务之间存在共同利益。在某些情况下，开发成本或数据可以跨业务进行共享，范围内的产品和服务可以被赋予一个共同的外观和感觉，以便用户更快地熟悉"姐妹"平台。这可以帮助一家公司的新平台更快地获得用户，可能会给它们带来新的竞争优势，这种优势是那些"单打独斗"的平台公司所没有的。

当然，提供更多的服务也可能让用户与某家公司的产品保持联系。反过来，这意味着该公司可以收集更多的用户数据，这些数据可能被用于进一步完善平台的服务，使其对用户更有价值，或使该公司更容易和有效地进入另一个市场，形成一套良性循环体系。在某些情况下，这些其他市场与平台公司已经在其中发挥作用的与市场垂直相关，这可能会带来一些效率，但也可能使公司对下游业务用户进行反竞争行为。

10.2.6　生成和使用用户数据

生成和使用用户数据（Generation and Use of User Data）指的是收集、存储和分析用户在使用网站或应用程序时生成的数据，并对生成的数据进行合理的使用。从最广泛的意义上讲，用户数据是指用户在使用一切电子设备进行任何交互行为时所生成的任何类型的数据。

生成和使用用户数据是数字在线平台的一个共同特点，这使它们区别于其他业务。虽然数字在线平台绝不是唯一产生和利用用户数据的企业，但数字在线平台的特点是用户数据的丰富性，平台可以支配绝对数量的数据信息，以及它们具备使用这些数据的复杂方式。

不同平台创造和依赖用户数据的程度以及这些数据的开放程度是不同的，有些数字在线平台只是用它来改善自己的服务，而另一些平台则从数据中收集隐藏信息，甚至数据本身也供商业活动使用。

10.2.7　颠覆性创新

颠覆性创新（Disruption Innovation）是指规模较小、资源较少的公司能够成功变革整个市场现状的现象。虽然不是所有的数字在线平台都有的特点，但所有最成功的平台都有。

首先，颠覆性创新是指彻底改变市场或创造新市场，它们不是渐进式的技术发展。

颠覆性创新起步于低端市场或者新市场。颠覆性创新之所以成功，是因为他们起步于两种企业忽视的市场，对于低端市场，企业着眼最有利可图的市场，提供服务。颠覆性创新会带来不可预见和不定期发生的重大变化的后果，颠覆性创新通常会降低现有公司的市场份额。例如，苹果的 iPhone 和使用谷歌的安卓（Android）系统的智能手机取代了老牌手机领导者诺基亚。颠覆性创新会在某些情况下导致他们退出市场或创建新的市场。例如，视频租赁连锁 Blockbuster 在 Netflix 的进入后消失，随后 Netflix 创造了属于自己的新市场。

其次，颠覆性创新不仅包括新产品和制造工艺，还包括新的商业模式。例如，像爱彼迎（Airbnb）和优步（Uber）这样的颠覆者，与其说是新技术的创新，不如说是利用互联网和智能手机来调节私人耐用品过剩与新需求之间关系的新商业模式。

10.2.8　转换成本

转换成本（Switching Cost）是指客户从购买一个供应商的产品转向购买另一个供应商的产品时所增加的费用，这种成本不仅仅是经济上的，也是时间、精力和情感上的，它是构成企业竞争壁垒的重要因素。如果顾客从一个企业转向另一个企业，可能会损失大量的时间、精力、金钱和关系，那么即使他们对企业的服务不是完全满意，也会三思而行。转换成本在数字贸易中是指大部分的数字在线平台吸引或鼓励用户进行投资，意味着一旦进行了投资，用户就不容易转移到其他平台，借此来留住平台上的用户。

例如，在社交媒体平台中，用户的投资可能包括建立个性化账户档案，包括上传照片、视频、网站或产品信息和优惠在内的内容，以及建立一个朋友、粉丝或客户社区，在平台上留存的信息越多，用户对平台的依赖度就越高。换句话来说，这些投资可能包括熟悉一个平台的外观和感觉并建立对它的信任或信心。当这样的投资不容易转移，而且是一种潜在投资，他们可能会阻止用户切换到另一个平台，即使价格上涨，质量下降。当用户的数据不仅是绑定到一个特定的数字在线平台，而是绑定到整个数字生态系统，平台只是其中的一部分，用户会因为这种潜在投资而不愿意离开平台。

10.2.9　潜在的全球影响力

潜在的全球影响力（Potentially Global Reach）指的是通过互联网从终端到终端的操作设计，数字在线平台可以吸引全世界的客户，同时由于数字在线平台有规模而无实质，促使数字在线平台可以快速有效地增长，以满足来自全球的客户需求。数字在线平台凭借数字化技术将全球用户和商家联系起来，达到一定大的规模时，数字在线平台的潜在全球影响力将变得巨大，可以将全球贸易资源连为一体，并且对国际贸易形势产生一定的影响。这种影响力是当前的数字在线平台基本都具备的，潜在的全球影响力重塑和创新各类数字经济活动，全球价值链以数字在线平台为纽带在全球范围内实现资源配置，推动数字贸易的发展和繁荣，使其成为重塑全球价值链的关键力量。

10.2.10 赢者通吃或赢者占多

赢者通吃或赢者占多（Winner – Take – All）指的是当网络产品形成一定规模后，后来的企业想进入同样的市场难度加大，网络经济奉行"机遇优先"的发展规则，"赢者通吃"的关键就在于"先入为主"。由于积极的网络效应和规模经济的融合，一些数字在线平台运营的市场对信息产品存在"锁定效应"，一个已经形成规模的产品在市场拥有绝对优势的市场份额，它的产品将形成一种标准，人们在长期的使用过程中已经形成一种习惯，使得改变这种状态的可能性更低。网络经济的最终发展就是走向"赢者通吃"或者"赢者占多"，这是网络经济得以发展的激励所在，也是网络经济发展的最终结果。在这样的市场中，成功的数字平台可以经历高速增长，这是创新公司在实体产品市场上几乎不可能实现的。

一方面，具有积极的网络效应和规模经济，特别是拥有强大的先发优势和潜在转换成本的数字在线平台，可以利用所创造的优势巩固自己的市场地位，用以压制市场竞争。在赢者通吃或赢者占多的市场中，率先进入市场的数字在线平台可能会迅速发展壮大，以至于很快将其他的市场进入者远远甩在身后，对后来的进入者产生更大的发展障碍，后来进入者的道路可能会更加艰难，因为与第一家平台不同的是，他们试图进入的市场已经有一个从规模经济和网络效应中受益的庞大且不断增长的现有平台。

另一方面，网络效应、有规模而无实质和数字信息的非竞争性，也都是使中间商更容易提供更好的服务，迅速取代现有服务的因素。换句话说，曾经帮助一个平台在市场中占据领先地位的一些特征，甚至可能会转而有利于后来进入者，并开始对现有平台产生不利影响，使其从颠覆者变成被颠覆者。每一个具有积极网络效应的平台用户离开，都会增加其他用户离开的可能性。

例如，Facebook取代聚友（My Space）成为领先的社交媒体平台时，My Space甚至还有有利的转换成本，但Facebook凭借其卓越的平台质量开始发挥积极的网络效应时，转换成本的优势就被压倒了。因此，已经成为领先的在线平台，即使是在赢者通吃的市场，也并不能保证其领先地位会永远保持下去，或在竞争中无坚不摧。

此外，并非所有数字在线平台运营的市场都具有赢者通吃或赢者占多的特点。赢者通吃效应就要求该数字在线平台的积极的网络效应必须强大，转换成本必须高，用户对这个平台的信任度和依赖度高，并且其中许多特征并非在线平台所独有。例如，网络效应早在建立在线平台之前就已经存在了，包括规模经济、范围经济、转换成本和颠覆性创新也是如此。只是当这些特征中的一部分或全部同时出现时，它们会相互放大，导致爆炸性的增长。

10.3　数字在线平台的经济影响

数字在线平台作为参与数字贸易的重要中介，其也具备明显的经济影响，本节从变革和生产力、国际贸易、对企业的影响、对消费者的影响、数字在线平台扩大产品和服务规模、对市场运行的影响等方面进行介绍。

10.3.1　变革和生产力

数字在线平台在很多方面都有助于创新和生产力的提高。数字在线平台提升了学习和共享好的想法和信息的便利程度，以及从这些想法和信息中获利也变得更容易、更快。例如，应用程序商店提供应用程序编程接口和软件开发工具包，以及庞大的客户群体。数字在线平台使世界各地的应用程序开发者更容易共享自己的成果并从中获利，提高了应用程序开发者投资创新的动力。这不仅对中小企业有利，对数字在线平台的生态系统也有好处，因为有更多的应用程序促使数字生态系统进行良性发展，对用户更有吸引力。换句话说，应用商店可以促进良性循环。

数字在线平台的创新不仅仅是以新的或改进的产品和服务的形式出现的，他们最重要的一些创新是新的和改进的商业模式，这些模式可以产生特别深远的影响。例如，Uber 改变了出租车市场，出现了网约车模式，缩短了司机与乘客之间的沟通距离，大大地提升了约车效率，颠覆性地改变了商业模式。数字在线平台通过帮助经济体更快、更有效地配置资源来提高生产力。这不仅是因为作为整体数字转型的一部分广泛影响，例如，即时全球通信，因为数字在线平台的出现为许多市场带来了更大的竞争压力，使更多的买家和卖家参与其中成为可能。又如，一些对等或协作经济平台允许人们将闲置或未充分利用的资源用于更有效的用途，以此能够提高生产力，因为它们能够有效地提高资源利用率。

一些数字在线平台为零售商提供了更大的市场准入，这意味着零售商能够为国内生产总值作出更多贡献，投入和产出市场的竞争加剧会导致价格下降以及生产和消费的增加，有助于实现经济生产力更高的增长，这些平台本身的业务也对 GDP 增长作出了潜在的、直接的贡献。

10.3.2　国际贸易

数字在线平台促进国际贸易的发展和结构变革。一方面，不仅是因为它们本身是跨国企业，具备进行国际贸易的必要条件，而且在某些情况下，它使得其他企业不必在外国市场开设工厂或店面就能更容易地扩张到外国市场。数字化国际贸易已经进入另一个新的阶段，即数字化贸易商业操作系统，也就是数字在线平台优化了整个国际贸易商业模式，推动国际贸易向数字化形式转变。数字化贸易商业操作系统，建立在全球贸易多元化基础设施的升级改造基础上，包括商家操作系统、超级会员系统、标品库系统、金融支付、智慧物流等数字化服务，为全球范围内的企业和消费者提供数字化的基础设施，从而实现"买全球、卖全球"的数字贸易全球化。数字在线平台在各个环节上优化和简便了国际贸易流程，变革了传统的国际贸易结构，从某种意义上来说实现了国际贸易向数字贸易蜕变的过程。

另一方面，数字在线平台的发展与应用降低了参与国际贸易的"门槛"，吸引更多来自全球的企业加入国际贸易市场。各国企业参与国际贸易时需要提供一系列成本，包括获取跨境订单、磋商交易细节以及交付商品等，这就是所谓的参与国际贸易的"门槛"，这样的"门槛"为中小型企业进入国际贸易市场造成了极大的阻碍，特别是存在缺乏国际贸易经验、流动资金匮乏、相关专业人才匮乏等问题的中小型企业。在数字经济时代，互联网市场的出现大幅降低了跨境展示商品、获取海外订单的成本，数字技术的应用使得跨境沟通、结算、物流协调更加便利，电子化政务改革简化了企业出口的流程，进而使得国际贸易"门槛"不断降低，更多中小企业开始进入国际贸易市场。同时，由此引发的竞争水平加剧使得贸易向"买方市场"偏移，谁能够更好、更快地满足市场需求，便能够在市场中占据更重要的地位，而中小企业由于组织结构简单，响应速度更快，具有更加明显的竞争优势，同时也倒逼大型跨国企业进行事业部分拆等扁平化转型，最终使得国际贸易市场集中度不断降低，参与主体呈现出普惠性特征。跨境运营的在线平台不仅增加了产品、服务、劳动力和就业的供应，还增加了跨境需求的准入，简化了对外国商品和服务的获取，但整体贸易政策环境变得更加复杂。并非只有美国等发达国家的公司利用网络平台参与国际贸易，新兴经济体的中小企业也在利用平台进入全球价值链，以接触本国以外的客户，达到更便捷的沟通和合作的目的。

10.3.3　对企业的影响

一方面，数字在线平台集聚了大量的买家和卖家，精准定位，有序分销，不仅有助于贸易增长和统计数据，也有利于个体企业。例如，亚马逊的市场是一个巨大的分销平台，为第三方零售商提供与世界上许多地方的消费者即时联系的渠道，也提供商品批发服务，它是一个虚拟的超级商店，来自世界各地的企业可以在这里进行商品交易。数字在线平台还可以简化和降低物流和支付处理的成本，加强供应商和消费者之间的沟通，并为目标买家提供量身定制的广告。数字在线平台的优点既惠及现有企业，也惠及新企业。因此，数字在线平台为新公司获取数字化信息提供便利渠道，并在一个大范围，甚至是全球性的市场中产生收入来刺激创业。数字在线平台还可以为垂直连接的企业提供创业机会，为小企业带来新的融资来源，各种规模的公司都依赖搜索引擎来推广他们的产品和服务。平台的总体效果就是使市场民主化，平台为中小企业和大企业提供了一个分销渠道，并在许多方面有助于在两者之间建立公平的竞争环境，确保小公司可以像大公司一样获得潜在客户。

另一方面，数字在线平台也确实让许多大大小小的公司破产，或者削弱了他们的业绩，这是许多成功的数字在线平台带来的颠覆性创新的结果。在数字在线平台促成的市场上，效率较低的企业退出市场，被效率更高的企业取代。此外，正如成功的数字在线平台刺激收入和创造就业，市场也可能产生失败的数字在线平台，政府需要帮助本国经济重新吸收失业的工人和产能。同时数字在线平台也可能会减缓或阻碍创新，行业内发展较好的平台会收购一个新生但有潜力的竞争对手，阻止它发展成为一个成功且对自己有威胁的竞争对手。

10.3.4　对消费者的影响

由于数字在线平台的存在，消费者在网上购物的搜索成本更低，可以比线下消费者更容易、更全面地比较不同卖家的价格和产品，可以超越距离的限制，甚至可以跨境购买商品。数字在线平台还为消费者提供了获得商品和服务的新选择，给消费者提供了更多的信息、便利、选择和竞争，从而推动价格下降、质量提高。例如，以阿里巴巴、亚马逊等数字在线平台为代表的自由市场对消费者是有益的，因为它们增加了卖家之间的竞争，并将远距离卖家的产品带到本地买家的手上。Airbnb 让人们能够快速地找到并预订房屋出租，通常是跨越国界的，而且提供了比以前更好、更容易获得的信息，以及更安全的支付选择。

一些"免费"的平台服务对用户的经济价值不应低估或视为理所当然。例如，谷歌地图是一款免费的、面向终端用户的服务，它嵌入并集成了许多功能，以增加用户的便利性，包括交通方向、旅行时间、评分、评论和关于地图上的企业和目的地的信息等，用户可以通过选择快速路线节省时间和燃料，依靠地图中的信息有更高效的购物之旅和更愉快的用餐，使旅行变得更安全，实时通告交通和道路危险通知，并有可能与家人或朋友分享他们的位置。然而，计算这些便利的货币价值是困难的，因为用户有不同的需求和偏好，根据平台使用他们的个人数据来计算消费者所支付的货币价值也非常困难，这就涉及数字在线平台与消费者之间的隐私权问题。

10.3.5　对市场运行的影响

数字在线平台可以通过降低交易成本和提供新的交易方式使市场更有效地运作。"交易成本"一词通常指的是交易过程中所耗费的额外成本，除了生产或购买商品或服务的价格外，交易成本可能包括：（1）寻找有关卖方、买方、产品和服务的可靠信息所产生的成本；（2）谈判价格或合同所产生的成本；（3）监控和强制交易所产生的成本。与实体企业相比，数字在线平台可以显著降低所有这些交易成本，平台使市场的两个或多个方面更容易接触或相互协调，成本更低。例如，社交媒体平台为广告商提供了一种有效的方式，可以准确地接触到他们正在寻找的潜在客户。数字在线平台提高了市场效率，比现有公司更擅长增加紧迫的消费者需求，在很大程度上是因为消费者对传统业务的运作方式并不完全满意，而平台利用数字技术解决了这个问题。

一方面，一些数字在线平台平衡供需的速度和效率远远高于线下市场，根据市场现状实时调控双边供需平衡。以 Uber 为例，它不断实时调整票价，以鼓励更多的司机在需求高的时候进入平台为乘客提供服务。当需求较低时，Uber 会降低车费，以减少市场上司机的数量，同时鼓励更多乘客使用该服务。通过这种及时调整票价的方式，使得供给与需求尽量保持一致，而不是长期闲置的供给（出租车排队很长，但出租车站的乘客很少）或未满足的需求（乘客排队很长，但出租车站的乘客很少）的效率低下。然而，价格的快速和频繁波动会对消费者支出和劳动者收入的稳定性造成严重破坏，特别是在没有与司机进行任何协商的情况下单方面实施抬价和降价，可能使司机一方特别容易受到伤害。

另一方面，许多数字在线平台能够获取当地地理市场的准入权，而无须承担本地运营的成本，这不仅能让获得进入全球市场的企业受益，还能让本地消费者发现自己有了比以前更多的选择和更低的价格。换句话说，传统市场无法满足的需求正在由数字在线平台来满足，特别是一些地方市场无法维持传统的商业模式，但平台提供了其他方式来满足当地需求，极大地促进了稀疏的卖家和买家之间的匹配。市场的数字化促进了数字在线平台的发展，数字在线平台又给市场提供了一种协调功能，降低了信息交换和交易业务的成本，从而将市场效率提高到一个新的水平。

10.4　数字在线平台的社会影响

数字在线平台不仅存在经济影响，也因为本身的特殊属性对社会产生了一定影响。本节从在线平台消费产品安全、个人资料收集和使用以及隐私、数字安全和竞争的相互作用这三个方面介绍数字在线平台。

10.4.1　在线平台消费者产品安全

与线下实体市场相同，消费者产品安全也是数字在线平台上销售的商品安全问题。在数字在线平台购物的过程中，消费者对数字在线平台产品的安全也有很大担忧，诸如虚假信息、商品质量问题、交货时间、售后服务等安全问题。当数字在线平台在不同司法管辖区的卖家和买家之间充当媒介时，这些地区可能没有就产品安全规则达成一致，在产品的售后产生问题时，如何解决纠纷也是数字在线平台的安全问题。

虽然有些数字在线平台的建立不够完善，存在很多的漏洞，但是线下市场和线上平台的一个区别是，数字在线平台不是只需要监测产品的安全问题，它们还可以作为一种手段来实现监测，并通过关键字技术提供对违禁商品进行全面屏蔽。这种检测能力是线下市场所不能具备的，为消费产品的源头提供了可靠的监管手段。

10.4.2 个人资料的收集及使用

数字在线平台可以获取到大量消费者记录，再通过大数据技术有效地处理个人资料，获取消费者的消费偏好，以此向消费者进行精准销售。消费者可能无法充分理解数字在线平台收集和使用他们个人数据的方式，一些平台拥有的用户数量以及收集的大量数据，都显示出建立隐私和数据保护法律框架的重要性。

许多在线平台已经采取措施，让用户对他们共享的数据有更多的控制权，并增加透明度和信任度。一些平台运营商允许用户选择不接受量身定制的广告偏好，或者分享他们的位置和其他个人数据，这些措施的有效性将需要随着时间的推移进行评估。例如，欧洲通用数据保护条例（GDPR）和隐私监管提案，将影响提供电子通信服务以及那些服务端保存在浏览器端的数据片段（简称 cookie）或其他机制跟踪用户的平台，限制平台向消费者发送定向广告，进一步提高对公民通信数据的保护水平。

10.4.3 隐私、数字安全和竞争的相互作用

隐私、数字安全以及对数据的竞争担忧之间的相互作用指的是在数字在线平台之间的相互作用，包括在不同责任领域的部门之间。例如，一种情况是，消费者担心数据从一个平台到另一个平台的不可转移性在某些情况下会造成消费者锁定效应，从而损害良性竞争，从而影响数据转移的便利性。另一种情况是，由于一个数字在线平台拥有大量的客户数据，它可能拥有不可逾越的竞争优势，在市场中处于垄断地位，这可能导致竞争监管机构要求该平台与竞争对手共享这些数据，即使消费者愿意将自己的数据转移到新的一方手中，但仍可能引发数字安全和隐私方面的担忧。

数字在线平台在市场中运营，会促进市场经济快速增长，并可能出现赢家通吃的结果。如果一个市场进入者拥有一个相当优秀的产品或服务，那么积极的网络效应和规模优势可能会从现有的进入者身上跳到后来的进入者身上，帮助它超越当前的市场领导者。因此，尽管在市场中较低的网络效应和规模可以减少静态竞争，但可能会有一系列公司周期性地取代它们的前辈。这是一种动态竞争，是基于创新随着时间的推移而发生。

10.5 数字在线平台的类型

本节根据数字在线平台的功能、收入源以及基于平台收集的数据类型的不同对数字在线平台的类型进行了划分。

10.5.1 按功能划分

按照功能对数字在线平台进行划分，可分为配对平台、广告平台、交易平台、创新平台、"超级平台"和平台群。

10.5.1.1 配对平台

配对平台指的是作为两个群体之间的中介，一方因为商业活动或其他原因而寻找目标对象，配对平台就是为他们提供简单的搜索、沟通、预订、购买或支付方式的便利。配对平台通过收集大量的用户信息，进行大数据分析，根据分析所得的用户偏好，精准地将具备相符偏好的双边用户进行配对，实现市场资源的有效利用。如 eBay 这样的线上购物平台，以及将提供临时住宿的人和寻求住宿的人连接在一起的 Airbnb，为雇主和自由职业者建立沟通桥梁的自由职业市场（Freelancer）。

10.5.1.2 广告平台

广告平台是为广告发布者和媒体资源拥有者建立联系和交易的数字在线平台，是一种提供相关广告内容的数字在线平台，包括新闻、视频、音乐和用户生成的内容，互联网搜索内容，或其他服务（如评论和建议）的内容，同时向公司提供广告解决方案。如谷歌搜索、爱奇艺、美国商户点评网站 Yelp 和 YouTube。

10.5.1.3 交易平台

交易平台是一个第三方的交易安全保障平台，主要作用是保障交易双方进行交易的安全、诚信等问题。交易平台的作用在于促进大量个人和组织之间的交易，解决传统贸易在相互沟通和交易中的困难，并从中获取和处理数据，包括个人数据。交易双方可以将线下谈好的交易，搬到网上通过第三方的交易平台在网上进行交易；而网上交易更多的是客户通过在交易平台上找到自己所需要的产品，从而进行交易。如天猫、谷歌搜索、亚马逊、阿里巴巴。

10.5.1.4 创新平台

创新平台是科技创新中心建设的基础支撑，作为数字技术构建模块，创新平台为创新者提供了构建创新产品和服务的基础平台，创新者可以在其基础上发挥创新才能，提升企业自主创新能力、增强产业核心竞争力。如数码产品的系统（IOS，Android）。

10.5.1.5 "超级平台"

"超级平台"又称为"平台中的平台"，指的是用户通过单一门户，即应用程序或网站，进入平台使用平台中的许多独立的平台。换句话来说是指同时具备超大用户规模、超广业务种类、超高经济体量和超强限制能力的平台，超大用户规模，即平台上年度在中国的年活跃用户不低于 5 亿人；超广业务种类，即平台核心业务至少涉及两类平台业务，该业务涉及网络销售、生活服务、社交娱乐、信息资讯、金融服务、计算应用等六大方面；超高经济体量，即平台上年底市值（估值）不低于 10 000 亿元人民币；超强限制能力，即平台具有超强的限制商户接触消费者（用户）的能力。如腾讯的 QQ和微信就算是一种超级平台。

10.5.1.6 平台群

平台群指的是多平台集聚、共享信息资源、互联互通的数字在线平台群体。也就是说由一家公司拥有的平台，它们可以无缝互操作、共享数据或相互协同，但可以对其中的一个平台单独访问而无须通过单一门户，多个平台之间存在互联的信息网络。

10.5.2 按收入源划分

按照收入源对数字在线平台进行划分，主要以卖家支付交易费用、买家支付交易费用以及雇主支付交易费用三个类型划分。

10.5.2.1 卖家支付交易费用的平台

卖家向数字在线平台支付交易费用，指的是在数字在线平台上完成交易时向卖家收取一定的佣金和服务费用。例如，乐天卖家支付的交易费；苹果应用商店销售应用程序的开发者支付的佣金；接受微信和支付宝支付的卖家或服务提供商支付的交易费；阿里巴巴和亚马逊向他们的第三方卖家收取会员费和订阅费；阿里巴巴为卖家提供清关和电子增值税退税服务而收取的服务费；自由市场向在自由市场上有可靠销售记录的中小企业提供有息货款收取的服务费；以及亚马逊向第三方企业提供履行服务的费用。

10.5.2.2 买家支付交易费用的平台

买家向数字在线平台支付交易费用，指的是数字在线平台向消费者收取交易服务费用，一般指的是交易服务费、会员费用以及获取特殊信息而被收取的费用。例如，Airbnb客人为平台向自己提供的信息服务以及交易保障服务支付费用；消费者订购 QQ 的 VIP会员费；为获取腾讯视频、Netflix 等流媒体的影视服务的会员费。

10.5.2.3 雇主支付交易费用的平台

雇主向数字在线平台支付费用，以获取市场上的就业信息。这种收取雇主费用的数字在线平台特指用人机构招聘职员的过程中，为获取人才信息而向人力资源中介平台支付相应佣金的平台。例如，Freelancer 服务于两端用户而需支付交易费用，获取自由职业者的保密协议模板以及更好的信息披露而产生的所有额外的服务费。

10.5.3 基于平台收集的数据类型的分类

考虑到所有的数字在线平台都在收集和使用数据，他们所收集的数据种类可以作为整理数据的基础，因此可以以此划分平台类型。

10.5.3.1 由用户提供的数据

数字在线平台收集到的数据是由数据主体，即消费者会选择主动和有意地共享个人数据。例如，当用户使用社交媒体时，用户会在平台上发布或透露自己的偏好信息，或者进行评论和分享行为；当消费者在交易平台购物时，消费者会选择主动评论商品，进行相关经验分享；当用户使用配对平台时，用户为获得更好的使用体验感，会主动提供自己的偏好和预期，以便配对平台为其提供令人满意的服务，数字在线平台在提供服务的同时也收集到了用户主动提供的信息，数字在线平台将收集到的信息再分享给其他用户。

10.5.3.2 观察用户行为的数据

数字在线平台收集到的数据通过记录用户的在线活动来获取，在这种情况下，消费者分享数据是被动的，他们可能同意收集此类数据，但数据既不是主动的，也不是有意的共享。平台获取的数据是记录用户在平台上花费的时间，从观察到的信息中分析得出的数据，例如，个人的在线购物支付记录、在线购物的信用评分；为更好地使用在线数字平台服务而为其提供的个人信息、访问个人数字产品的许可等。

数字在线平台的数据包括：个人身份证明资料（如姓名、出生日期、性别、政府颁发的身份证明号码、电话号码、婚姻状况）、支付数据（银行卡号码、信用卡号码或其他支付服务数据）、产品交易数据（购买商品、商品描述、商品照片、购买时间、支付价格、购买前后查看的其他商品）、服务交易数据（购买的服务、服务描述、购买时间、支付价格、购买前后查看的其他服务）。

10.6　数字在线平台的税制

数字在线平台作为重要的中介参与数字贸易的交易过程，因此数字在线平台也存在税制的问题，本节从数字在线平台税制的概念和划分来介绍数字在线平台。

10.6.1 数字在线平台税制的概念

数字在线平台的税制包括增值税、商品及服务税责任制度等，数字在线平台被法律指定为增值税和商品及服务税的主要责任者。在此制度下，数字在线平台全权负责评估、征收和向税务管辖区的税务机关传送过平台的在线销售产生的增值税和商品及服务税信息。该责任制度仅限于增值税和商品及服务税义务，它不处理除增值税和商品及服务税之外的数字平台的任何其他责任方面，如产品责任。

根据数字平台的完整增值税和商品及服务税责任制度，通过数字在线平台对销售（以下简称基础销售）的增值税和商品及服务税承担全部责任。该制度定义了应用条件，包括该制度应用的基础销售中的数字在线平台类型，该制度下增值税和商品及服务税征收的基本机制如下：

数字在线平台承担全部增值税和商品及服务税责任，但是税务机关可能希望考虑限制该制度下的数字平台的增值税和商品及服务税责任风险，因为他们认为这些数字平台已诚信负责，并已做出合理努力确保合规。

基本供应商原则上免除向客户供货的任何增值税和商品及服务税责任，以避免双重征税。但是，税务机关可能希望保护向基础供应商索赔基础销售增值税和商品及服务税的可能性，特别是在基础供应商有欺诈行为的情况下，并作为限制平台合规风险的一种手段。

为了避免分期收款链的中断，完整的增值税和商品及服务税责任制度可能会将数字平台视为已从基础供应商处收到供货，并已将其供应给税务管辖区内的客户。每种供应品都要遵守相应的增值税和商品及服务税规则，包括开具发票和申报要求。这种方法允许基础供应商和数字平台出于增值税和商品及服务税的目的处理销售，包括基础供应商扣除相关的增值税和商品及服务税进项，并将对应输出交易的进项交易记入数字平台的增值税和商品及服务税账户。

完整的增值税和商品及服务税责任制度不应影响基础供应商扣除相关增值税和商品及服务税的权利，即基础供应商应保留根据正常规则扣除增值税和商品及服务税的权利，应由有关管辖区设计适当的机制。

客户可以向数字在线平台或基础供应商支付货款。如果向数字在线平台付款，则平台会将增值税和商品及服务税部分汇给税务管辖区的税务机关。如果向基础供应商付款，数字在线平台将需要从基础供应商处收回增值税和商品及服务税部分，以便将其汇给税务管辖区的税务机关。

数字平台全权负责评估、征收和汇出基础销售的增值税和商品及服务税，以及税务管辖区要求的任何其他相关增值税和商品及服务税合规义务。

10.6.2 数字在线平台税制的划分

税务机关在增值税和商品及服务税征收过程中，对数字平台的完整增值税、商品及服务税以及责任制度进行了划分。

10.6.2.1 外国数字在线平台与国内平台

原则上，数字在线平台是由税务管辖区的居民还是非居民运营并不重要，即针对外国数字在线平台的执法可能更具挑战性，税务机关可以考虑引入额外的、合理的和相称的保障措施，以在适当情况下降低违规风险。此外，还可以考虑目前适用于国内数字在线平台的国内规则如何与全面增值税和商品及服务税责任制度下施加的条件相互作用。

10.6.2.2 外国供应商与国内供应商

引入针对数字在线平台的完整增值税和商品及服务税责任制度可主要考虑对不在税务管辖区内的基础供应商的供货征收增值税和商品及服务税，认识到税务机关对外国基础供应商强制执行合规性可能更具挑战性。

但是，将全部增值税和商品及服务税责任制度的范围限制于不在税务管辖区内的基础供应商进行的交易，可能会给数字平台带来合规复杂性，并给税务部门带来审计挑战。将全部增值税和商品及服务税责任制度的范围限制于外国基础供应商供应的税务机关，可以考虑允许数字在线平台与其国内基础供应商达成协议，该平台将对这些基础供应商所做供应的增值税和商品及服务税义务承担全部责任。

10.6.2.3 服务、无形资产或商品

许多管辖区选择将完整的增值税和商品及服务税责任制度的范围限制在数字在线平台上，这些数字平台可以广泛地描述为外国供应商的远程数字/电子供应。这种侧重于特定类型服务的方法可能是为了确保在税收被认为风险最大的部门对供应品有效征收增值税和商品及服务税，同时旨在避免供应商和税务管理部门在没有迫切需要偏离现有征收制度的领域发生变化。

这强调了可以通过加强国际行政合作和信息交流来进一步支持外国数字平台的合规执法。依赖数字在线平台征收增值税和商品及服务税也可能是因为数字供应链通常很长且很复杂，而且供应链中的供应商可能不知道供应链中各方的角色。依赖数字平台来收集和汇寄税款的方法，将为税务管理部门提供有效的解决方案。

10.6.2.4 进口商品：低值商品与所有商品

数字经济的主要增值税和商品及服务税与在线销售中进口的低价值包裹有关。这些包裹在许多司法管辖区被视为免除增值税和商品及服务税，许多司法管辖区对低价值货物的进口实行增值税和商品及服务税豁免，因为与对货物征收增值税和商品及服务税相关的管理成本很可能超过将要征收的增值税和商品及服务税。这些免税阈值的设定值差异很大，但无论阈值如何，世界各地的管辖区都见证了不征收增值税和商品及服务税的低值货物进口量的显著增长，并增加了国内零售商面临不公平竞争压力的风险，这些零售商被要求对其向国内消费者的销售收取增值税和商品及服务税，还刺激国内供应商搬迁到离岸管辖区，以便销售其低价值商品，而不被征收增值税和商品及服务税。

10.6.2.5　B2B 和 B2C 供应

在国内增值税和商品及服务税规则不区分商家到商家（B2B）和商家到客户（B2C）供应品的情况下，完整的增值税和商品及服务税责任制度可适用于通过数字在线平台对两类供应品征收增值税和商品及服务税。在对在线销售征收增值税和商品及服务税时，对数字在线平台实施全面的增值税和商品及服务税责任制度，需要税务机关就如何在必要时区分 B2B 和 B2C 供应提供明确的指导，从而认识到这些平台在进行此类区分时，应被允许依赖于其有权访问或可合理预期其有权访问的基础信息。例如，如果客户提供了已被证明无效的增值税和商品及服务税注册或识别号码，当通过税务机关的相关网站进行在线检查时，数字平台可以假定客户是非企业，并应用 B2C 供应的规则。

10.7　中国数字在线平台的特点

数字在线平台以数字技术为基础，具备独特的优势。本节主要从创新和整合、大规模和可扩展这两个角度介绍中国数字在线平台的特点。

10.7.1　创新和整合

中国数字在线平台最主要的特点就是创新性和整合性。举例来说，百度一直是中国普遍使用的搜索引擎，百度不断升级它的搜索功能，例如语音搜索和图片搜索，也增加了大量其他服务，其中包括社交媒体平台，短视频聚合平台，知识分享平台，娱乐、视频、内容的发布平台。就百家号而言，百家号是一个内容平台，个人、实体和内容提供者可以发布和建立粉丝基础。百家号的创新之处在于它支持多种格式，包括文章、书籍、专辑、视频、直播。以上所有的服务都可以通过百度应用程序和百度搜索获得。

同样，阿里巴巴也早已不"仅仅"是一个企业对企业的平台，如今，它运营着多个国内和跨境 B2C 平台、广告平台、物流服务平台、一些特色消费服务平台（如旅游或美食）、视频共享平台、娱乐平台、导航服务，以及金融服务行业的蚂蚁金服、线上支付服务的支付宝等。

腾讯通过其超级平台 QQ 和微信提供了多元化的综合平台服务，以至于很难简洁而充分地描述它们。腾讯在微信平台构建了全套数字化体系，被称为"微信生活方式"，而且在中国非常流行。"微信生活方式"指的是人们可以在无须离开微信应用的情况下，在移动设备上做任何想做的事情，所有的事情都可以通过微信这个平台来完成。

10.7.2 大规模和可扩展

中国数字在线平台的大规模性和可扩展性，也是非常瞩目的。中国的百度、阿里巴巴和腾讯已经开始跻身全球最大的平台公司之列，但就目前而言，它们的绝大多数用户和收入仍来自中国国内。就以阿里巴巴为例，"双十一"是阿里巴巴旗下天猫平台在中国首创的为期一天的电子商务销售活动，它已经成为一个重大的成功，甚至让美国的类似的购物节相形见绌。据阿里巴巴销售数据显示，2016 年"双十一"，阿里巴巴市场 178 亿美元的销售额轻松超过了美国所有在线零售商在 2016 年黑色星期五和网络星期一的总销售额 67.5 亿美元，同时 178 亿美元也是西班牙 2016 年全年电商销售的总额，这可以进一步说明阿里巴巴的规模。此外，在 2016 年"双十一"的前五分钟内，178 亿美元的交易额中就有 10 亿美元在阿里巴巴上成交，这相当于亚马逊在 2017 年黄金日销售活动的总收入。

另一个可以说明中国大型平台的规模和可扩展性的是，中国数字在线平台在移动支付领域的成功。据《艾媒咨询：2021 年中国移动支付行业研究报告》显示，截至 2021 年 6 月，我国网络支付用户规模达 8.7 亿，占网民整体的 86.3%。2022 年 1 月，我国移动支付投融资金额超 480 亿元。图 10-1 显示，中国正在走向一个无纸币的社会，这很大程度上是因为移动支付平台支付宝和微信支付的普及。

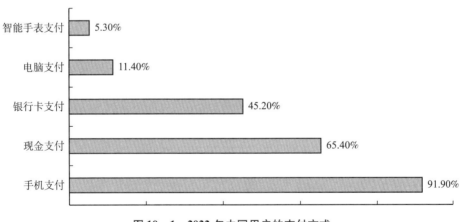

图 10-1 2022 年中国用户的支付方式

资料来源：艾媒数据中心。

中国主要的数字在线平台确实在寻求海外扩张的道路，并且已经采取了一些行动来建立国际影响力。例如，阿里巴巴运营着多个面向跨境商务的平台，虽然目前其大部分收入来自中国境内的商务，但是阿里巴巴已经开始为更广泛的国际业务奠定基础。阿里巴巴建立了跨境贸易的数字在线平台——速卖通，据阿里巴巴统计，全球零售市场速卖通每年约有 6 000 万名来自世界各地的活跃买家，已经开始成为北美和欧洲比价网站的市场选择，阿里巴巴上的买家分布在 190 多个国家和地区。

就腾讯而言，它计划通过领先的微信支付来渗透西方市场。据腾讯统计，腾讯的数字平台在中国以外的 25 个国家已经可以使用，但腾讯推行微信支付的真正的动力来自中国的大量游客。世界上任何一个国家的游客都是按照人数或出国消费总额来衡量的，外国商人渴望进入这一日益增长的商业流，同时也知道微信支付在中国消费者中有多受欢迎，那么腾讯就利用中国游客的经济实力，说服外国商人接受微信支付。腾讯已经与外国商户建立合作关系，目前能够处理 13 种不同货币的交易。随着微信支付业务的扩大，中国游客将能够在越来越多的国家用人民币支付，而他们从海外商户那里购买商品时，会收到当地货币的付款。如果这项服务在非中国客户中流行起来，他们也可以接受微信支付，原因是微信支付通过更广泛的微信应用程序，为商家提供了一种与客户建立持久社交互动渠道的方式，这促进了持续的促销和沟通，目前没有一个西方平台能够提供类似的服务。尽管微信支付用户和支付宝用户与商业银行账户相关联，但当通过这两种服务进行交易时，银行不会获得商家的名称和位置等信息，银行记录只会显示支付宝或微信为收款人，而有价值的数据被支付宝和微信支付捕获，然后用于定向广告和信用评分等目的。

◎ 本章提要

数字在线平台是数字贸易交易进行的重要媒介，所以本章重点介绍了数字在线平台，简述了数字在线平台的概念和基本特征，为后续介绍奠定基础，阐述了数字在线平台的共同经济特征、类型以及税制，凸显数字在线平台对经济社会的影响。基于中国数字在线平台的创新和整合、大规模和可扩展的特点，介绍我国数字在线平台的发展现状，分析当前我国数字在线平台的演变趋势。

◎ 概念复习

数字在线平台　"五全特征"　数字生态系统　共同经济特征

◎ 阅读资料

（1）OCED. 解读电子商务：商业模式、趋势和政策 ［R］.

（2）WCO 跨境电子商务标准框架 ［R］. 2022.

（3）经合组织. 衡量数字贸易手册（第一版）［R］. 上海远东出版社，2020.

◎ 课后思考题

（1）参与国际贸易的数字在线平台有什么特点？

（2）数字在线平台在参与国际贸易的过程中，对中国的国际贸易发展产生了什么样的影响？积极还是消极？

（3）跨境电商平台大幅提升了贸易数字化水平，降低了国际贸易门槛，从成本角度讨论数字在线平台的优点。

（4）数字在线平台是建设数字化、智能化、国际化的产业链、供应链、创新链体系的重要载体，那么数字在线平台如何在新发展格局中保持重要载体地位？

（5）如何发挥数字化平台企业在构建新发展格局中的战略作用？

（6）数字经济和信息技术的发展日新月异，数字在线平台的治理规则也需要适应经济社会发展，着眼于全球数字竞争新形势，我国该如何引导数字在线平台规则发挥正向价值？

第 11 章
智慧物流与海外仓

学习目标

(1) 了解智慧物流的定义、系统架构、作用和特征，掌握智慧物流的发展现状、存在的问题和发展趋势；

(2) 了解海外仓的定义、主要运营模式、功能，掌握国际海外仓和国内海外仓的发展现状；

(3) 了解当前海外仓发展存在的问题，掌握中国海外仓的发展趋势和战略规划。

内容提要

随着全球新一轮科技革命的到来，在"工业 4.0"的背景下，物流业迎来了产业转型升级的机遇，智慧物流应运而生。据网经社电子商务研究中心发布的《中国物流科技行业数据报告》显示，中国的智慧物流行业高速发展。自 2012 年起，我国的智慧物流行业交易规模的增速基本保持在 20% 及以上，处于高速增长阶段。受地缘政治冲突等诸多因素影响，全球经济下行压力加大，物流需求规模放缓，国际物流运输受到限制，但我国物流仍保持稳中有进的态势，2020 年智慧物流行业市场规模约为 5 840 亿元，同比增长 19.55%，2021 年智慧物流行业市场规模约为 6 477 亿元，同比增长 10.90%。在我国物流业进行转型升级的同时，海外仓模式也在不断崛起。截至 2021 年 12 月，我国的海外仓数量已超过 2 000 个，总面积超过 1 600 万平方米。本章节主要从智慧物流和海外仓的定义、特征、作用、发展现状、存在的问题和发展的趋势入手，较为全面地介绍了智慧物流和海外仓的发展历程。

11.1 智慧物流

传统物流是劳动密集型产业，随着劳动力成本不断上升，物流业智能化设备取代人工成为必然的趋势；同时，消费者追求个性化、多样化的需求，促使物流系统必须实现资源的全面整合和优化，向协同共享、快速反应等方向发展。智慧物流的出现，整合了人力资源和企业资源，满足了消费者个性化、多样化的需求，成为传统物流发展的新方向。

11.1.1 智慧物流的定义

2009 年 IBM 在发布的名为《智能未来供应链》的报告中，首次提出"智慧物流系统"的概念，即利用现代信息技术发展更加高效的新型物流模式，建立一个具有先进、互联、智能三大特征的供应链。同年 12 月，中国物流技术协会信息中心等单位联合提出了"智慧物流"的概念，即以物联网等技术为基础，推动现代物流行业朝着自动化、网络化、可视化、实时化的方向发展。国家发改委则将智慧物流定义为利用物联网、现代自动化设备以及智能决策化系统等技术，对传统物流环节诸如仓储、配送、加工流通等环节实现自动化、系统化、感知化运作的过程。

由于智慧物流属于新兴复合型产业，目前学术界也未有一个普遍的定义。国外学者荣等（Rong Jia et al.，2019）认为智能物流是指借助互联网、云计算、现代通信、大数据分析等技术和智能传感设备，对传统系统进行改造升级，构建全产业链的数字化、智能化、自动化物流系统，具有智能可靠、管理效率更高、企业成本更低的特点。丁等（Yangke Ding et al.，2021）认为智慧物流通过采用先进的信息通信技术和管理手段，实现物流过程中的信息共享、快速响应、资源整合，使物流系统更加协同化、智能化和集成化，从而提供更高效、更灵活、更准确、更安全的物流服务。沃尚克等（Woschank et al.，2021）认为智慧物流是工业 4.0 的核心要素，将有助于提高供应链的效率，促进基于新商业模式的工业企业的可持续发展。国内学者张春霞和彭东华（2013）认为智慧物流是指将无线射频识别、传感器、全球定位系统等先进的物联网技术，广泛应用于物流业运输、仓储、配送、快递等基本环节，实现物流行业的智能化模式与自动化管理，实现智慧物流信息化、智能化、系统自动化的运作模式。郑秋丽（2019）认为智慧物流是以物联网网络为基础，通过大数据、云计算等技术的应用全面对物流信息数据进行分析、管理与处理，进而达到自动调整并提供最优决策的功能。同时，在现代物流管理系统及物流自动化设备等软硬件设施的协助下，全面提升物流仓储、加工、流通、配送等环节的效率，进而提高物流服务水平与质量。综上所述，我们认为智慧物流是通过大数据、云计算、物联网、区块链等智慧化技术与手段，提高物流系统思维、感知、学习、分析决策和智能执行的能力，提升整个物流系统的智能化、自动化水平，实现物流行业的降本增效。

11.1.2 智慧物流的系统架构

智慧物流呈现科技密集型特征，在智慧物流框架内，物流活动主要由基础层、作业层、感知层、传输层、分析层、决策层六层组成（见图11-1）。

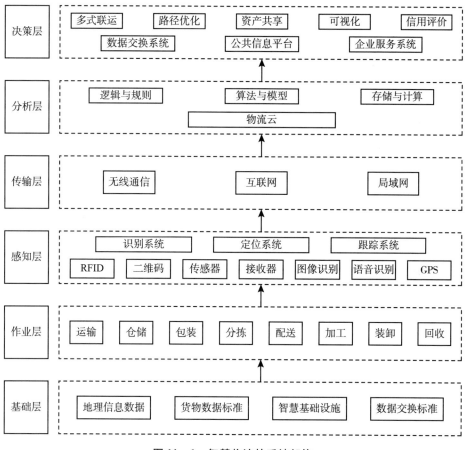

图 11-1 智慧物流的系统架构

11.1.2.1 基础层

基础层是智慧物流的基础设施，包括物流基础设施的智慧化改造以及地理信息数据、货物数据标准、数据交换标准等行业基础标准的建立。

11.1.2.2 作业层

作业层是智慧物流的物理活动，包括运输、仓储、包装、分拣、配送、加工、装卸、回收等，包括一切物流活动的起点，也包括智慧物流决策反馈作用的终点，一同形成智慧物流系统闭环。

11.1.2.3 感知层

感知层是智慧物流的数据入口，是实现物流全程可视、可控和可追溯的基础与前提。感知层通过 RFID、二维码、传感器、接收器、图像识别、语音识别和 GPS 定位等技术捕捉物流运作过程中的流体、流速、流向、流量及环境等各种基础数据参数，实现物流业务数字化。

11.1.2.4 传输层

传输层是智慧物流的神经网络，利用各种传输网络和通信技术传输信息。传输层主要利用无线通信、互联网和局域网等技术作为传输数据的通路，及时、安全、高效地传输所收集的一切信息。

11.1.2.5 分析层

分析层是智慧物流的决策大脑，对感知层获取的数据进行处理和加工，再下达指令。分析层把各种物流信息数据集中在云存储中，通过信息整合、分类与智能处理技术，按照预先设定的逻辑和规则，利用大数据、云计算、人工智能等技术分析处理，产生决策指令，再通过感知通信技术向执行系统下达指令。

11.1.2.6 决策层

决策层是智慧物流的执行系统，包括数据互换系统、公共信息平台、企业服务系统等，接收和执行分析层的决策命令。目前主要应用于多式联运、车货匹配、需求预测、路径优化、流程可视化、空闲资产的协同共享、信用评价等领域。

11.1.3 智能物流的作用

传统物流模式只以短期效益为目标，管理方式粗放，运作效率较低，而智慧物流是以大数据、区块链、物联网等现代信息技术为支撑，使用智慧物流设备高度整合物流的信息和资源，实现物流业务环节、管理环节和技术间的无缝衔接。智慧物流主要有六大作用，包括降低了行业的物流成本，提高了企业的利润水平；推动了企业的智慧化发展，加速了各系统之间的智慧融合；加速了物流产业的高效发展，优化社会资源的配置方式；提升了对消费者的服务质量，真正程度上实现便民利民惠民；提高了政府监管的工作效率，有助于政府政治体制改革；促进当地经济进一步发展，提升其综合竞争实力。

11.1.3.1 降低物流成本，提高企业利润

智慧物流能大大降低制造业、物流业等行业的成本，实打实地提高企业的利润。生产商、批发商、零售商三方通过智慧物流相互协作，实现信息共享，减少信息不对称现象，降低沟通成本和信息成本；物流企业利用关键技术（物体标识、标识追踪、无线定

位等），能有效实现物流的智能调度管理，整合物流核心业务流程，使物流管理更加合理化，从而达到降低物流成本、减少流通费用、增加利润的目的。

11.1.3.2 推动企业智慧化发展，加速各系统智能融合

智慧物流打破原有的工序、流程限制，有效推动企业朝着智能化、智慧化方向发展，加速企业的生产系统、采购系统和销售系统的智能融合。智慧物流中的 RFID 技术、传感器网络和物联网技术，能实现物物连接，为企业智能化发展打下了坚实的基础；大数据和云计算技术能收集和整理企业内部、企业间、企业与个人间的信息，挖掘信息的潜在价值，将分析结果应用在物流企业的生产系统、采购系统、销售系统中，促进智慧生产与智慧供应的融合，推动企业的智慧化发展。

11.1.3.3 加速物流产业发展，优化社会资源配置

智慧物流集仓储、运输、配送、信息服务等多功能于一体，发展智慧物流能加速当地物流产业的发展，优化社会资源配置。智慧物流能推动物流企业实现集约化、高效化经营，协调各部门间的利益；还能优化社会物流资源配置，发挥整体优势和规模优势，增强物流企业的现代性、专业性和互补性。此外，物流企业可以通过共享基础设施、配套服务和信息，降低运营成本和费用支出，获得规模效益。

11.1.3.4 提升对消费者的服务质量，实现便民利民惠民

智慧物流的智能感知和智能交互特性可以更加准确地判定客户的服务需求，为客户制定更加具有针对性与个性化的服务，满足消费者多元化的消费需求，提升服务质量，实现便民利民惠民。智慧物流可通过射频识别、卫星定位技术，实时获取物流配送各环节的数据和信息，为客户与管理者提供实时的货物位置和状态的信息反馈；尤其是对食品类货物，智慧物流可以为消费者提供物品相关的生产、流通和跟踪等服务，让消费者安心购买商品，增强消费者的购买信心，对消费市场产生良性影响。

11.1.3.5 提高政府监管的工作效率，助于政治体制改革

智慧物流可对商品进行追踪溯源，并能将基本信息同步给政府部门，大大提高了政府的工作效率，有助于政治体制改革。在传统物流模式下，政府监管主要面向实体物流企业，并采用垂直式组织架构进行集中型、地域型监管，监管重点为以审批为主的事前资质监管，监管手段以行政化为主。在智慧物流模式下，政府的监管手段逐步趋于智能化、透明化，政府监管主要更多地面向各类虚拟平台，而虚拟平台再面向各类供需主体。未来监管的重点将从以审批为主的事前资质监管转向以信用为主的事中、事后监管，有利于提高政府的工作效率，有助于政治体制改革。

11.1.3.6 促进当地经济进一步发展，提升综合竞争力

智慧物流强调整合社会资源，提高生产效率，有利于推动当地经济发展，提升其综合竞争力。智慧物流的发展是城市经济高质量发展的基础，它促进了信息流和物质流快速、高效、通畅地运转，整合了社会闲散资源，提高了生产效率，降低了社会成本，有

利于当地经济进一步发展，综合竞争力进一步提升。

11.1.4 智慧物流的特征

传统物流模式下，信息不充分和滞后的问题导致企业只能依赖经验进行决策。智慧物流对传统物流模式进行颠覆性的创新，具有可视化、自动化、可控性、智能化、信息化、网络化六大特征。

11.1.4.1 可视化

智慧物流具有可视化特征，可实现监管、维护和调配多维度统一。智慧物流通过可视化系统快速获取设备的运行状态、货架的数据变更以及面板数据的实时反馈，达到全方位掌握仓储转运中心的活动状态的目的；还可以借助电子信息技术向管理者和客户清晰地展现整个物流信息和过程，让他们能够观察物流的实时过程和动态变化。

11.1.4.2 自动化

智能物流具有自动化特征，可消除不必要的物流中间环节，解决物流企业的发展阻碍。智慧物流通过使用人工智能技术和智能设备，实现自动检测、信息处理、分析判断、操纵和控制等功能，减少物流行业从业者的工作量，提升物流效率，降低人力成本。

11.1.4.3 可控化

智慧物流具有可控化特征，可以自动识别风险，制定和评估控制措施。智慧物流以业务关键的监督控制为重点，查漏补缺，突出程序化系统流程，严格控制风险，持续跟踪监督，有效规避项目风险，提升项目管理能力，达到可控的目标。

11.1.4.4 智能化

智慧物流具有智能化特征，可利用智能技术满足物流企业、消费者等多样化的需求。智慧物流通过采用大数据、物联网、人工智能等技术，使物流生产、运输、配送等环节实现最优化。

11.1.4.5 信息化

智慧物流具有信息化特征，可通过数据库技术有效收集和整理信息，高效跟踪目标对象的全过程。智慧物流在物流管理中通过通信网络数据库技术将所有研究对象整合到云数据库中，进行信息的收集、整理和分析，有利于管理者的决策行为。

11.1.4.6 网络化

智慧物流具有网络化特征，通过云平台对货物进行全程监管和调度，并实现信息共享。智慧物流利用物联网等技术，实现物与物、人与物之间的实时信息交换和通信，以达到智能化识别、定位、跟踪、监控和管理的目的。

11.1.5 智慧物流的发展现状

在政策支持和技术升级的协同作用推动下，中国的智慧物流行业实现了稳定的增长。2012～2020 年，我国的智慧物流行业交易规模的增速基本保持在 20% 及以上，处于高速增长阶段。2020 年和 2021 年，通胀压力、地缘政治冲突等诸多因素导致全球经济复苏动能趋弱，全球经济下行压力加大，物流需求规模放缓，国际物流运输受到限制，但我国物流行业仍保持稳中有进的态势。据中商产业研究院 2021 年发布的统计数据显示，2020 年中国智慧物流行业市场规模约为 5 840 亿元，同比增长 19.55%，2021 年中国智慧物流行业市场规模约为 6 477 亿元，同比增长 10.90%。此外，我国智慧物流发展水平呈现出显著的东、中、西部梯度递减的空间分布特征，智慧物流发展呈现政策环境持续改善、物流互联网逐步形成、物流大数据得到应用、物流云服务强化保障、人工智能正在起步等特点。

11.1.5.1　政策环境持续改善

我国交通运输部、商务部和工信部等有关部门从各自职能领域出发，部署了推进智慧物流发展的相关政策，主要从物流基础设施设备、供应链建设水平、服务模式和信息技术应用等多方位引导和促进中国智慧物流的发展。物流基础设施设备方面：2018 年 5 月商务部、财政部联合发布《关于开展 2018 年流通领域现代供应链体系建设的通知》，提出要加强物流基础设施网络建设，加快推动现代供应链体系建设；2019 年 3 月国家发改委、商务部等联合发布《关于推动物流高质量发展，促进形成强大国内市场的意见》，提出要构建高质量物流基础设施网络体系和物流高质量发展的配套支撑体系，大力发展数字物流，加强数字物流基础设施建设，推进货、车（船、飞机）、场等物流要素数字化。供应链建设方面：2018 年 1 月商务部等 10 部门发布《关于推广标准托盘发展单元化物流的意见》，目的是提高物流链信息化、智能化水平，推动物流链上下游企业数据传输交换顺畅；并利用大数据、云计算、物联网、区块链、人工智能等先进技术，加强数据分析应用，挖掘商业价值，优化生产、流通、销售及追溯管理，以智能物流载具为节点打造智慧供应链；2019 年 7 月交通运输部发布《数字交通发展规划纲要》，提出要加快实现物流活动全过程的数字化，推进铁路、公路、水路等货运单证电子化和共享互认，提供全程可监测、可追溯的"一站式"物流服务，推进城市物流配送全链条信息共享；2020 年 9 月国家发改委同工信部、公安部、财政部等 13 个部门联合印发《推动物流业制造业深度融合创新发展实施方案》，提出要加强物流业制造业协同联动和跨界融合，延伸产业链，稳定供应链，提升价值链。信息技术应用方面：2017 年 10 月国务院发布《关于积极推进供应链创新与应用指导意见》，旨在推进机械、航空、船舶、汽车、轻工、纺织、食品、电子等行业供应链体系的智能化，加快人机智能交互、工业机器人、智能工厂、智慧物流等技术和装备的应用；2018 年 12 月发改委、交通运输部发布了《国家物流枢纽布局和建设规划》，旨在加强现代信息技术和智能化、绿色化装备应用，打造绿色智慧型国家物流枢纽；2020 年 6 月发改委、交通运输部发布了《关于进一步降低物流成本实施意见的通知》，指出要积极推进新一代国家交通控制网建设，加快货物管理、运输服务、场站设施等数字化升级；推进新兴技术和智能化设备应用，提高仓储、运输、分拨配送等物流环节的自动化、智慧化水平。

11.1.5.2 物流互联网逐步形成

随着移动互联网的发展，物流行业与互联网紧密结合已是大势所趋，物流互联网逐步形成。物流互联网改变了传统物流的运作模式，推动物流新模式和新业态的诞生，比如互联网＋高效运输、互联网＋便捷配送、互联网＋智能仓储和互联网＋智能终端新运作模式和车货匹配、众包物流、多式联运等新业态。新模式方面：互联网＋高效运输，实现了货运供需信息的在线对接和实时共享，整合了货运市场资源，改进了传统运输方式，提升了物流公司的运作效率。互联网＋便捷配送，搭建了城市配送运力池，开发了共同配送、集中配送、智能配送等先进模式；最后一公里配送创新采用无人机技术，极大提高了运力资源和配送效率。互联网＋智能仓储，开发了全自动仓储系统，引进智能仓储机器人，大幅提高仓储管理的效率和水平。互联网＋智能终端整合了末端人力资源、服务网络和智能终端，将智能数据底盘分析技术，应用在仓储网络、路径优化、设备维修预警等方面，提升了资源利用效率和用户服务体验。新业态方面：车货匹配通过互联网技术提高信息检索能力和匹配效率，减少因信息不对称造成的种种问题，利用在线平台实现运输环节的去中介化，提高车辆满载率。车货匹配平台数量众多，耳熟能详的平台包括运满满、蜂羽、货车帮、货拉拉、58速运等。众包物流借助互联网平台将货运需求方与运输人员快速匹配，将原本由专业配送员完成的工作外包给非特定群体，实现城市配送或最后一公里运输。作为一种新兴的第三方配送模式，众包物流的主要流程是由各类 O2O（Online To Offline）商户发单，配送员抢单后，将货物送到消费者手中的配送形式。目前，我国的众包物流平台占据市场份额较大的有闪送、人人快送、达达、美团跑腿等，这些众包物流线上平台受到了广大消费者和物流从业人员的关注和青睐。多式联运借助互联网平台，使得托运人和承运人可以了解全程运输情况、货物状况，多信息交互更为通畅，此外物流提供者运用"互联网＋"技术将信息量化和优化，从而为客户量身定制服务方案，满足客户多样化、个性化需求，让个人或企业享受到了更为优质的服务。

11.1.5.3 物流大数据得到应用

大数据技术发展势如破竹，在智慧物流领域也得到了广泛应用。大数据技术的应用为智慧物流的发展提供了基础技术保障，通过对物流商品信息化、信息处理电子化、数据存储数据库化及物流信息传输标准化，智慧物流产业变得更加互联、先进和智能。首先，大数据技术加速了智慧物流产业链的互联互通。在大数据背景下，智慧物流供应链上的企业都可实现信息连接，并将静态、单一的货物运输过程转变为动态数据，供应链的不同节点实现有效互动，打破了传统物流产业链各节点单一活动的现状。同时，大数据的挖掘和处理技术加深了智慧物流终端消费者与智慧物流产业链上游企业的联系，上游企业可依据消费者需求进行前端产品开发，大幅提升服务质量和效率，推进物流在线化产生大量业务数据，使得物流大数据从理念变为现实。其次，大数据技术让智慧物流的运作方式变得更加先进。数字化、电子化及自动化的物流信息处理取代了传统物流的人工劳作，依靠 GPS、传感器及 RFID 标签等技术实现了多场景应用，让智慧物流运作效率更高。最后，大数据技术让智慧物流平台更具智能化。大数据技术具有数据挖掘、分析与自我学习过程，可基于不同场景数据模拟不同服务结果。大数据技术通过海量数据分析深挖消费者的潜在需求，可以更好地实现供需端平衡，拓展智慧物流产业链的利润空间；大数据的自我学习和修正功能有助于物流企业更好地应对突发事件，加速其响应速率，可以消除甚至避免更多风险。

11.1.5.4 物流云服务强化保障

物流云服务依托大数据和云计算能力，高效地整合、管理、调度资源，为各个参与方按需提供信息系统及算法应用服务，为智慧物流提供了重要保障。我国大部分物流企业、运输企业及其他市场主体，存在规模较小、业务功能单一化、信息能力弱化等问题。物流云平台通过收集行业的订单信息与各企业的私有数据，整理各个订单的收件地址，计算生产最优路径，匹配合作快递企业，由匹配到的快递企业承运发往收件地址。在这一过程中，云物流模式整合了运输、收货、配送等作业类型，通过共享、整合资源，优化物流路径，减少非必要物流作业，拓展物流服务职能与范围，为客户提供更多的增值服务，解决服务同质化严重、物流布局不合理、物流服务水平不均衡等问题。当前我国物流云平台发展迅速，市面上比较知名的物流云平台包括菜鸟物流云、京东物流云、华为物流云等。这些云平台依托稳定、高效、灵活的云计算和大数据能力，提供安全稳定的云设施环境，帮助快递企业和物流订单涉及所有链路成员建立连接、沉淀大数据，打通生产、运输、仓储、分销等供应链信息流，降低了多个环节的物流成本，提升了物流效率，助力物流业务向数字化、智能化转型升级。

11.1.5.5 人工智能正在起步

随着技术的不断迭代，人工智能技术逐渐实现商业落地。物流业迫切需要降本增效，引入人工智能技术能进一步推动物流业向智慧物流发展，更大限度地降低人工成本、提升经营效率。人工智能技术通过赋能物流各环节、各领域，实现智能配置物流资源、智能优化物流环节和智能提升物流效率，特别是在无人驾驶、无人仓储、无人配送和物流机器人等人工智能的前沿领域，一批领先企业已经开始开展试验应用，有望与国际电商和物流企业从同一起跑线起步。人工智能技术服务的典型场景包括：自动化设备、智能设备和智能终端。自动化设备方面，物流企业通过自动化立体库、自动分拣机与传输带等设备，实现存取、拣选、搬运和分拣等环节的机械化、自动化。智能设备方面，物流企业通过自主控制技术，进行智能抓取、码放、搬运及自主导航等，使整个物流作业系统具有高度的柔性和扩展性，如拣选机器人、码垛机器人、无人机和无人车等。智能终端方面，物流人员使用高速联网的移动智能终端设备，物流操作将更加高效便捷，人机交互协同作业将更加人性化。

多国智慧物流加速发展（国际视点）

智慧物流是现代物流发展方向，它在多个环节实现信息化、自动化和智能化处理，能大幅提高物流效率，降低物流成本，促进产业低碳化发展。全球智慧物流行业正迎来重要发展机遇期。

随着互联网、物联网、大数据、云计算、人工智能等信息技术与交通行业深度融合，以"互联网＋物流"为特征的智慧物流建设正加快推进，成为全球物流行业发展的新趋势。越来越多国家出台鼓励政策和发展规划，积极推动智慧物流发展。

行业市场需求增大

无人操作的智能推车，可以自行搬运包裹并轻松避开障碍物。这是韩国企业"双胞胎"机器人公司推出的一款自动驾驶机器人推车，它通过使用高精度摄像头等装备，可以在复杂环境中精准跟踪设定对象、执行订单任务。

从2020年8月开始，该公司与现代汽车集团下属物流公司现代格罗唯视合作，使用自动驾驶机器人执行物流任务，包括递送包裹、搬运货物等。现代格罗唯视公司发言人表示，疫情防控期间，消费者对非接触式服务更加青睐，这为公司拓展智慧物流业务带来机遇。

近年来，随着信息技术迅猛发展，物流业在运输仓储、包装、装卸搬运、流通加工、配送等多个环节逐步实现智能化。人们通过将物流数据、客户需求、商品库存等信息进行系统处理，可以精准计算出最佳仓储位置、配送路径、货物跟踪等，使物流决策和执行的效率大大提高。一些物流企业投放的"迷你仓"，让用户实现自助存取，极大提升了物流效率。

疫情防控期间，在物资运输压力剧增、无接触配送需求爆发的背景下，无人机展现出灵活、便捷、安全、高效等优势，越来越多地投入物流行业。一些国家通过无人机向偏远地区运输疫苗等医疗物资，解决了"最后一公里"难题。

在新加坡，邮政部门为1.5万个投递点配置了近场通信标签，可对寄递业务进行跟踪，服务质量、经营效率和客户体验均得到提升。迪拜环球港务集团2021年10月推出了数字物流平台"货物物流"。客户可自行选择运输方式、获取即时报价、快速确认订单等，还可以追踪货物运输信息等，提高了运输过程的透明度和可预见性。迪拜环球港务集团首席技术官普拉迪普·德赛说："物流市场对数字智慧方案的需求持续增加，运用数字技术能帮助物流公司为客户创造更多价值，推动业务增长。"

相关扶持政策出台

为促进物流业朝着集约、高效、绿色、智能方向转型，不少国家加大了政策扶持力度，提出了长远规划，支持企业积极创新应用场景。

欧盟委员会 2020 年 12 月公布的《可持续与智能交通战略》提出，要依靠数字技术创建一个全面运营的跨欧洲多式联运网络，为铁路、航空、公路、海运联运提供便利。规划特别强调了 5G 网络和无人机在智能交通系统中的作用，计划到 2025 年在欧洲主要陆路交通线上实现不间断的 5G 网络覆盖，并推进整个交通运输网络的 5G 部署，为智能运输创造技术条件。

法国在"物流 2025"国家战略提出，要通过巩固本国及欧洲物流基础设施网络，依靠数字化转型，助力物流领域实现领先发展。2021 年 10 月，法国政府又提出加速绿色和智能物流发展战略，将拿出 2 亿欧元用于建设自动化、互联和低碳的运输服务基础设施，另有 9 000 万欧元用于建设"物流 4.0"项目，加强送货机器人、无人机等物流方式的硬件设施配套建设。

德国多个政府部门 2019 年联合推出"物流 2030 创新计划"，提出加强建设"面向未来且灵活可拓展"的数字物流基础设施、数据处理和平台解决方案、数字供应链等，促进物流智慧化、低碳化。计划包括推进"智能货车"项目为货运列车数字化和自动化转型提供支持、加大对智慧物流系统尤其是人工智能领域的研发资助等。

2021 年 5 月，韩国政府公布加速智慧物流服务模式开发和商业化路线图，提出将建立示范综合体，以测试自动包裹递送和自动化物流中心管理系统等服务。韩国国土交通部表示，已在全国范围内选定 6 个基础设施建设和服务模式示范项目，进一步开发智慧物流系统。

阿联酋 2021 年 11 月启动了"迪拜无人机运输计划"。迪拜硅绿洲管理局将划定一个创新应用试验区，供全球创新者和相关实体开发、测试无人机解决方案，并进一步制定相适应的法律规范。该局副主席兼首席执行官穆罕默德·扎鲁尼表示，该计划将为社会提供更高效、更可持续的物流供应链服务。

未来发展前景可期

法国《企业家》杂志认为，随着物联网等新技术的使用，物流行业正在发生深刻变化。一方面，物流行业更加智能化，不但降低了成本，还能优化供应链管理，丰富消费者的线上购物体验。另一方面，智慧物流可以更好地优化配置资源设施，降低能源消耗和排放水平，绿色低碳运输成为物流行业的趋势。

欧洲知名物流杂志《SHD 物流》杂志副主编詹姆斯·伯曼认为，人工智能在物流行业的应用，提高了对物流数据的分析能力，形成最优运输路线，节约运输时间，减少碳排放，对环境更友好。

从运输到仓储、包装等环节，未来物流行业的绿色环保水平都有望得到进一步提升。在德国，敦豪等快递企业之间纷纷展开合作，通过共享信息，减少重复车辆运送路线，提高车辆满载率，以降低运输途中的碳排放；在韩国，物流企业将封箱用的塑料胶带换成了纸质胶带，运输生鲜用的化工冰袋也改成环保冰袋，袋中的水可反复使用；在马来西亚，吉隆坡国际机场的数字自由贸易区物流枢纽，可通过大数据等技术制定最佳、最快的运输路径，本土及外国电商企业与物流企业直接进行对接，提高了存储和运输效率。

法国货运公司"运输物流服务91"负责人塞德里克·卡洛纳表示，推进绿色转型、发展绿色经济已成为大多数国家的共识。各国政策的导向以及智慧物流装备企业的发展，将推动建设一个以绿色低碳为基础的数字化智慧物流体系。

资料来源：刘玲玲，沈小晓．多国智慧物流加速发展（国际视点）[N]．人民日报，2022-01-06（17）．

11.1.6　智慧物流发展存在的问题

2022年，我国物流业发展面临严峻挑战，既面临劳动力短缺、供应链中断和通胀压力的外部环境挑战，也面临国内需求收缩、供给冲击、预期转弱的内部环境挑战。从智慧物流行业自身来看，我国智慧物流发展仍处在初级阶段，发展中有一些突出的问题，例如，物流成本持续上涨，物流效率偏低；智慧物流信息化程度落后，基础设施建设有待完善；物流标准化亟待完善，智慧物流监管制度不健全；物流能源消耗较高，低碳物流水平较低等。

11.1.6.1　物流成本持续上涨，物流效率偏低

我国的物流行业发展迅猛，但物流成本一直居高不下，物流效率偏低。据中国物流和采购联合会公布的数据显示：2021年1~11月，重点物流企业物流业务成本增长33.0%，连续多月保持高位增长；资金成本上涨依然明显，资金回款压力较大，有超过7成的物流企业平均账期超过1个月，11月末应收账款回收期比上年延长5%左右，周转效率连续两年有所下降。原材料成本、常态化疫情防控成本、劳动力成本等因素共同推高物流企业经营成本，导致物流成本持续上涨。此外，受疫情影响，我国物流运输体系、运输结构随着疫情管控政策不断调整，公路运输因区域防控升级，公路运量和运力均有较大幅度缩减；水路运输中货物滞留和港口拥堵情况明显加剧，进出口物流时效受到较大影响，局部出现运力紧张的情况；供应链上下游畅通性明显受阻，产销衔接水平有所下降。

11.1.6.2　智慧物流信息化程度落后，基础设施建设有待完善

我国智慧物流发展还处于初级阶段，相应的物流配套设施及互联网设施都有待完善，尽管当前我国物流业建设已投入大量人力、物力和财力，但收效甚微。在硬件投资

上，物流企业的设备相对落后，可直接接入物流信息系统的设备不足 40%，道路交通、物流园区、港口等物流相关基础设施普遍存在数字化、智能化程度较低的问题，无法支撑自动驾驶公路货运、自动化信息采集和自动化装卸堆存等作业需求，亟待数字化和智能化改造；在软件投资上，高效的货物仓库管理系统、货物跟踪系统等信息化平台建设严重不足，涵盖全国或区域物流企业的统一信息交互平台还未建成，物流信息共享程度偏低，导致能提升物流运输效率的多式联运未能发挥出其潜在效能，只能通过委托、转包等形式与境外物流企业合作完成末端集疏运服务，难以提供标准化、一单制的全程多式联运服务。

11.1.6.3　物流标准化亟待完善，智慧物流监管制度不健全

智慧物流作为互联网时代的新兴产物，其发展态势如火如荼，随之带来的标准化和监管问题需要引起我们的普遍关注。物流标准化的目的是为物流行业参与者提供便利，实现行业的降本增效。2021 年中国物流与采购联合会标准工作部和全国物流标准化技术委员会秘书处发布《物流标准目录手册》，收集我国已颁布的现行物流国家标准、行业标准目录共计 1 196 项。但与发达国家德国相比，德国的物流标准体系较为完善，其物流标准包括统一托盘标准、车辆承载标准、物品条形码标准等，总共约 2 480 条，是我国物流标准目录的 2 倍多。我国物流标准的缺失对信息互联互通造成了障碍，严重影响物流信息化与智慧化发展进程，有关部门应尽快完善物流标准制定。此外智慧物流平台的监管和维护方面出现了监管空白和监管不健全的问题，有关部门应健全智慧物流监管制度，以提高物流效率，促进国际国内贸易。

11.1.6.4　物流能源消耗较高，低碳物流水平较低

当前物流行业还面临严重的能源消耗、环境污染、资源浪费等问题。物流行业是能源消耗和碳排放的主要产业，据国家统计局公布的数据显示：我国的交通运输、仓储和邮政业能源消费量已由 2003 年的 1.28 亿吨标准煤增至 2019 年的 4.39 亿吨标准煤，占我国能源消费总量的比例由 6.50% 提升至 9.01%；2020 年我国的物流业碳排放量占全球碳排放总量的 21% 左右。为了实现"双碳"目标，发展绿色物流、低碳物流已经迫在眉睫。物流企业应有效利用现代信息技术和智能智慧工具实现物流的低能耗化和低碳化，为社会提供更加高效和环保的物流服务，也为我国智慧物流产业发展提供更多的实现途径。

11.1.7　智慧物流的发展趋势

从智慧物流行业自身来看，我国智慧物流行业仍处在初级阶段，未来发展方向可以朝着加快物流基础设施建设，推动物流数智化发展；完善供应链物流，重塑供应链格局；推广绿色物流，实现向"双碳"目标等方向发展。

11.1.7.1　加快物流基础设施建设，推动物流数智化发展

物流行业对于自动化、智能化的投入出现了一个井喷的状态，未来物流的一个增量

赛道在于物流的数字化与智能化，即"数智化物流"。数智化物流即以数字化为基础向智能化迭代升级，主要体现为通过大数据、物联网、人工智能等新技术、新模式建立的覆盖全国、联通全球的智能物流基础设施网络。例如，采用特殊算法将"人找包裹"转变为"包裹找人"的取件模式；全链路无人操作的智慧仓；凭算法调度出仓实现无人操作；等等。未来物流平台与物流企业、制造企业的深度融合以及智能物流网络与国家物流公共信息平台高度融合，是未来该趋势将直面的重要议题。

11.1.7.2　完善供应链物流，重塑供应链格局

中国供应链企业境外收入增长迅速、市场份额持续提升，全球供应链、贸易格局或面临重塑。国内供应链企业充分发挥了其在商流、物流、资金流和信息流方面的优势，助力国内"双循环"和"碳中和"目标加速实现。比如，国内供应链企业可以通过整合国际资源，帮助国内制造业企业实现全球化布局，满足其原材料采购、产成品分销、国际多式联运物流等多种服务需求。同时，供应链企业还可以通过对部分再生资源产品的回收利用，减少稀缺原材料的对外依赖以及减少碳排放，加快实现"碳中和"目标。

11.1.7.3　推广绿色物流，实现"双碳"目标

在"双碳"政策背景下，物流行业应积极应对挑战，实现行业的低碳转型，推广绿色物流。要发展绿色物流，需要从物流的信息化、包装和运输环节下苦功夫。在物流信息绿色化方面：全面推行电子面单，推动物流行业减碳降碳。2014 年，菜鸟公司在全行业率先推行电子面单，取代了传统快递物流公司使用的纸质面单，开启了快递行业的数字化时代，为环保减碳作出了巨大贡献。在绿色包装应用方面：全面推行可循环包装和可降解包装等，减少碳排放。如顺丰公司在绿色包装方面研发了包含标准循环箱、集装容器、循环文件封等循环快递容器，通过搭建顺丰循环运营平台进行数据管理，积极联合各利益相关方打造快递包装循环生态圈。据顺丰公司披露，截至 2021 年 9 月，顺丰投入社会使用的循环产品总计 2 900 万个，总循环次数 2.9 亿次。此外顺丰启动的"丰景计划"对包装进行技术改造，打造减量化快递绿色包装，自启动计划以来，累计实现节省原纸约 6.6 万吨，节省塑料约 1.6 万吨，合计减少碳排放约 17.5 万吨。在绿色运输方面：加大新能源物流车推广力度，促进绿色物流发展。如中外运敦豪公司披露，截至 2021 年底，中外运敦豪已投资近 2 亿元，用以加强地面网络和服务基础设施建设，包括购买并投入数百辆现代化电动货车用于取派件服务，在全国 50 多个服务中心实施自动化、数字化和节能升级改造。通过上述举措，中外运敦豪实现了在业务增长的情况下，能源消耗和碳排放绝对值同比下降，减碳效果显著。综上所述，推动绿色物流发展，大力推广普及绿色信息化、绿色包装和绿色运输，物流行业走向碳达峰和碳中和目标的过程中已取得巨大成效。

加快发展绿色物流配送

今年"618"促销期间，不少消费者发现，快递包裹更"绿"了：有的原箱直发，有的使用拉链箱、循环箱发货，有的包装盒是由可回收、再利用材料制成的牛皮纸箱。在包装的"减量"和"循环"上做文章，这是我国绿色物流加速发展的一个缩影。

提升物流绿色化水平，是建设现代流通体系的题中应有之义。绿色物流涉及仓储、包装、运输、配送等环节，由生产者、销售者和消费者共同参与。近年来，我国绿色物流呈现较快发展态势，各地加快建设绿色物流仓储园区，物流企业推广使用新能源车，电子运单基本实现全覆盖，电商快件不再二次包装率超过70%，瘦身胶带封装比例接近100%。

同时应看到，发展绿色物流还有不少空间和潜力。比如，目前一些大型电商平台试点投放共享快递箱，但数量还相对有限；快递末端公共服务设施开始建设，但是面临缺少预留场地、使用效率低、成本高等问题。推广应用绿色技术装备，对流通设施进行节能改造，这些促进绿色物流发展的措施可以加快实施。

瞄准重点环节，推动流通全过程降耗减排。在包装环节，引导电商企业、快递企业优先选购、使用获得绿色认证的快递包装，促进快递包装绿色转型。鼓励企业使用商品和物流一体化包装，更多采用原箱发货，大幅减少物流环节二次包装。推广应用免胶纸箱、可循环配送箱等快递包装新产品，鼓励通过包装结构优化，减少填充物使用。在运输配送环节，扩大新能源车使用规模，加快探索发展无人仓、无人分拣、配送机器人、智能配送站等全流程无人配送业务，大幅节约资源能源。

加强科技创新，打造智慧低碳供应链。目前，有的物流企业充分利用大数据与调度算法优势，优化仓储网络规划，精确货物到达时间，避免车辆集中到达、减少车辆等待时间。未来可进一步利用科技创新手段提升流通各环节各领域数字化水平，丰富物联网、云计算、大数据等技术应用场景，打造绿色化、智能化、信息化的物流产业链。上下游企业加强科研协同合作，加大新能源、新材料以及节能技术的研发力度，推广绿色物流技术装备。

完善各层级物流服务网络，构建便捷高效物流服务体系。推动流通节能降本增效，需强化物流基础设施互联互通和信息共享。一方面，围绕产业集聚区和消费集中地，加快推动绿色物流园区、物流中心、配送中心等建设，对接国家物流枢纽，提高一体化、集约化物流组织服务能力；另一方面，依托商贸、供销、交通、邮政快递等城乡网点资源，完善县乡村快递物流配送体系，加快快递末端公共设施建设，创新绿色低碳、集约高效的配送模式，大力发展集中配送、共同配送、夜间配送等。

期待各方共同努力推动绿色物流企业快速成长，加快提升行业服务水平，更好地推动生产生活方式向绿色低碳转型。

资料来源：齐志明. 加快发展绿色物流配送 ［N］. 人民日报，2022 – 06 – 29（17）.

11.2 海 外 仓

跨境物流成本高、周期长、效率低下等问题严重影响了跨境电商的发展，为了缓解这些问题，海外仓模式应运而生。国内企业通过海外仓模式，在目标市场国家建立仓库、储存商品，再根据当地的销售订单，第一时间作出响应，及时从当地仓库直接进行分拣、包装和配送。海外仓模式大幅度减少跨境物流的重重环节，提高了物流效率，有效改善了当前跨境物流面临的困境。

11.2.1 海外仓的定义

海外仓是指国内企业将商品通过大宗运输的形式运往目标市场国家，在当地建立仓库、储存商品，再根据当地的销售订单，第一时间作出响应，及时从当地仓库直接进行分拣、包装和配送（见图 11 – 2）。国内学者廖润东（2019）认为海外仓通过在商品进口国（地区）境内选址设置仓储地点并事先将货物批量出口至进口国（地区）境内仓库，一旦目标市场国家（地区）消费者下单，即可从相应海外仓发货，从而实现物流的本土化，避免复杂的跨境物流及通关手续，最大限度提高跨境物流效率，解决丢件率高、退换货难等问题。朱明（2019）指出在跨境电商供应链当中，海外仓属于一个新节点，把跨境电商物流分为三个不同阶段，包括头程运输、海外仓储以及尾程配送。其中，头程运输指的是出口跨境电商通过采用批量方法来出口货物，与此同时把货物输送到目的国，在这一阶段里，海外仓经过多个环节，包括订舱、集货发运等。海外仓储是指在目的国海外仓准备货物，提供货物的仓储、分拣、包装等项目的一站式服务。尾程配送是指为了让目的国买家的实时需求得以实现，按照目的国的实际情况，在当地选择一家相对来说比较合适的配送商，然后从海外仓进行发货，完成本地配送的"最后一公里"。

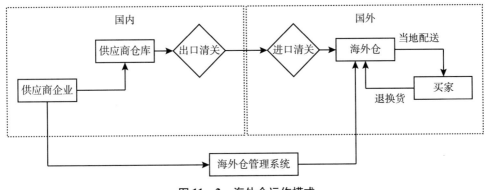

图 11 - 2 　海外仓运作模式

11.2.2　海外仓的主要运营模式及特征

海外仓的模式分类有三种，分别是亚马逊 FBA 仓、自营海外仓和第三方海外仓。在具体实践中，每种业务模式又分别具有各自特有的优势与不足。

11.2.2.1　亚马逊 FBA 仓模式及特征

亚马逊 FBA 仓模式是指卖家把自己在亚马逊上销售的产品库存直接送到亚马逊当地市场的仓库中，客户下订单后，亚马逊提供包括仓储、拣货打包、派送、收款、客服与退货处理的一条龙式物流服务。亚马逊 FBA 仓模式具有建仓成本低、方便快捷、商品类别和服务拓展受限、低出货率导致高仓储成本等特征。

亚马逊 FBA 仓模式具有建仓成本低的特征。对跨境电商出口企业而言，亚马逊 FBA 仓模式最大的优点就是可以直接利用亚马逊在全球建立的成熟的仓储和配送体系来解决建仓成本高的难题。出口企业可直接将出口商品存入亚马逊公司的仓库中，不需要在海外进行任何固定资产投资，也不需要在海外驻扎人员，从而节约大量的海外建仓、人力资源和管理成本，并且业务开展迅速，见效较快。

亚马逊 FBA 仓模式具有方便快捷的特征。亚马逊的海外仓系统能够给跨境电商出口企业提供包括海外市场仓储、拣货、包装、配送、收款、售后客服、退换货处理、礼品包装赠送等在内的一条龙海外物流服务。亚马逊海外仓物流平台全年无休，7 × 24 小时不间断处理订单发货，符合消费品顾客便捷性购买心理要求与购买行为需求，极大地提高了跨境电商出口企业国际物流服务质量，简化了跨境电商出口企业对售出商品的物流管理。

亚马逊 FBA 仓模式具有商品类别和服务拓展受限的特征。跨境电商出口企业使用亚马逊 FBA 仓模式海外仓的前提是商品必须依托亚马逊的跨境电商平台进行销售。受亚马逊跨境电商平台主营商品类别与顾客群体特征制约，亚马逊对在其电商平台销售及在其仓库存储的货物设置了诸多规定，只要未达到相关规定要求，消费品跨境电商出口企业就不能使用亚马逊 FBA 仓模式，例如，对于一些易燃易爆货物，亚马逊仓库是拒绝接收的。此外，为降低管理成本，简化业务操作程序，亚马逊对客户线下履单服务实施标准化运作，如果跨境电商出口企业想针对终端客户开展某些个性化物流配送服务，满足客户多样化需求，提升其消费体验，依托亚马逊 FBA 仓模式往往是无法实现的。

亚马逊 FBA 仓模式具有低出货率导致高仓储成本的特征。亚马逊公司的仓储服务收费主要由仓储费用、产品佣金两部分组成，仓储费用是根据卖家产品在亚马逊仓库中每天所占的平均体积来计算的。仓储费率分为两种：标准尺寸和超大尺寸，每个月的 7～15 日之间亚马逊会收取上个月的月度库存仓储费。根据月份不同，仓储费也会变化，年终购物旺季仓储成本明显变高。此外亚马逊每年额外征收两次长期仓储费，在仓库中储存长达 6 个月及以上的滞销产品，需缴纳长期仓储费。我国跨境电商出口企业的商品在亚马逊跨境电商平台的出货率和仓储时间将直接影响仓储成本，进而影响商品出口利润。一旦商品滞销，出货率较低，在亚马逊仓储时间过长，就会导致仓储成本急剧攀升，甚至超过低价商品自身的价格。因此，卖家最好谨慎选择库存产品，提高仓库利用效率。

亚马逊 FBA 海外仓模式适用以下三种跨境电商出口企业使用：第一类是刚刚开展跨境电商出口贸易的企业，这类企业开展跨境电商业务时间短，未来业务发展走势不易把控，尚未在进口国建立稳定的跨境电商客户群，使用亚马逊 FBA 海外仓模式，能够充分利用亚马逊跨境电商平台的品牌影响力，基于亚马逊平台固有客户群开发新客户，可以大大节约跨境电商出口市场开拓成本并快速建立消费客户群。第二类是缺乏品牌效应和跨境仓储物流人才与管理经验的中小型消费品生产企业，这类企业在跨境电商业务方面尽管已经积累了一定的顾客，但由于自有品牌影响力不足，加之独立开展跨境仓储物流业务经营风险较大，采用亚马逊 FBA 仓模式可以有效利用亚马逊跨境仓储物流方面的业务网络来实现自己的商品配送，有效降低物流配送所引发的跨境出口贸易风险与成本。第三类是品牌成熟但在目标国市场销量不大的耐用消费品跨境电商出口企业，此类企业的商品消费周期长，短期内消费数量可控，不存在紧急大量调货的情况，可采用定期稳量运输方式向进口国市场供货，以亚马逊 FBA 海外仓模式作为目标国货物配送与售后服务形式，既能降低仓储运营成本，又不影响客户消费体验。

11.2.2.2　自营海外仓模式及特征

由于亚马逊 FBA 仓模式和第三方海外仓模式都有各自的缺点，所以有不少跨境商家企业选择自己建立和运营海外仓，仅为本企业的产品提供仓储、通关、报税、配送等服务。自营海外仓模式具有适用货物类型广、方便发挥品牌效应、建设成本高、专业人才短缺等特征。

自营海外仓模式具有适用货物类型广的特征。企业在进口国境内自建仓库，可以根据海外市场的需求数量和特点，进行仓库的选址、建设仓储容量等工作。仓储货物类型和周期均不受其他业务关联方约束，跨境电商出口企业可以完全自由地处理相关事务，方便且及时地满足进口国批发商的进货需求。

自营海外仓模式具有方便发挥品牌效应的特征。在海外目标市场自建仓储系统，向进口国经销商和消费者直观展示企业的资产实力，有助于树立优质的企业品牌形象，扩大出口企业在海外市场的知名度和影响力。自建海外仓模式在一定程度上能增加商品的访客数和曝光率，激发消费者的购买欲望。

自营海外仓具有建设成本高的特征。出口企业对于建设自营海外仓面临的最大困难就是建设成本高，运营风险大。建设自营海外仓初期的资本投入较大；业务经营涉及两国海关、法律、财务、税收事务等诸多问题；此外倘若出口企业的产品在海外的销售数量不足，但自建仓投入过大会增加单件产品的国际物流与仓储成本，直接影响其国际市场竞争力。

自营海外仓具有专业人才短缺的特征。跨境电商出口企业建设自营海外仓所面临的关键问题是从事跨国经营管理的专业人才短缺。无论是在我国自己的国际仓储和物流配送管理人才方面，还是在海外本地化经营管理方面，跨境电商出口企业都面临着人才短缺、供不应求的情况。

自营海外仓模式适用于以下两种跨境电商出口企业使用。第一类是具有良好品牌效应的易耗性消费品大型出口贸易商，此类跨境电商企业出口的商品短期内消费数量大，品种多，消费者对物流配送速度要求高，采用自建仓模式能够较好地适应目标国消费品市场需求，巩固自身品牌形象，发挥品牌的市场影响力。第二类是已经开展跨国经营的国内大型消费品生产企业，此类企业已经拥有开展跨国经营所需的人力资源和相关的管理经验，甚至早就在目标国设立了分公司或子公司，形成了基于公司内部化的全球产业链整合，其采用自建仓模式能够充分满足公司的全球化战略与布局需要，同时母公司也具备在海外自建仓的能力、资源和条件。

11.2.2.3 第三方海外仓模式及特征

第三方海外仓模式是指由第三方企业建立并运营的海外仓，可为跨境电商出口企业提供清关、入库质检、接受订单、商品分拣、配送等服务。这种模式的建仓成本、风险、经营难度均介于亚马逊 FBA 仓模式与自营海外仓模式之间。第三方海外仓模式具有建仓成本低、排他性合作、服务质量和选址受制于第三方等特征。

第三方海外仓模式具有建仓成本低的特征。第三方海外仓模式常采用两种建仓方式：一种是跨境电商出口企业直接租用进口国境内第三方物流公司现有的海外仓库，借助进口国境内第三方物流公司自有管理信息系统、人力资源、业务网络对出口货物进行仓储、配送等管理，跨境电商出口企业需要向第三方物流公司支付仓储费用及进口国境内物流操作费用；另一种是跨境电商出口企业与进口国境内第三方物流公司合作建设海外仓，成立一个新的仓储物流企业，由跨境电商出口企业投入资本、设备等，进口国第三方物流公司提供仓库、人力资源、服务网络等，双方共同管理和运营。在这种方式下，跨境电商出口企业仅需支付货物的国际物流费用，无须负担进口国境内的物流费用。两种建仓方式都能帮助跨境电商出口企业解决进口国境内本地化经营的难题，出口企业可直接利用进口国境内现成的物流服务网络，使物流配送业务短期内即可完成，大大降低经营风险和成本。

第三方海外仓模式具有排他性合作的特征。第三方海外仓模式下，跨境电商出口企业可在合作协议中要求第三方物流公司在运输、配送方面提供排他性服务，物流配送所使用的运输工具、服务人员的衣着服饰等均能标识跨境电商出口企业的 LOGO 等信息，有助于提高跨境电商出口企业品牌的曝光率。此外，建设第三方海外仓服务模式对跨境电商出口企业和进口国第三方物流公司而言，都具有一定的战略投资意味，可为双方进一步的经营模式创新提供良好的基础。

第三方海外仓模式具有质量和选址受制于第三方的特征。跨境电商出口企业选择建立第三方海外仓模式，必须依靠进口国第三方物流公司服务网络与经营管理经验。第三方公司的物流覆盖网络、物流节点选址及其物流服务与管理水平将直接影响跨境电商出口企业海外仓战略实施的最终经济效益。如果跨境电商出口企业能和优质的第三方物流公司合作，跨境电商出口企业不仅能够解决商品的物流问题，而且能够在资金流、信息流、技术流层面获得进口国额外的溢出效应。

第三方海外仓模式适用于已经实施品牌建设且日出货量较大的中型消费品生产企业，特别是相同产地的同类消费品生产企业形成产业联盟时，更倾向于采用第三方海外仓模式将联盟企业旗下产品以整体打包的形式运至第三方仓库，通过这种产业联盟下的物流仓储合作，实现跨境电商联盟企业与第三方物流企业的双赢。例如，2022 年，大龙网集团与荷兰物流仓储企业 IAA 合作，IAA 针对中国业务，设立了专业的运营团队，配置了进口货物存放区域，还提供包含末端尾程服务的从头程到尾程的一站式解决方案、一件代发以及 7 天 24 小时全程转运等服务，这次合作充分实现了两企业的优势互补和利润共享。

11.2.3　海外仓的功能

海外仓具有多种功能，除了存储货物外，还可以为跨境电商出口企业提供多种服务，主要包括发货和代收、退货换标、保税、中转、运输资源整合、拆包拼装等六大功能。

11.2.3.1　发货和代收功能

海外仓可以为跨境电商出口企业提供发货和代收货款服务。一来出口企业无须在本国发货，而是直接在目的地国家发货，大幅降低其成本费用。二来由于跨国交易存在较大风险，为了降低交易风险，解决资金结算不便、不及时的难题，在合同规定的时限和佣金费率下，海外仓在收到货物的同时，可以提供代收货款增值业务。

11.2.3.2　退货换标功能

海外仓可以为跨境电商出口企业提供退货换标服务。当跨境电商卖家遇到产品遭用户退货、商品链接审核不合格或无效、商品被告侵权、账号被封等情况，海外仓的退货换标功能就凸显出来。跨境电商出口企业将没有质量问题的商品运到海外仓，海外仓的工作人员会将商品进行换标处理，重新打包，使商品重新获得在平台上架销售的机会，减少出口企业的经济损失。

11.2.3.3　保税功能

海外仓可以为跨境电商出口企业提供保税服务。当海外仓经海关批准成为保税仓库时，其功能和用途范围更为广泛，海关通关流程和相关手续则更为简单。同时，在保税仓库可以进行转口贸易，以海外仓所在地为第三国，连接卖方和买方国家，能有效躲避贸易制裁。此外在保税海外仓内，还能进行简单加工等增值服务，有效丰富仓库功能，提升产品竞争力。

11.2.3.4　中转功能

海外仓可以为跨境电商出口企业提供中转服务。出口企业先将货物通过空运或海运等方式发到目的国海外仓，再从海外仓发往卖家所在的亚马逊 FBA 仓，以此来降低部分环节的延误风险。该功能有效帮助跨境卖家补充库存，防止爆款产品断货，为旺季大促提供强有力的保障措施；此外海外仓中转对于货物本身的要求较低，帮助卖家派送更多不同类型的产品。

11.2.3.5　运输资源整合功能

海外仓可以为跨境电商出口企业提供运输资源整合服务。为了实现对国内仓库的上游供应商资源和国外仓库下游的客户资源更好地进行整合，满足物流高时效的配送要求，分别将国内仓库作为共同配送的终点、海外仓作为共同配送的起点，实现对运输资源的有效整合，达到运输的规模效应，降低配送成本。

11.2.3.6　拆包拼装功能

海外仓可以为跨境电商出口企业提供拆包拼装服务。跨境电商出口企业将货物运送至海外仓后，由仓库将整箱货物进行拆箱，同时根据客户订单的要求，为地域环境集中的用户提供拼装业务，进行整车运输或配送。

11.2.4　海外仓的发展现状

信息技术和物流系统的快速发展，促进跨境电子商务蓬勃发展，国际海外仓需求增大，发展势头不可小觑。

11.2.4.1　国际海外仓发展现状

国际方面，海外仓发展势头强劲，呈现出美国海外仓数量第一、加拿大海外仓增速第一、东南亚市场表现突出和海外仓单仓面积逐渐缩小等特征。

美国海外仓数量第一。据 2022 年跨境眼观察发布的《2022 海外仓蓝皮书》报告显示，截至 2021 年 12 月，海外仓数量排名前十的国家为美国、英国、德国、日本、澳大利亚、加拿大、俄罗斯、西班牙、法国、意大利，海外仓总数高达 1 810 个。从海外仓数量来看,美国海外仓数量遥遥领先,达到 925 个,为第二位英国海外仓数量的 4 倍(英国拥有 224 个海外仓);英国、德国的海外仓数量不相上下,均超过 200 个,而日本的海外仓数量则超过 100 个。此外,美国海外仓在 2020 年的高基数下依旧增长迅猛,美国作为中国卖家的主要市场,海外仓需求高涨,其 2021 年仓库总面积达 1 007.47 万平方米,近 3 年的单仓平均面积也均超过 10 000 平方米。

加拿大海外仓增速第一。2021 年,海外仓增速有所放缓,但加拿大以 155.88% 的增速领跑。加拿大海外仓的高增速,一是因为 2021 年 4 月的亚马逊封号潮,与美国相邻的加拿大成为众多卖家奔赴、建设海外仓的选择之一。二是因为加拿大当地电商市场具有巨大的增量潜力与蓝海空间,进入的卖家增多和看到机会提前布局的服务商增多。此外,2021 年,亚马逊 FBA 仓在加拿大的数量从 2020 年的 9 个迅速增加到 25 个,纵腾谷仓、递四方等中国企业也均在加拿大建新仓。

东南亚市场表现突出。与成熟市场相比,新兴市场的海外仓数量普遍不多,但东南亚国家表现较为突出。据 2022 年跨境眼观察发布的《2022 海外仓蓝皮书》报告显示,截至 2021 年底,新兴市场中,东南亚的海外仓数量最多,2021 年东南亚国家拥有共计 71 个海外仓。继 2020 年签署《区域全面经济伙伴关系协定》(RCEP)后,到 2022 年 1 月该协定落地,中国与东盟双方经贸合作预期会进一步提升,将带动跨境电商行业、跨境电商物流、海外仓行业的高速发展。目前,Shopee 在马来西亚、泰国、菲律宾、越南等多个国家设立了海外仓,Lazada 也在东南亚建立了以中国中心仓为枢纽,以东南亚多国海外仓为站点的海外仓网。

海外仓单仓面积逐渐缩小。综合仓库总面积和单仓平均面积情况,英国、德国、日本和加拿大等主要国家和地区仓库总面积均呈上升趋势,但平均单仓面积却在逐年减少或相对持平。据 2022 年跨境眼观察发布的《2022 海外仓蓝皮书》报告显示,英国、俄罗斯平均单仓面积在 8 000 平方米左右,德国则在 7 500 平方米左右,其他国家的平均单仓面积为 4 500 ~ 7 000 平方米。新增海外仓以中小型仓库为主,一是由于海外仓仓租、人工成本普遍上涨,越来越多服务商减少选择租用大仓,以分仓模式或共享仓模式应对现状。二是由于除美国外的其他市场,卖家对海外仓的需求以中转、一件代发为主,总体需求虽有增长但增长平稳,且品类以中小件为主,周转率较高,中小型仓即可满足需求。

11.2.4.2 国内海外仓发展现状

海外仓是跨境电商重要的境外节点,对跨境电商发展和国际市场拓展起到重要支撑作用。我国海外仓发展呈现出海外仓数量迅速增长、国内政策支持海外仓发展、大幅推动跨境物流的发展等特征。

海外仓数量迅速增长。商务部发布的数据表明:截至 2021 年 12 月,我国海外仓数量已超过 2 000 个,总面积超过 1 600 万平方米。其中,在北美洲、欧洲、亚洲等地区的海外仓总数量占比接近 90%,服务范围覆盖欧洲、美国、澳大利亚、"一带一路"沿线国家和地区。此外，国内物流商、国际货代公司、快递公司、跨境电商巨头等纷纷加快海外仓的建仓或扩仓进程：2020 年阿里巴巴旗下速卖通新增法国、波兰和比利时仓，2021 年速卖通新增英国和德国仓；2021 年中国企业递四方新增法国仓，扩增波兰仓，2022 年递四方新增马来西亚仓。目前，递四方已在全球铺设 30 余个海外仓，超 50 万平方米，覆盖美国、加拿大、澳大利亚、日本、英国、德国、西班牙、捷克等国家；2021 年中国企业谷仓海外仓在全球原 8 个国家的海外仓全部扩仓，同时将新开日本和加拿大仓，新增海外仓面积 30 万平方米，总面积已突破 150 万平方米。此外，国内物流巨头京东、顺丰、韵达等也纷纷跑步跨入跨境物流行列。

国内政策支持海外仓发展。我国出台多项政策，全力支持海外仓建设。2021 年 3 月，商务部印发《中华人民共和国国民经济和社会发展第十四个五年规划和 2035 年远景目标纲要》，明确指出要鼓励建设海外仓，保障外贸产业链供应链畅通运转。2021 年 7 月，国务院办公厅印发《关于加快发展外贸新业态新模式的意见》，明确要鼓励传统外贸企业、跨境电商和物流企业等参与海外仓建设，提高海外仓数字化、智能化水平。2021 年 10 月，商务部、中央网信办、发展改革委联合发布《"十四五"电子商务发展规划》，支持跨境电商和海外仓发展，开展海外仓高质量发展专项行动等。2021 年 11 月，商务部发布《"十四五"对外贸易高质量发展规划》，鼓励引导多元主体建设海外仓，培育一批在信息化建设、智能化发展、多元化服务、本地化经营方面特色鲜明的代表性海外仓，鼓励海外仓企业整合国内外资源，向供应链上下游延伸服务。2022 年 1 月，商务部等 14 个部门发布《国务院办公厅关于促进内外贸一体化发展的意见》，要求扎实推进跨境电子商务综合试验区建设，鼓励跨境电商平台完善功能，更好地对接国内国际市场。

海外仓大幅推动跨境物流的发展。部分龙头企业已经建成先进的信息管理系统，能够实时对接客户、对接商品、对接仓储配送等信息。除了传统仓储配送业务以外，还创新开展了高质量的售后、供应链金融、合规咨询、营销推广等增值服务。海外仓已经成为支撑跨境电商稳定发展、延长贸易链条、拓展国际市场的新型外贸基础设施，逐步成为提升物流效率、减少长期物流成本、优化供应链管理等方面不可或缺的助力。

11.2.5　海外仓建设存在的问题

当前海外仓建设存在诸多问题，包括海外仓成本高，资金有限；海外仓信息化程度较低，人才缺乏；海外仓库存压力较大，响应缓慢；监管体制不健全，法律未完善等问题。

11.2.5.1　海外仓成本高，资金有限

我国的海外仓建设面临成本高，资金有限的问题。海外仓的成本主要包括建设、运输和运营三个部分。建设成本方面：我国跨境电商目标市场主要聚集于发达国家，因此海外仓也多建于发达国家，但是在发达国家地区，其土地、雇员、建材等成本高昂，建

设一个海外仓库需要耗费较多的资金。运输成本方面：跨境电商出口企业以快递、海运、空运等方式，将商品从货源地运到海外仓，产生大幅运输成本；当跨境订单生成后，暂存在海外仓的商品经由本地配送交付给客户，产生本地物流费用。运营成本方面：海外仓前期需要投入大量资金来维持运营，短期内难以达到像亚马逊那般利用高度自动化、规模化的配置运营及先进的技术手段来降低成本。此外，目前我国跨境电商企业在海外仓建设与运用方面，仍处于各自为政的局面，缺少相互协作来共享海外仓资源，导致海外仓的资源利用率不高，没有充分地通过海外仓的共享来降低运营和维护成本。同时，部分跨境电商企业对东道国的法律法规等不够熟悉，也常常会在建设和运营海外仓时承担一定的政策风险，甚至遭到东道国的罚款。

11.2.5.2 海外仓信息化程度较低，人才缺乏

我国的海外仓信息化程度有待提升，缺乏专业的运营和管理人才。当前海外仓的物流信息系统与跨境电商平台对接不完善，现阶段多依靠劳动密集型作业方式提供仓储物流服务，导致处理速度慢、信息错误等问题频频发生，以致遭到客户多次投诉，恶化了客户的跨境购物体验。此外，海外仓运营和管理人才匮乏也是制约我国跨境电商企业使用海外仓的关键因素。传统的物流、仓储人才已经难以满足海外仓运营管理的需要，海外仓的运营管理者需要具备专业的物流、仓储管理知识，还需要充分研究东道国的法律法规等。我国大部分中小跨境电商出口企业很难招募到这种复合型人才，制约了企业对海外仓的应用。

11.2.5.3 海外仓库存压力较大，响应缓慢

我国的海外仓也面临库存压力较大，存在响应不及时的问题。由于中小型跨境电商企业缺乏稳定的销售数据以及库存管理经验，对产品库存的准确预判非常困难。一旦商品流通速度慢或处于销售淡季时，海外仓的库存压力就会增大，甚至可能出现爆仓的情况。倘若将流通速度慢或处于销售淡季的商品运回国内，则可能产生较大的运输支出，甚至会超过商品本身的价值，使跨境电商企业遭受巨大的经济损失。此外，我国的海外仓技术比较落后，很多建仓企业为了控制成本不愿投入过多的资金来购置先进的设备和软件，因此海外仓在入库、操作、发货等方面普遍不如国内仓库，存在响应缓慢、信息不准等问题，海外仓的商品流通空间被挤压，难以获得最大的运营效益。

11.2.5.4 监管体制不健全，法律未完善

我国的海外仓建设还面临监管体制不健全，法律未完善的问题。由于海外仓发展的时间较短，各国尚未完全形成一套完整的海外仓法律和监管体系。跨境电商出口企业如果利用监管漏洞，进行灰色清关，这种投机行为一旦被当地海关等检察机关发现，出口企业会面临巨额罚款，进而影响到中国跨境物流海外仓的国际形象，使得本国的其他出口企业面临更加严格的重点检查和清关检验。

11.2.6 海外仓的发展趋势

为了解决当前海外仓建设的难题，未来我们可以从如下方向优化升级海外仓，使其更多地服务我国的跨境电商出口企业。综合运用多种投融资手段，为海外仓企业提供资金支持；借助数字技术打造智慧物流系统，提升海外仓信息化水平；整合已有平台资源，对海外仓建设进行科学选址和布局；完善相关法律法规，为海外仓建设保驾护航等。

11.2.6.1 综合运用多种投融资手段，为海外仓建设提供资金支持

传统外贸企业、跨境电商和物流企业等各类主体应综合运用多种投融资方式，来参与海外仓建设。政府可充分利用出口信贷等政策措施，引导企业因地制宜地采用自建、合作合资、租赁等多种方式建设海外仓。例如，宁波跨境电商综合试验区和中国信保联合推出的"易跨宝"、湖州商务局和中国信保联合推出的"跨信融"等，为跨境电商卖家和跨境电商服务商提供全套风险保障和融资支持。跨境电商出口企业还可成立跨境电商物流海外仓联盟，系统整合各出口企业的资源，实现联盟内的资源共享和信息共享，达到互利互惠，共同进步。此外，已经拥有海外仓的企业可以创新开发海外仓的平台服务功能，提供多样的第三方服务，增加仓储利用率，减少资源浪费。

11.2.6.2 借助数字技术打造智慧物流系统，提升海外仓信息化水平

跨境电商出口企业可充分利用数字技术打造智慧物流系统，提升海外仓的数字化和信息化水平，实现降本增效。由于前期的平台交易、通关检查、物流、支付等环节积累了大量的用户网络行为数据，出口企业可利用大数据技术通过数据挖掘，分析当地消费者的商品购买行为种类及消费习惯，提高市场需求预测精确度。在此基础上，进行备货和运货，可提高跨境海外仓的货物配置效率，避免不必要的库存堆积，提高海外仓利润。出口企业还可将人工智能和物联网技术广泛应用于商品推荐、搜索排序、物流配送等领域，提高拣货效率，实现仓储物流和配送货物的自动化、智能化、标准化和信息化。此外，出口企业也可以积极使用区块链技术，保证与消费者交易过程的安全可靠性，加强追踪监管全流程服务。

11.2.6.3 整合已有平台资源，对海外仓建设进行科学选址和布局

跨境电商出口企业应充分整合已有的平台资源，对海外仓进行科学的选址和布局，使其发挥最大的经济效益。仓库位置影响着头程运输成本及尾程配送的成本和时效，所以要理性地选择海外仓的位置。合理的仓库选址可以有效节省尾程物流派送成本，解决消费者购物等待时间长的问题，完善售后服务水平，提升消费者购物体验，增加用户购物黏性。因此物流成本最小、配送效率最高、周边地区辐射范围最广、退换货服务最优是选择仓库位置的最终目标。为了选择最优的海外仓位置，出口企业需要充分考虑多种影响因素，避免重复建设与企业间的恶性竞争，建立完善的海外仓服务网络，以海外仓

平台带动各地优势产业出口，提升当地市场占有率。

11. 2. 6. 4　完善相关法律法规，为海外仓建设保驾护航

由于海外仓尚处于起步发展阶段，我国应结合实际情况，建立和完善跨境物流、海外仓建设等方面的法律法规，为海外仓的发展营造良好的制度环境，为海外仓保驾护航。要将跨境贸易活动的信息安全及信用保障作为工作重点，进一步优化海外仓出口退税管理，完善外汇结算体系，加强海外仓市场准入、市场监管制度建设。针对海外仓的不同运营方式，要根据实际情况因地制宜，以提升工作效率。同时，在制定法律时，要注重将国内的法律与相关的国际法律接轨，能够对规范行业运营管理、进一步推广海外仓发展起到积极促进作用。

扩展阅读

绿色理念贯穿快件全流程，顺丰多举措推进"零碳未来"

4月22日是世界地球日，作为一家肩负社会责任的企业，顺丰响应国家"双碳"政策号召，近日正式发起业内首个"零碳未来"计划。

据悉，多年以来，顺丰一直通过科技创新，在快递的容器包装、运输、转运等多层面融入绿色理念，以此提升自身的资源利用率，降低碳排放和能源消耗，践行环保社会责任。顺丰"零碳未来"计划通过整合各项绿色环保举措，并打造数智碳管理平台构建标准碳管理体系，将绿色价值延伸至产业链，携手上下游伙伴及客户，帮助合作伙伴加速低碳转型，实现绿色发展，共建"零碳未来"。

顺丰通过在人工智能、大数据、机器人、物联网、物流地图、智慧包装等前沿科技领域进行前瞻性布局，结合新能源应用，将科技力量注入每个快件的全生命周期，助力"收转运派"全流程的提质增效和低碳减排。

在末端收派环节，顺丰应用自研大、小型无人机，运用智能无人机技术，扩大业务投送范围，提供高效率、高经济性且低碳的物流服务。在中转环节，顺丰基于大数据最优配置仓储资源，引进全自动化分拣和场地管理系统，实现仓储和转运的效率提升，提高能源使用效率。在运输环节，顺丰应用智能地图进行运输路线规划，结合快件时效、距离等因素，通过智能算法提供路径最优解。同时，公司依托大数据分析和深度学习技术，整合货运路线与运力资源，实现车辆与货物的精准匹配，提升陆地运输效率。

为进一步推进"零碳未来"计划，顺丰构建了标准的碳管理体系，并上线了数智碳管理平台——丰和可持续发展平台。通过整合集团碳排放与碳减排数据，覆盖包装、运输、中转、派送等多个环节，共计60余个典型场景，120余项指标。平台

纳入的数据源包括车辆用能、货机用能、铁路运输、场地用电、冷仓冷剂、员工通勤及各碳减排项目的排放数据，实现碳排放数据数字化管控，协助追踪碳目标完成进度。

基于该平台的标准化碳管理底盘能力，可通过提供碳核算服务、标准化低碳物流产品、定制化低碳供应链解决方案，将平台能力快速复用至产业链上下游伙伴，助力客户可持续发展，共筑"零碳未来"。目前该平台已获第三方权威机构 SGS 认证。

顺丰积极在社会层面推行环保理念，倡导低碳生活、提高减碳意识，希望企业和消费者都能积极参与到循环包装的使用中来，才能让快递废弃物更少，让环境更美。

顺丰于 2020 年起提出"箱伴计划"，发起创意纸箱改造行动，激发用户动手对旧纸箱进行改造再利用，同时传递变"废"为宝的环保理念。2021 年，顺丰"箱伴计划"在上海、广州、深圳等地落地，投放了数十万个限定版顺丰创意纸箱，让更多普通用户零门槛、零难度地参与到环保行动中来。

2021 年底顺丰上线绿色碳能量平台，倡导消费者通过选择使用循环包装获得"绿色能量"，并进行积分兑换礼品、优惠券等。2022 年顺丰上线及新增了更多减碳场景，将推出更多低碳服务和兑换权益，携手消费者共创低碳生活。

资料来源：张晓鸣. 绿色理念贯穿快件全流程，顺丰多举措推进"零碳未来"[EB/OL]. 文汇网，https：//www. whb. cn/zhuzhan/cs/20220422/462394. html，2022 – 04 –22.

◎ **本章提要**

智慧物流是通过大数据、云计算、物联网、区块链等智慧化技术与手段，提高物流系统思维、感知、学习、分析决策和智能执行的能力，提升整个物流系统的智能化、自动化水平，实现物流行业整体的降本增效。由于我国的智慧物流行业发展仍处在初级阶段，发展中存在一些突出的问题，如物流成本上涨、物流效率偏低、信息化程度落后等问题，同时也面临国内需求收缩、供给冲击、预期转弱的内部环境挑战。未来我国发展智慧物流，可以朝着加快物流基础设施建设，推动物流数智化发展；完善供应链物流，重塑供应链格局；推广绿色物流，实现"双碳"目标等方向发展。海外仓模式是指国内企业将商品通过大宗运输的形式运往目标市场国家，在当地建立仓库、储存商品，再根据当地的销售订单，第一时间作出响应，及时从当地仓库直接进行分拣、包装和配送的模式。然而，信息化程度较低、库存压力较大、监管体制不健全、法律未完善等问题还制约着我国海外仓模式的快速发展。未来我国的物流企业可以整合现有的平台资源，对海外仓建设进行科学选址和布局，实现降本增效的目的。我国政府应提高金融服务创新力度，为海外仓企业提供资金支持和政策扶持；完善相关的法律法规，为海外仓建设保驾护航，推动我国跨境贸易的发展等。

◎ **概念复习**

智慧物流　车货匹配　众包物流　物流云服务　海外仓　"双碳"目标

◎ **阅读资料**

（1）科技司. 交通运输部国家标准化管理委员会关于印发《交通运输智慧物流标准体系建设指南的通知》[EB/OL]. 中华人民共和国交通运输部网站，https：//xxgk. mot. gov. cn/2020/jigou/kjs/202210/t20221024_3699366. html，2022 – 10 – 24.

（2）罗珊珊. 布局拓展延伸，畅通外贸供应链 [N]. 人民日报，2022 – 01 – 19（03）.

（3）日日顺供应链牵头制定首个智慧物流服务国家标准 [EB/OL]. 北青网，http：// culture. ynet. com/2022/10/21/3537228t467. html，2022 – 10 – 21.

◎ **课后思考题**

（1）请简述智慧物流和海外仓的定义。

（2）在智慧物流的作业层中，主要包含哪几个环节？

（3）智慧物流具备哪几个特征，请举例说明。

（4）请概括亚马逊 FBA 仓的适用企业并举例说明。

（5）针对第三方海外仓模式的缺点和不足之处，请提出你的建议。

（6）请简要谈谈海外仓未来的发展趋势。

第 12 章
数字营销

学习目标

(1) 对数字营销、网络营销、社会化媒体营销以及大数据营销的基本概念进行辨析，掌握这几种营销方式之间的共同之处和基本差异；

(2) 了解数字营销的发展历程，归纳总结数字营销在不同阶段的时代背景、关键特征以及营销策略的变化；

(3) 了解新时代数字营销的分析框架，掌握 5A 模型、PAR 和 BAR 以及四种产业原型等重要概念；

(4) 掌握数字营销的发展趋势以及在数字经济时代营销的转型策略。

内容提要

随着高新技术的快速发展，科技已经越来越融入并且影响我们的生活，当前信息技术已经被广泛应用在各行各业中，在营销行业中也得到了充分的应用，尤其是数字营销行业的应用。伴随着数字经济的发展，数字营销逐步渗透于互联网环境下各类营销活动、运营之中，深刻影响着企业与消费者之间的互动，为整个营销领域带来了革命性的冲击和变化，为商家提供了一种全新的广告、洞察客户、吸引关注以及推广商品的方式，数字营销中的重要角色都在市场推广和技术应用模式上持续创新，加之与人工智能、大数据、云计算等新科技的结合，数字营销在市场当中的竞争优势也得以展现。本章内容从数字营销的概念讲起，对数字营销相关概念进行辨析，帮助更清晰地把握数字营销的内涵，随后分四个阶段梳理了数字营销的发展历程，并介绍了新时代的数字营销完整的分析框架，最后总结数字营销的发展趋势以及分析企业数字化营销转型的具体步骤。

12.1 数字营销相关概念辨析

对数字营销的学习需要先掌握其基本概念，由于目前数字营销的概念尚未形成统一的表述，并且容易同网络营销、社会化媒体营销以及大数据营销等相关概念产生混淆，因此在学习当中除了要掌握数字营销本身的含义，还需要对这些相关概念进行辨析，掌握这几者之间的异同点。

12.1.1 数字营销基本概念

数字营销是一个笼统的术语，根据英国《金融时报》的解释，"数字营销"一词随着时间的推移逐渐演变为一个用来描述使用数字技术获取客户、建立客户偏好、推广品牌、留住客户和增加销售的过程的概括性术语。根据美国营销协会的公司中心定义，数字营销可以被视为由数字技术驱动的，能够给消费者和其他利益相关人创造、传播、交付价值的所有活动、机制和过程的总称。一些文献将其定义为使用数字技术对商品或服务进行有针对性的、可衡量的和交互式的营销，以便接触潜在客户使其产生实际的购买行为并且长期留存，主要目标是通过几种数字营销技术来推广品牌、塑造偏好和促进销售。从各类定义来看，虽尚未对数字营销形成一个统一的表述，但有着一定的共识，即借助各类信息和数据技术的综合运用来实现营销，是一类偏向由技术来驱动的营销。

对于技术的依赖以及强调，耦合于营销模式的发展历程，企业同消费者之间的互动和交流呈现出了高频次、跨空间的趋势，传统的营销模式已经很难适应现代营销发展的需求。因此，对于信息技术和数据的运用已成为推动营销向前发展的重要支撑，数字营销中包含了诸多对于数据和信息技术化的运用，在实践中也表现出多样化的形态。

数字化营销同时也是涵盖数字化市场开发、数字化销售、数字化服务和数字化智能在内的整合营销手段。它跳脱"数字化"本身，作为涵盖线上和线下业务、整合一系列传统业务职能的一种新的商业模式而存在，本质是通过整合了线上和线下以加速业务新增长，突破传统业务模式下的增长瓶颈。数字营销本质上是一场关于数据和技术的营销革命，有革命才会有进步，它对整个营销行业的发展趋势起着决定性的作用，数字营销发展到今天，作为独立的学科体系，作为主流的营销模式，已经渗透到企业组织的方方面面。受惠于时代的进步，得益于观念的更新和商业模式的创新，数字营销正走向更好的未来。

12.1.2　数字营销与网络营销

网络营销在 20 世纪 90 年代末开始初现端倪，但受限于当时网络技术的约束，仅仅只停留在概念阶段，直到 21 世纪初期，网络营销的定义才开始逐渐明确。罗伯特·费舍尔（Robert Fisher）在《网络营销》一书中提出："网络营销是通过在线活动和客户关系的维护，来协调满足公司与客户间交换产品和服务的目的，它包括 5 个基本要素：过程、关系维系、在线、交换与需求满足。"其他各类表述包括"通过在线商店、在线采购、网络拍卖、电子邮件等一系列形式构建的在线消费模式""泛指以互联网为平台，使用数字化技术和网络媒体来实现营销目标的一切过程"等。

数字营销经常被认为等同于网络营销或电子营销，这其实是错误的，数字营销与网络营销的相似之处在于借助对互联网及通讯技术的运用，致力于在虚拟环境下达成销售目标，但不同之处在于，网络营销更加强调网络场景的运用对于消费的促进，如广告投放、竞价排名等，主要是服务于产品、服务的销售和推广；而数字营销在此基础之上，还强调了对于客户数据平台、数据采集与分析、广告监测等方面的构建。

12.1.3　数字营销与社会化媒体营销

社会化媒体营销指的是运用博客、微博、社交平台、论坛等多种类型的社会化渠道，提升客户对于企业品牌、产品、组织的知名度和认可度，以达成直接或间接的营销目的。具体的营销类型包括微博营销、博客营销、社交营销、虚拟游戏营销等。从各类营销模式的发展趋势来看，社交营销已逐步成为主流，类似借助于短视频、微信、社群等形式的营销活动变得越发普及与流行。

社会化媒体营销突出的是社交、互动与传播，是通过社交化场景来达成营销目的。数字营销则更为关注对于社交场景中所积累的数据与信息的加工、处理、分析与应用，关注的是信息的精准接触与匹配，进而实现营销的目的。社会化媒体营销和数字营销的区别可以概括为前者较大程度上是被包含在后者的整个框架体系内，数字营销为社会化媒体营销提供了开展各类营销活动的基础支撑。

12.1.4　数字营销与大数据营销

大数据（Big Data）是一种信息资产，该信息资产是通过全新的处理模式以拥有更强的分析力、针对性和优化能力，它不能通过传统的常规应用程序进行收集、处理和管理，它是一种多样化的、一直在持续更新变化的资产。根据维克托·迈尔－舍恩伯格及肯尼斯·库克耶编写的《大数据时代》中的观点，大数据是运用所有的数据进行分析和处理，而不是用传统的随机分析或抽样调查的方法。IBM 提出大数据有五个特点：Value（低价值密度）、Velocity（高速）、Variety（多样）、Volume（大量）、Veracity（真实性）。大数据技术就是在大量数据信息的基础之上，对这些数据所含的意义进行处理。通过把其储存的历史数据与实时更新数据进行结合，进行分析、处理，进一步开发出需要的新模型。大数据应用已逐步普及并渗透于营销领域中。所谓的大数据营销，就是运用大数据分析技术对不同来源的数据进行汇总、重组、挖掘以及分析，来探索其中的规律，发现影响消费者购买的主要因素，从而在此基础之上采取针对性的营销活动，来顺应消费者的偏好与期望。

大数据营销突出了对模型、算法和工具的综合运用，与数字营销有较多的交叉和重合，但是数字营销本身并不仅仅局限于相关数据挖掘、分析与运用，这些只是它功能的一部分，因此数字营销相较于大数据营销而言有着更广泛的外延，但两者的相似之处在于两者均意识到了数据、算法的价值所在，并且在实践当中对其加以应用来塑造自身的独特性。

12.2　数字营销的发展历程

随着互联网和信息技术的不断发展，数字营销越来越受到重视，不少企业的营销都开始转向数字营销。过去的十几年里，数字营销发展迅速，为整个营销领域带来了革命性的冲击和变化，本节内容将分为四个部分来介绍数字营销的发展历程，帮助读者清晰了解数字营销发展的过去、现在和未来。

12.2.1　第一阶段：2000~2004年

2000年是数字营销的发展起点，在2000年之前，尽管学者们已经将数字营销的发展潜力纳入考虑范围，但主要还是停留在概念层面。从2000年开始，关注数字互动营销的学术研究开始大量增加起来，2000年"互联网泡沫"爆发，给了世界一记闷棍：营销战略不应该过分依赖于营销大师的建议，而应该基于实践的观察和实际数据，《纽约时报》在2000年发表文章认为，过分依赖学术权威会导致互联网市场疯狂扩张，随之而来的就是泡沫破灭，即尽管互联网越来越火，但互联网却"可能不是一个能快速赚钱的新兴手段"。"互联网泡沫"的爆发让人们开始重新审视对数字营销的科学理解，迫使大家寻求用更严格的科学方法去解释这一领域的现象。

这一阶段的早期，用户作为信息受众或信息源，会利用互联网与其他用户发生联系。消费者通过在门户和在线社区来表达个性化思想，在线体验也影响了他们的线下消费生活，研究人员开始将数字化社区平台作为信息来源进行研究，也开始初步探索有关于在线口碑营销（WOM）① 和在线社区。互联网作为决策辅助工具能够帮助消费者降低搜索成本，从而优化了消费者的选择，随着时间的推移，互联网虽然还会一直帮助消费者进行决策，但营销人员提供的筛选工具，及与搜索成本相关的策略不再是关键手段，选择权之后开始逐渐转移到消费者、网络关键节点和社交媒体这边。除此之外，互联网还充当了智能营销工具，用以预测消费者偏好和消费者行为。将互联网作为智能营销工具不仅可以使消费者受益，获得与自己的偏好匹配度更高的产品，也能使公司受益，获得更高的客户满意度和忠诚度，在这一阶段，除了能够将搜索引擎作为智能营销工具，还能够通过社交媒体数据来获取大量的市场信息，特别是消费者信息。

12.2.2　第二阶段：2005 ~ 2010 年

在上一阶段中，消费者和营销从业者均将互联网作为有效而独立的工具去获得一定利益，消费者本身并没有成为互联网的主人而仅仅是使用者。但在 2005 ~ 2010 年这个阶段，情况发生了改变。这个阶段，大部分消费者在在线社交互动中，通过在线口碑和社交网络的方式对推动数字营销的发展，起到了更积极的作用。发生这样的转变是因为以下几点原因：首先，据美国皮尤研究中心（Pew Research Center）统计的数据显示，互联网普及率已从 2000 年的大约 40% 上升至 2005 年的 50% 以上。这一阶段，人们在生活中使用互联网已越来越普遍，互联网作为在线讨论和信息存储的作用扩大了，互联网这个存储库能够存储与产品、服务和品牌有关的所有有价值的数字信息。其次，用户生成内容（UGC）② 在此期间变得越来越普遍。例如，成立于 2004 年的美国最大的点评网站 Yelp 在 2005 年快速发展，据 Yelp 发布的报告显示，2005 ~ 2006 年，该网站及 App 的评论人数从 12 000 人猛增至 100 000 人，2006 年该网站每月有 100 万名用户，到 2010 年，该公司的营业收入约为 3 000 万美元。另外，本阶段也见证了社交媒体从非主流到主流的进化，众多社交网站开始纷纷成立并抢占市场。例如，Friendster③、MySpace（2003 年成立），当然还有 Facebook（2004 年成立）。这一时代从全球性大品牌（如麦当劳）到区域小品牌如社区牙医都开始使用社交网站 Facebook、Twitter 以及其他社交媒体作为其数字营销渠道。

在这种趋势之下，营销研究者和从业人员开始将在线口碑和社交网络的相关工具应用于营销研究和实践。相较于上一个阶段，本阶段要求研究者和从业者对社交过程和系统有更清晰的认识。新的用户平台，尤其是社交媒体开始允许发布广告，营销人员需要开始关心这种投入产出回报率（ROI）。简单来说，上一个阶段数字营销是营销人员和

---

① 口碑营销（WOM）：WOM 是 Word of Mouth Marketing 的缩写，口碑营销是企业在调查市场需求的情况下，为消费者提供他们所需要的产品和服务，同时制订一定的口碑推广计划，让消费者自动传播公司的产品和服务的良好评价，让人们通过口碑了解产品、树立品牌，最终达到企业销售产品和提供服务的目的。
② 用户生成内容（UGC）：通常指用户将自己的原创内容通过互联网平台进行展示或者提供给其他用户。
③ Friendster：2002 年成立，该网站曾是全球最大的社交网站之一，早于 Facebook 和 MySpace 等社交网站。

用户的使用工具，而在本阶段营销人员和用户反过来积极塑造和发展了数字营销，是数字营销的内容构成部分。总的来说，在本阶段，UGC 的兴起激发了对在线口碑的众多研究，人们开始关注在线口碑如何从在线评论方式上影响销售，并获取新的客户。网络论坛除了表达个人意见外，也开始直接与营销实践相结合。

12.2.3　第三阶段：2010～2014 年

2011～2014 年作为数字营销的第三阶段，其最大的特征就是互联网全面进入了社交媒体时代。在互联网普及方面，2010～2011 年美国的使用率已经达到 80%。同时社交网站开始整合：曾经红极一时的 MySpace 在 2011 年基本上清算完成，同年 Facebook 报告称每天有 2.5 亿名用户登录，这相当于地球上每 13 个人中就有 1 人登录 Facebook。此外，许多新的社交平台在这个时代出现。因此，用户被市场影响的同时也在积极塑造新的市场，许多消费者的生活都存在"永远在线"和"及时连接"的情况，特别是在智能手机如 iPhone 普及之后。第一阶段和第二阶段互联网用户作为消费者和营销商的角色定位在第三阶段得到拓展，社交媒体用户随时成为某一品牌的广告客户、传播者和消费者。同时更有趣的是，现在几乎所有的消费者都变得越来越有"权力"，他们的言论变得越来越有分量。随着个人社交网络变得越来越密集，社交媒体平台也从以前关注社会关系积累转移到互动和内容交付。

在前两个阶段中，我们知道互联网用户具有了新的个性化表达工具，在线口碑（WOM）就与营销开始相关了，可以影响销售。同时，前两个阶段的研究还探讨了用户生成内容（UGC）如何通过社交网络和媒体平台进行传播。在第三个阶段中，消费者不仅仅是 WOM 流的贡献者，还可以放大或破坏营销行为。可以说，是社交媒体的普及和媒介的实时在线使消费者的社会影响力更为突出。消费者已将社交媒体作为他们实现目标、构建身份、社交互动、寻求信息、了解世界的一部分，他们在这些领域的行为可能对自己产生深远的影响，消费者的心理特征和需求已经成为营销绩效的决定因素。

12.2.4　第四阶段：2015 年以来

在上一阶段，消费者的影响力突出，"权力"逐渐转移至客户群。在数字经济时代，用户的参与变得更为重要，共同创造变成是一种新产品开发的战略。通过在创意阶段使客户参与其中共同创造，企业能提高产品开发的成功率。共同创造还使得客户可以定制个性化的产品和服务，并创造更高级的价值主张，客户的参与程度越高，企业的商业化对于客户来说就越透明。

被誉为"现代营销学之父"的美国西北大学教授菲利普·科特勒提出了营销 4.0 的概念，很好地概括了这一时代的营销特点。科特勒在采访中指出：营销 1.0 就是工业化时代以产品为中心的营销，这些产品通常都比较初级，其生产目的就是满足大众市场需求；营销 2.0 是以消费者为导向的营销，其核心技术是信息科技，企业向消费者传递情感与形象，正如宝洁、联合利华等快速消费品企业开发出几千种不同档次的日化产品来满足不同人的需求；营销3.0则是合作性、文化性和精神性的营销，也是价值驱动的营销。如今，西方国家以及东亚部分国家已经进入了丰饶社会。在丰饶社会的情况下，马斯洛需求中的生理、安全、归属、尊重这四层需求相对容易被满足，于是自我实现对于客户变成了一个很大的诉求，营销4.0正是要解决这一问题。

随着移动互联网以及新的传播技术的出现，客户能够更加容易地接触到所需要的产品和服务，也更加容易和与自己有相同需求的人进行交流，于是出现了社群性客户。企业将营销的中心转移到如何与消费者积极互动、尊重消费者作为"主体"的价值观，让消费者更多地参与到营销价值的创造中来。而在客户与客户、客户与企业不断交流的过程中，由于移动互联网、物联网所带来的"连接红利"，大量的消费者行为、轨迹都留有痕迹，产生了大量的行为数据，菲利普·科特勒将其称为"消费者比特化"，这些行为数据的背后实际上代表着无数与客户接触的连接点。如何洞察与满足这些连接点所代表的需求，帮助客户实现自我价值，就是营销4.0所需要面对和解决的问题，它是以价值观、连接、大数据、社区、新一代分析技术为基础来造就的，它是一次思维的变革。

在数字经济时代，数据营销会变成很好的运营工具，但营销的核心，即需求管理、利他、创造价值，这些是不会变的，云计算、大数据、AI能让分析更有效、更快、更精准，但是它们未必能有"战略"的思维，未必能有"人的情感共鸣"的本能。在数据时代，一个企业的价值主张反而变得更重要，在连接时代，有价值观的企业才能真正形成自己的群落，让企业与客户实现共创价值。数据是冰冷的，营销要在数据的基础上直击消费者的心灵，正如另一位已故的哈佛营销学教授西奥多·莱维特（Theodore Levitt）所言：营销更需要想象力。数据营销的能力固然非常重要，但数据应该被战略思维所用，而不是替代它。"人"的世界是不可能全部被数字替代的，所以，大数据、深度学习、人工智能这些力量介入到营销中，改变的是营销技术（Marketing Tech），不是营销战略（Marketing Strategy）。

数字营销不代表要取代传统营销，相反，两者应该在客户路径上相互补充，发挥共存作用。在企业和客户交互的早期阶段，传统营销在建立知名度和引发兴趣方面有重要作用。随着交互的加深，随着用户对企业关系需求的加深，数字营销的重要性也在加深。数字营销最重要的角色就是引发购买，赢得拥护。而由于数字营销比传统营销更容易问责，其关注点就在于产出，而传统营销的关注点在于引发客户交互。总的来说，营销4.0是结合企业和用户线上线下交互的一种营销手法，通过结合形式和实体建立品牌，通过最终用人与人交互补足机器交互来增加用户参与度。它帮助营销人员适应数字经济时代，重新定义营销活动中的关键概念。数字营销和传统营销将在营销4.0时代中共存，最终共同实现赢得用户拥护的终极目标。

12.3　数字经济时代的营销新框架

进入互联互通的数字时代，营销的分析框架也将产生相应的变革，用户购买路径将从 4A 发展到 5A 从而适应连通性所带来的改变，本节内容介绍了 5A 模型的具体内容，以及根据 5A 模型测量出来的用于衡量数字营销效果的两个关键性指标 PAR 和 BAR，以及四大产业原型。

12.3.1　客户购买路径：5A 模型

德里克·罗克尔（Derek Rucker）提出了 4A 模型：了解、态度、行为、再购买。描述了客户在自己评价品牌时的漏斗状思维进程。客户了解到品牌（了解），产生好恶（态度），决定是否购买（行为），决定是否值得再次购买（再购买）。在模型中，兴趣和欲望被整合成了态度，而再购买则被视为客户忠诚度的重要体现。而在连通时代，忠诚度最终体现在对品牌的拥护上。由于购买周期变长，用户并不会频繁地购买一些品牌的产品，或是因为地域条件无法实现购买。但是如果客户钟爱这一品牌，就会在自己不使用的时候也向他人推荐。为了融合连通时代对于忠诚度的新的定义，科特勒等提出了新的 5A 模型用来描述新的客户购买路径：了解、吸引、问询、行动和拥护（见图 12 - 1）。

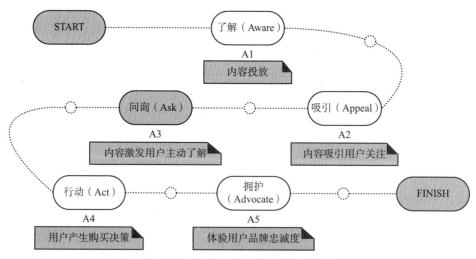

图 12 - 1　连通时代全新的客户购买路径

资料来源：根据《营销革命 4.0：从传统到数字》内容整理绘制。

　　了解是第一阶段，在这一阶段客户对于产品以及品牌信息了解的来源主要包括自身对于该品牌的过往使用经历、企业的营销以及其他用户的体验等；在了解之后，客户通过目前已知的信息对几个特定的品牌进行锁定，就到了吸引阶段，品牌的种类要多、号召力要强，才更可能进入客户青睐的品牌列表。当客户对品牌产生好奇心后，往往就会积极地去跟进吸引他们的品牌信息，从媒体等方面去了解更多的信息，这是到了问询阶段，在数字经济时代，客户可以结合线上线下两种渠道，一边在店内浏览商品，一边在手机上搜索商品信息。客户在问询阶段确认了足够量的信息后，就会开始决定是否购买，也就是进入行动阶段。但在购买特定的产品后，客户会通过使用以及售后服务来更深入地同品牌进行互动。为保证客户具有良好的使用体验，当客户对品牌产生抱怨时，品牌方要进行及时有效的处理。随着时间的推移，客户会对品牌产生强烈的忠诚度，这会反映在留存率、再购买率和最终的拥护上，这就是拥护阶段。活跃的品牌拥护者不仅自己会在未来再次购买这些品牌的产品，而且会主动向其他人推荐，做品牌口碑的传递者。

12.3.2　营销效果的衡量指标：购买行动率（PAR）和品牌推荐率（BAR）

　　购买行动率（PAR）衡量了企业将品牌认知转化为购买行为的能力（见图 12 - 2）；品牌推荐率（BAR）则衡量了将品牌认知转化为品牌拥护的能力（见图 12 - 3）。

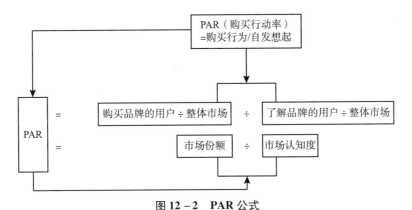

图 12 - 2　PAR 公式

资料来源：根据《营销革命 4.0：从传统到数字》内容整理绘制。

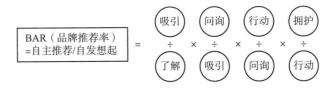

图 12 - 3　客户推荐率 BAR 的真正含义

资料来源：根据《营销革命 4.0：从传统到数字》内容整理绘制。

PAR 和 BAR 能让营销人员了解资金的产出，了解营销的投资回报率（ROMI），尤其是在扩大品牌知名度方面。对大多数行业来说，营销开支中最大的一笔就是用广告扩大知名度上。因此我们可以将品牌认知度看作在 ROMI 这个公式中约等于"营销投资"。而"回报"则具有两面性，一面是在商家的眼中能直接转化为销量的购买行为，另一面则是不能直接转化的客户拥护。

营销人员应该测算出从了解阶段到拥护阶段每一阶段的转化率。如果了解到吸引阶段较低的转化率代表着产品吸引力不足，原因可能是产品的定位和营销互动活动较差。从吸引到问询阶段的转化率较低，则代表着用户的好奇心不够，这通常是由于企业无法展开对话并促进用户的信息分享。问询到行动阶段的低转化率代表着购买的承诺较少——客户只是谈起这个品牌，却从不会购买。其原因多种多样，可能来自产品、价格、渠道和促销的因素。从行动到拥护的转化率较低则代表着亲和力不足，使用过的客户不够满意，所以不会对该品牌产品进行推荐，可能是由于售后服务或者产品的表现不够理想，需要改善用户使用体验。

5 个阶段中任何一个阶段出现较低的转化率都会减少整体进程的产出。营销人员可以通过找出导致 PAR、BAR 值下降的症结所在。通过这种简单的诊断过程，营销人员能够弄清在进程中应该做何种介入，就可以关注更有意义的内容，而不必盲目地投入大量精力。通过不断地改善使 BAR 和 PAR 数值更加接近于 1，最终目标是避免不必要的开支浪费，从而提高营销生产力。

12.3.3　四种产业原型与理想模式

产业原型可以分为以下四种："门把手式""金鱼式""喇叭式"和"漏斗式"，每一种模式都代表着一种独特的产业原型，分别对应着一种特殊的客户行为模式及一系列的挑战。

12.3.3.1　门把手式

门把手式也是最主要和最常见的一种模式，最鲜明的特征是高度的购买承诺和低水平的好奇心。在这种模式下，由于商品价格点较低，客户觉得没必要了解太多，因此不会花费时间去调查、比较不同的商品，购买行为通常也是高频、惯性的。客户会基于过往的经验，对于特定的品牌形成自己的期望和偏好。门把手式的产业通常都有着大量的客户群，也有着大量的竞争品牌。由于客户情感上的偏好，即使同一类别的产品有着相似的品牌特征，也会在客户心中存在高下之分。这类产品通常是由于产品的低价和促销而导致的冲动性的购买，这种特征也使得各大品牌为了增加自己的市场份额展开大战。客户购买门把手式产品的决定性因素通常是产品的供给，客户可能对产品不感兴趣，但最后因为购买的时候只有一种选择，也就只能买下了。门把手式产业的另一个关键特征就是客户通常对研究品牌的兴趣不高，大部分购买的客户不会自发去推荐品牌。由于客户花费以及承担的风险都较少，品牌的营销优惠力度又很大，且更换使用的情况时有发生，因此，诸多品牌希望能通过增强客户参与度的方式来提高客户的忠诚度。

12.3.3.2　金鱼式

金鱼式最独特的特点是客户的好奇度较高（问询 > 吸引）。金鱼式的客户路径通常出现在企业对企业（B2B）的业务中。在购买金鱼式产业的商品时，客户通常会在购买前考虑多种因素。客户通常会先问问题，从第三方获取建议，并和竞争的品牌产生很多交流，最后才决定购买。在许多情况下，相互竞争的品牌都处在广告发挥不了作用、吸引力水平低的高度商业化产业，即使大品牌也不例外。竞争者通常无法展现并突出自己的与众不同，最终只能采用和其他品牌类似的方案。因此，客户通常会花费大量时间对比产品优劣，寻找最佳的一款。购买过程通常十分漫长，参与者的利益需求也不尽相同。大多数情况下，买家是复杂的购买组织，有着产品知识储备丰富、采购能力强的团队。买家和卖家都是特定的几家，因此，他们在问询阶段所做的研究和比对通常十分彻底，对同一品牌的评价结果也通常十分相似。许多情况下，客户亲和度才是最后的决定因素。金鱼式产业的例子比较少，但也不是没有，在企业对消费者（B2C）市场模式中就能找到其踪迹，尤其是那些参与度高、价格点高、商品化程度高的产业，问询程度较高还体现在客户路径里对利益和成本对比的过程中。

12.3.3.3　喇叭式

通常体现在豪车、名表、名牌手袋等生活奢侈品中。这种模式的独特性在于其高度的产品亲和力：购买喇叭式产品的客户通常信任品牌的质量，因此即使在不购买和使用的时候，他们也会推荐和拥护品牌。换句话说，拥护者的数量比实际的购买者要多（拥护 > 行动）。购买喇叭式商品时，客户高度参与购买决策的进程。但他们的对比和评价过程却相对简单，这是因为这一类别的品牌通常已经有独特而强烈的质量名声。这种质量的认证通常是长期的较好口碑换来的。喜爱特定品牌的人通常是某种社区内的人，他们也在通过客户社区影响潜在的购买者。由于价格高昂，许多爱好者无法购买这一类别的产品但仍然十分感兴趣，他们愿意向他人推荐这些品牌。而即使当他们随后买得起这些牌子了，他们可能也买不到。这一类产品通常是专营的，这种稀有性吸引了潜在的客户，其营销人员也就不会把重点放在扩展渠道的工作上了。

12.3.3.4　漏斗式

漏斗式中大多数的购买行为都是有计划的，客户也高度参与到购买决策中。事实上，这也是唯一的一种需要客户走遍5A进程中每一步的模式。客户会咨询自己感兴趣的品牌，如果得来的信息让他们满意的话，他们就会最终买下。他们只有在亲身使用了之后才会拥护某种产品。漏斗式通常出现在耐用品和服务行业中。在这一类别中，客户会进行5A的每一个环节，也就可能在任何一个环节退出，这时整体的客户体验也就变得十分重要了。而由于客户需要全方位的购物和使用体验，这一点也就越发重要。因此，门把手式的定位可能比较简单，而漏斗式的定位则必须深植于用户体验中。这一类别的品牌必须能够协调好广告（了解和吸引）、网站和客服热线（问询）、销售渠道（行动）和售后服务（拥护）等多种触点。尽管这一类产品不存在频繁的更换行为，但客户一旦有了几次较差的体验，就可能会考虑其他品牌甚至更换更好的品牌。由于客户一直想要的是更好的体验，这一类别的品牌也就最容易受到技术创新的影响。较大的技术创新，尤其是高新技术相关的，通常发生在客户体验期望值较高的产业，比如耐用品和服务产业。因此这类品牌应该关注满足客户期望和客户体验的改变。

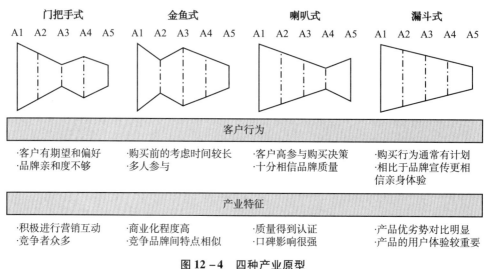

图 12-4　四种产业原型

资料来源：根据《营销革命4.0：从传统到数字》内容整理绘制。

12.3.3.5　领结式

4 种客户路径模式都有着固有的优点和缺点。领结模式是一种结合 4 种模式的优点的理想化客户路径模式（见图 12-5）。领结式反映了完美品牌应该有的关键要素。在面对领结式品牌时，了解品牌的人基于其久远的声誉愿意推荐和拥护品牌，意味着品牌的推荐率数值为 1（了解=拥护）。此外，品牌的影响力很大，慕名而来的人最终都愿意购买（了解=行动）。被品牌吸引的人不会都继续研究品牌，这体现了品牌定位的精准和好奇程度的恰当。门把手式、金鱼式、喇叭式、漏斗式都应该努力缩小与这种理想模式间的差距。

将领结式叠加在其他模式上，就能发现其他模式的差距和改善的可能。门把手式的品牌路径可以通过建立售后参与机制提高品牌亲和力，而这正是许多消费性包装品其品牌在客户"朝三暮四"的情况下所处的困境。喇叭式则需要让客户都买得起，提供更多买得到的渠道，漏斗式模式下的品牌则需要改善购买承诺状况及亲和度。这一点正是许多耐用品和服务品牌平衡销售和售后服务的问题所在。金鱼式客户路径的品牌面临的任务最繁重，不仅要让更多客户承诺购买，提高产品亲和力，更要吸引更多客户。企业对企业（B2B）商务的营销人员面对的往往是懂行的客户，他们的任务自然也就最重。

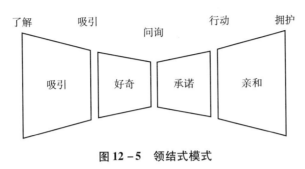

了解　　吸引　　问询　　行动　　拥护

吸引　　好奇　　承诺　　亲和

图 12 - 5　领结式模式

资料来源：根据《营销革命4.0：从传统到数字》内容整理绘制。

12.4　数字营销的发展趋势与营销转型策略

技术正在以我们无法想象的速度变革着，过去几年已经涌现了大量的数字营销新现象，企业纷纷开始推动数字化转型，而数字营销凭借最直面客户、最一线接触市场的职能，成为了数字化转型的排头兵。现在的数字营销就是一切始于用户，一切为了用户，采取以用户为中心的策略加速商业模式创新，提升用户体验，以实现新的增长。

12.4.1　数字营销的发展趋势

数字经济已经渗透到产业的各个领域。从国家层面看，国家制定"新型基础设施建设"战略的重点是使数字化在产业领域的应用得到进一步拓展和升级，首要表现是在B2B（企业对企业）的商业模式下数字化营销转型全面加速。从政府层面看，数字化办公、一网通办、政务数字化以提质增效等成为各个地方政府关心的话题和未来几年狠抓的方向。从企业层面看，数字化经济从B2C（企业对消费者）数字营销开始，逐渐渗透到产业互联网领域。B2B企业逐渐看到数字化转型的必然性和价值，开始从营销、电商到生产、供应链、内部运营和组织人才管理，全面寻求数字化机遇。非常具有代表性的是企业微信的推出并大规模为各大企业所使用。企业微信作为企业进行内部管理和对外营销的工具，加速了数字化深入企业运营和营销管理的步伐。

随着以快手和抖音为代表的短视频平台全面商业化，社交电商从最原始的社区论坛到短视频引流，其涵盖的形式也越来越广泛，成为当今品牌方争先恐后采取的新营销手段。大数据赋予了品牌方全面深入解读客户习惯和喜好的能力，以便于建立与客户的亲密性。营销从了解客户开始，传统营销通过调研来了解客户深层次的需求和购买动机，未来随着大数据的普及，越来越多的企业开始打造自己的客户数据库，大数据、云计算成为智能营销的核心能力。

营销创新是企业建立核心竞争优势的护城河。数字化技术是营销创新的基础设施。以人工智能为代表的营销自动化技术成了企业近几年最大的营销投资领域之一。移动互联网时代，通过数字化营销技术能大大提升营销效率，降低客户服务成本，同时也可将这种模式快速复制到跨国公司的其他地区和业务单元，实现规模效应。大胆的创意、想法因为 AR（Augmented Reality，增强现实）、VR（Virtual Reality，虚拟现实）、AI（Artificial Intelligence，人工智能）、Automation（自动化）等数字化技术成为可能，也为营销界注入了新的活力。

数字营销正逐步回归理性。数字营销方面通过大量"烧钱"进行闪电扩张、占据市场份额、获取流量红利以取得垄断优势的局面已经过去，广告主对投资回报的要求越来越高，企业对"效果营销"的呼声也越来越高。效果不是单纯的求曝光，而是销量与"声量"的合一。杜绝短视营销逻辑，需要制定长久的营销策略；杜绝"羊毛党"，需要我们回归用户初心。数字营销已经不再作为营销概念而存在，更将成为切实地为销售赋能的工具，成为企业的利润来源。未来五年是数字营销从业者可以大展拳脚的五年，其一在于高管的心态和认知的转变，其二在于数字化经济形势。数字营销就业市场将持续活跃，对数字化人才的需求也将不断增加。

12.4.2 数字时代营销的转型路径

数字化营销转型的首要目的是延续业务的连续性，提升企业在危机和快速变化时代面前的抗风险能力，所以，它注重的是未来 5～10 年竞争格局的变化。在这个基础上，营销转型的第二目的是加速业务增长，通过营销自动化、大数据营销等新兴数字化技术和手段驱动营销全链路增长，提升企业内部的营销能力，从而增强对外竞争力。

12.4.2.1 梳理营销转型路径

要实现数字化营销转型，首先，第一步是对自己本身的业务、面临的市场大环境和竞争格局进行全面梳理，对传统业务模式的瓶颈做评估，在全面理解业务的基础上进行策略的构建，要清晰自身的业务模式以及业务模式的优势与短板所在，针对不同业务模式和客户，对目前的数字化能力及现状做全面剖析，建立起连贯的客户体验机制，借助于第三方的咨询公司，以客观、中立的角度去观察、走访、调查和研究，同时以定量研究或小组访谈的形式采访消费者，以收集尽可能多的一手信息，以对业务和客户情况进行全面的诊断和评估。

其次，在组织架构方面，要构建起高敏捷度的组织架构，鼓励创新，倡导创业者精神，将机会主义、阶段性数字项目导向的策略向常态化且管理有序的整合数字业务部门构建进化，按照试点、学习、反馈、数据赋能决策、调整战略这个过程不断循环，不断优化。

最后是技术数据方面，技术和数据是数字化转型的底层能力，所有的创意、内容、思路的实施最终都会由数字化系统的部署来完成。通常需要公司 IT 部门的领导具备技术和数据营销职能，还需要 IT 部门的领导懂技术、懂数据，但是洞察市场需求，将数据和技术赋能在销售上，要确保数字化工具和系统部署能够如期交付，设计并传递更好的客户体验，规范数据管理方式，提高内化数字化核心能力，定义优化方向和改进空间，制定数字化营销转型的原则，并贯穿始终，在清楚数字化营销在未来几年的发展方向和目标的基础之上，判断为达成目标团队里面还缺少什么样的人才，是从外部引进，还是内部调岗，鼓励团队成员积极参与数字化转型建设。

12.4.2.2 制定数字营销战略

制定数字营销战略行动规划可以遵循"七步走"策略：第一步，开展市场调研。调研内容包括针对行业特性了解目标客户的属性、购买决策动机、媒体消费习惯。第二步，对企业数字营销状况做 SWOT（Strength，Weakness，Opportunity，Threat）分析。目前企业的数字营销做得怎么样，优势、弱势有哪些，有什么机会，同时面临什么样的威胁。第三步，了解竞品数字营销现状。了解竞品数字营销现状，会帮助你了解所在企业的数字营销发展处于什么样的地位。有些企业的业务收入、利润和品牌处于头部位置，这不代表企业在数字营销方面是领导者，因为企业现在的领导地位可能是基于前面几十年传统业务模式的积累。数字化时代的竞争十分激烈，如果在数字营销方面没有跟上时代的步伐，那么现在的领先并不代表未来的领先。这时候企业需要采取积极的进攻策略，维持自己在行业的领军地位。相反，如果是行业腰部或者底部的企业，其所做的事情是了解行业头部企业的数字营销做法。如果对方的数字营销体系并不完善，那么这反而会成为市场跟随者利用数字营销进行翻身的机会。第四步，确定品牌进行数字营销的目标。总体上，目标分两个：一个是以市场教育和树立品牌形象为目标；另一个是以增长为目标，以最大化投入产出比为目标。销售额的增长、利润的增长都可以作为最后的考核标准。这一类型的目标比较强调短期的投资回报比。无论哪一种目标，未来的数字营销都是为了达成"品效协同"，品牌和效果营销必须双管齐下。所有的数字营销都是为了增长，在已达成效果的营销活动中注重品牌形象和精神的传达。在以建立品牌形象和地位为主要目标时，企业也要考虑流量的收割和变现。第五步，内外协同。对外，构建用户旅程，制定多触点媒介沟通计划，定义传播活动、节奏、内容，客户激励机制。对内，选择并搭建新的或者完善已有的数字化工具和平台、数据监测体系，以实现传播目的。第六步，确定预算和细分，寻找数字化服务商。确定预算和细分，寻找数字化服务商，是关键的一步。第七步，阶段性复盘，衡量结果，及时调整方向。复盘就是吸取经验，试错，快速改正直到成功的过程。数字营销中"数据可衡量"的特点为客观复盘的行动提供了可能性。比如，广告投放表现，细化到每天去看关键词、投放点位的表现，发现问题，立即作出调整。按周去看所有的创意内容、大数据、媒体投放，进行更深层次的洞察挖掘。核心是"快速"，不怕做错，就怕在执行时犹犹豫豫，要做到大胆试错。

12.4.2.3 数字营销人才能力进阶

麦肯锡提出的数字化转型成功的必要条件——金字塔模型，处于金字塔底部的便是人才和敏捷性组织。同样企业的数字化营销转型需要一个高效的数字化市场团队来引领营销的变革，市场营销作为直面客户的部门，它的数字化是走在前列的，是容易被看到的，也是比较容易衡量结果的。在所有转型过程面临的挑战中，建立高效的数字化团队及团队的管理是摆在管理者面前的头号难题。对于数字化人才的定义是非常广泛而多元的。但目前仍然缺乏一套人才培养的标准，供应、输送和评估体系难以适应社会发展的需求，导致数字化人才市场面临的挑战是：

（1）数字行业从业人员水平参差不齐；

（2）合格的数字化人才紧缺；

（3）数字化知识和科技更新迭代太快，人才技能发展计划赶不上变化；

（4）数字领域中的数字营销从业人员流动性较高，知识资产无法积淀。

目前数字化人才仍然紧缺，企业需要以下几类人才：

（1）市场营销专家。未来的市场营销专家是指数字营销专家，他们精通如何建立数字化营销生态，运用多样化的数字渠道建立直面客户的营销模式。这也是未来构建数字化市场部的核心职能之一，他们不仅懂得构建数字化营销战略，还懂得构建数字化的执行团队，整合资源，将数字营销项目落地。

（2）电子商务专家。熟知各电商平台的属性、运营、交易特点，对未来电子商务趋势和模式有创新想法。电子商务专家非常了解当下各个电商平台的政策和特点，懂得如何利用平台规则和资源，通过和平台方建立战略性的合作关系，以促进平台交易额的增长和数字化交易的利润增长。此外，他们还必须对未来电商行业的发展和趋势有一定的洞察，在市场变化之前就敏锐感知这种变化，在变化中谋求发展机遇。

（3）工业4.0专家。智能化时代制造业专家，他们肩负着利用新兴信息技术系统和生产研发部门一起合作开发新产品的使命。

（4）数据科学家。数据科学家通过整合数据搭建数据中台，了解客户的喜好和需求，对消费模式、销售数据、产品选型、营销效率等多方面进行预测。数据科学家不仅要懂得数字化的技术如何应用，还需要和市场营销专家、电子商务专家合作，洞察客户需求，了解业务痛点，在此基础上提出数据解决方案，构建数据模型，在数据模型构建好并投入市场应用之后，要在长期内观察数据的变化，对数据模型和预测做调整，不断优化模型。

（5）渠道开发专家。数字化转型过程也伴随着渠道的数字化，渠道开发专家负责数字化渠道开发、拓展和管理。

（6）新工作方式专家。由于工作方式也将引来变革，新工作方式专家着眼于利用创新方式提升整体团队合作效率并改造企业文化。

茅台集团着力完善营销平台　以数字化技术重塑营销结构

今年初，国务院印发《关于支持贵州在新时代西部大开发上闯新路的意见》，明确提出加快构建以数字经济为引领的现代产业体系，推进传统产业提质升级，发挥赤水河流域酱香型白酒原产地和主产区优势，建设全国重要的白酒生产基地。

抓住政策机遇，茅台集团尝试通过资源整合、数字融合、文化相合、品牌聚合、管理与服务结合等手段，重塑茅台的营销结构。

茅台集团党委书记、董事长丁雄军说，改革营销体制，渠道是关键，并非简单地把价格调高或调低，而是要让营销贴近市场、贴近消费者、贴近渠道商。

据介绍，茅台数字营销平台改变以往侧重线下门店的服务模式，升级为在线客服、智能客服、门店服务相协同的线上线下联动机制，让消费者放心、便捷地购买。

"从门店热度、区域热度、时间热度、区域经济等多维度综合分析，基本建立智能投放模型，实现投放量与预约热度的动态均衡。"茅台数字营销平台技术团队负责人介绍，平台运用云计算、大数据、区块链、物联网等先进技术，已初步建立起一套基于大数据的业务运营体系，从而有针对性地制定营销策略。

通过建设数字营销平台、增加直营等措施，近一年来，茅台打出了一系列营销改革组合拳，并取得了初步成效。数据显示，今年一季度，茅台集团直销渠道实现收入 108.87 亿元，同比增长 127.88%。

丁雄军表示，消费市场和行业环境正在发生深刻调整，通过一系列改革措施，茅台将进一步理顺营销体制改革。

资料来源：程焕. 茅台集团着力完善营销平台以数字化技术重塑营销结构 [N]. 人民日报，2022－06－10.

◎ 本章提要

数字营销是一类偏向于由技术来驱动的营销，是涵盖数字化市场开发、数字化销售、数字化服务和数字化智能在内的整合营销手段。它跳脱"数字化"本身，作为涵盖线上和线下业务、整合一系列传统业务职能的一种新的商业模式而存在，本质是通过整合了线上和线下以加速业务新增长，突破传统业务模式下的增长瓶颈，它与网络营销、社会化媒体营销以及大数据营销之间既有相似之处，也存在一定的区分。数字营销的发展经历了四个阶段，在每一阶段，"权力"逐渐向客户群转移，用户越来越成为决定营销效果的决定因素，在数字经济时代，营销的重点是完成用户的自我实现，需要不断提升用户的参与度，最终得到用户对品牌的拥护。同时，营销的分析框架在数字经济时代也发生了变化，客户购买路径发展为5A模型，PAR和BAR是衡量营销生产力的重要指标，根据四大产业原型来使用不同的营销策略。数字经济已经渗透到产业的各个领域，随着以快手和抖音为代表的短视频平台全面商业化，社交电商涵盖的形式也越来越广泛，成为当今品牌方争先恐后采取的新营销手段。营销创新是企业建立核心竞争优势的护城河，数字营销也逐渐恢复理性，不再一味地追求曝光，而是更加注重"效果营销"。为延续业务的连续性，提升企业在危机和快速变化时代面前的抗风险能力，在这个基础上，加速业务增长，企业需要实现数字化营销转型，通过营销自动化、大数据营销等新兴数字化技术和手段驱动营销全链路增长，提升企业内部的营销能力，从而增强对外竞争力。

◎ 概念复习

数字营销　网络营销　社会化媒体营销　大数据营销　5A模型　PAR　BAR　四大产业原型

◎ 阅读资料

（1）菲利普·科特勒. 营销革命4.0：从传统到数字［M］. 机械工业出版社，2018.

（2）菲利普·科特勒. 营销革命3.0［M］. 机械工业出版社，2014.

（3）帕特里克·梅斯. 销售赋能：新技术引爆数字营销［M］. 天津科学技术出版社，2019.

（4）朱晶裕. 增长法则：巧用数字营销，突破企业困局［M］. 电子工业出版社，2022.

（5）梁欣萌. 直播营销的价值思考［J］. 国际公关，2016（5）：60－65.

（6）李姝. 智能营销：数字营销新趋势［J］. 现代营销（下旬刊），2017（7）：64－65.

（7）阳翼. 数字营销蓝皮书［M］. 暨南大学出版社，2013.

◎ 课后思考题

（1）与传统营销相比，数字营销的优势在哪里？数字营销在营销的战略环节上，究竟哪些变了，哪些没有变？

（2）大数据时代，营销如何和数据进行结合？在哪些维度上结合？

（3）5A模型相对4A模型有哪些变化，强调的重点又有什么不同？

（4）四大产业原型的特征应该怎样划分，它们相应的最佳营销方案是哪些？

（5）企业在营销数字化转型过程中，如何判断是否要建立新的营销组织？如果是，如何建立并实现传统的职能有效融合？

第 13 章
数字贸易下的消费者视角

学习目标

(1) 理解数字贸易下消费者呈现的新特征以及消费者在数字贸易中居于核心地位；

(2) 掌握数字贸易下消费者的行为类型以及驱动因素；

(3) 理解数字贸易的发展为消费者数据安全和隐私保护带来的新挑战；

(4) 认识数字贸易下消费者的研究方向，了解数字贸易学的方法体系。

内容提要

数字贸易背景下，消费者的地位发生了巨大变化，消费者在数字贸易市场中的角色不仅是产品和服务的消费者，更是数据资源的生产者，可以说，消费者居于数字贸易的核心地位。本章主要探讨数字贸易下的消费者行为和权益，消费者行为包括消费者搜索、消费者购买和消费者评价；消费者权益包括消费者福利、消费者数据安全与消费者隐私。

13.1 数字贸易中的消费者新特征

数字贸易的发展推动消费者特征出现新变化，具体包括消费者对多元化和个性化的需求增加、消费的不确定性增强、体验性消费需求和社交性消费需求增加和消费者主体发生巨大变化。

13.1.1 多元化、个性化需求增加

数字贸易背景下，消费者的消费观念正发生巨大变化，与传统消费方式相比，数字贸易下的消费呈现出多元化、个性化的特征。

消费的多元化表现在两个方面：第一，消费对象方面，对消费者精神产品的消费需求增加；第二，消费者的消费层次提高，表现为生活必需品的消费需求减少，发展用品和享受用品的消费需求增加。我国国内消费者消费层次的提高凸显在高价值产品领域，如新能源汽车，根据中国汽车工业协会的统计数据，2021 年，新能源企业产销分别为完成354.5 万辆和352.1 万辆，市场占有率达到13.4%。新能源汽车的消费有力拉动了我国内需增长、提高了消费者消费水平。数字贸易背景下，消费内容多元化、商品贸易和服务贸易的发展迎合了不同消费者群体的多样化需求。

消费者的个性化需求体现出以下三点特征：第一，产品的实用价值与文化价值相结合，消费者在注重产品使用功能的前提下，更加关注产品的欣赏功能。第二，产品的创新性和新颖性更加被消费者关注。第三，消费者更加关注产品消费带来的愉悦享受。人工智能、大数据和互联网等技术为消费者的个性化消费提供了有力的技术保障，消费者通过参与生产环节对产品进行个性化与特色化定制，其个性化需求得到充分满足。

13.1.2 消费的不确定性增强

与传统的线下消费相比，数字贸易在节约消费者搜索成本与购买成本的同时，也增加了消费者消费的不确定性行为。电子商务平台有效地扩大了消费者的购物种类，然而，电商平台和消费者之间存在着先天的信息不对称，消费者在面对过量信息时很难作出理性的购买决策。互联网技术的进步推动"直播带货""限时秒杀"等新型营销手段创新，刺激消费者的冲动型购买行为。对产品信息敏感的消费者受信息过载的影响易陷入购买选择困境，欠缺信息筛选能力的消费者，其消费的不确定性也会增加。

13.1.3 体验性消费需求增加

数字贸易背景下，物联网技术进步推动线上线下融合的新零售模式兴起，实体零售业突破电商冲击，通过产品、服务和场景的实际体验，整合线上线下资源，满足消费者的物质需求和情感需求，从而推动消费者体验式消费需求持续增加。消费者除重视商品品质之外，更加重视消费所带来的愉悦体验，消费者的综合体验对消费决策的影响越来越大。

体验性消费是一种消费行为高级化的形式。技术升级推动数字贸易发展，催生出各式体验性消费。例如，运动品牌耐克在广州设立品牌体验店，为会员用户提供互动化数字服务，会员可通过应用程序 Nike App 体验"快速获取试穿"功能；韩国手机品牌三星，通过在高铁站、百货商圈和连锁书店设置产品体验屋，消费者可体验最新产品性能，享受全面的产品和服务的答疑；AR 技术日趋成熟也推动"AR 旅游""AR 饮食探店"等体验性消费进入消费者视野。

商品与体验的结合带给消费者更多的满足与愉悦，技术的升级使消费者有了新的购物体验，体验式消费将消费者从单向的产品信息被动接受者成为主动了解产品并与品牌进行双向互动的角色，从而使消费者在理性和感性的消费需求上得到最大化尊重。

13.1.4 社交消费需求增加

数字贸易推动消费方式的创新，各类网络购物狂欢节呈现出消费社交化的倾向，例如，淘宝"盖楼"活动寻找"合伙人"，拼多多组队"砍一刀"，分享购物链接得到优惠券等。数字贸易推动"社交消费"不断进步，其新鲜、有趣和互动性强的特质不断吸引消费者。消费市场已从单一购物 App 转向社交与电商相结合，传统的搜索式购物模式也演变为发现式消费、口碑式消费。数字贸易推动消费社交时代的到来，"社交＋分享"的购物体验和消费模式正在形成。

社交消费具有以下突出特点：第一，用户数量可在短时间内实现指数型增长。在以拼团为代表的社交化消费中，消费者为获得商家提供的优惠价格，邀请好友助力或一起购买，用户数量随之裂变。第二，用户群体呈现出分层化的趋势。不同收入的消费者群体有着不同的消费需求，如低收入群体参与社交消费更关注产品与服务的优惠力度，中高收入群体更加关注消费所带来的社交影响，既能在娱乐中消费，又能在消费中拉近与好友的距离。商家借助社交消费将具有相似消费特征的群体结合，消费者群体日益分层化。第三，社交消费的娱乐化特征明显。商家通过红包、提现等娱乐活动使消费者在购物过程中获得乐趣，从而达到增加消费者黏性的作用。

13.1.5 消费者主体变化

数字经济背景下，消费者的主体构成发生了巨大变化。首先，以 Z 世代（出生于

1995~2009 年的消费者）为代表的年轻消费者群体强势崛起。红人营销平台发布的《"Z 世代"消费人群洞察报告》数据显示，Z 世代人口数量超 2.6 亿人，占中国人口总数的 19%，其中"95"后占比接近四成、"00 后"和"05 后"共占 Z 世代总体近六成，庞大的人口基数蕴藏了巨大的消费潜力。Z 世代被称为"互联网时代的原住民"，互联网、智能设备等科技产品伴随着 Z 世代的学习和生活，他们的个人偏好、心理特征和消费意识都会对数字贸易下的消费产生多维度影响。报告进一步指出，Z 世代消费品种多元且超前，安全健康、方便即食、智能科技、个性定制和具有国潮特色的产品更受到他们的青睐。其次，数字经济的全面渗透使得中老年消费群体通过网络接触到新事物，互联网应用适老化改造取得初步成效，70 岁以下的低龄老人能够相对便捷地操作手机与电脑应用程序。2021 年，我国 60 岁及以上老年网民规模约为 1.2 亿人次，占网民总数比重为 11.5%。老年人的消费习惯也在发生深刻改变，老年人愿意尝试新型消费并成为线上消费的新生力量。数字贸易下，老年人的消费集中于家用小型医疗器械、日用营养保健品和传统滋补品。

扩展阅读

数字经济时代文化消费的特征

互联网的普及和数字技术的广泛应用，成为消费升级的新动力，在不断创造出更好的数字化生活的同时也改变了人们的消费习惯、消费内容、消费模式以及消费理念，数字经济时代的文化消费呈现出新的特征。

一是生产消费平台化。首先，平台构建了生产消费一体格局。平台将内容生产者与内容消费者集聚于一体，为内容到达用户提供了多元路径。其次，平台实现了多元主体最佳组合。各类各层级数字化产业平台为产业数字化运营提供的基础架构，支撑了多元主体之间跨区域大规模协作的形成。最后，平台激发了大众文化创意活力。依托"云网端"等新基础设施，互联网平台创造了全新的文化生产和消费环境，显著降低了创意活动的知识积累、产业组织和传播的成本，从事文化创意内容生产的门槛大幅降低，大众创意活力得以激发。

二是消费空间在线化。随着 5G 技术和人工智能在文化产业中的运用，文化产业正在经历着数字化和智能化的转型升级，迎来了新的增长点。从线上消费到"线上＋线下"消费相结合。互联网打通了"在场"与"在线"两个空间，消弭了物理上的隔阂，文化消费从传统的实体消费发展为"互联网＋"的网络消费，又进一步发展为"线上＋线下"多元化融合的消费方式。以网络购物、移动支付、线上线下融合等为特点的新型消费迅速发展。

三是消费主体多元化。数字经济时代，人在数字文化产业中既可以是消费者、传播者，也可以是创意者、生产者。文化企业、创意阶层、用户等多元主体基于网络化价值链的交互协作，为满足用户多样化、个性化和即时化的文化消费需求提供了可能。

四是消费模式多样化。新一代数字技术不断驱动数字消费进阶，带动了各种消费方式和消费类型的涌现，为满足民众文化消费新需求开拓了想象空间和创新发展空间，促使居民消费理念和消费模式多样化。消费模式正在从一次性消费到持续性消费、免费消费到付费消费、现金消费到网付消费转变。

五是消费推送精准化。数字经济将众多的生产者和消费者连接在一起，通过大数据和人工智能技术，实现了供给和需求的快速匹配，缩短了产品从生产环节到消费环节的时间，实现了产业和消费"双升级"。移动互联网、大数据、人工智能等技术通过将人们的消费行为数据化，进而实现数字化分析，使得商家能够针对不同的消费者实施精准化营销，进行定制化生产。定制化生产将用户在产业链中的位置从末端转移到顶端，从被动转换为主动，消费者对内容产品生产拥有更多的自主选择权和决策权，并深度参与内容产品的创作和生产，消费者的个性化需求被激发，用户价值成为影响数字文化产业生态系统建设的核心力量。

资料来源：黄永林. 数字经济时代文化消费的特征与升级［EB/OL］. 人民论坛网，http：//www. rmlt. com. cn/2022/0525/647845. shtml，2022 - 05 - 25.

13.2　消费者行为

消费者为获取与使用产品或服务采取的各种行动以及先于这些行动的决策，称为消费者行为。消费者的感知、认知与环境相互作用推动消费者行为动态变化，数字贸易下对消费者行为的研究主要包括消费者搜索、消费者购买以及消费者评价。

13.2.1　消费者搜索

13.2.1.1　消费者搜索的概念和类型

进行信息搜索是消费者完成决策的重要环节。信息搜索可分为开放和封闭任务、一般和具体任务、确定和不确定任务以及内生和外生任务。数字贸易下的消费者搜索是指消费者为完成购物而发生搜索信息的行为。搜索行为可分为有理想点搜索和无理想点搜索。有理想点的消费者在搜索行为发生前已经对需购买的商品属性提出明确要求，按照理想的属性条件作为购买的依据；而无理想点的消费者则对商品属性未提出明确要求，消费者随着搜索的进行对不同商品属性进行比较，并思考哪种属性符合自身偏好，从而作出购买决策。

13.2.1.2　消费者搜索的原因

第一，信息不对称会触发消费者的搜索行为。数字技术的应用使得厂商通过电商平台收集消费者的个人信息、浏览记录等数据，进而了解消费者的个人偏好，为其进行个性化定制，实现精准营销，即数字贸易大幅度降低了厂商和消费者之间的信息不对称。但是，这种信息不对称仍是无法完全消除的。信息离散现象仍出现在数字贸易中，它主要包括价格信息、质量信息、评价信息等。

第二，价格离散推动消费者产生搜寻行为。价格离散是指在相同市场中相同时间点下，同一产品的售价不同。当消费者面临的价格离散程度较低时，会认为这是商家之间的竞争或是促销现象；但是当消费者面临较高程度的价格离散时，会对产品产生不信任感，推动消费者自身进行搜索并找寻产品价格差异大的原因。数字贸易下价格离散的原因有以下三点：首先，市场是变化和分散的，信息通过传播并使消费者获知这一过程总是落后于数字贸易市场的迅速变化。其次，数字贸易使得企业使用技术优势和信息优势在不同市场对同一产品收取不同价格，进而形成价格歧视。最后，商品和服务存在异质性，也就是说商品和服务质量的不确定性推动价格发生离散现象。

13.2.1.3　消费者搜索的起止时间

消费者搜索成本和收益决定了搜索行为起止时间。价格离散推动消费者进行搜索并寻找最称心如意的商品，这会直接增加消费者的时间和精力等直接成本，同时消费者需为其可能损失的其他收益承担间接成本。搜索成本具有边际递增的特点，搜索时间可有效衡量搜寻成本的大小。如果消费者仅对商品进行简单浏览，其搜索成本较小；当消费者深入了解信息时，搜索成本随时间增加而上升。搜索收益是边际递减的，信息的层次性使得消费者可在搜索初期大幅度降低信息不确定性获得较高收益，而随着搜索信息的深入，其边际收益递减。当搜索成本和搜索收益相等时，消费者的搜索行为停止。

13.2.1.4　数字贸易降低消费者搜索成本

在数字贸易中，应用数字技术储存并整理大量数据，进而汇成数据池，为智能算法提供基础。企业通过智能算法工具实现算法匹配、排序和为用户画像。搜寻匹配算法能够有效降低消费者的搜索成本：互联网技术推动信息的高速运转，使得消费者以较低的成本接触到商家。在过去，数字技术发展欠缺，若消费者欲购买小众商品，需到多家实体店进行采购，这极大浪费了消费者的时间，提高了搜寻成本。而数字贸易的发展使得消费者通过电商平台等途径与千里之外的卖家进行实时交流，节省消费者的搜索成本。除此之外，搜寻匹配算法的高效整合数据也为买卖双方创造更多的交易机会。

13.2.2　消费者购买

与过去的传统相比，数字贸易下的消费者与商家联系更加紧密，消费者通过主动询问商家、了解产品信息，积极构建询问—拥护关系。菲利普·科特勒（Philip Kotler）在《营销 4.0：从传统到数字》一书中对消费者购买决策过程提出一个全新模型：了解、吸引、询问、行动和拥护。

了解阶段，消费者通过他人转述、品牌曝光和自身回忆来接收信息，这一阶段是消费者产生购买决策的起点。消费者接收的信息包括内部信息和外部信息，内部信息是消费者已经掌握的信息，当内部信息不足以支撑消费者的购买，消费者会从外部来源接收信息。与传统贸易时代相比，数字贸易时代更加便捷了商家的品牌曝光，如抖音直播带货、App 广告推送、公众号宣传等。

吸引阶段，消费者将收集的信息进行加工处理，比较不同产品的价格和质量，按照内心购买期望对商品或服务的属性进行综合排序，进而锁定一个或多个品牌并将其纳入考虑范围内。数字贸易时代，消费者可以通过在线购物网站对产品属性进行比较，也可以间接通过媒体的测评信息对产品进行评估选择。

询问阶段，受好奇心驱使，消费者主动追踪品牌信息，通过询问亲友和网上搜索等形式完善上一阶段已锁定的信息。社交电商的发展使得消费者更加注重他人转述，他人对产品或服务的评价在消费者购买决策中发挥越来越大的作用。

行动阶段，消费者产生购买行为，消费者在此阶段需考虑是否购买、什么时间购买、什么地点购买以及如何购买等问题。这一环节是消费者购买决策的核心环节，消费者的行动受消费者收入水平、产品价格、期望效用和风险评估的综合影响。数字贸易的发展突破了消费者的购买时间和购买地点的限制，沉浸式的购物体验极大刺激了消费者的购物欲望，但值得注意的是，消费者的冲动性消费行为也显著增加。

拥护阶段，消费者通过使用产品、体验售后服务，与品牌产生更深的交流。消费者对产品的满意度取决于产品的感知质量和内心期望的差值，满意度越高，消费者对产品的忠诚度越高。品牌需保障消费者有良好的购物体验，消费者才会继续使用、再次购买并向他人推荐。数字贸易下，消费者结合自身的购买和使用体验对商品进行评价，企业通过反馈信息改进产品和服务。此外，消费者购买产品后的口碑传播效用显著。

13.2.3　消费者评价

13.2.3.1　消费者评价的概念

数字贸易下的消费者评价是指潜在或实际消费者在数字贸易平台发表有关产品或服务的观点，根据消费者对产品或服务的使用体验可分为三个类型：正面评价、中立评价和负面评价。当消费者满意产品和服务的购买过程和使用效果时，会给予正面评价；当消费者不满意产品和服务的购买过程和使用效果时，会给予负面评价。

13.2.3.2 消费者评价信息功能

1. 消费者视角

消费者评价信息可有效促进消费者作出利己的消费决策,主要原因有以下三点:第一,消费者评价信息是用户基于自身消费体验而提出的,此类信息的集合构成了产品信息和商家声誉信息的综合,这是消费者信息区别于其他信息机制的特质,能够满足消费者对信息的需求,解决消费者面临的信息不足问题。第二,互联网下背景,消费者同时面临信息不足和信息过载问题,信息并非越多越好,过多的信息对消费者来说是一种负担而非权利。消费者评价信息一般较为简洁,克服了信息过载的缺陷,方便消费者使用。第三,经营者基于销售产品和服务的立场,提供的信息针对性和倾向性较强,而消费者评价信息源于有消费经历的特别第三方,能够成为消费者作出决策的重要信息来源。

2. 经营者视角

数字贸易背景下,结合产品信息和声誉信息的消费者评价能够有效对经营者的行为产生约束作用。首先,消费者披露虚假信息的行为能够有效遏制商家提供误导性信息,这是用信息工具治理虚假信息的有效途径。其次,较高的消费者评价可以增加经营者的交易机会。为获取较高的评价,经营者克制其不法行为以及在交易条款项目上进行适当让步,从而在交易利益上形成自我约束,以实现消费者和经营者的双赢。

3. 政府视角

数字贸易的发展对政府如何有效发挥职能提出了新的挑战。面对显现的问题,若视而不见,则政府失去其公权应有的职责;而政府若采用传统手段干预,可能会将有利于数字贸易的创新扼杀于摇篮中。当前,我国采取审慎监管的态度应对新型经济形态。消费者的评价信息能够有效约束经营者,减少消费者与经营者之间的利益纠纷,从而减少政府干预的需求。如果没有消费者评价信息的多重影响,政府机构将面临巨大的监管压力,基于这一角度,消费者评价信息有力支持了政府的审慎监管。

13.2.3.3 消费者虚假评价

消费者评价信息功能的有效发挥是基于其信息的真实性,然而数字贸易的发展也使得虚假评价层出不穷,虚假评价主要有以下形式:第一,刷单。刷单指的是由卖家提供购买费用,用户帮助卖家购买商品增加其销量和关注度,并填写虚假好评的行为。尽管阿里巴巴、拼多多等平台对刷单商家采取清零交易量、封号、罚款等措施,刷单行为却仍屡禁不止。第二,差评骚扰。消费者的差评影响经营者的声誉,引致经营者的反击报复,对消费者做出骚扰行为,其方式有短信骚扰、电话骚扰、公开消费者信息等,消费者迫于商家的压力将差评改为好评。第三,利益诱惑。商家为获取消费者的好评信息,使用小额现金返回、优惠券等形式要求消费者做出好评行为。第四,恶意差评。恶意差评是消费者做出的无根据的、恶性的评价。评价具有主观性,当消费者以消除差评为条件要求商家支付一定金额时，恶意差评产生。除此之外，商家也会雇用用户对其竞争对手进行恶意差评以打击对方声誉。

13.2.3.4　中国的消费者评价立法

《网络交易管理办法》自 2014 年 3 月 15 日起实施，该管理办法第 32 条规定："鼓励第三方交易平台经营者为交易当事人提供公平、公正的信用评估服务，对经营者的信用情况客观、公正地进行采集与记录，建立信用评价体系、信用披露制度以警示交易风险。"第 19 条规定将网络商品经营者、有关服务经营者虚构交易、删除不利评价等行为列为不正当竞争行为。第 36 条规定："为网络商品交易提供信用评价服务的有关服务经营者，应当通过合法途径采集信用信息，坚持中立、公正、客观原则，不得任意调整用户的信用级别或者相关信息，不得将收集的信用信息用于任何非法用途。"

2016 年 12 月公布的《消费者保护权益保护法实施条例（送审稿）》有三处涉及消费者评价：第 40 条规定："网络交易平台提供者应当建立平台内交易规则、交易安全保障、不良信息处理、信用评价等管理制度。"我国法律对"应当一词的使用表明我国对网络交易平台提供者的信息评价管理的态度转变为强制"。第 17 条第 13 项将虚假评价列为欺诈消费者的行为，表明虚假评价行为将会受到惩罚性赔偿条款的束缚。第 26 条规定："网约车服务平台的提供者在提供网约车服务时应当向消费者提供服务评价结果等信息。"

2018 年 8 月全国人大常委会通过的《中华人民共和国电子商务法》第 39 条规定："电子商务平台经营者应当建立健全信用评价制度，公示信用评价规则，为消费者提供对平台内销售的商品或者提供的服务进行评价的途径。"

以上立法可以看出，我国对消费者评价进行立法的时间并不长，但是从无到有、由粗变细，体现了我国对数字贸易下消费者行为立法的重视。然而，立法中存在以下几点问题：第一，现有的法案从消费者法、合同法、竞争法等不同角度对消费者评价进行规定和约束，这易产生立法碎片化的问题。消费者评价信息从收集到使用也涉及多个环节，若仅针对某一阶段进行立法规范，也易导致立法的碎片化。因此，我国需建立系统的消费者评价制度并针对消费者评价专门立法，在消费者评价法律的指导下，其他法律也可设立相关规范，具体条款可以是框架性的以确保市场机制的有效发挥。第二，现有立法对保护市场机制的重要性缺乏深刻的认识，政府干预应该到什么程度以及政府与平台应建立何种关系是消费者评价立法亟须考虑的问题。数字贸易作为一种新型经济形态，其发展的不确定性较高。与政府管理相比，数字贸易平台在消费者评价的管理上具有先天优势，例如，平台是数字贸易的直接参与者，可利用大数据了解行业发展走势与问题，与政府相比有较大的信息优势；平台可借助其信息优势迅速发现问题并处理，而政府进行干预不仅受制于其发现问题的滞后，其处置速度也会受到程序的干扰；为促进新型经济的发展，平台有较强的制度创新意愿，这是政府机构无法比拟的优势。因此，需给予数字贸易平台基础性的管理责任，消费者评价问题首先在平台内部进行管理，当涉及平台自身利益无法调节或平台管理后仍有显著问题时，政府机构再进行干预，并在立法中予以体现。

13.3　消费者权益

消费者通过有偿使用产品或服务期间依法享有的权益称为消费者权益。对消费者权益的保护受到世界范围内各个国家的重视，自 1983 年起，每年的 3 月 15 日为"消费者权益保护日"。数字贸易中对消费者权益的研究主要聚焦在消费者福利分析、消费者数据安全以及消费者隐私保护三个方面。

13.3.1　数字贸易对消费者福利分析

13.3.1.1　数字贸易对消费者福利的积极影响

1. 产品选择范围的增加提高消费者福利

首先，电商平台上的完全竞争市场使得消费者可在不同平台进行切换，激烈的竞争也倒逼厂商持续优化创新，最终使得消费者以最低的价格获取最优的产品和服务，进而提升消费者福利。其次，数字贸易拓宽了传统实体零售商的销售渠道，线上线下双渠道模式能使零售商对消费者的需求变化作出更迅速的反应，商品信息透明度提高，产品选择范围扩大，从而增加消费者福利。

2. 个性化的产品和服务提升消费者福利

数字贸易下，信息技术的使用帮助平台经营者收集、分析并整理消费者数据，形成消费者画像。消费者画像的建立帮助平台经营者迅速识别消费者需求，匹配与消费者意愿一致的产品，从而提高交易效率。更重要的是，企业可通过消费者画像划分消费者类型，为消费者提供个性化产品、定制个性化服务。

13.3.1.2　数字贸易对消费者福利的消极影响

1. 隐私泄露损害消费者福利

通过收集信息及时了解消费者偏好能够帮助提供更为优质的产品和服务，提高企业的市场份额，但是企业通过各种手段收集信息却可能损害消费者福利。从数字平台角度来看，平台将其对用户进行隐私设置（如获取地理位置和发送推广短信等）产生的数据传输给应用程序的开发部门，以数据交换获得佣金。这实际上是将消费者的隐私权进行转让，损害了消费者的福利。

2. 大数据杀熟损害消费者福利

大数据杀熟是指同样的产品或服务，商家提供给老客户的价格却高于给新客户提供的价格。数字贸易下，消费者存在与互联网企业天然的信息不对称劣势，企业通过电商平台掌握消费者的购买记录，根据消费水平、购买习惯和会员等级制划分消费者类型，提供差异化折扣。除了以消费者类型为基础横向实行差别定价方法，信息技术的进步还使得企业能够根据时间变化为消费者制定动态定价策略。而消费者仅能获得企业通过平台提供的定制信息，导致该类群体在交易中易陷入弱势地位。

3. 产业集中损害消费者福利

数字平台市场的集中度较高，其原因在于：传统经济与实物生产相关，地理位置和运输成本一定程度上限制了规模经济的发展；而数字贸易的发展使规模经济突破了地域限制，而规模经济显著提升了数字产业市场的集中度。当产业高度集中时，市场的竞争约束有限，寡头垄断厂商以利润最大化为决策依据，并不会更多考虑消费者的福利，使得消费者无法以最低的价格获取最优质的产品和服务，进而损害消费者福利。除此之外，产业高度集中限制了第三方提供产品和服务，从而间接降低消费者福利。

拥有直接用户是数字平台盈利方式之一，通过收取用户信息向企业推送广告并收取佣金是其另一种盈利方式。高度集中的数字产业便于数字平台制定较高的佣金，企业为维持原有利润空间，可能会降低其产品或服务的质量，最终损害消费者利益。

4. 消费机会不均损害消费者福利

数字贸易下，智能化的消费要求消费者具备一定的科技素养，不同消费者的数字接入机会不同，能够便利地接入互联网进行线上交易的机会也就不同。老年消费者、低学历消费者面临着数字贸易的巨大挑战，第 47 次《中国互联网发展状况统计报告》表明，截至 2020 年底，我国约 25% 的非网民用户在日常消费中遇到无法使用现金支付、就医无法挂号等消费困境。数字贸易下加大了消费的复杂程度，例如，使用线上跨境交易的消费者需具备一定的汇率换算、经济贸易知识。基础设施和服务的差异使得有些消费者无法连接互联网和使用智能设备而被排除在数字贸易之外。

扩展阅读

利用算法等实施的不正当竞争行为将得到规制

2022 年 11 月 22 日，国家市场监督管理总局就《中华人民共和国反不正当竞争法（修订草案征求意见稿）》（以下简称"修订草案"）公开征求意见。在"关于《中华人民共和国反不正当竞争法（修订草案征求意见稿）》的说明"中，市场监管总局表示，反不正当竞争法自 1993 年正式施行，于 2017 年、2019 年进行了两次修订。随着新经济、新业态、新模式的层出不穷，利用数据、算法、平台规则等实施的新型不正当竞争行为亟待规制。针对近年来平台利用算法给予用户差别待遇等行为，修订草案做出了明确规定：

第十五条规定，经营者不得利用数据和算法、技术以及平台规则等，通过影响用户选择或者其他方式，扰乱市场公平竞争秩序。前款所称影响用户选择，包括违背用户意愿和选择权、增加操作复杂性、破坏使用连贯性等。

第十九条指出，经营者不得利用算法，通过分析用户偏好、交易习惯等特征，在交易条件上对交易相对方实施不合理的差别待遇或者进行不合理限制，损害消费者、其他经营者的合法权益和社会公共利益，扰乱市场公平竞争秩序。

同时，考虑到数字经济领域不正当竞争行为认定的复杂性，规定了判断是否构成不正当竞争行为的考量因素，增强制度的可预期性和执法的规范性。此外，还规定了平台经营者加强竞争合规管理的责任，推动反不正当竞争的社会共治。

值得注意的是，对上述新增违法行为的处罚方面，经营者违反规定，实施不正当竞争行为，情节特别严重，性质特别恶劣，严重损害公平竞争秩序或者社会公共利益的，由省级以上人民政府监督检查部门责令停止违法行为，没收违法所得，处上一年度销售额百分之一以上百分之五以下的罚款，并可以责令停业、吊销相关业务许可证或者吊销营业执照；经营者的法定代表人、主要负责人和直接责任人员对不正当竞争行为负有个人责任的，处十万元以上一百万元以下的罚款。

此外，修订草案还降低了虚假宣传的处罚下限，对于为虚假宣传行为提供策划、制作、发布等服务的主体予以处罚。新增条款规定，经营者知道或者应当知道为虚假宣传行为，仍提供策划、制作、发布等服务的，由监督检查部门责令停止违法行为，没收用于违法行为的物品和违法所得，处十万元以上一百万元以下的罚款；情节严重的，处一百万元以上二百万元以下的罚款，可以吊销营业执照。

资料来源：杜知航.《反不正当竞争法》修订"二选一"、"大数据杀熟"罚5%年销售额［EB/OL］.财新网，https：//companies. caixin. com/2022－11－22/101969416. html，2022－11－24.

13. 3. 2 消费者数据安全

13. 3. 2. 1 数据的概念和基本特征

数据具有以下基本特征：第一，非竞争性。数字企业可以分享和复制数据，数据使用的增加并不降低其本身的价值。第二，不可分离性。数据的使用效果依赖于数据主体。第三，外部性。其正外部性体现在数据的使用提高了使用者的经济效率和社会福利，负外部性则体现在数据损害数据使用者和第三方的利益以及社会福利。数字经济的发展使得数据成为一项重要的生产要素，消费者数据已成为驱动数字贸易的重要"燃料"。

数字化的企业收集、储存、利用消费者数据，制定企业商业战略，实现将数据转化为产品和服务，以获得经济利益。世界范围内的科技巨头如苹果（Apple）、谷歌（Google）、脸书（Facebook）在进入新兴数字产业时，早期通过大量收集并分析用户数据，帮助其在不同数字经济细分领域提供高质量产品和服务，建立高进入壁垒，迅速获取强大的市场地位。

13.3.2.2　信息与数据

数字经济时代，信息和数据紧密相关，数据化技术实现了信息的即时分享和快速交易。但是，个人信息并不等同于个人数据，两者具有以下不同点：第一，个人信息与身份属性紧密相关，且具有可识别性；而数据是在二进制基础上以 0 和 1 的组合表现出来的比特形式，与图像或视频等形式的信息区分，因其被高度数据化而不具有身份属性。第二，信息的价值取决于信息主体的人格权益，信息的人格特征越清晰，信息的价值越大；而数据的价值不取决于数据主体的身份，数据规模越大，数据价值越高。

13.3.2.3　消费者数据与企业研发

数字贸易下，大数据的应用为普通消费者和企业搭建桥梁，为消费者参与企业研发提供了可能。消费者参与的可数据化程度提高，其数据反映了不同群体的需求特征，为企业提供决策支持。大数据技术使企业获得消费者信息的成本大大降低。除此之外，消费者通过自动生成的大数据影响企业决策。

企业利用消费者参与研发有以下三种方式：第一，企业雇用消费者，将消费者作为企业内部的创新提供者；第二，设计激励机制刺激消费者研发，如悬赏、产品销售分成和荣誉；第三，与挑剔用户和意见领袖直接交谈，以获得消费者对产品的改进和创新的意见。

消费者数据参与企业研发的方式受企业设计理念的影响。对于以用户主导为设计理念的企业，强调消费者需求中的创新性想法具有极高的商业价值，因此这类企业会尽可能利用消费者数据参与企业的研发过程，从而设计出与消费者需求高度匹配的新产品，这些新产品能在关键市场绩效指标上超过公司职业设计师的产品。而对于以设计师主导为设计理念的企业主张消费者在设计知识和经验上无法与专业设计师相当，消费者数据主要提供辅助价值以减少设计师进行市场判断时的失误。

13.3.2.4　消费者数据安全隐患

1. 非法收集消费者数据

大数据的应用使得数字贸易平台服务商越过消费者授权即可非法获取消费者个人数据，它包括：可识别消费者信息的基础数据，如姓名、身份证号、电话、详细住址；消费者在网上进行的活动，如消费者浏览记录、关注的产品类型、消费评价以及搜索过的数据资料；消费者的存储数据，包括存在计算机、个人邮箱以及网络云盘。数字技术的进步使得一些平台运营商和服务提供商通过追踪技术、黑客攻击对消费者数据进行非法收集，对消费者数据进行深度分析，追踪消费者个性偏好和消费行为，制订针对性推送服务和营销方案，以此获得更大利润。

2. 非法使用消费者数据

消费者数据被非法搜集后，数字贸易平台运营商和服务商将其用于以下用途：首先，借助专业第三方数据分析公司对消费者数据进行整理和分析，总结出消费者的消费习惯和消费偏好，制订针对性营销策略，以提高销量，实现利润最大化。其次，除获得直接利益外，平台运营商也可将原始数据或二次加工的数据转卖给其他数据需求方以获得间接利润。最后，为实现互利共赢，平台运营商之间相互交换非法取得的消费者数据，实现数据共享。

3. 非法盗取消费者数据

消费者数据在被数字贸易平台运营商和服务商收集和使用的过程中，还会面临个人数据被盗取的危险。当消费者浏览网页、输入登录信息以及进行在线支付时，不法分子借助黑客攻击技术盗取消费者数据，用户数据灰色产业链甚至进一步窃取消费者的虚拟货币或实际货币，或者通过地下交易市场将数据转卖给互联网企业，帮助其制定精准营销策略，以获得间接利益。

13.3.2.5 数据治理保护消费者数据安全

数字贸易的深度发展需要系统化的数据治理机制，在迈向数字贸易强国的过程中，我国的数据治理应以市场化机制为导向，通过多层机制安排，保证消费者合法权益。

1. 政府部门需明确数据使用目的

消费者数据利用具有很大的争议性，政府在监管数据使用时，需对数字平台的利用目的加以区分。数字平台通过挖掘数据、共享信息以提高产品或服务的质量时，政府部门需放宽监管条件；而当数字平台通过大数据对消费者实行价格歧视、侵犯消费者隐私安全时，政府部门应严厉制止此类行为。

2. 数字企业加强行业自律

数字平台和从业人员在面对竞争与利益时，易产生趋利避害、追逐非法利益的心理，从而导致严重的商业伦理道德的丧失。解决这一现象，最根本的方法应是从源头出发，建立数字企业自律机制以及相应的惩罚机制，使得各个企业能够自觉遵守业界规范。对于为获取非法利益贩卖消费者数据的行为，可通过罚款、取消经营资格等措施进行制裁，使企业充分认识到其所应承担的社会责任以及恶意泄露消费者数据所应承担的后果。

目前，我国电商平台的行业自律规范存在自律规则过于框架化、管理不足等问题，因此，首先，数字企业应具体化其行业自律条款，将其明确到消费者数据保护层面；其次，数字企业应积极提升数字产业从业人员素质，对其进行商业伦理道德培训；最后，建立数字行业自律的监管体系，引入第三方监管制约数字平台非法使用消费者个人数据的行为。

3. 鼓励多元主体参与数据治理

目前,我国的数据治理以政府为主导开展工作,从长远来看,政府在开展数据的治理和保护工作时缺乏充足的人力、物力和资金支持,因此,数据主体应发挥主观能动性参与数据治理与保护。数字贸易时代,信息和数据具有财产权的属性,我国立法机关和司法机关应将其工作重心置于界定数据主权,承认数据主体的财产性权益,最大限度发挥个人作用,消费者协会和其他消费者组织也应切实发挥保护消费者权益的作用。

13.3.3　消费者隐私

13.3.3.1　消费者隐私的定义

隐私是个人、团体或组织有权利确定向他人披露信息的时间、方式和范围,特别关注人们对个人信息的控制和传播。个人信息是隐私的核心,无论该信息是敏感还是无关紧要,只要具有可识别性,就应当被视为个人信息。数字贸易中的消费者隐私既包括个人基本资料信息、个人信用信息、个人网络习惯等静态类信息,也包括个人交易信息、浏览商品信息等动态类信息。

数字贸易的发展使得消费者的隐私保护面临严峻现状,部分商家为追求利益最大化,非法采集、分析消费者信息,提高产品的市场占有率。因此,消费者个人隐私信息具有高度商业价值,窃取、使用隐私对消费者造成非常大的利益损失。数字贸易背景下,隐私问题的关注聚焦在保护个人数据隐私以及促进个人数据信息共享的利益取舍方面。

13.3.3.2　隐私悖论

数字贸易下,尽管消费者高度关注个人隐私,但他们仍愿意披露隐私或者接受数字平台的信息和服务推送,即存在"隐私悖论"现象。对于"隐私悖论"的解释有以下几点:第一,隐私计算,当感知收益大于潜在风险时,消费者会选择披露自己的隐私。感知收益包括经济效益、社会效益、娱乐需要、社会关系需要和身份建设需要,感知风险则表现为侵犯隐私、身份盗取和网络欺凌等形式,感知收益带来的正面影响能够抵消感知风险带来的负面影响。第二,有限理性,受自身知识和能力的限制以及信息获得的不充分性,消费者的信息披露行为无法做到完全理性。数字贸易下,大数据的应用与个人数据市场的出现推动信息不对称现象越发普遍,消费者难以充分获得隐私的信息价值、收集途径和收集状态,也就难以计算披露隐私的后果。即使消费者能够获得全部信息,缺乏风险与收益的计算能力和专业知识也会推动消费者非理性信息披露行为的发生。第三,社会理论,人具有社会属性,分享隐私能够扩大消费者的社交圈。消费者的行为会受到社会规范、社会角色、社会制度等因素影响,无法完全自主作出决策,进而影响其信息披露行为。第四,解释水平,以时间距离、空间距离、社会距离、可能性四个维度为基础的心理距离通过影响解释水平进而影响消费者的行为和意图。高解释水平体现为事件发生的时间与空间距离遥远且发生在用户自身身上概率较低的事件，用户倾向于用抽象、本质的方式理解这些事件，低解释水平的事件发生则具有相反的特征。大数据技术广泛应用的数字贸易背景下，隐私具备抽象的高解释水平特征，对隐私认知尚不明确使得消费者的行为和意图很难预测。

13.3.3.3 消费者隐私保护

1. 世界范围内消费者隐私保护现状

欧盟对于个人隐私的保护采取统一的立法模式，通过制定综合性的个人信息保护法来规范个人信息收集使用行为，通用于公共部门和非公共部门，并设置一个综合监管部门集中监管；权利保护方面，欧盟采取人格保护模式，将个人信息视为公民的基本权利，按照一般人格权进行严格保护；欧洲各国采取消费者法与公法规制对消费者数据进行保护，并未设立私法上的个人信息权，也未主张公民个体可利用个人信息权对抗不特定的第三人。

相较于欧盟，美国对个人隐私的保护在立法层面则较为分散，强调个人信息保护的灵活性。联邦层面，美国拥有近40部有关个人隐私保护的法律，其中，1973年，《录音、计算机与公民权利》法案提出"公平信息法则"，确定了个人信息保护的基本原则；1974年，《隐私法案》明确了联邦政府机构处理个人信息的行为。各州层面，大多数州制定了关于个人隐私保护的法案，其中以加州最为完备，2018年《加州消费者隐私法》赋予消费者更完整的个人信息控制权。

聚焦中国，我国一直在国家层面推动个人信息保护立法和监督，有关消费者隐私信息保护的法律拟定较晚，隐私权的立法明显存在滞后。20世纪90年代以来，我国国务院、最高人民法院以及相关部门制定了一系列与消费者隐私保护相关的法规和政策。2021年8月20日通过的《个人信息保护法》是我国在消费者个人信息保护立法中的最新成果，该法明确：严禁"大数据杀熟"，App不得强制推送个性化广告，不得非法收集、使用、加工、传输他人个人信息，不得因用户不同意提供信息拒绝服务等。然而，该法对于模糊地带还需进一步出台配套法律法规，针对具体问题制定相应解决措施。

数字贸易下消费者隐私权的法律保护具有法律零散、手段脆弱、途径间接的不足，相关政府规章制度缺乏强制性，使得企业非法收集和滥用消费者隐私、消费者求助无果等问题凸显。因此，借鉴欧盟与美国有关个人隐私保护的实践经验，中国需建立与国情相适应的消费者隐私法规政策体系。

2. 我国消费者隐私保护对策

（1）健全消费者隐私保护的法律法规体系。

现阶段，我国对消费者隐私保护的工作应突出健全消费者隐私保护法律政策体系，推动政府监管与市场自律互补融合，合理界定隐私保护的范围，积极开发隐私保护技术能力，科学审核隐私侵权成本，加强消费者隐私保护教育，以提高消费者隐私保护的监管效率。

从立法层次上看，全国人民代表大会发挥立法核心作用，在未来《民法典》中将隐私权作为公民的一项基本人权，制定《（消费者）隐私权法》《个人信息保护法》以增强消费者隐私保护及其监管的合法性与权威性；国务院可出台有关行政法规作为法律的配套措施，明确规定消费者隐私保护的基本形式、监管制度等重要问题。地方政府层面贯彻中央的指示和精神，省级人民代表大会根据实际情况制定相关地方性法规。最终，法规政策体系自中央到地方不断细化消费者隐私保护监管制度，使消费者隐私保护具有明确的法规和政策准则，使政府对消费者隐私保护的监管具有法规政策依据，这样才能从根本上保证消费者隐私保护规范有序地推进。

（2）推动政府监管与行业自律融合。

政府和行业自律在保护消费者隐私方面各有所长、各有所短，都不能够脱离对方单独作用。行业自律能够有效激发企业组织消费者信息进行市场创新的积极性，从而提高企业经营效率，但是市场自律的强化可能导致消费者隐私侵权严重、市场信任严重不足等弊端，需要推动政府监管。消费者隐私权具有法律意义上的民事权利的内涵，且在数字贸易中消费者往往处于弱势地位，因此需要法律规制和政府监管保障消费者权益。综上所述，推动政府监管和行业相融合，界定政府与市场各自的职能与分工，在发挥市场机制基础性的前提下，通过行业自律提升企业创新效率、政府监管保证消费者公众的隐私利益，实现政府监管与行业自律的最佳组合。

（3）合理界定消费者隐私保护范围。

数字贸易背景下，消费者隐私内容范围具有动态性、复杂性和扩大化等特征，使得实际操作中清晰界定隐私保护并不可行，但合理界定隐私范围是对隐私保护进行政府监管的关键之一。我国可以在赋予消费者隐私内容较大外延的基础上，借鉴欧盟和美国的做法，使用目的和结果考量的原则界定隐私范围。目的考量原则是指要求企业必须将数据收集限制在实现合法目的所需的最低范围并及时删除无用数据。例如，《欧盟数据保护指令》第6条规定：个人数据必须基于特定的、明确的且合法的理由收集且不得用于其他用途。结果考量原则是指企业的信息收集、传播和处理行为结果不能给消费者带来负面的价值影响。2012年美国联邦贸易委员会发布的《巨变时代的消费者隐私权保护——企业与政府的参考》（最终版）明确指出：企业应在其产品和服务的每个环节将保护消费者隐私贯穿于整个组织结构中，包括要求公司应在其运作中融入隐私保护措施，如数据安全、合理收集限制、合理保留和处置及保持数据准确。

扩展阅读

脸书（Facebook）陷入消费者隐私泄露风波

北京时间2022年8月28日消息，一份法庭文件显示，元宇宙（Meta）公司旗下脸书（Facebook）于当地时间 26 日在美国旧金山联邦法院就其允许包括剑桥分析公司在内的第三方访问用户私人数据一事的诉讼达成原则性和解。该诉讼始于 2018 年。彼时，脸书因剑桥分析事件深陷用户隐私数据泄露风波。2018 年 3 月，脸书承认，英国数据分析公司剑桥分析在 2016 年美国总统大选前违规获得了 5 000 万脸书用户的信息，并成功地帮助特朗普赢得了美国总统大选。后来，脸书经调查发现，最多有 8 700 万用户的信息被剑桥分析公司不当分享。为此，脸书在 2018 年遭遇集体诉讼，被指控未能妥善保护用户的个人敏感信息并侵犯用户隐私，使用户面临风险。同时，美国联邦贸易委员会（Federal Trade Commission）也对脸书展开调查。而脸书的首席执行官马克·扎克伯格（Mark Zuckerberg）也曾出席美国参议院联合委员会举行的听证会，就该丑闻发生后脸书如何处理用户数据提供证据。2019 年，脸书与美国联邦委员会达成 50 亿美元的和解协议，脸书承诺不再作出不实陈述，同时承诺不会在用户同意前将其个人信息与第三方共享。

时至今日，剑桥分析公司丑闻余波未平。2022 年 5 月，元宇宙首席执行官 Mark 被美国华盛顿特区总检察长卡尔·拉辛（Carl Racine）起诉，卡尔指控马克直接参与了导致与剑桥分析公司相关的数据泄露决策。卡尔在一份声明中指出，有证据表明，元宇宙的子公司脸书未能保护其用户的隐私和数据，而马克亲自参与其中，从而直接导致了相关数据泄露事件。2022 年 7 月，马克·扎克伯格和已卸任首席运营官的雪莉·桑德伯格（Shirley Sandberg）再次因剑桥分析丑闻被要求在今年 9 月出庭作证，时长分别为 6 小时和 5 小时。但此次的和解文件则要求法官将这起集体诉讼暂停 60 天，直至原告和脸书的律师最终达成书面和解。因此，马克和雪莉将免于在 9 月出庭作证。

剑桥分析事件对于脸书而言影响巨大，其因此事件在全球多国受到处罚，并引起用户不满。例如，2018 年 7 月，因脸书在泄露用户数据给剑桥分析公司事件中，未能保护用户的数据，同时在与第三方分享用户数据时未能对外透明，违反了英国个人数据法案，英国数据保护监管机构信息专员公署对脸书处以 50 万英镑的罚款。2019 年，巴西司法部对脸书处以 660 万雷亚尔（约合 164 万美元）的罚款，原因是该公司不当共享用户数据。巴西司法部在一份声明中称，这是巴西政府首次对脸书处以罚款，与剑桥分析公司 2018 年滥用数据有关。此外，脸书也因此事遭到他国用户的集体诉讼。在英国，2020 年及 2021 年曾有两起有关脸书侵犯消费者隐私权的集体诉讼。

资料来源：李润泽子. 涉及 8700 万用户个人信息，Facebook 就剑桥分析数据泄露丑闻达成和解 [EB/OL]. 21 世纪经济报道，https://m.21jingji.com/article/20220829/herald/2898512e5ed8b773adc9159a88e0dd34_ths.html，2022 - 08 - 29.

◎ 本章提要

　　数字贸易通过对消费者权益的影响体现在消费者福利、消费者数据安全以及消费者隐私保护三个方面。数字贸易扩大了消费者对产品和服务的选择范围，其个性化需求得到充分满足，消费者福利因此增加。然而，数字技术的进步伴随着隐私泄露、大数据杀熟、产业集中与消费者机会不均都不同程度地损害了消费者福利，在推动数字贸易蓬勃发展的过程中减少消费者福利损害需引起政府和数字电商平台的关注。消费者数据是数字贸易发展的重要"燃料"，大数据的应用降低了消费者信息的获取成本。然而，消费者数据面临着被非法收集、非法使用和非法盗取的风险。在迈向数字贸易强国的过程中，我国的数据治理应以市场化为导向、通过多层机制保障消费者数据安全。消费者隐私始终是各类经济活动参与主体关注的焦点，数字贸易下隐私问题的聚焦于个人数据隐私保护和信息共享的利益取舍。

◎ 概念复习

体验性消费　社交消费　消费者搜索　大数据杀熟　消费者数据安全　消费者隐私　隐私悖论

◎ 阅读资料

(1) 中国数字经济发展报告（2022 年）[R]. http://dsj. guizhou. gov. cn/xwzx/gnyw/202207/t20220711_75506676. html.

(2) 中华人民共和国个人信息保护法 [EB/OL]. 中国人大网，http://www. npc. gov. cn/npc/c30834/202108/a8c4e3672c74491a80b53a172bb753fe. shtml.

(3) Z 世代消费人群洞察报告 [R]. https://www. 163. com/dy/article/H67EGPB805526SET. html.

◎ 课后思考题

(1) 数字贸易的发展使消费者地位出现哪些新特征？
(2) 消费者的搜索成本和搜索收益具有什么特点？消费者搜索何时停止？
(3) 消费者评价的信息功能有哪些？
(4) 数字贸易如何提升消费者福利？
(5) 消费者数据安全隐患有哪些？如何降低消费者的数据安全隐患？
(6) 数字贸易下，消费者隐私保护面临哪些困难？

第 14 章
数字贸易的统计测度

学习目标

（1）了解各类数字贸易总量的统计，理解数字贸易各行业的统计数据，掌握《数字贸易测度手册》测算法；

（2）了解数字贸易综合指数测度，掌握各类数字贸易测度指数；

（3）掌握数字贸易评价体系，认识相关数字贸易指数应用情景，了解当前数字贸易统计发展。

内容提要

目前尚无关于数字贸易规模的可用官方数据，精确衡量数字贸易规模存在较大难度。首先，尚不存在被广泛接受并认可的数字贸易定义；其次，缺乏关于其关键组成部分和层面的可靠统计数据，特别是针对发展中国家的数据。宽泛的内涵使得数字贸易测度在统计口径上具有难度，数字贸易测度成为国际贸易统计领域中一个具有挑战性的课题。而测度方法是对事物状况进行定量描述和实证的前提，因此学术界对此展开了大量研究，呈现出从用单一统计数据替代到通过系统的测度方法统计再到构建综合指标评价的趋势。当前，尚未有统一的数字贸易测度方法，总的来说大致分为两种方向：一部分学者根据各国政府和国际组织对数字贸易的定义选取可用数据统计数字贸易量；另一部分学者通过构建综合指数的方法对数字贸易进行评价。本章将总结当前学者统计测度数字贸易的各种方法。

14.1 数字贸易总量的统计

由于没有专门针对数字贸易总量的统计数据，但又迫于研究的需要，因此学者们主要根据各大官方组织的定义，将数字贸易分类，再基于数据的可获得性，最后进行加总获得数字贸易总量的数据。

14.1.1 信息和通信技术行业数据

在数字贸易的测度和数据使用方面，学界最早大部分研究使用信息和通信技术（ICT）的相关数据代替数字贸易。2013 年，美国国际贸易委员会根据服务贸易数据测度了美国数字贸易规模。研究假定所有信息和通讯行业的贸易都是数字化支持的，根据美国经济分析局（Bureau of Economic Analysis，BEA）的分类方法，采用信息和通讯行业国际服务贸易数据作为行业层面美国跨境数字贸易的衡量指标。

14.1.2 数字服务贸易数据

联合国贸易和发展会议（United Nations Conference on Trade and Development，UNCTAD）将数字服务贸易定义为通过信息通信网络跨境交付的所有服务贸易，并基于主要产品分类筛选和计算可以通过网络跨境传输交付的服务贸易，最终得出数字服务贸易进出口数据。主要包含保险和养老金服务，金融服务，知识产权使用费，电信、计算机和信息服务，其他商业服务以及视听和相关服务等类别。联合国贸易和发展会议数据库（UNCTAD STAT）有单独统计的数字服务贸易数据，目前有大量学者将数字服务贸易的数据作为数字贸易的代表进行分析研究。该统计测算方法优劣并存，优点是数据的可得性高，可以依靠现有服务贸易统计体系获取数据；缺点是概念定义和统计口径存在一定偏差，将所有可以远程数字交付的服务贸易都纳入了数字服务贸易，意味着一些具备远程数字交付潜力但仍在线下进行的服务贸易可能也会被纳入。

有众多学者使用 UNCTAD 的国际收支服务贸易 BOP 分类选取的相关数字服务贸易部门加总的数据进行研究。岳云嵩和赵佳涵（2020）用该数据基于 2008～2017 年 141 个国家的面板数据，对数字服务出口特征和趋势进行了分析，并检验了国家层面数字服务出口的决定因素。彭羽等（2021）也使用该数据作为双边数字服务出口量，实证检验 RTA 数字贸易规则深度对数字服务出口的影响。中国信通院发布的《中国数字经济发展白皮书（2020）》中关于数字贸易规模的统计描述也运用了该方式。岳云嵩、陈红娜（2021）结合 2011～2018 年 WTO 的 FATS 服务贸易数据和 UNCTAD 的 BOP 服务贸易数据，对全球和主要国家 FATS 数字服务出口特征和发展趋势进行分析，是对现有研究大多局限于对 BOP 服务贸易数据的一种补充。

14.1.3 数字服务贸易部门的加总数据

美国国际贸易委员会（USITC）提供了两种统计数字贸易数据思路：一是统计数字产品和服务，有各大国际贸易数据库和相关产业公司交易数据，但会包括一定比例的实物产品；二是统计互联网宽带跨境数据流，不含实物产品，但由于通过光纤产生的跨境数据流十分庞大，且数据流的产生并不意味着数字贸易这种营利性商业活动的产生，会过分高估国际数字贸易额。两种方法都会存在一定程度的偏差，但是第一种方法的数据更公开易得。美国商务部经济局认为，可以将数字相关产业的服务贸易视为全部数字化，作为数字贸易中数字服务的代理数据。

USITC 将以下产业视为全部数字化：一是金融与保险服务绝大多数通过互联网；二是个人、文化和娱乐服务与数字内容产业交集较多，医疗、教育等是高数字密集度产业；三是专利费与许可费服务很多涉及互联网技术，如复制、分发数字产品和服务，而数字贸易对象多为知识或技术密集型；四是商业、专业与技术服务是最大的数字化服务部门，其子分类大量使用数字资源。根据 USITC 对数字贸易的定义和统计思路，使用 OECD 数据库，基于 USITC 与 BEA 研究，筛选数字贸易产业分类，收集代理数据。参考美国商务部经济局报告（含 1998～2010 年美国服务贸易 ICT 支持比例），筛选数字化程度高且数据完整的行业，抽取了金融服务，保险服务，个人、文化与娱乐服务，专利费与许可费，商业、专业与技术服务（专业、管理咨询服务，电信、计算机与信息服务，研发测试服务，经营租赁服务），进行加总获得双边贸易数据，运用社会网络分析方法对 2007～2014 年全球数字贸易网络发展态势进行研究。依据美国商务部经济分析局（USBEA，2018）所界定的数字贸易（即"潜在的可数字化服务贸易 PICTE"），再比对 OECD 双边服务贸易数据库的服务部门分类，将以下几个 OECD 服务贸易部门纳入数字贸易流量的统计范畴，分别为"金融服务""电信、计算机和信息服务""知识产权费用""保险和退休金服务""个人、文化和娱乐服务"和"其他商业服务"。

14.1.4 OECD - WTO - IMF 的《数字贸易测度手册》测算法

为响应各国对数字贸易数据连续性和可比性的需求，2017 年经合组织机构间国际贸易统计工作队（Inter—Agency Task Force on International Trade Statistics）从主要国际机构、国家统计局和中央银行抽调人员组成专家组，对数字贸易测度工作进行探讨和研究，2019 年发布了《数字贸易测度手册》，为各国数字贸易数据统计提供了指导性框架。目前，学界大多数研究对于数字贸易的统计主要采取了经合组织（OECD）、世贸组织（WTO）和国际货币基金组织（IMF）共同发布的《数字贸易测度手册》中定义的数字交付贸易的统计数据，并进行分析。当前测度数字贸易的许多领域仍然处于初级阶段，手册将随着新的国家和国际测度经验的出现而不断更新。

14.1.4.1 数字贸易概念及维度

2017~2019 年，经合组织（OECD）、世贸组织（WTO）和国际货币基金组织（IMF）进一步扩大了数字贸易的内涵，认为数字贸易是数字化技术为其提供可行性的跨境货物和服务贸易，这些货物和服务可以通过数字方式或实体方式进行交付。即各种形式的数字贸易都要通过数字技术进行支持，但在交付过程中并非全部采用数字化形式，例如通过网络订购但通过物流运输方式进行交付的商品或服务。为数字贸易提供支撑的数据流本身也会产生收益，因此也被视作数字贸易的组成部分。与美国国际贸易委员会"数字贸易包括国内贸易和国际贸易"的理解不同，OECD 界定的数字贸易仅涉及跨境贸易，不包括国内贸易。如图 14-1 所示，数字贸易包括贸易方式、贸易内容和贸易主体 3 个维度。

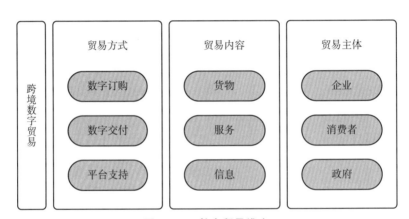

图 14-1　数字贸易维度

资料来源：根据 OECD、WTO 和 IMF（2019）指导框架整理。

贸易方式维度识别了哪些跨境交易属于跨境数字贸易。其中，数字订购强调产品或服务订购过程的数字性或网络性，即交易主体必须通过专门的网络订单系统进行订单的下达或接收。例如，通过网络或电子数据交互系统进行订单处理的行为属于数字订购，而通过电话、传真或手写电子邮件的方式进行订单操作的行为则不属于数字订购。数字交付是指通过网络平台而非物理方式进行产品或服务的交付。根据这一定义，数字交付的内容应该是无形的产品、服务或数据流，如跨境购买的软件、电子书、数据或数据库服务。平台支持是区别传统国际贸易和跨境数字贸易的最显著特征。跨境贸易的数字性很大程度体现为亚马逊（Amazon）、阿里巴巴（Alibaba）、优步（Uber）或爱彼迎（Airbnb）等中间平台的支持。数字中间平台促进了共享经济的发展。作为信息和广告驱动商业模式的提供者，通过提供免费或付费数据服务提高了消费者福利水平，同时也改变了生产者尤其是中小企业进入全球市场的能力。虽然并非所有的跨境数字贸易都必然涉及此类中间平台，但这些平台的出现显然正在改变国际经济格局或竞争格局。

跨境数字贸易交易内容包括货物、服务、信息流或数据流。目前，货物和服务仍然是跨境数字贸易的主要内容，但与传统国际贸易不同，跨境数字贸易中的货物和服务在订购或交付环节具有特殊性。信息或数据成为贸易内容是跨境数字贸易不同于传统国际贸易的重要表现。在数字贸易中，部分信息或数据是免费获取的，交易本身并不产生货币收益，但会在其他跨境交易中发挥支持作用。

跨境数字贸易主体分为企业、消费者和政府 3 个部分。根据相互之间的贸易关系，跨境数字贸易可以在位于不同国家的企业和企业（Business—to—Business，B2B）、企业和消费者（Business—to—Consumer，B2C）、消费者和消费者（Consumer—to—Consumer，C2C）以及企业和政府（Business—to—Government，B2G）之间展开。其中，B2B贸易模式在跨境电子商务领域占主导地位，是跨境数字贸易的主要组成部分。随着网络和电子商务的不断发展，B2C 贸易模式和 C2C 贸易模式也在迅速成长，成为跨境数字贸易的显著特征。

14.1.4.2 数字贸易测度框架

根据数字贸易内涵及维度，将贸易方式和贸易内容结合起来，从图 14 - 2 可以看出，跨境数字贸易包括不同贸易主体采用数字订购方式进行跨境交易的服务或货物贸易、采用数字交付方式或同时采用数字订购和数字交付方式进行跨境交易的服务贸易以及数字中介平台支持的上述贸易。其中，数字中介平台（Digital Intermediate Platforms，DIPs）可以分为"付费数字中介平台"和"免费数字中介平台"。付费数字中介平台是促进买者和卖者直接沟通，但并不对在售商品或服务拥有经济所有权的在线界面。免费数字平台同样发挥中介作用，连接产品或服务的最终用户和销售者。其中，最终用户不需要支付费用即可享受平台提供的服务。产品或服务的销售者需要向平台支付广告费或相应费用，平台依靠广告费或数据收入维持运营。OECD 将免费数字中介平台归类为"数据和广告驱动的数字平台"（Data and Advertising Driven Digital Platforms，DADDPs）。由于 DADDPs 提供免费服务，涉及非货币交易，因此不计入数字贸易衡量范围。付费数字中介平台提供的服务主要支持货物或服务的跨国购买和销售，可以按其服务的对象归属到数字订购贸易或数字交付贸易。因此，跨境数字贸易的测度可以按照"跨境数字订购贸易—跨境数字交付贸易"框架进行分析。

跨境数字订购贸易是指通过专门接收或下达订单的电脑网络系统进行货物或服务的跨国购买或销售行为。专门的网络订单系统是指互联网、外联网、电子数据交换系统等方式，排除通过电话、传真或手写邮件方式进行订单接收或下达的行为。数字订购强调订购过程的数字化或网络化，其他交易环节如支付和最终交付可以采取其他方式。根据该特点，货物和服务的跨境交易均可采取数字订购方式，即数字订购贸易包括数字订购的货物贸易和数字订购的服务贸易，此类交易实际表现为电子商务中货物或服务的国际贸易部分，即跨境电子商务。

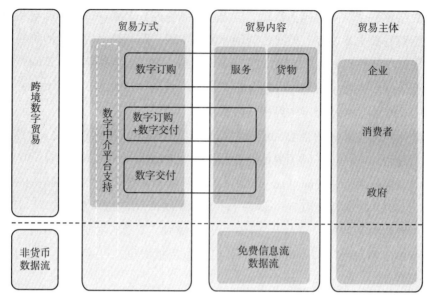

图 14 – 2　数字贸易测度框架

资料来源：根据 OECD、WTO 和 IMF（2019）指导框架整理得到。

　　由于多数国家会公布总体经济层面跨境电子商务相关数据，因此 OECD、WTO 和 IMF（2019）建议采用现有数据衡量总体经济层面的跨境数字订购贸易。微观层面跨境电子商务数据较难获得，需要区分企业和家庭等不同主体的贸易行为，OECD、WTO 和 IMF（2019）建议各国统计局分别开展企业调查和家庭调查以获得相关数据，并对调查方法进行了具体指导。例如，开展企业调查要求企业确定数字订购的比例，区分进口和出口、细分货物和服务，以分别获得企业数字订购出口规模和进口规模的数据。家庭调查主要确定家庭跨境数字订购行为，可以探索利用信用卡数据衡量家庭数字订购支出或者利用专业支付公司的数据测度家庭数字订购规模。

　　随着数字技术的普及，家庭和企业更容易开展跨境数字订购贸易，客观上扩大了"小额贸易"的规模。所谓"小额贸易"，是指额度未达到海关征税标准的国际贸易。虽然并非所有的"小额贸易"都会采用数字订购方式，但有证据表明，小额贸易与数字订购之间存在较强的相关性。OECD、WTO 和 IMF（2019）建议各国重视"小额贸易"并尽可能利用可用数据资源测度其规模，目前可以考虑利用邮政或快递机构同时结合信用卡公司提供的数据估计小额贸易。

14.2　数字贸易综合指数的测度

除了直接用部门的服务贸易数据加总得到数字服务贸易以替代数字贸易的方法之外，许多学者还通过构建综合指数的方法对数字贸易进行评价。国际电信联盟（International Telecommunication Union，ITU）发布的信息化发展指数、世界经济论坛（World Economic Forum，WEF）发布的网络就绪指数都从网络基础设施的角度构建指数，以全面衡量一个国家或地区的数字基础设施发展情况，对数字贸易的评价有一定的借鉴作用。

14.2.1　信息化发展指数（IDI）

国际电信联盟成立于1865年，1947年成为联合国的一个专门机构，致力于协调全球信息和通信技术事务。ITU很重视信息社会发展的测评和数字鸿沟现象的定量分析，陆续发布了多个信息化测评指标。为响应信息社会世界峰会2005年突尼斯峰会上关于统一信息化测评指标的呼吁，2007年，ITU将信息化机遇指数（ICT Opportunity Index，ICT - OI）和数字机遇指数（Digital Opportunity Index，DOI）合并，提出了一个新的信息化测评指数，即信息化发展指数（ICT Development Index，IDI），并于2009年和2010年连续发布了利用该指数进行测评分析的年度报告。IDI指数分接入、应用和技能三个维度，共有11个指标，具体结构如表14 - 1所示。

表 14 - 1　　　　　　　　　　　ITU 信息化发展指数（IDI）的结构

维度	维度权重	指标	指标权重
ICT 接入	40%	1. 每百居民固定电话数	1/5
		2. 每百居民移动电话用户数	1/5
		3. 每个用户国际互联网宽度	1/5
		4. 至少拥有一台计算机的家庭比例	1/5
		5. 接入互联网的家庭比例	1/5
ICT 应用	40%	6. 每百居民互联网用户数	1/3
		7. 每百居民固定互联网用户数	1/3
		8. 每百居民移动宽带用户数	1/3

续表

维度	维度权重	指标	指标权重
ICT 技能	20%	9. 成人识字率	1/3
		10. 中等教育毛入学率	1/3
		11. 高等教育毛入学率	1/3

14. 2. 2 网络就绪指数（NRI）

世界经济论坛（The World Economic Forum，WEF）成立于 1971 年，是一个国际性非营利性组织，倡导通过商界、政界、学界等领域领袖人物的广泛协商来制定全球或地区性的规程以推进世界的进步。21 世纪伊始，WEF 着手研究信息技术对经济发展影响的定量分析。2001 年，WEF 和哈佛大学国际发展中心合作，推出了信息化就绪指数（Networked Readiness Index，NRI），后几经修订，最新的 NRI 指数由 68 个指标构成，具体结构如表 14 - 2 所示。

表 14 - 2　　　　　　　WEF 信息化就绪指数（NRI）的结构

环境（1/3）	市场环境（1/3）	1.01 风险投资的可用性	就绪度（1/3）	个人就绪度（1/3）	4.01 数学和科学教育的质量
		1.02 金融市场的完备性			4.02 教育系统的质量
		1.03 最新技术的可用性			4.03 消费者成熟度
		1.04 产业集群的发展水平			4.04 居民电话接入费用
		1.05 政府制定法规的负担程度			4.05 居民电话月租费
		1.06 税收的征收范围和效果			4.06 固定线路的宽带资费
					4.07 移动电话资费
		1.07 总体税率			4.08 固话资费
		1.08 启动一个商务项目需要的时间		企业就绪度（1/3）	5.01 员工培训覆盖面
					5.02 本地专业研究和培训服务的可用性
		1.09 启动一个商务项目需要办理的手续数量			5.03 管理学院的质量
					5.04 企业在研发上的投入
		1.10 本地的竞争激烈程度			5.05 产学研在研发方面的协作
		1.11 言论自由程度			5.06 企业固话接入费用
	政策与法律环境（1/3）	2.01 立法团体的效率			5.07 企业固话的月租费
		2.02 和 ICT 相关的法律			5.08 当地提供商的质量
		2.03 司法独立性			5.09 计算机、通信和其他服务的进口
		2.04 知识产权保护			5.10 新电话线路的可用性

续表

环境 (1/3)	政策与法律环境 (1/3)	2.05 法律机构在解决纠纷时的效率	就绪度 (1/3)	政府就绪度 (1/3)	6.01 政府发展 ICT 的优先性
					6.02 政府对高技术产品的采办
		2.06 法律机构在法规面临挑战时的处理效率			6.03 ICT 在政府未来计划中的重要性
		2.07 产权	应用 (1/3)	个人应用 (1/3)	7.01 移动电话用户数
		2.08 执行一个合同的步骤数			7.02 个人计算机数量
					7.03 宽带互联网用户数量
		2.09 履行一个合同的时间			7.04 互联网用户数量
		2.10 竞争指数的水平			7.05 接入互联网的学校数量
	信息基础设施环境 (1/3)	3.01 电话线路的数量		企业应用 (1/3)	8.01 使用国外技术许可的普遍性
		3.02 安全的互联网服务器数量			8.02 企业层面的技术吸收
					8.03 革新能力
		3.03 电力生产能力			8.04 企业互联网应用的程度
		3.04 科学家和工程师的数量			8.05 创新产业的出口
					8.06 实用新型专利数量
		3.05 科研机构数量			8.07 高技术出口
		3.06 高等教育入学率		政府应用 (1/3)	9.01 政府在 ICT 推进方面的成就
		3.07 教育支出			9.02 政府电子服务指数
		3.08 数字内容的可访问性			9.03 ICT 应用和政府效率
					9.04 政府机构中 ICT 的应用程序
		3.09 互联网宽带			9.05 电子参与度指数

14.2.3　数字经济与社会指数（DESI）

欧盟委员会（European Commission，EC）发布的数字经济和社会指数（DESI），是对欧盟各国数字经济发展程度作出评价的合成指数，该指数由宽带接入、人力资本、互联网应用、数字技术应用和数字化公共服务程度 5 个主要方面及 31 项次级指标计算得出。自 2014 年以来，欧盟委员会一直在监测成员国在数字经济方面的进展，每年发布"数字经济与社会指数"，从人力资本、互联互通、数字技术融合、数字化公共服务等维度为成员国打分（现为百分制），以此衡量成员国数字化水平，为成员国推进数字化进程提供政策建议。

2022 年 7 月 28 日，欧盟发布 2022 年"数字经济与社会指数"（DESI）（见图 14-3），显示在欧盟 27 个成员国中，芬兰、丹麦、荷兰、瑞典的数字化水平名列前茅，但整体而言，欧盟在数字技能、中小企业数字化转型乃至 5G 领域处于落后地位。在欧盟 27 个成员国中，芬兰以总得分 69.6 分排名第一，丹麦（69.3 分）、荷兰（67.4 分）、瑞典（65.2 分）紧随其后，反之希腊（38.9 分）、保加利亚（37.7 分）和罗马尼亚（30.6 分）的数字化水平最低。

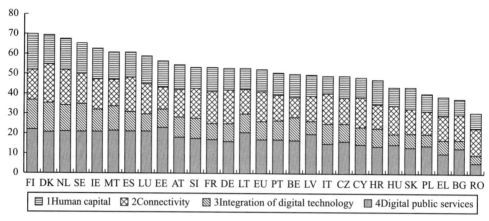

图 14 - 3　2022 年数字经济与社会指数（DESI）排行榜

资料来源：外唐智库。

14.2.4　数字经济指数（DEI）

中国信通院发布的《中国数字经济发展白皮书 2017》中，通过宏观经济、基础能力、基础产业、融合应用四个层面 23 个具体指标，衡量我国数字经济的发展。DEI 指数（Digital Economy Index，数字经济指数）是观测全国数字经济发展状况的"晴雨表"，指数类型为景气指数。中国信息通信研究院在对数字经济发展现状、特点等研究的基础上，首次编制 DEI 指数，力求综合反映当前数字经济的波动轨迹，有效监测数字经济的发展态势，科学预测未来数字经济的发展趋势，为行业分析、政策制定、政策评价等提供重要参考。

14.2.4.1　DEI 指数概念

DEI 指数是通过选取一系列与数字经济发展周期波动存在明确相关关系的经济发展指标，利用统计方法计算得出的景气合成指数。

DEI 指数包括先行指数、一致指数和滞后指数三类。其中，先行指数是在数字经济全面增长或衰退尚未来临之前就率先发生波动的指数，它揭示了数字经济未来的变化趋势，预示着未来经济的发展走势和可能出现的周期性变化。一致指数是伴随着数字经济的周期波动而变化的指标，反映了数字经济当期变动情况，是对当前数字经济运行总体情况的描述。滞后指数是在数字经济周期发生波动后才显示作用的指标，刻画了数字经济的历史变化规律，是对数字经济总体运行中已出现周期波动的确认。

景气指数反映的是与基期相比的经济景气状态。数值大于 100，表示与基期相比数字经济发展景气；数值小于 100，表示与基期相比数字经济发展不景气。

14.2.4.2　DEI 指数指标选取

DEI 指数指标的选取要遵循以下原则：（1）指标的经济含义；（2）指标变动的协调性；（3）指标变动的灵敏度；（4）指标的代表性；（5）指标的稳定性；（6）指标的时效性；（7）数据的可获得性。基于以上标准，构建了 DEI 指数指标体系。

从宏观经济、基础能力、基础产业、融合应用四个层面选取相关指标。宏观经济层面从大处着眼，反映数字经济发展的宏观背景情况，指标包括第一产业增加值、工业增加值、第三产业增加值、信息消费规模。基础能力层面立足数字技术及基础设施，从网络、终端、用户等的发展情况来反映支撑数字经济发展的基础能力，指标包括大数据投融资、云计算服务市场规模、物联网终端用户数、移动互联网接入流量、移动宽带用户数、固定互联网宽带接入时长、固定宽带用户数、固定资产投资完成额。基础产业层面从信息产业自身视角，用行业运行的总体态势来反映支撑数字经济发展的产业基础，指标包括：ICT 主营业务收入、ICT 综合价格指数、计算机通信和其他电子设备制造业价格指数、互联网投融资、电子信息产业进出口总额。融合应用层面对行业细化分解，从典型业务的具体发展情况和"互联网＋"重点领域增加值情况来反映数字经济对国民经济其他行业的带动作用，指标包括：网络零售交易额、B2B 营收规模、网络约租车服务规模、网络视频日均点播量、微信月度活跃用户数、搜索引擎市场规模、电子支付业务量、"互联网＋"协同制造、"互联网＋"智慧能源、"互联网＋"普惠金融、"互联网＋"高效物流。四个层面从宏观到微观，层层深入，与数字经济发展紧密关联，系统全面地反映了数字经济发展趋势。

选取信息产业主营业务收入作为一致指数的基准指标。将其他指标与基准指标计算时差相关系数，选取最大相关系数所对应的先行（一致或滞后）期数作为判断指标分类的依据。如不同时差相关系数之间差距较小，则依据 K－L 信息量法进行判断。根据上述算法，DEI 指数指标分类如表 14－3 所示。

表 14－3　　　　　　　　　　　DEI 指数指标分类

先行指标	一致指标	滞后指标
1. 大数据投融资 2. 云计算服务市场规模 3. 物联网终端用户数 4. 移动互联网接入流量 5. 移动宽带用户数 6. 固定宽带接入时长 7. 固定宽带用户数 8. 固定资产投资完成额	9. ICT 主营业务收入 10. ICT 综合价格指数 11. 互联网投融资 12. 电子信息产业进出口总额 13. 电子商务规模 14. 互联网服务市场规模 （含网络约租车服务规模、网络视频日均点播、微信月度活跃用户数、搜索引擎市场规模、电子支付业务量） 15. "互联网＋"协同制造 16. "互联网＋"智慧能源 17. "互联网＋"普惠金融 18. "互联网＋"高效物流	19. 第一产业增加值 20. 工业增加值 21. 第三产业增加值 22. 信息消费规模

在先行指标体系中，大数据、云计算、物联网、移动互联网代表了先进数字技术及应用的发展现状与趋势，是数字经济发展的重要基础与推动力量，其业务规模能够反映出未来数字经济的发展趋势。在一致指标体系中，ICT 主营业务收入、电信综合价格指数、计算机通信和其他电子设备制造业价格指数、互联网投融资、电子信息产业进出口

总额反映了属于数字经济供给部分的信息产业本身的发展状况，而网络零售交易额、B2B 营收规模、网络约租车服务规模、网络视频日均点播量、微信月度活跃用户数、搜索引擎市场规模、电子支付业务量、"互联网＋"协同制造、"互联网＋"智慧能源、"互联网＋"普惠金融、"互联网＋"高效物流则反映了数字技术与其他行业的融合应用情况，是数字经济融合部分的集中体现。

在滞后指标体系中，第一产业增加值、工业增加值、第三产业增加值与数字经济发展在经济社会各领域的融合程度相关，滞后于数字经济的发展；信息消费规模受数字经济发展的影响和带动，数字经济的快速发展会带动信息消费规模的持续扩大，因此，信息消费规模属于滞后指标。

14.2.5　国家数字竞争力评价体系

有学者对传统国际竞争力"钻石模型"进行扩展，构建国家数字竞争力评价体系（见表 14 – 4），整合国际权威数据，系统评估全球数字竞争力状况，具体包括 68 项指标。

表 14 – 4　　　　　　　　　　　　　国家数字竞争力评价体系

一级指标	二级指标	编号	三级指标	一级指标	二级指标	编号	三级指标
数字基础设施	网络设施	1	人均国际互联网带宽	数字安全保障	网络安全	19	全球网络安全指数
		2	平均每个用户所享受的带宽		安全设施	20	安全的互联网服务器数量
		3	网络就绪指数			21	安全的互联网服务器密度
	通信设施	4	固定电话线路		技术支持	22	该国已具备信息技术技能
	终端设备	5	人均计算机数			23	通讯技术非常好地满足企业需要
数字资源共享	4G 普及	6	4G 普及率	数字经济发展	经济规模	24	ICT 部门增加值
	宽带普及	7	固定宽带普及率			25	数字经济占 GDP 比例
		8	移动宽带普及率			26	对电信的投资年平均占 GDP 的比重
	网络普及	9	互联网普及率			27	信息经济指数
		10	互联网络线路每千人中的联网户主数		电子商务	28	各国电子商务交易额
		11	浏览器市场份额			29	实物商品网上零售额占社会消费品零售总额的比重
数字资源使用	通信用户	12	每百人固定电话用户数		数字金融	30	互联网支付交易金额增长率
		13	每百人移动电话用户数			31	网上银行用户比例
	宽带用户	14	每百人固定宽带用户数			32	人均银行卡拥有量
		15	每百人移动宽带用户数			33	人均银行卡交易量（美元）
	信息成本	16	移动电话费用高峰时期每分钟本地通话费用				
		17	宽带收费				
		18	固定电话费用				

一级指标	二级指标	编号	三级指标	一级指标	二级指标	编号	三级指标
数字服务民生	企业服务	34	企业应用通讯技术情况	数字驱动创新	人才投入	53	研发领域的研究型人才
		35	企业在线销售开展比例			54	每1000个居民中本国高等教育水平学生的人数
	个人服务	36	个人使用互联网比重		研发投入	55	研发总支出
		37	网络购物使用比例			56	研发总支出在 GDP 中的占比
		38	数字生活指数	数字服务管理	公共服务	57	电子政务用户比例
	社会服务	39	网络社会指数			58	政务使用电子参与度指数
		40	信息社会指数			59	在线政府指数
		41	在线服务指数		服务快捷	60	创办公司所需的时间
数字国际贸易	产品出口	42	ICT 产品出口			61	执行合同所需的时间
		43	ICT 产品进口		办事简便	62	创办公司所需的程序数
	服务出口	44	ICT 服务出口			63	用电所需的程序数
		45	ICT 服务进口	数字市场环境	政策环境	64	政府对市民是透明的
	跨境贸易	46	跨境电子商务交易额		法律环境	65	法律框架支持国家竞争力的发展
		47	在线销售跨境比		竞争环境	66	营造公平竞争的市场环境
数字驱动创新	创新产出	48	PCT 专利		市场弹性	67	劳动力管理（雇用或解雇惯例）有足够的弹性
		49	商标申请			68	劳动力市场灵活性
		50	科技期刊论文				
		51	高技术出口				
		52	中、高技术出口				

14.2.6 数字贸易竞争力指数

选取数字设施、数字产业、数字创新和数字治理四维指标，对 2009～2018 年"一带一路"沿线国家的数字贸易竞争力水平进行了评价。两位学者结合了世界经济论坛发布的《全球竞争力报告》《全球信息技术报告》《全球数字竞争力指数》中的各年度报告，根据数字贸易的内涵和特点构建数字贸易体系。数字贸易竞争力指标体系由 4 个主要指标组成，分别是数字设施、数字产业、数字创新和数字治理，并将这 4 个主要指标细分为 27 个次要指标。具体的指标体系如表 14-5 所示。

表 14-5 数字贸易竞争力指数体系

最终指标	一级指标	二级指标
数字贸易竞争力指数	F 数字设施	F1 移动网络覆盖率
		F2 网络带宽
		F3 安全互联网服务器

续表

最终指标	一级指标	二级指标
数字贸易 竞争力指数	F 数字设施	F4 个人互联网使用率
		F5 家庭互联网接入
		F6 学校互联网接入
	E 数字产业	E1 虚拟社交网络的使用
		E2 B2C 的互联网模式应用
		E3 B2B 的互联网模式应用
		E4 ICT（信息与通讯科技）对商业模式的影响
		E5 ICT 对获取基础服务的影响
		E6 电子参与指数
	I 数字创新	I1 知识产权保护
		I2 最新技术可用度
		I3 风险资本可用度
		I4 政府采购先进技术
		I5 数字创新人才培养（数学和科学的教育质量）
		I6 创新能力
		I7 数字专利水平（全球百万人 ICT 相关 PCT［专利合作条约］专利申请比例）
		I8 公司在研发上的支出
	A 数字治理	A1 ICT 法律相关度
		A2 解决纠纷的法律制度效率
		A3 政府在线服务指数
		A4 政府在 ICT 推广方面的成功
		A5 ICT 对组织模式的影响
		A6 ICT 应用与政府服务效率
		A7 政府决策透明度

学者利用公式计算出 27 个样本国家 2009～2019 年的数字贸易竞争力指数后发现，欧洲国家的数字贸易竞争力指数基本高于亚洲国家，其中荷兰位居首位，新加坡、英国和阿联酋紧随其后，柬埔寨、巴基斯坦和埃及处于后 3 位，除这 6 个国家之外，其他亚洲国家大多处于此次排名的后半段，而欧洲国家大多处于此次排名的前半段。

14.2.7 数字贸易发展指数

数字贸易发展指数将数字基础设施和数字信任与风险纳入影响数字贸易的重要因素考量，选取数字创新、数字技能、数字贸易规模、数字基础设施、数字信任风险、数字贸易壁垒 6 个作为一级指标，二级指标如表 14 - 6 所示，对国家的数字贸易发展水平从不同角度进行全面准确的评价。

表 14 - 6　　　　　　　　　　数字贸易发展指数评价体系

一级指标	二级指标	具体指标
数字创新	创新投入	研发投入占 GDP 的比重
	创新产出	专利申请数量
		科技期刊文章
数字技能	人才投入	研发领域的人才
		平均上学年限
		高等教育入学率
数字贸易规模	数字贸易规模	ICT 产品出口占产品出口总额的比例
		ICT 服务出口占服务出口总额的比例
		数字服务形式出口占服务出口总额比例
数字基础设施	有形基础设施	物流绩效指数
		耗电量
	网络设施	互联网普及率
		人均国际互联网带宽
	通信设施	每百人固定电话用户数
		每百人移动电话用户数
	终端设备	每百人固定宽带用户数
		每百人移动宽带用户数
数字信任风险	安全设施	安全的互联网服务器密度
	网络安全	全球网络安全指数
	技术监管	信息技术监管
数字贸易壁垒	数字贸易壁垒	数字贸易限制指数
	数字政府	政府在线服务指数

　　基于 2014 ~ 2020 年全球 49 个主要经济体的数字贸易数据，使用熵权法测算权重，利用描述性统计分析、核密度估计方法，力图对各国的数字贸易发展情况的动态演进进行刻画。研究结果发现，2014 ~ 2020 年，美国和韩国的数字贸易发展指数均保持在世界前列，欧美发达国家的数字贸易发展优于发展中国家和新兴经济体的数字贸易发展情况；中国在数字创新和数字贸易规模方面具有较强的优势，但是数字贸易壁垒仍然较高，数字安全和数字技能方面仍与发达国家具有一定的差距；全球 49 个样本国家的数字贸易发展情况存在一定的分化现象，但非均衡性缩小。

14.2.8 城市数字贸易指数

2022 年 9 月 8 日，"2022 全球服务贸易大会暨首届国际数字贸易峰会"在南京召开。在大会首届国际数字贸易峰会上，扬子江国际数字贸易创新发展研究院发布了"2022 年中国城市数字贸易指数（DTI）蓝皮书"，这是中国第一个以城市为测度单位的数字贸易指数。

扬子江国际数字贸易创新发展研究院成立以来致力于《数字经济伙伴关系协定》（DEPA）等高标准国际数字贸易规则和数字贸易指数等方面的研究。通过文献研究及实务调研，设立了数字贸易指数的贸易数字化基础、贸易数字化应用、数字贸易规模和数字政务环境建设 4 个一级指标，以及 27 个二级指标。利用国家第三产业统计年鉴、各城市统计年鉴、各城市商务局网站、人民网等数据库数据，通过开发的数字贸易指数模型，对我国主要城市的数字贸易指数进行了测度。

本次发布的测量城市，主要选自我国城市 GDP 规模及数字贸易活跃度靠前的 10 大城市，以及计划单列市和代表性省会等 15 个城市。计算结果显示：2022 年中国城市数字贸易综合指数前 15 名的城市是北京、上海、深圳、广州、成都、杭州、南京、武汉、宁波、青岛、重庆、西安、苏州、合肥、厦门（见表 14 – 7）。

表 14 – 7　《2022 年中国城市数字贸易指数》的 4 个维度排名前 8 名的城市

维度名称	#1	#2	#3	#4	#5	#6	#7	#8
贸易数字化基础	上海	北京	广州	深圳	杭州	成都	南京	重庆
贸易数字化应用	上海	北京	杭州	深圳	成都	武汉	重庆	南京
数字贸易规模	深圳	北京	广州	上海	成都	宁波	南京	青岛
数字政务环境	成都	南京	杭州	青岛	西安	深圳	广州	苏州

资料来源：南京市商务局官方网站数据。

扩展阅读

中日跨境数字贸易规模测度

王爱华和王艳真（2021）参考 OECD、WTO 和 IMF（2019）指导框架，尝试利用现有可用数据资源对中日跨境数字贸易规模进行测度。

1. 中日跨境数字订购贸易规模

由于微观层面跨境数字订购贸易规模测度需要采用调查方式，囿于数据可得性，尚无法测度区分不同贸易主体的中日数字订购贸易规模，尤其无法测度中日小额数字订购贸易规模。目前的研究集中在总体经济层面中日跨境数字订购贸易规模的测度，即采用现有跨境电子商务数据衡量中日跨境数字订购贸易规模。中日数字订购贸易规模从 2010 年的 9.48 亿美元迅速增长至 2019 年的 161.25 亿美元，10 年间增加了 151.77 亿美元，年均增长速度达到 36.09%（见图 14 -4）。

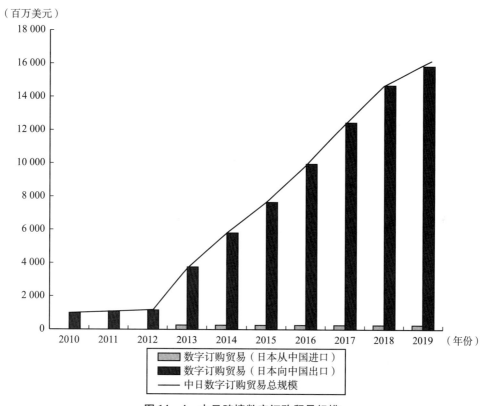

（百万美元）

图 14 -4　中日跨境数字订购贸易规模

资料来源：《日本电子商务市场调查》报告。

2. 中日跨境数字交付贸易规模

按照 OECD、WTO 和 IMF（2019）指导思路，考虑数据可得性，使用信息通讯支持服务贸易数据，即 EBOPS（2010）的 6、7、8、9、10.1、10.2、10.3.1、10.3.5、11.1、11.2.1、11.2.2、11.2.3 类服务贸易数据作为跨境数字交付贸易的替代指标，按服务类别分别查询日本对中国出口的数据和日本从中国进口的数据，将各类别数据按照出口和进口分别加总，得到日本对中国数字交付服务贸易出口总规模和进口总规模。

3. 中日跨境数字贸易整体规模

将跨境数字订购贸易与跨境数字交付贸易加总，可以得到 2010 年至 2019 年中日跨境数字贸易总规模（见表 14 -8）。2010 年至 2019 年，中日跨境数字订购贸易和跨境数字交付贸易基本呈现逐年上涨趋势。2015 年之前，数字交付贸易占数字贸

易的比重略高于数字订购贸易。2015 年开始，跨境电商形式的数字订购贸易占数字
贸易的比重超过数字交付贸易且比重逐年攀升。2019 年中日数字订购贸易约占中日
数字贸易总额的 66%，剩余 34% 为数字交付贸易。中日跨境数字贸易从 2010 年的
21.43 亿美元增长至 2019 年的 244.36 亿美元，整体贸易规模扩大了 10 余倍，年均
增长率高达 31.05%。

表 14 - 8　　　　　　　2010～2019 年中日跨境数字贸易发展情况

年份	中日跨境数字订购贸易（百万美元）	中日跨境数字交付贸易（百万美元）	中日跨境数字贸易（百万美元）	中日进出口贸易总额（百万美元）	跨境数字贸易占比（%）
2010	948.2	1 194.8	2 143.0	320 900.5	0.67
2011	1 052.4	1 491.7	2 544.1	369 921.8	0.69
2012	1 150.9	1 594.7	2 745.6	358 223.3	0.77
2013	3 900.9	—	3 900.9	312 377.9	1.25
2014	5 984.6	6 646.5	12 631.1	340 552.2	3.71
2015	7 803.6	6 208.0	14 011.6	309 095.0	4.53
2016	10 124.5	6 214.5	16 339.0	306 412.3	5.33
2017	12 637.4	6 818.1	19 455.5	335 850.3	5.79
2018	14 917.2	7 685.4	22 602.6	365 020.2	6.19
2019	16 125.4	8 311.0	24 436.4	355 894.8	6.87

资料来源：《日本电子商务市场调查》报告、ITSS 数据库及国家统计局公布的数据。

◎ 本章提要

数字化全面提升了服务贸易的规模，极大地促进了中小企业和新产品的市场机会，并对许多行业产生变革性影响。尽管数字化的影响越来越明显，现有的测算方法通常只能阐明其某些方面的贡献，数字贸易测度具有重要作用。在政策制定方面，更好的数字贸易测度数据可以帮助分析师、企业和政策制定者制定可以利用或管理数字贸易风险的政策和策略，为我国数字贸易计量研究及有关部门建立数字贸易统计监测系统提供了重要参考。

◎ 概念复习

数字贸易总量　数字贸易综合指数

◎ 阅读资料

（1）中国信息通信研究院. 数字贸易发展与影响白皮书（2019）［R］. 2019.

（2）中国信息通信研究院. 数字贸易发展白皮书（2020 年）——驱动变革的数字服务贸易［R］. 2020.

（3）商务部国际贸易经济合作研究院. 中国数字贸易发展报告 2020 ［R/OL］.（2020 – 10 – 23）［2020 – 12 – 20］.

◎ 课后思考题

（1）请阐述目前数字贸易统计测度的研究现状。

（2）请列举几种统计数字贸易总量的方法。

（3）请阐述 OECD、WTO 和 IMF（2019）指导框架下数字贸易的概念和维度。

（4）请阐述 OECD、WTO 和 IMF（2019）指导框架下数字贸易的测度框架。

（5）请列举几个测度数字贸易的综合指数。

第 15 章
数字贸易规则构建

学习目标

(1) 了解数据驱动下国际贸易规则现状，初步解读数字贸易带来的机遇与挑战；

(2) 熟悉数字贸易治理方案，整理分析数字贸易相关议题，重点把握多方规则诉求；

(3) 深入研究数字贸易谈判议题，逐步剖析谈判焦点，掌握数字贸易规则要义；

(4) 拓展自贸协定中数字贸易规则的知识面，结合我国国情，深刻理解数字贸易规则的发展。

内容提要

随着全球数据流和数字技术改变了国际贸易，政府和监管机构必须确定如何从这些发展中获益，同时保持其国内法规的完整性。目前，各国政府越来越多地限制全球数据流动，并要求数据本地化，破坏了数字贸易的经济效益。为应对这一趋势，需要一个包含两个关键要素的数字贸易治理体系。一个要素是新的数字贸易规则，其中一些存在于 WTO 中，另一些正在自由贸易协定中制定。另一个要素是国际监管合作，在隐私和消费者保护等领域制定标准和相互承认协议，使国内监管机构确信，允许数据离开其管辖范围不会破坏国内监管目标的实现。在缺乏这种监管合作的情况下，各国政府可能会继续限制数据流动，依靠其数字贸易承诺中的例外条款。

15.1 数据驱动的国际贸易转型带来的机遇

首先，互联网使服务贸易成为可能。例如，在线提供信息技术、专业或金融服务，或新的数字服务，如云计算。一个相关的发展是数据流的转变，将货物贸易转变为服务贸易。比如依赖于连接和信息传输的 3D 打印，将制造的商品贸易转化为一种服务，即设计的贸易，然后在本地打印。

其次，数据采集和使用也使企业能够为传统的货物出口增加价值，这也是所谓的制造业服务化的一部分。

同时，互联网的全球化和跨境数据流也在改变着贸易，使小企业和发展中国家的公司能够以以前不可能的方式参与全球经济。跨境电商平台 eBay、Etsy 和阿里巴巴等互联网平台为小企业提供了接触全球客户的机会，再加上在线金融支付选项和送货服务，使跨境电子商务的体验越来越完美。

最后，全球价值链（GVCs）也由互联网和全球数据流促成。基于互联网的语音通信（如 Skype 或 Google Hangout），使全球生产协调成为可能，而射频识别设备（RFID）被用来管理复杂的物流链。

15.2 数字贸易下政府面临的挑战

随着数字贸易的扩大，政府面临着两个关键的挑战。首先是最大限度地利用数据流动带来的贸易机会以及数据对经济增长和就业的影响。第二个相关挑战是管理跨境数据流动对实现其他目标的影响，如保护隐私、网络安全或为执法目的获取数据的需要。例如，当个人数据被发送到隐私保护水平较低的司法管辖区时，国内隐私标准可能会遭到破坏。

在这种挑战下，越来越多的政府转向数据本地化要求，以有效维护国内标准不被跨境数据流动所破坏。因此，欧盟通用数据保护（GDPR）涵盖了欧盟的隐私标准和允许处理个人数据的条件，限制将个人数据跨境转移到没有相当于欧盟隐私保护水平的管辖区。其他一些政府则要求数据留在本地，认为这将改善网络安全。数据本地化也是由保护主义目标驱动的，如保护国内公司免受外国竞争的愿望。

数据本地化措施会产生国内成本和国际成本。在国内，数据本地化减少了对数据和数字技术的获取。数据本地化措施也可能适得其反。例如，要求数据本地化以解决网络安全问题可能会增加数据的脆弱性，因为它要求数据保存在一个单一的管辖区，使其更容易成为目标，并可能预先在全球分布的数据中心进行数据备份。数据本地化还提高了获取和使用数据的成本，从而减少了数字贸易的收益。

在国外，数据本地化法律还以各种方式影响其他国家的企业和人民。数据本地化是一种成本，它不成比例地落在需要满足数据本地化要求的数字出口商身上，这些成本对中小型企业来说尤为突出。GDPR 要求数据进口国的数据隐私保护与欧盟基本相当，这复制了欧盟对隐私的偏好，以及 GDPR 在隐私保护和数字贸易机会之间的权衡；这种结果可能与其他国家希望保护隐私和参与数字贸易的方式相悖。数据流的限制也会破坏WTO 成员的《服务贸易总协定》服务承诺的价值。例如，世贸组织成员因为加入了《服务贸易总协定》，所以他们也必须允许数据流动以提供服务。而本地化措施会减少对这些数据的获取，或提高传输的成本。

15.3　数字贸易治理

数字贸易潜在的巨大经济机会和限制数据流动的代价，强调了建立数字贸易管理机制的必要性。世贸组织的规则可以帮助解决数据流的限制，促进在线销售的商品的数字贸易。然而，由于 WTO 规则是在 20 世纪 90 年代初制定的，主要是在互联网之前，这些规则有局限性。自 2003 年以来，各国政府也在自由贸易协定中引入了数字贸易规则。虽然这些规则仍然是不完整的，但如果在全球范围内扩展，将成为数字贸易管理的一个重要因素。如果要解决目前限制全球数据流动的趋势，并形成有效的数字贸易治理机制，还需要一个平行的国际监管合作议程。

15.3.1　WTO 电子商务谈判

WTO 是负责制订和维护国际贸易规则的最主要国际组织，在数字贸易国际规则制订中扮演了重要角色。WTO 对数字贸易规则的讨论通常在电子商务框架下进行，并未严格区分"电子商务"和"数字贸易"的概念。2017 年，在 WTO 部长级会议上，43个成员发表了第一份《电子商务联合声明》，重申电子商务在包容性贸易和发展中的重要性，将推动 WTO 就贸易相关电子商务议题进行谈判。2019 年，在瑞士达沃斯举行的电子商务非正式部长级会议上，包括中国在内的 76 个 WTO 成员发表了第二份《电子商务联合声明》，确认启动与贸易有关的电子商务谈判，寻求尽可能多的成员国参与以及在现有 WTO 协定和框架基础上建立高标准的电子商务国际规则。

15.3.1.1　谈判进展情况

世贸组织中新的数字贸易规则的谈判仍在考虑之中。自 1998 年以来，世贸组织有一个关于电子商务的工作方案，其中讨论了电子商务问题，但它不是一个正式谈判的论坛。2017 年 12 月在阿根廷举行的世贸组织部长级会议上，包括美国、欧盟、日本、加拿大、韩国、中国和巴西在内的 49 个世贸组织成员发表了《关于电子商务的联合声明》，其中包括同意为未来世贸组织关于电子商务的贸易相关方面的谈判共同启动探索性工作。在 2019 年的达沃斯世界经济论坛会议上，包括美国、中国、欧盟和澳大利亚在内的 76 个国家/地区同意在世贸组织启动电子商务谈判。

截至 2020 年 7 月，新增 7 个参与谈判成员，共 83 个 WTO 成员（含欧盟 28 国）加入电子商务谈判。参与谈判成员的经贸体量足以主导国际经济秩序，合计 GDP 在世界总量中的占比为 90.1%，货物出口和进口占比分别为 90.9% 和 89.5%，服务出口和进口占比分别为 90.5% 和 88.9%。从结构上看，参与谈判的发达经济体和非发达经济体数量大体相当，有 38 个发达经济体和 45 个非发达经济体。进一步分析两类经济体的参与率，发现发达经济体参与率远高于发展中经济体和转型经济体，发达经济体中仅百慕大群岛、安道尔、格陵兰岛、圣马力诺等极少数经济体没有参加，非发达经济体则大部分没有参加，甚至包括印度、沙特、南非、巴基斯坦、孟加拉国、越南等国际影响力较大的发展中经济体。截至 2020 年 7 月，WTO 已收到 27 个成员国的 59 份提案，其中公开提案 43 份，非公开提案 16 份，涉及规则提案 52 份，礼节性来文 7 份。从提案来源看，发达经济体提交提案的比率更高，非发达经济体提交的数量更多，33 个发达经济体提交了 22 份涉及具体规则的提案，21 个非发达经济体提交了 34 份涉及具体规则的提案。需要强调的是，提交提案的非发达经济体大部分属于高收入经济体，中低收入的发展中经济体即便参与谈判也很少提交提案。从提案内容看，发达经济体提案内容更具体和丰富，非发达经济体提案较为简单，甚至仅表达了参与谈判的意愿。

15.3.1.2　谈判议题分析

通过对 59 份提案的整理和分析，将谈判涵盖议题归结为数据流动与管理、数字贸易相关税收、知识产权保护、市场开放与公平竞争、数字治理与网络安全、配套制度、发展合作 7 个方面的数十个议题（见表 15 – 1）。

表 15 – 1　　　　　　　　　　WTO 电子商务谈判主要议题

	分类	议题	意义
1	数据流动与管理	跨境数据流动、数据存储本地化限制、个人隐私保护、政府数据开放	数字贸易开展的重要基础
2	数字贸易相关税收	国际：电子传输免税。国内：数字服务税	平衡与协调数字贸易

续表

	分类	议题	意义
3	知识产权保护	版权和专利保护、商业秘密保护、源代码和专有算法非强制披露	保护贸易主体的产权
4	市场开放与公平竞争	市场准入、互联网开放、网络中立原则、技术标准壁垒、政策透明度	扩大数字贸易开放、竞争
5	数字治理与网络安全	消费者权益保护、非应邀电子信息、互联网中介责任、平台垄断、网络安全、监管合作等	化解数字贸易的负面影响
6	配套制度	简化边境措施、无纸化贸易、电子签名和认证、电子发票、改善数字基础设施、可互操作性	提供必要政策协调和支持
7	发展合作	弥合数字鸿沟、资金和技术援助、政策灵活性	帮助落后国家发展数字贸易

　　为了更好地把握各方规则诉求，进一步梳理了代表性经济体提案涉及的核心议题（见表 15 - 2）。据此可以大致将经济体分为 4 类：一是主张高度开放的经济体，仅有美国，其提案内容主要涉及跨境数据流动、电子传输免关税、互联网开放等，对监管治理和国际协调议题关注较少；二是主张开放与监管并重的经济体，主要是美国以外的发达经济体和高收入发展中经济体，其提案内容除了开放议题外，对个人隐私保护、消费者权益保护、国内税例外等议题的关注度也较高；三是主张偏向于强监管和促进传统电子商务发展的经济体，如中国、新西兰和乌克兰，其提案内容主要涉及个人隐私保护、消费者权益保护、贸易便利化等议题，但没有涉及跨境数据流动、互联网开放等议题；四是主张国际协调和发展合作的经济体，如阿根廷、科特迪瓦，其提案内容主要涉及对落后国家的资本与技术援助、开放政策灵活性和对本国产业的保护。

表 15 - 2　　　　　　　　　　WTO 电子商务谈判主要议题

分类	谈判议题	美国	欧盟	日本	加拿大	新西兰	中国	新加坡	巴西	乌克兰	阿根廷	科特迪瓦
1	跨境数据流动	√	√	√	√			√	√			
1	个人隐私保护		√	√	√	√	√	√	√		√	
2	电子传输关税	√	√	√	√		√	√	√			√
2	国内税例外					√		√	√			
3	知识产权保护	√	√	√				√	√			
4	市场准入	√							√		√	√
4	互联网开放	√	√	√					√			√
5	反垄断		√						√			
5	消费者权益		√	√	√	√	√	√	√			
5	网络安全	√					√		√			

分类	谈判议题	美国	欧盟	日本	加拿大	新西兰	中国	新加坡	巴西	乌克兰	阿根廷	科特迪瓦
6	电子签名认证		√	√	√	√	√	√	√	√		
6	贸易便利化	√		√		√	√	√	√	√	√	
7	数字鸿沟			√			√	√		√	√	√

注：此表分类是根据表 15 - 1 的分类。

15.3.1.3 WTO 电子商务谈判博弈焦点

1. 数据要素之争

跨境数据流动代表着更加广泛的数据的收集共享、更深层次的数据处理利用，可以放大数据的内在价值，促进数字贸易更好地发展，但不同类型经济体获得的经济收入和承担的风险并不对等，技术和产业发达的国家可能承受更少的风险，还能获得更大的收益。与此同时，发展相对落后的国家至少在 3 个方面承受了更大的成本和风险。一是数据输出国的直接经济损失。即使大家都认识到了数据能带来的巨大的经济价值，但因为缺乏或不完善的数据交易制度和系统，数据出境往往是"无偿的"，这也就代表着输出国无法从中获得经济收益。二是数字经济价值链低端锁定造成的间接经济损失。由于技术和产业发展的差异，发达国家依靠全球数据资源完成了数字产业的发展和跨越，而发展中国家只能成为数据输出国，被动接受发达国家提供的数字服务。三是经济领域外的其他负面影响，如消费者隐私保护、数字主权、关键数据保护等敏感问题。

2. 市场空间之争

由于数字贸易的开放而形成的潜力巨大的数字市场是不会平等分配给各国的，根据贸易国的不同发展水平，表现为以下 3 种情况：

第一种是发达国家之间的贸易是平等开放的。数字贸易在发达国家之间的开放有助于数字产业进入另一个市场，并从规模经济中受益。

第二种是发达国家和发展中国家的贸易，表现为发展中国家单方面开放数字服务市场。因为南北发展差异，强调国家差异和分工的贸易模式的理论，如比较优势理论和要素禀赋理论，具有更强的说服力。发达国家与发展中国家相互开放数字贸易，发达国家的分工将主要投入于新兴数字服务的生产和创造，而发展中国家的分工将集中在传统货物商品的制造上。所以，由于面临激烈的外部竞争，发展中国家数字服务业将难以发展壮大。

第三种是发展中国家之间的贸易，表现为低水平的相互开放。与发达国家间的贸易不同，发展中国家的数字技术、产业发展相对滞后，且市场空间较小，相互开放对数字贸易总量的影响有限，短期内难以看到收益。

295

3. 监管治理之争

数字贸易发展给传统外贸监管带来前所未有的挑战。从监管对象看，通过网络跨境交付的无形数字化要素和商品正成为新的监管重点。与传统贸易相比，数字贸易的交易标的还包括通过互联网等数字化手段传输的数字产品与服务和作为重要生产要素的数字化知识与信息。例如，个人、企业、政府数据，图书、影音、资讯等数字内容，社交媒体、搜索引擎、云计算等数字服务。从监管方式看，传统依靠人力为主的监管方式难以为继。在货物贸易领域，小金额、大批量、分散化的 B2C 跨境电子商务订单给传统针对大额商品贸易的海关监管带来巨大压力；在服务贸易领域，具有广域、匿名、即时、交互等特点的数字服务贸易给传统服务贸易监管带来新的挑战。从监管主体看，仅依靠海关监管已无法满足数字贸易发展需求，亟待引入新的监管机构，如跨境数据流动监管部门、跨境数字内容审核部门、处理境外平台垄断和算法歧视等问题的管理部门。从监管范围看，外贸监管可能从国境内扩展至其他国家。在数字贸易中，监管机构需要对"在本国无实体存在企业"的"无实体存在的服务"进行监管，限定国境内的外贸监管制度，既无法对其他国家境内企业进行监管，也无法对核心内容存储在其他国家境内的数字服务进行监管。

监管对象、方式、主体、范围的变化导致了复杂的国家间政策、法律、标准等的协调问题，特别是当监管范围从境内扩展至境外，原本的经济问题进一步上升到国家主权问题，各国均希望尽可能掌控更多的数字贸易监管权。谈判中涉及的监管议题非常多，包括消费者权益保护、非应邀电子信息、互联网中介责任、平台垄断、网络安全、监管合作等。

4. 技术发展之争

数字贸易的发展极大促进了技术的传播与扩散，同时也使得知识产权保护变得更为重要。一方面，知识产权保护是数字贸易产权保护体系的重要构成。产权制度是市场交易的前提条件，明晰的产权归属、完善的产权保护确保权利人可以通过抵押、出租、转让等方式利用财产的使用价值和交换价值。与传统贸易对有形商品的物权保护不同，数字贸易中的产权保护很大程度上转变为对无形的数字化产品和服务的产权保护，它们可以在计算机中存储、复制以及通过互联网传播、扩散，产权人的利益极易受到侵害，如盗版软件、音乐等，进而阻碍数字贸易的开展。另一方面，知识产权保护是数字贸易技术创新体系的重要构成。知识产权保护制度设计要兼顾知识生产创造和知识传播应用，严格的知识产权保护更有利于技术领先企业，通过授予和保护知识生产者的独占权来鼓励其进一步创新，但也可能因为过度保护导致技术领先企业的知识垄断和创新动力减退；宽松的知识产权保护更有利于后进技术创新企业，使它们可以更好地利用已有知识和技术进行创新，有利于知识的扩散和应用，但也可能损害已有创新者的利益。从规则角度看，技术发展之争很大程度上源于知识产权保护制度设计中技术领先者产权保障与技术后发者创新权利的冲突。发达经济体和高收入经济体普遍主张较严格的知识产权保护体系，多项相关议题被多次提及。

15.3.2 自贸协定中的数字贸易规则

15.3.2.1 背景

数字化为各国从贸易中受益提供了一系列新的机会。然而，贸易的数字化的进行和贸易的数字化带来的好处并非自主调节的。它们需要一个能够实现跨境数字交易的监管环境，并让政府能够应对数字化带来的新挑战。

世贸组织下的现有多边规则和协议涵盖了支撑数字商品和服务贸易的监管环境的重要方面。事实上，《服务贸易总协定》（GATS）及其附件对于扶持支撑数字服务贸易仍然至关重要。《关税和贸易总协定》（关贸总协定）和《贸易便利化协定》（TFA）也涵盖了许多支持和促进数字订购商品贸易的问题。

然而，有一种新观点认为，国际规则需要更新，以充分考虑数字时代出现的贸易问题。这就是为什么现在有 86 个世贸组织成员的一个小组根据联合声明倡议（JSI）开始讨论"与贸易有关的电子商务问题"。这些讨论涉及各种各样的问题，包括网络安全、隐私、商业信任、透明度、消费者保护和其他被认为对数字贸易很重要的问题。其中一些问题处于国内决策和贸易政策的交汇点，对不同政策和规则制定工作的一致性具有重要影响。

与此同时，影响数字贸易的监管正在一系列论坛中展开。区域贸易协定，如《美墨加协定》《日本–欧盟经济伙伴关系协定》《跨太平洋伙伴关系全面进步协定》，越来越多地纳入了与数字时代贸易有关的条款。此外，与数字贸易有关的规则、原则和标准，包括电子交易、消费者保护、贸易便利化或电信等问题，也是其他国际组织审议的主题，如联合国和联合国机构、世界海关组织、经合组织和其他区域机构以及国际标准制定机构。

15.3.2.2 现状

事实上，截至目前，至少有 70 个自由贸易协定包括了电子商务章节，这在传统上是由美国、澳大利亚和新加坡推动的。然而，随着更多的发达国家和发展中国家意识到其中的利害关系，这种情况正在发生变化。例如，哥伦比亚和哥斯达黎加也在其自由贸易协定中加入了强有力的电子商务章节。但欧盟在自由贸易协定中的数字贸易规则方面的雄心不大。例如，在《日本–欧盟经济伙伴关系协定》中，没有对跨境数据流动作出承诺。双方同意在协议生效后三年内重新审视这一问题。

《跨太平洋伙伴关系协定》（TPP）包括一个全面的新电子商务章节。除了美国，剩下的 11 个缔约方已经恢复了 TPP，成为《全面和进步跨太平洋伙伴关系协定》（CPTPP），其中包括原始 TPP 电子商务章节。最近，美国、墨西哥和加拿大更新了《北美自由贸易协定》，也就是现在的 USMCA，其中就包括对数字贸易的进一步承诺。

CPTPP 和 USMCA 的主要新数字规则包括同意避免数据本地化措施，并允许信息自由流动，但要遵守《服务贸易总协定》第十四条的例外规定。CPTPP 和 USMCA 还包括一项承诺，即不要求公司提供源代码作为进入市场的条件，并允许在互联网上使用所有设备。这些规则将 WTO 规则扩展到所有数据流，无论数据流是否用于提供受贸易协定约束的服务。

CPTPP 和 USMCA 在隐私方面也建立在以前的 FTA 基础上，包括要求所有缔约方保护隐私，并承诺尽最大努力发展国内隐私制度之间的兼容性。这一承诺承认需要进行监管合作，以建立对跨境数据流动的承诺和有效的国内监管能够共存的信心。

自贸协定对数字贸易的重要性超出了电子商务章节的范围。在某种程度上反映了与数字贸易有关的 WTO 协议的范围，相关的 FTA 章节包括那些关于知识产权、技术壁垒、电信以及货物和服务的市场准入规则和义务。

在与数字贸易有关的一系列 WTO 协议的基础上，自由贸易协定还包括支持数字贸易的标准、贸易便利化和关税减免的承诺。当涉及国家间标准的发展和使用时，CPTPP 和 USMCA 的章节建立在《技术性贸易壁垒协议》的基础上有一套全面的义务。关于技术标准的新承诺在许多方面对数字贸易有潜在的重要性。首先，智能制造的发展将取决于工厂内部和北美（以及全球）设施之间的互操作性。为了实现这些，需要有一致的信息流、单元集成和网络物理集成标准。国内标准的相互承认的发展也可能是一个重要的手段，使国内标准在隐私、健康和教育等领域具有互操作性，同时也支持全球数据流动和数字贸易机会。最后，标准制定过程中的透明度承诺一直很重要，因为标准对数字贸易非常重要，所以现在各国仍利用标准作为非关税壁垒的相应动机。CPTPP 和 USMCA 在所有这些方面都取得了进展。例如，确保国内标准以国际标准为基础和定期审查国内标准的承诺是基于《技术性贸易壁垒协议》的。CPTPP 和 USMCA 加强了缔约方之间相互承认的承诺。在透明度方面，这些自贸协定包括对通知和公布的具体要求，征求意见和建议的机会，以及要求解释技术法规的目标，有哪些替代方法考虑，以及所选方法的优点。此外，CPTPP 和 USMCA 包括关于商业应用的密码学的承诺。这包括要求进口商转让或提供制造商或供应商专有的、与产品密码学有关的技术或密钥，作为制造、销售或分销产品的条件。

15.3.3 国际监管合作

世贸组织和自由贸易协定中的国际贸易规则为数字贸易治理体系提供了关键要素。这些规则支持跨境数据流动和国际贸易的信息获取，同时也为政府提供了监管空间，以便在必要时限制跨境数据流动以实现合法的监管目标。贸易义务和例外条款之间的这种相互作用为政府提供了监管的灵活性，在可以证明有必要实现其他合法监管目标的情况下，可以对数据流动进行处罚和限制。然而，这种规则/例外框架对管理数字贸易的作用是有限的。最重要的限制是，大量规模和速度与更传统的商品或服务贸易不同的数据在全球范围内不断流动，并且越来越多地涉及广泛的国内外监管。

数字贸易国际规则构建的中国方案

中国在双边、区域和多边场所为数字贸易国际规则制定也做出了诸多努力，但对各国争议较大的议题的参与仍不足。目前全球数字贸易规制的侧重点已逐渐由关税壁垒向政府监管措施等边境后规则转变，各国不仅要受数字贸易国际规则的制约，还须遵守成员国内的监管要求。我国应借鉴美欧的成熟经验，先完善国内数字贸易立法，在对外经贸规则谈判的过程中推出中国的数字贸易规则。

作为数字贸易大国，我国对数据跨境流动需求甚大，然而对其规制却较为滞后。在当前中国积极构建数字贸易国际规则之际，国内数字贸易立法的完善也应紧跟各国争议较大的议题，在对外进行规则谈判时才能有的放矢。

一、数据跨境流动：自由与规制的平衡

数据跨境流动便利了全球数字贸易的互联互通，但缺乏规制的流动可能危害国家安全、个人隐私和产业安全。2021年6月10日通过的《中华人民共和国数据安全法》（以下简称《数据安全法》）明确提出我国在国家层面建立数据分级分类监管体系，确定重要数据目录并加强保护以及对非关键基础设施数据出境的监管，规范数据相关主体的权利与责任，实现数据自由流动与规制的平衡。

首先，我国应根据不同数据的来源、重要程度以及数据遭到篡改、泄露等造成的危害程度，将数据分为个人数据、商业数据和特定行业数据，并设置不同的数据出境监管标准。就个人数据而言，若涉及国家安全或个人隐私的关键个人数据，如遗传数据、生物数据等，则应禁止跨境流动；若属于身高、体重等一般个人数据和个人身份证号、财产、征信等个人敏感信息，则须履行通知—同意程序后方可跨境流动。商业数据是企业进行开发、管理、营销及决策的重要依据，数据跨境流动可以为企业创造更多的利润。但企业掌握的大量数据可能涉及国家安全或个人隐私，企业在数据跨境前要履行自查义务，必要时报行业主管部门批准。特定行业数据是指关乎国家安全和社会公共利益的行业收集和存储的重要数据，如金融、医疗、电信等关键行业数据。各相关行业主管部门应探索制定本领域内的重要数据类别及判断标准，仔细评估数据出境可能带来的数据泄露和滥用风险。我国对这类数据的跨境流动较为谨慎，出于国家安全考虑通常要求数据本地化存储，原则上不得进行跨境传输，确需出境的，先进行安全评估，并根据评估结果实行不同的监管方式。鉴于各类数据对国家安全、社会公共利益以及个人权利的影响不同，对数据进行分级

分类管理既可以维护我国的数据安全，又可以实现数据的商业价值。另外，为了降低数据跨境流动的成本和保障数据安全，我国还可根据数据的属性、出境面临的风险以及数据流入国实施的数据保护措施，对数据流入国进行风险评估，对达到我国数据保护标准的国家或地区纳入数据自由流动的"白名单"，对数据流入风险较高的国家或地区应实行审批制，以实现数据的安全流动。

其次，通过阻断法案阻断美欧对数据的长臂管辖权。美国采纳"数据控制者"标准行使长臂管辖权来获取境外数据，但设置严苛的条件限制外国获取美国的数据，体现了美国的单边主义和数据霸权主义，也是对他国数据主权的侵犯。欧盟根据"影响主义原则"，对位于欧盟境外但在欧盟市场内有经营活动或向欧盟公民提供服务的数据控制者处理个人数据的行为进行长臂管辖。美欧通过本国法的域外适用加强了对跨境数据的监管。针对美欧的数据霸权主义，2021年1月9日，我国商务部公布《阻断外国法律与措施不当域外适用办法》，不仅为我国企业拒绝向美欧提供数据提供了法律依据，也为因外国的长臂管辖而受到损失的企业、个人或其他组织提供救济。《数据安全法》第36条规定，境外的司法或执法机构调取存储在我国境内的数据需经我国主管机关批准。第48条规定了数据控制者和处理者违反第36条规定应承担的法律责任。上述规定可以有效阻断美欧对处于我国境内数据的长臂管辖，维护本国数据主权。

最后，完善数据权利人的权利和规范相关主体的责任。在数据权利人的权利保护问题上，GDPR赋予权利人删除权、可携带权等权利，CBPRs也对数据主体的个人参与和权利救济进行了明确。为了更好地保护数据权利人的权利，2020年5月通过的《中华人民共和国民法典》对数据、网络虚拟财产、电子合同、个人信息保护和网络侵权责任等问题进行规制，提升对数字产品和服务的知识产权保护力度。该法第1194～第1197条还明确了网络用户、网络服务提供者的侵权责任。《数据安全法》和《个人信息保护法》也对数据主体的权利以及数据控制者和处理者的责任予以明确，如要求信息处理者不得以"胁迫"方式处理个人信息、应当为个人提供撤回同意的便捷方式，并规定了平台侵害个人信息权益的过错推定责任。这些进步对保护处于弱势地位的数据权利人、规范平台运营具有重要作用。另外，数据控制者也须建立数据保护体系，在数据出境前履行自查和报告义务。在数据跨境流动的监管问题上，《数据安全法》第6条采用"一轴两翼多级"的监管体系，以国家安全机关为主轴，以网信部门和公安机关为两翼，以工业、电信、交通、卫生健康等多级行业主管部门共同参与数据的安全管理。该条明确了各机构的监管职责，更为专业、细致地保障各类数据的安全。但多部门监管可能导致监管竞争或监管缺漏，尤其是涉及多部门的综合数据可能面临重复评估的情况。因此，国家还应建立由监管部门和行业主管部门参与的统一评估机构，明确监管机构和行业主管的评估责任及错误评估的赔偿责任。

二、源代码保护：网络安全与开放的平衡

中美欧关于源代码披露的激烈博弈表明该议题已成为各方争议的又一焦点。鉴于源代码披露是美欧的主要关注点之一，我国作为数字经济大国要予以重视。首先，我国应明确保障网络安全的立场，在涉及关键信息基础设施等重要和敏感领域、司法机构或监管部门的调查和执行行为，以及为了公共利益需要等特定情形，可以强制要求软件所有者披露源代码；其次，我国坚持网络开放，充分保障软件所有者的知识产权，不以披露源代码作为外国数字企业或产品进入我国市场的准入条件；最后，鼓励软件所有者和权利人自主自愿转让或授权使用软件，以促进软件的开发和利用。

三、电子传输关税和数字服务税：审慎与包容的平衡

就各国讨论激烈的电子传输关税和 DSTs 问题，我国倾向于对电子传输媒介暂停征收关税的立场值得肯定，但是否支持电子传输永久免关税还需要数据支撑和科学计算。据 OECD 贸易政策报告统计，我国目前因免关税遭受了严重税收损失，但随着数字技术的普及和运用，免关税可以降低我国中小微企业进入全球电子商务市场的交易费用。因此，电子传输免关税是一把双刃剑，我国需要考虑本国数字贸易的发展状况，收集更多数据分析免关税对我国的影响，慎重决策。

对数字贸易是否征收国内税也要考虑我国数字贸易发展的具体情况。中美两国占有全球数字平台市值的 90%，各国一旦开征数字税将给两国的数字企业造成重大损失。围绕着美欧之间引发全球关注的数字税争端，以及越来越多的国家通过立法征收数字税的现实，中国应慎重考虑本国数字企业在其他国家的营业额达到一定数额时可能触发征税条件而被征收数字税；同时，我国开放包容的经济环境也会吸引国外的数字企业进入，是否征收数字税也须认真研究。2020 年 10 月，习近平主席在《国家中长期经济社会发展战略若干重大问题》中指出，我国要积极参与数字税的国际规则制定，塑造新的竞争优势。在当前重塑数字经济国际税收规则的重要时期，我国首先应密切关注并研究 OECD、欧盟以及其他国家关于 DSTs 的最新进展，谨慎评估征收数字税对国内互联网企业的影响，以及 Google、Facebook 等互联网巨头通过利润转移等避税行为给我国造成的税收损失，完善国内税收征管法律法规，针对数字经济虚拟性和流动性等特征，扩展常设机构的认定范围，明晰税收的种类和税率。其次应根据我国互联网企业的发展特色，利用多边或双边平台与其他国家加强对话，建立数字税对话合作与纠纷解决机制，避免各国重返贸易保护主义和单边主义。

资料来源：汤霞. 数据安全与开放之间：数字贸易国际规则构建的中国方案 [EB/OL]. 民主与法制网，http://www.mzyfz.com/html/2191/2022-01-26/content-1552875.html，2022-01-26.

◎ 本章提要

互联网和跨境自由移动数据的能力越来越受到国际贸易和经济增长的重视，但这些机会正被限制跨境数据流动的数据本地化要求所威胁。数据的使用，包括基于数据的数字技术，如云计算和人工智能（AI），越来越影响整个经济的增长和贸易。麦肯锡全球研究院指出，2014 年全球数据流比货物贸易更有价值，到 2030 年，人工智能可使全球 GDP 增长超过 15 万亿美元。而这都会给国际贸易规则体系带来巨大挑战，新的数字贸易规则和治理体系应势而生。而 WTO 电子商务谈判、各类自贸协定中的数字贸易规则和国际的监管合作都为新的数字贸易规则和治理体系的构建作出了巨大的贡献。

◎ 概念复习

数字贸易治理　WTO 电子商务谈判　数字贸易规则

◎ 阅读资料

（1）关注数字贸易国际规则构建与走向 ［EB/OL］. https：//theory. gmw. cn/202201/20/content_35460032. htm.

（2）数字贸易规则本质与中国数字贸易规则体系构建研究 ［EB/OL］. http：//ie. cass. cn/academics/recent_papers/202210/t20221012_5548790. html.

（3）我国应积极参与全球数字贸易规则制订 ［EB/OL］. http：//www. jjckb. cn/202005/12/c_139049428. htm.

◎ 课后思考题

（1）数字贸易下政府面临的挑战有哪些？

（2）面对这些挑战，政府应如何应对？

（3）WTO 电子商务谈判目前的谈判进展是什么？

（4）你还知道其他自贸协定中的数字贸易规则吗？

（5）中国近些年来在数字贸易国际规则的构建上还做出了哪些努力？

第 16 章
数字技术的环境影响

学习目标

(1) 了解气候变化与中国碳达峰碳中和目标任务，认识到我国变化共识、目标意义、面临挑战和重点工作；

(2) 了解数字技术赋能碳减排的途径潜力，认识到应对气候变化和碳减排机制的途径和潜力；

(3) 了解数字贸易重点行业碳达峰碳中和目标，思考我国相关企业实现目标的路径；

(4) 了解我国信息通信业与绿色低碳发展，探索我国数字技术绿色发展道路。

内容提要

当今世界，数字经济发展速度之快、辐射范围之广、影响程度之深前所未有，正在成为重组全球要素资源、重塑全球经济结构、改变全球竞争格局的关键力量。在经济社会发展的各领域中，生态环境保护的重要性日益凸显，加大生态环境保护力度，以良好的生态环境为高质量发展创造条件，已经成为社会共识，需高度重视在生态环境保护的进程中用好数字技术，尤其是要找到利用数字技术推动生态环境保护的契合点与发力点，在实践中将数字技术的作用切实发挥出来。

16.1 气候变化与中国碳达峰碳中和目标任务

全球气候变化的影响正对全人类生存发展带来重大挑战，主要国家和地区纷纷加速向碳中和迈进。2020 年 9 月 22 日，习近平主席在 75 届联合国大会上提出我国二氧化碳排放力争在 2030 年前达到峰值，努力争取在 2060 年前实现碳中和。实现碳达峰、碳中和，是中国向世界的庄严承诺，是以习近平同志为核心的党中央统筹国内国际两个大局作出的重大战略决策，也是一场广泛而深刻的经济社会系统性变革。党的二十大报告也指出："积极稳妥推进碳达峰碳中和。立足我国能源资源禀赋，坚持先立后破，有计划分步骤实施碳达峰行动。"

16.1.1 碳中和已成为应对气候变化的共识

16.1.1.1 全球气候变化形势日益严峻

近百年来，全球气候变化的主要特征是变暖。煤、石油等化石能源的发现和利用使人类由农耕文明进入工业文明，一方面极大提高了劳动生产力，另一方面也产生了严重的环境和气候问题。化石能源的广泛使用带来了大量的二氧化碳排放，导致大气中二氧化碳浓度升高，全球气候变暖。众多科学理论和模拟实验也在验证温室效应理论的正确性，更多研究证据表明，人类活动导致的温室气体排放增长是全球气候变化的主要原因。根据世界气象组织（WMO）发布的《2020 年全球气候状况》报告显示，全球平均温度较工业化前水平（1850 ~ 1900 年平均值）高出 1.2℃，2011 ~ 2020 年是 1850 年以来最暖的十年。

16.1.1.2 气候变化将会带来诸多影响

气候变暖给全球自然生态系统和人类生产生活带来了严重威胁，导致陆地和海洋温度上升、海平面上升、冰川消融和极端天气等，近年来，与气候有关的自然灾害变得越来越严重和频繁。2018 年政府间气候变化专门委员会（IPCC）《全球 1.5℃ 增暖特别报告》指出，全球升温 1.5℃ 将对陆地海洋生态、人类健康、食品安全、经济社会发展等产生诸多风险，如果全球升温 2℃，风险将更大。就我国气候变化的情况来看，近百年以来，地表温度显著上升，速率明显加快，北方冬春增暖趋势明显。气象数据显示，1950 年以来，我国极端降水明显增加增强，极端天气发生的频率越来越高。日益严峻的气候变化正在威胁着人类赖以生存的地球，影响全人类的可持续发展，必须通过行动减少温室气体排放。

16.1.1.3 走向碳中和已成为全球共识

20世纪80年代以来,科学界对气候变化问题的认识不断深化。随着对全球环境认知的提升,从1990年开始,国际社会在联合国框架下开始关于应对气候变化国际制度的谈判,1992年达成了《联合国气候变化框架公约》,1997年达成了《京都议定书》,2015年达成了《巴黎协定》。《巴黎协定》提出了控制全球气温上升与工业革命前相比不超过2℃,力争1.5℃的目标。为实现该目标,各缔约方应尽快实现温室气体排放达峰,并在本世纪下半叶实现温室气体"净零"排放,各国根据自身国情提出国家自主贡献目标。近年来,世界各国就碳中和问题迈出了决定性的步伐。2019年12月欧盟公布"绿色协议",宣布2050年实现净零排放目标;2020年9月中国宣布碳达峰碳中和目标;2020年10月日本和韩国宣布碳中和目标;美国总统拜登在其就任总统之后宣布重返《巴黎协定》,美国将不迟于2050年前实现全经济净零排放。再加上此前已经宣布碳中和目标的英国、加拿大、南非、墨西哥等,世界上主要的经济体(约占全球GDP的75%、碳排放量的65%)已经宣布走向碳中和,人类开始进入一个低排放发展的新时代,走向碳中和已成为全球共识。

16.1.2 我国碳达峰碳中和目标意义重大

16.1.2.1 碳达峰、碳中和是构建人类命运共同体的大国担当

中国作为碳排放量最大的国家,在全球气候治理中的作用举足轻重。当前,中国已经成为推动全球气候治理进程的重要力量,是全球应对气候变化的参与者和贡献者。尤其是在《巴黎协定》形成的过程中,中美两国元首连续五次发表联合声明,为《巴黎协定》确定了基本原则和框架,为其达成、签署和生效发挥了关键作用。而在2017年,美国特朗普政府宣布退出《巴黎协定》之后,中国第一时间宣布,将继续全面履行《巴黎协定》,百分之百地兑现自主贡献的承诺,有力地推动了应对气候变化的全球合作,稳定了全球应对气候变化的大局。2020年,中国较早地宣布提高国家自主贡献的力度与实现碳中和的国家目标,为推动全球迈向碳中和作出了重要贡献。中国提出"碳达峰、碳中和"目标,对于提升全球气候治理的话语权有重要意义。这一积极行动不仅有助于把握国际舆论和博弈的主动权,也有助于树立负责任大国的积极形象,为国内经济社会的发展营造良好的国际环境。

16.1.2.2 碳达峰、碳中和是践行生态文明理念的重要举措

生态文明建设是"五位一体"发展理念的重要方面,近年来,"美丽中国"和"绿水青山就是金山银山"的可持续发展理念贯穿政策始终。2021年3月15日,习近平总书记在中央财经会议上提出将"双碳"目标纳入生态文明的总体布局,足见政治定位之高,决心之大。碳达峰、碳中和意味着未来的发展将逐渐与碳"脱钩",倒逼新一轮

能源革命与产业结构升级，提高发展的质量，这与我们的绿色发展理念相契合。碳达峰、碳中和与"两个一百年"奋斗目标不仅具有时间上的同步性，而且具有战略方向和目标的一致性。从根本上看，碳达峰、碳中和本身就是生态文明建设的重要内容之一，是实现美丽中国目标的必由之路。

16.1.2.3 碳达峰、碳中和是推动我国绿色低碳发展的内在要求

绿色低碳发展不仅是国际减缓气候变化的客观需要，更是立足国内、以自身发展需求为主，着力解决资源环境约束突出问题、实现经济发展方式转变的必然选择。我国固定资产投资占 GDP 比重的拐点已经出现。中国过去几十年的发展历程，由于工业化与城镇化的发展，围绕基础设施、建筑及工业设备产生了大量的固定资产投资，对拉动经济增长起到重要作用。随着我国基础设施的日益完善，城镇化率增速放缓，固定投资需求也趋于减少，依赖粗放投资拉动经济增长的模式越来越难以为继，碳达峰、碳中和目标的提出源于我国经济社会的深刻变化。随着工业化进程的深入，我国产业结构已经发生了深刻变化。根据国家统计局数据，我国第一产业和第二产业占 GDP 比重近年来开始持续下降，2020 年第二、第三产业占 GDP 的比重分别为 37.8% 和 54.5%，第三产业已经超越第二产业成为经济发展的主力。对照中国当前产业结构的发展趋势，处于工业化后期向后工业化过渡的阶段，已经具备了低碳发展的潜力。按照发达国家的发展规律，一般进入工业化后期或者后工业化阶段，以服务业为主的第三产业将成为经济的支柱产业，整个社会对能源消费的依赖将会相对降低，碳排放强度亦将逐步降低。对照中国当前产业结构的发展趋势，显然也正在朝低碳这一方向发展。

16.1.3 我国碳达峰碳中和工作面临挑战

16.1.3.1 能源结构以化石能源为主

根据国家统计局数据，2009 年我国超过美国成为全球第一大消费国，我国能源消费结构以化石能源为主，2020 年煤炭占全国能源消费的 56.8%，占全国二氧化碳总排放的 80%，2020 年全球能源消费结构、中国 2020 年和 2000 年能源消费结构情况对比如图 16 - 1 所示。我国能源消费结构：煤炭占比超过一半，富煤贫油少气，煤炭在我国一次能源消费中的比重远超其他国家，煤炭的消费主力在电热行业，而煤炭的碳排放强度远高于油气能源，导致碳排放强度高。随着能源技术的进步和政策引导的影响，我国能源消费增速明显放缓、结构持续优化，碳排放渐入平台期。2000 年以来，我国天然气、水电、核电、风电等清洁能源消费占比正在快速提升，已由 2000 年的 9.5% 提升至 2020 年的 24.3%，为我国能源低碳转型、实现 2025 年非化石能源占比 20% 左右、2030 年达到 25% 左右、2060 年达到 80% 以上的目标提供了良好基础。

图 16-1　全球和中国能源消费结构

资料来源：英国石油公司、国家统计局。

16.1.3.2　碳排放总量大，碳排放强度高于全球平均水平，能源利用效率偏低

全球能源互联网发展合作组织发布的《中国 2030 年前碳达峰研究报告》显示，我国目前是全球最大的碳排放国。2019 年我国单位国内生产总值能耗为 3.4 吨标准煤，是全球平均水平的 1.5 倍，是主要发达国家的 2~4 倍，能源利用效率偏低。根据全球能源互联网发展合作组织的研究，2019 年全社会碳排放（含 LULUCF，指土地利用变化和林业碳汇）约 105 亿吨，从能源活动领域看，能源生产与转换、工业、交通运输、建筑领域碳排放占能源活动碳排放比重分别为 47%、36%、9%、8%，其中工业领域钢铁、建材和化工三大高耗能产业占比分别达到 17%、8% 和 7%（见图 16-2）。我国碳排放的大户依次是电力、工业、交通和建筑，几乎贡献了全国碳排放量的 90% 以上，这些重点行业降碳迫在眉睫，本章研究数字技术赋能碳减排主要聚焦上述重点行业。我国作为全球最大的发展中国家同时也是最大的碳排放国家，面临经济社会现代化和减排的双重挑战，从碳达峰到碳中和只有发达国家一半的时间，实现碳中和时间紧、任务重。

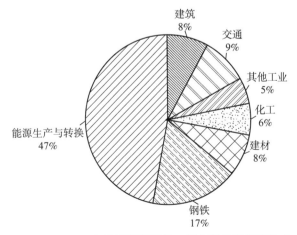

图 16-2　2019 年我国能源相关二氧化碳排放领域构成

资料来源：全球能源互联网发展合作组织：《中国 2030 年前碳达峰研究报告》。

16.1.4　扎实推进碳达峰碳中和重点工作

我国承诺实现从碳达峰到碳中和的时间，远远少于发达国家所用时间，实现碳达峰、碳中和是一场硬仗，需要结合我国能源禀赋、碳排放现状等实际情况，围绕能源电力、工业、建筑、交通等重点领域，扎实推进各项重点工作，确保碳达峰、碳中和工作取得积极成效。一是推进产业结构优化升级。一手做"减法"，坚决遏制"两高"项目盲目发展；一手做"加法"，加快发展新一代信息技术等战略性新兴产业。推动大数据、人工智能、5G等新兴技术与绿色低碳产业深度融合，切实推动产业结构由高碳向低碳、由低端向高端转型升级。二是有序调整能源结构。逐步提升非化石能源消费比重，加快构建清洁低碳安全高效能源体系。三是加快城乡建设和交通运输绿色低碳转型。大力发展节能低碳建筑，加快优化建筑用能结构。优化交通运输结构，推广节能低碳型交通工具，积极引导低碳出行。党的二十大报告提出明确要求："完善能源消耗总量和强度调控，重点控制化石能源消费，逐步转向碳排放总量和强度'双控'制度。推动能源清洁低碳高效利用，推进工业、建筑、交通等领域清洁低碳转型。"四是加强绿色低碳科技创新和推广应用。强化基础研究和前沿技术布局，加快先进适用技术研发和推广，加快培养一批碳达峰、碳中和专业化人才队伍。五是巩固提升生态系统碳汇能力。着力提升生态系统质量和稳定性，为巩固和提升我国碳汇能力筑牢基础。六是健全法规标准和政策体系。研究制定碳中和专项法等法律法规。建立健全碳达峰碳中和标准计量体系，加强标准国际衔接。积极发展绿色金融，加大财政对绿色低碳产业发展、技术研发等的支持力度。七是加强绿色低碳发展国际合作。深化与各国在绿色技术、绿色装备、绿色服务、绿色基础设施建设等方面的交流与合作。

16.2　数字技术赋能碳减排的探索

现有研究表明数字技术在助力全球应对气候变化进程中扮演着重要角色。数字技术能够为经济社会绿色发展提供网络化、数字化、智能化的技术手段，赋能构建清洁低碳安全高效的能源体系，助力产业升级和结构优化，促进生产生活方式绿色变革，推动社会总体能耗的降低。我国碳达峰碳中和"1＋N"政策体系中明确提出要推动大数据、人工智能、5G等新兴技术与绿色低碳产业深度融合；推进工业领域数字化智能化绿色化融合发展。数字化正成为我国实现碳中和的重要技术路径，为应对气候变化贡献重要力量。

16.2.1 国际借力数字技术应对气候变化的探索

21世纪伊始，国际研究机构开展了数字技术赋能碳减排方面的应用和研究。据全球电子可持续发展推进协会（GeSI）的研究，数字技术在未来十年内通过赋能其他行业可以减少全球碳排放的20%，主要通过智慧能源、智慧制造等领域实现。《全球通讯技术赋能减排报告》[The Enablement Effect，全球移动通信系统协会（GSMA）与碳信托（Carbon Trust）合作撰写]显示，2018年移动互联网技术使全球温室气体排放量减少了约21.35亿吨，几乎10倍于移动互联网行业自身的碳足迹，而这些赋能减排主要通过智慧建筑、智慧能源、智慧生活方式与健康、智能交通与智慧城市、智慧农业、智慧制造等领域的应用来实现。"数字化"和"绿色化"成为全球经济复苏的主旋律。美国、英国、欧盟、日本等国家和地区的经济复苏方案均指向数字技术对于实现全球绿色经济增长以及应对气候变化的重要性。

16.2.1.1 美国

美国在推进本国净零排放目标整体过程中高度重视数字技术的融合应用，围绕数据、标准、技术、资金等制定了丰富的政策工具，初步建立了科学合理、协调有力的政策方案。具体包括：提供助力减碳模型开发/智能决策的高质量数据集和大数据工具，美国能源局（DOE）于2021年3月拨款800万美元用于优化传统工具不可解析的应对气候变化相关的大量不规则数据，可持续能源发展办公室联合加州能源委员会开发基础设施投影工具EVI-Pro，支撑充电设施城市规划等。发布数字化方向碳中和标准，包括2016年美国国家技术实验室联合IBM、GE、Google等联合发布的智能电网行业标准、2014～2018年橡树岭国家实验室联合丰田、Evatran（无线充电设备研发商）、克莱姆森大学等推进的无线充电标准等。实施研发补贴，2020年9月，美国能源部（DOE）宣布提供1600万美元促进机器学习、人工智能等方向的基础研究和仿真应用，服务各领域节能减碳。设立奖励性支持，2020年DOE设立10亿美元的"新人工智能奖项"，对12个提高效率、降低成本和能耗的人工智能项目给予资金奖励。提供贷款担保，DOE贷款担保计划办公室将智能化分布式能源、微电网、工业废物回收等纳入支持范围，鼓励利用物联网、人工智能等创新技术减少温室气体排放。

16.2.1.2 英国、欧盟

英国、欧盟等将利用数字技术促进行业脱碳和可持续发展纳入投融资、研究创新、国际合作等政策，释放明确的政策信号，鼓励企业通过数字转型提高应对气候变化的能力。利用绿色基金引导私人投资流向，如英国2017年设立2000万英镑的工业战略挑战基金（ISCF），促进人工智能、机器人等在工业领域的推广，提高工业生产效率，降低能耗和碳排放，欧盟还在风投资金中关注利用数字技术支持减碳方向，开发废物识别软件的Greyparrot公司、为锂电池生产提供数字双胞胎解决方案的TWAICE公司等均在其资助范围。在创新项目中部署智能出行、绿色建筑、智慧能源等内容，如欧盟"地平线欧洲"（Horizon Europe）计划宣布未来两年将提供7.24亿欧元拨款，支持制造业和建筑业的数字化并减少行业碳足迹。重视数据共享开发和利用，《欧洲绿色协议》提出"可访问和可操作性的数据"是数据驱动创新的核心，未来将促进数据与信息基础设施（如超级计算机、云、超高速网络）和人工智能解决方案相结合，提高欧盟监测和管理环境灾害方面的能力。合作开发大数据工具，英国商务能源与产业战略部与中国合作开发"全球能源计算器"，为各国模拟脱碳场景及带来的影响，获得最优能源决策和脱碳路径提供支持。

16.2.1.3　日本

日本政府十分强调绿色化与数字化的双轮驱动，即高度重视利用新一代数字技术和基础设施支撑绿色转型。在全球范围内，日本是政策引导产业升级的典范，也是资源循环利用的践行者，其背后是日本作为岛国的资源约束。日本于2020年12月25日发布了《2050年碳中和绿色增长战略》，基于预算、税制、金融、监管、国际合作5个政策工具，将在海上风电、电动汽车、氢能等14个重点领域推进减排，提出了具体的发展目标和重点任务，多集中在交通/制造业，其次是能源，最后是家庭/办公，14个领域的选择主要是基于资源禀赋和发展核心竞争力。汽车和蓄电池产业：利用先进的通信技术发展网联自动驾驶汽车。交通物流和建筑产业：在物流行业中引入智能机器人、可再生能源和节能系统，打造绿色物流系统。下一代住宅、商业建筑和太阳能产业：利用大数据、人工智能、物联网等技术实现对住宅和商业建筑用能的智慧化管理。生活方式相关产业：部署先进智慧能源管理系统；利用数字技术发展共享交通（如共享汽车）。

16.2.1.4　其他国家

此外，德国、法国、韩国等也高度重视本国数字碳中和方案开发和推广，通过试点示范、人才培育、服务供给等政策工具全方位深化各行业数字化减碳应用，为更好地释放数字技术减碳潜力、促进气候目标实现提供坚实的政策支撑。

16.2.2　数字技术赋能碳减排机制途径和潜力

数字化对环境影响的一个重要方面就是赋能效应，即通过在经济和社会活动中使用数字技术而产生的效应，数字技术一方面能够减少不必要活动，另一方面通过对经济活动进行优化和非物质化从而有益于环境。赋能的流程包括绿色低碳相关的信息获取、传递、存储、加工和标准化五个环节。其基本逻辑可以归纳为"连接—挖掘—优化、管控—增效"，其作用机制分别是改变价值创造方式、提高价值创造效率、拓展价值创造载体和增强价值获取能力。具体而言，数字技术使用户以多种形式参与从研发到生产等价值创造过程，改变企业创造价值的方式；数字技术用数据逻辑强化了企业对生产、运营的管控，提高价值创造的效率；新一代信息通信技术实现了数据在产业链中的集成和流动，促进企业间的专业化分工，形成价值网，拓展了价值创造的载体；数字技术弱化了产业边界，催生出"跨界"等新型商业模式，增强了企业的价值获取能力。

16.2.2.1 数字技术助力我国碳达峰碳中和的总体思路

数字技术助力我国碳达峰碳中和的总体思路包括四个步骤：一是数据摸底，摸清"碳家底"，开展碳排放数据的盘查，实施碳排放数据监测、统计、核算、核查，认真分析碳排放来源，确定工作重点；二是情景预测，基于碳排放现状和目标，对碳达峰碳中和进程模拟预测；三是明确路径，设计科学、系统的"双碳"顶层规划，研究制定可操作、可落地的碳减排路径和行动计划，出台碳达峰、碳中和"1＋N"政策体系；四是实施调整，完善碳排放管理体系，明确各部门职责权利，提供机制保障，推进经济社会发展全面绿色转型。在此过程中，能源互联网、工业互联网作为技术和产业融合的重要载体，5G、大数据与云计算、人工智能、物联网、数字孪生、区块链等数字技术在支撑我国碳达峰碳中和目标实现过程中将发挥重要作用（见图16-3）。

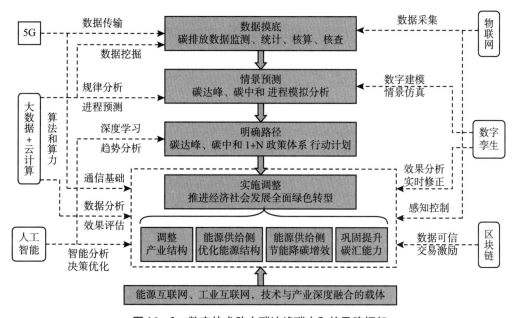

图16-3 数字技术助力碳达峰碳中和的思路框架

资料来源：中国信息通信研究院。

数字技术能够为经济社会绿色发展提供网络化、数字化、智能化的技术手段，赋能产业转型升级和结构优化、提升政府监管和社会服务的现代化水平，促进形成绿色的生产生活方式，推动社会总体能耗的降低。一是数字经济以战略性新兴产业中新一代信息技术为基础，可以显著拉动社会需求，对促进产业结构和能源结构调整和优化意义重大。二是数字技术对传统产业实施技术改进和优化配置，引领工艺和服务创新，对支撑低碳发展具有巨大潜力。三是在碳排放管理方面，能够促进碳管理高效化以及碳排放追踪监测。新一代信息技术应用在传统用能领域，促进其能源结构清洁化转型、用能效率提升、环境影响降低、资源循环利用等直接减少碳排放并促进碳达峰、碳中和目标实现（见图16-4）。

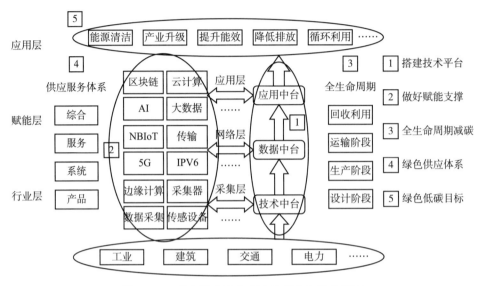

图16-4 数字技术助力碳达峰碳中和的总视图

资料来源：中国信息通信研究院。

16.2.2.2 数字技术在碳排放、碳移除和碳管理方面发挥重要作用

碳中和主要包括碳的排放、碳的移除。如果碳的排放和移除相等，即可实现碳中和，在这个过程中始终伴随着碳的管理（数字技术赋能的主要途径见图16-5）。碳排放包括能源的供给和消费，能源供给又包括传统能源和清洁能源，对传统能源来讲，数字技术提升供能效率，降低环境破坏程度；对于清洁能源，解决清洁能源消纳与稳定两大问题。能源消费侧包括工业、建筑、交通和生活，数字技术赋能工业智能化绿色制造和能源管理，赋能建筑全生命周期降低能耗，促进交通提升运输组织效率，在生活方面，数字技术赋能智慧医疗、教育、文旅、金融等。在碳移除方面，数字技术提升生态固碳效率。碳管理方面，碳核算监测、碳交易、碳金融等也离不开数字技术。数字技术助力构建清洁低碳安全高效能源体系，加快实现生产生活方式绿色变革。

16.2.2.3 数字技术赋能各行业碳减排潜力巨大

从宏观来看，根据2012年和2017年投入产出表数据，运用产业关联效应模型，采用自上而下的方式估算ICT产业对国民经济其他部门碳减排的量化影响。从总体趋势来看，ICT推动经济部门深度减排的力度在逐步加强。从搭建数字技术赋能各行业碳减排的计算模型看，自下而上对各行业碳排放结构及数字技术赋能减碳环节进行分析量化，依据不同行业内各环节的能耗及碳排放结构，分析研究数字技术赋能行业内各环节的减碳成效及占比。至2030年，各行业数字化水平不断提升，数字技术将赋能全社会减碳约12% ~22%、赋能各行业10% ~40%（工业：13% ~22%，建筑业：23% ~40%，交通业：10% ~33%）。

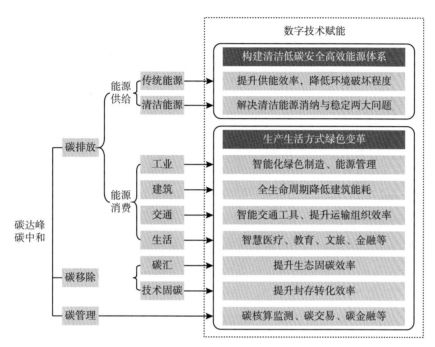

图16－5　数字技术助力碳达峰碳中和的主要途径

资料来源：中国信息通信研究院。

16.3　数字技术助力重点行业碳达峰碳中和

数字技术能够与能源电力、工业、建筑、交通等重点碳排放领域深度融合，减少能源与资源消耗，实现生产效率与碳效率的双重提升。中国正在迈向数字经济大国，以数字化为核心的技术革命，可对经济转型和低碳发展起到重要的促进作用，发挥其"一业带百业"作用，助力实现碳达峰、碳中和目标。

16.3.1　数字技术助力构建以新能源为主体的新型电力系统

电力行业（含热电联产）占我国碳排放总量的40%，过去一百多年来，电力系统形成了以化石能源为主体的技术体系，碳达峰、碳中和目标下电力系统面临着从高碳排放向以新能源为主体的新型电力系统转变。在构建清洁低碳安全高效的能源体系和源网荷储一体化的新型电力系统的过程中，数字技术将发挥积极作用，实现广泛互联、智能互动、灵活柔性、安全可控。

16.3.1.1 数字技术助力电力行业碳减排着力点

通过加强电网运行状态大数据的采集、归集、智能分析处理，实现设备状态感知、故障精准定位，人工智能技术应用将促进传统电网升级、电网资源配置能力提升，以数字化推动电网向智慧化发展，全面提升智能调度、智慧运检、智慧客户服务水平。数字技术助力电力行业碳减排的着力点包括数字技术赋能输配电网智能化运行，推动城市、园区、企业、家庭用电智能化管控系统构建，数字化储能系统加速实现规模化削峰填谷。

16.3.1.2 数字技术助力电力行业碳减排应用场景

1. 数字技术赋能输配电网智能化运行

我国输配电损耗占全国发电量的 6.6% 左右，随着未来我国电气化率进一步提升，社会用电量将持续增长，输配电网络损耗将成为不容忽视的能源浪费。目前，电网公司已经逐步利用数字技术，助力实现输配电网路的智能运维、状态监测、故障诊断等，助力提升电网管理水平，降低输配电网络损耗，达到节能降碳效果（见图 16 – 6）。

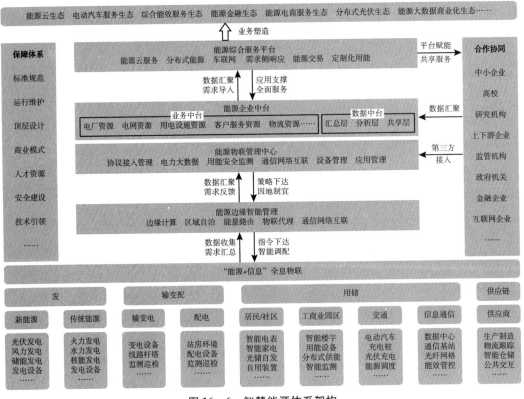

图 16 – 6　智慧能源体系架构

资料来源：中国信息通信研究院。

海量电网数据的深度挖掘和可视化呈现。电网在运行时会产生大量数据，通过数据挖掘，可从大量的实际运行数据中提取出隐含的有价值的数据，可视化运用计算机图形学和图像处理技术，与数据挖掘结合，能够快速收集、筛选、分析、归纳、展现决策者所需要的信息，实现复杂数据的可视化呈现。

边云协同实现电力物联全面感知。传统的云计算技术无法满足电力设备终端侧低延时数据传输需求，需要通过与边缘计算的协同来匹配各种需求场景。边缘计算能够对本地数据进行初步处理与分析，并将处理结果及相关数据上传云端，再利用云端强大的计算、存储能力对海量数据进行分析、处理、存储。

综合利用人工智能、物联网、大数据等先进技术推动实现电网智能化运维。基于物联网技术实现线路监控、设备巡检及电网设备的实时管控，提高设备故障响应速度。利用云计算、大数据技术构建重过载预警模型，有效预测配变重过载情况。以数据分析和机器学习为核心，实现业务应用健康度量化评估和自动化干预、系统故障原因分析，实现快速、精准定位。

2. 数字技术推动城市、园区、企业、家庭用电智能化管控

电力用户侧的智慧化应用是"互联网＋智慧能源"体系的典型场景之一，基于先进数字技术的智慧用能体系，能够助力电力使用者精细化管理自身能源消耗、精准快速定位高能耗、高碳排放用电环节、智能分析用户用电行为，从而优化电力调度和匹配方案，达到提升用电效率、降低碳排放的目的。

通过人工智能算法实现用户侧智慧用能。机器学习技术具有良好的聚类/分类和辨识能力，能够被用于智慧用能领域，为综合能源系统合理定价和能源结构优化等提供理论支持。通过物联网管理平台，用户能够实时查看用电统计和数据分析的可视化图形展示。通过区域划分展示，管理员能够查看各区域实时功率、实时用电等用电情况。平台将采集的数据进行统计分析，转换为可视化图表的形式，并预估未来能耗，便于用户开展节能减排工作。

区块链助力用户自主的能源服务安全对等化发展。用户自主的能源服务主要是以智慧能源中的灵活性资源为核心，用户能够自主提供能量响应、调频、调峰等灵活的能源服务，以互联网平台为依托进行动态、实时的交易。区块链技术的去中心化特征可实现智慧能源中能源用户、能源装备企业、设备间的对等、广泛互联；区块链技术的信息共享、智能合约特征可实现智慧能源中各相关主体对于各类信息的广泛交互和充分共享，助力提升系统运行质量和效益效率水平，实现构建智慧服务系统的目标。

3. 数字化储能系统加速实现规模化削峰填谷

储能可以实现发电曲线与负荷曲线间的快速动态匹配，因此具有平抑波动、匹配供需、削峰填谷、提高供电质量的功能，是构建能源互联网的核心技术。数字化储能系统通过促进储能系统技术与信息技术的深度融合，实现储能系统的数字化和软件定义化，

进而与云计算和大数据等数字技术紧密融合，实现储能系统的互联网化管控，提高储能系统运维的自动化程度和储能资源的利用效率，充分发挥储能系统在能源互联网中的多元化作用。例如，目前用户侧存在大量分散闲置的电池储能资源，通过采用电池能量交换系统和电池能量管控云平台等数字化手段，可以将海量的碎片化闲置电池储能资源盘活为电网可以调度利用的大规模分布式储能系统，实现基于"虚拟电厂"的配电网储能系统，有力支撑了储能系统的推广应用和能源互联网的发展。

16.3.2　数字技术助力工业数字化智能化绿色化融合发展

工业部门是国民经济中十分重要的物质生产部门，对社会生产起着巨大的推动作用，对国民经济发展起着决定性作用。同时，工业部门也是我国能源消费、温室气体排放的大户，是我国第一大终端能源消费与碳排放领域，因此降低工业部门高耗能制造业碳排量，对于我国实现碳中和目标非常关键。

数字技术能够促进传统产业能源优化、成本优化、风险预知及决策控制，整体上实现节能降本增效提质。数字化为中国工业绿色转型打开重要窗口，助推传统制造业"跳出厂房"发展绿色化生产，赋能制造业价值链全流程的绿色转型。以5G为代表的新型网络技术，赋能每个生产单元可感知可通信可连接可计算；以人工智能为代表的新型分析技术，变革决策模式，突破人类能力边界；以区块链为代表的新型互信技术，支撑在不可信环境中的可信业务协作，以大数据为代表的新型生产要素，基于传感器收集的海量数据，有效利用数据资源，充分释放数据价值，以云计算为代表的新型计算技术，催生各领域大数据的创新应用。

从总体来看，数字技术赋能工业碳减排主要包括产品工艺研发、生产过程管控、经营管理模式、运维与服务、多环节协同优化、构建产业链供应链协同等方面。原材料行业工艺复杂、危险性高、能耗和碳排放高、环保压力大，基于中国信通院对1 015个工业互联网应用案例的统计（见图16-7），数字技术赋能碳减排主要侧重于生产过程管控，占比近64%；基于数据分析监测和优化关键设备运行与耗能情况，能耗排放优化、质量、设备和安全生产管理成为数字技术赋能碳减排的核心环节，在各行业的应用占比也最高；工业35%的安全生产案例来自原材料，主要应用人工智能等技术对现场和园区进行安全感知识别。原材料制造业如钢铁、石化化工、建材、有色金属均为工业部门能源消耗和碳排放重点行业，不同行业存在一定的生产经营性差异，而且在不同的社会发展阶段，对不同工业品的需求不同，因此钢铁、石化化工、建材和有色金属的能源消耗和碳排放也不同，本节进一步对上述4个行业展开分析数字技术赋能碳减排的着力点和应用场景。

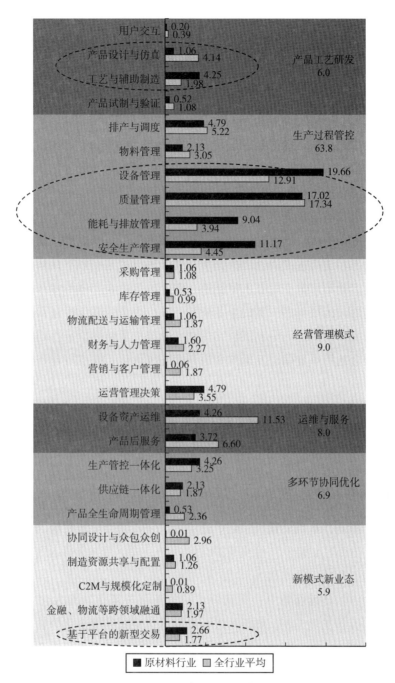

图 16 – 7　工业互联网赋能碳减排应用统计分类（单位：%）

资料来源：中国信息通信研究院。

16.3.2.1　数字技术助力钢铁行业生产运营集中一贯管理

钢铁行业是社会经济发展的重要支柱行业，目前我国钢铁行业占全国碳排放总量的 14% 左右，是除能源以外碳排放量最大的工业行业。产能产量方面，我国钢铁行业产能产量稳居世界第一，2020 年粗钢产量约占世界总产量的 57%。工艺结构方面，我国钢铁行业工艺流程以碳排放量高的高炉—转炉工艺为主，占比约 90%，碳排放量较低的电炉工艺仅占 10%。在钢铁炼制的整个过程中，每个工序都会产生不同强度的碳排放。碳排放贯穿钢铁生产的整个过程，仅仅针对其中某一工序并不能实现其减排效果，需要根据每个生产细节合理规划，从整体把握，以达到全流程最低碳。

1. 数字技术促进钢铁行业碳减排着力点

钢铁行业生产流程长，生产工艺复杂。主要面临设备维护效率低、生产过程不透明、下游需求碎片化、绿色生产压力大等痛点，发展智能化制造、精益化管理等模式潜力大。另外，我国钢铁行业已初步具备较好的自动化和信息化基础，行业龙头企业纷纷基于外部形势与自身发展需求推进数字化转型，利用数字技术赋能企业乃至行业节能减排，打造绿色生产新模式。具体来说，一是利用数字化技术赋能低碳钢铁产品及工艺研发过程，通过研发轻质高强度高性能的钢材，提升钢材的利用效率，从而减少物质浪费导致的碳排放。二是利用数字化技术赋能铁、钢、轧等主要工序的生产操作过程与企业运营管控过程，通过开展集中一贯的企业管控，减少企业内部生产运营过程中的能耗物耗，从过程中减少碳排放。三是利用数字化技术赋能产业链供应链协同，通过基于产业级工业互联网平台的跨企业信息互通与资源调度配置优化，减少行业资源浪费，从而减少碳排放。

2. 数字技术促进钢铁行业碳减排应用场景

数字技术赋能低碳钢铁产品开发过程。传统的钢铁材料研发基于大量实验，研发效率不高。通过建立材料开发全链条数据库，结合冶金原理、模型及工业大数据，深度挖掘所获得的知识，指导材料制造中的成分控制范围，构建以大数据和材料信息学为基础的钢材研发体系，可加速高性能、轻质高强度钢材的研发进程，显著提高研发效率。高性能钢材在汽车制造、基础建设等领域广泛应用，一方面可增加材料的使用寿命，减少物料损失；另一方面可减轻汽车等交通工具的重量，减少用于交通运输的燃料消耗，间接赋能下游用钢行业减少碳排放。

数字技术助力生产运营集中一贯管理。一方面是智能化、无人化生产操作，在炼铁、炼钢、轧钢等各主要工序，部署可进行自我迭代升级的精细化分析控制模型，实现各工序的智能化闭环控制。同时还可部署无人铁水运输车、无人行车及工序专用机器人等各类智能装备，实现无人化生产。通过智能过程控制及智能装备的应用，提升生产操作精细化水平，减少由于生产操作不合理导致的多余能耗物耗。另一方面是跨工序、跨层级的协同优化，基于大数据平台，建设铁前、炼钢、能源管理等各种类型的集控中心，实现跨工序的调度排产优化、全流程质量管理、集中化的能源预测与调度优化以及建立在 LCA（Life Cycle Assessment，产品全生命周期管理工具）模型上的面向不同工序、不同产品的碳足迹分析追踪，从生产全局的角度提升能源与资源利用效率。同时基于企业工业互联网平台，还可实现多基地的协同管控，开展集团内部不同生产基地间原燃料及备品备件的协同调度，从全集团范围提升能源资源利用效率。

数字化技术赋能产业链供应链协同。建设钢铁工业品电商等产业级工业互联网平台，汇聚钢铁生产企业、加工运输与仓储服务商、金融服务机构等行业主体，打造智能钢铁生态圈，降低企业间交易成本，缓解低端产品过度同质化导致的恶性竞争，有效化解产能过剩，从而减少过度生产导致的碳排放。

16.3.2.2　数字技术助力石化化工行业能源优化和碳资产管理

石化化工行业为经济社会发展提供燃动能源、原材料和基础化学品，产业链长，工艺流程复杂，能源消耗总量大，品种多。石化化工行业的产品被广泛应用于生产生活的众多领域。石化化工行业也是碳排放集中行业。石化化工行业的碳排放包括来自化石燃料燃烧；以及来自工艺生产过程中的化学反应产生的二氧化碳；根据中石化相关统计，由化石燃料燃烧及工艺反应排放等方式直接排放的二氧化碳量约占石化化工行业总排放量的90%以上。

1. 数字技术促进石化化工行业碳减排着力点

石化化工行业工艺流程长、工艺机理复杂，生产过程具有较强的连续性，细分产业间关联度高。为了保证稳定品质的连续安全生产，对设备和设施运维要求较高，整体上具有较高的信息化和自动化水平，也比较关注成本控制、供应链稳定高效。数字化技术通过赋能石化化工行业全要素、全产业链、全价值链，打造绿色环保的行业生态，从而赋能行业实现"双碳"目标。具体来说，数字化赋能石化化工行业节能减排，一是通过数字技术赋能低碳石化化工产品与工艺研发，通过对产品结构及工艺合成过程的仿真模拟开发低碳工艺及高性能产品，从源头节能减排。二是通过数字化技术赋能石化化工产品生产制造及企业管控优化，通过开展精细化的过程控制及生产运营管控，提升企业资源利用效率。三是通过数字化技术赋能石化化工行业资源配置优化，提升行业资源利用效率。

2. 数字技术促进石化化工行业碳减排应用场景

数字技术赋能低碳石化化工产品与工艺研发。石化化工工艺开发需要经历小试、中试、工艺验证，直至商业化生产，需要进行大量实验。基于数字化技术进行基础化学物质的数字化表征，对化学反应过程进行模拟仿真，可大幅减少实验过程，加速低碳产品与工艺研发，如分子炼油技术就是从分子水平对原油性能进行分析，通过对原料组成及结构进行数据建模，结合反应动力学模型进行转化路径的流程进行模拟，优化工艺流程，实现"宜烯则烯、宜芳则芳、宜油则油"，提升物质的利用效率，从源头减少由于原料浪费导致的碳排放。

数字化技术赋能生产制造和企业管控。一是智能化过程控制，基于动态流程模拟仿真技术，结合当前原料成分、生产工况等信息，对化工装置工艺参数进行动态优化，给出操作优化建议，或直接将工艺动态仿真模拟系统与APC（先进过程控制）系统打通，开展从读取数据、优化计算到控制调整的全自动闭环优化控制，通过"卡边操作"减少生产过程中的能耗物耗。二是协同集中的生产管理，基于大数据分析等技术，开展集中化的生产装置能源消耗预测与调度优化，以及不同生产工艺单元、不同生产装置的碳资产核算统计与分析，通过系统分析报告为企业内部生产节能减排提供指导建议，如中石化燕山、扬子等企业建设能源智能管控系统，实现企业公用工程计划调度一体化建设和应用，又如中石化扬子、九江、茂名及总部开展碳资产管理系统建设，实现企业碳资产清晰、碳管控到位、碳分配合理、碳交易高效的低碳化管理。三是企业一体化管控，基于企业级工业互联网平台加强生产与业务的协同，实现企业内资源调度优化，提高资源利用效率，从而减少碳排放，如中国中化建立覆盖全系统的电商系统，实时收集客户需求信息和订单，在此基础上根据各生产单位情况分发生产计划，减少资源调度不合理导致的内部消耗。

数字化技术赋能石化化工行业资源配置优化。石化化工行业产业链较长，基于油品及化工品电商平台，开展线上交易撮合缩短从炼厂到化工企业、二级代理商、加油站等需求终端的采购过程，降低交易成本，还可基于区块链等技术保障交易安全，提高产业链上下游协同程度，可有效提高行业资源利用水平，缓解行业供需失衡及产能过剩的情况，实现行业低碳转型。

16.3.2.3 数字技术助力建材行业生产工艺和安全环保管理

建材作为国民经济建设中重要的基础原材料，广泛应用于土木建筑、水利、国防等工程，具有长期不可替代性。建材行业包括水泥、石灰石膏、墙体材料、卫生陶瓷、玻璃等工业类型，其中水泥生产是建材行业的能耗大户，水泥工业碳排放占建材碳排放的83%，位居建材行业首位。我国是水泥生产和消费大国，水泥产量占世界水泥总产量的60%左右。本节研究建材行业主要聚焦水泥。水泥最主要的碳排放来自煅烧过程中石灰石的分解，占比55%~60%左右，其次是原煤等燃料的燃烧，占比35%~42%左右。消耗电力的间接碳排放不足3%~5%。目前，水泥生产过程中的熟料形成阶段无法替代，即暂时没有替代石灰石的有效方案。水泥的碳排放量很大程度上取决于每吨水泥的熟料比例、生产过程中的燃烧类型以及设备功率。

1. 数字技术促进水泥行业碳减排着力点

水泥生产制造需经过"两磨一烧"，即生料研磨、窑内煅烧以及熟料研磨三个阶段，作业区域主要分为矿山、厂区（工厂产线）两大部分。水泥行业属流程制造，其业务连续性和精度要求相较于石化化工行业略低。水泥行业的发展目前正处于新旧动能更迭的关键阶段，自动化、智能化和信息化水平参差不齐，水泥行业因其碳排放结构的特殊性，数字化赋能碳减排的主要着力点是生产工艺和能源管理、设备设施管理智能化以及安全环保管理，提升生产效率、能源效率，改善产品质量和安全绩效，助力生产和管理模式从局部粗放向全流程精细化和绿色低碳发展变革，解决资源、能源与环境约束问题，提高行业智能化绿色制造水平。

2. 数字技术促进水泥行业碳减排应用场景

数字技术赋能水泥行业生产工艺优化和能源管理。生产工艺：依托于工业互联网技术的多层级展开与应用进行生产综合控制，在生产计划、设备监控、流程梳理、优化调度、安全生产等多领域实现智能化，优化燃料供应，大幅度减少能源和原材料的使用。更多的业务实现远程化，如设备的诊断、物流车辆调配与优化、工艺参数的调整，甚至无人矿山与爆破巡检等。数字化能源管理：利用物联网技术采集各能耗单元的数据并分析，为降低企业能耗、提高能源利用率、减少碳排放提供基础。基于5G网络，充分利用物联网技术，实时采集水泥生产环节各设备能耗信息，并进行大数据分析，实现用能趋势可预测、改善优化可持续、设备管理智能化、能源数据透明化，为企业能源管理提供依据，实现全流程能源管理可视、可管、可控。

数字技术赋能水泥行业设备设施管理智能化。通过数字孪生模型反映整个生产过程和关键设备设施，并使用人工智能和机器学习进行优化，通过以简化和动态的方式模拟生产过程对流程的每一步优化，提出实现站点输出目标的最佳设备设置。同时，预测性维护帮助企业在设备故障之前解决维护问题，从而防止停机时间过长，避免不必要的损坏，提高运营效率，降低维护成本。基于数字孪生技术的三维可视化工厂，可以对设备设施及其状态参数进行实时监控、巡检和调整，获取诊断分析图谱和出具诊断报告，减少欠修和过修，减少现场巡检。

数字技术赋能水泥行业安全环保管理。环境、健康、安全（Environment，Health，Safety）问题在水泥行业这类复合型、综合型行业较为突出，其涉及矿山开采中的爆破作业、基于化学反应的工艺安全控制、人机协作的工作场所，以及频繁的物流装卸运输等高风险作业。在数字技术的助力下，一些应用场景如矿区无人机爆破巡检、三维安全人员定位、电子围栏安全识别、安全预警诊断分析、人的违章行为检测等逐步得到拓展和实践。对于环境管理，数字化赋能的领域从原来的环境污染物排放扩展到碳排放的监测监控，并逐步凸显出碳排放的生产调节功能，进一步完善数字化能源管理能力。

16.3.2.4 数字技术助力有色金属行业设备精准控制和绿色高效

有色金属行业产业链包括采选、冶炼、加工三大环节，产品种类工艺细杂，被广泛应用于机械、建筑、电子、汽车、冶金、包装、国防和高科技等领域。我国铝工业碳排放量占有色金属行业碳排放量超过80%，其他如铜、铅、锌等有色金属冶炼行业碳排放量占有色行业的9%。目前，我国有色金属行业生产中碳排放量主要存在于熟料烧成、脱硅工序、蒸发工序、高压溶出工序4个高耗能阶段。工业炉窑是生产的核心装备，耗能巨大、环境恶劣、生产条件变化剧烈而且机理复杂，提升智能控制技术是实现工业炉窑高效、节能的关键。

1. 数字技术促进有色金属行业碳减排着力点

有色金属矿山采选行业，数字技术赋能主要体现在通过物联网、大数据、人工智能、5G、边缘计算、虚拟现实等技术手段，实现智能生产管控、全流程无人化生产、基于工业大数据的智能决策等功能，使矿山采选资源集约、绿色安全。有色金属冶炼行业，数字技术赋能主要体现在通过工业互联网实现制造资源要素的平台化设计、智能化制造和网络化协同,全要素可视化在线监控、实时自主联动平衡和优化等功能,形成清洁环保、优质低耗、安全高效的企业管理。有色金属加工行业,数字技术赋能主要体现在通过新一代信息通信技术的应用,实现柔性化组织生产、产品质量全生命周期管控、供应链协同优化运营等功能,使企业能够质量稳定、协同高效、响应快捷。具体来说,一是通过数字赋能高耗能设备精准控制;二是通过数字赋能绿色智能生产;三是数字赋能协同优化创新。

2. 数字技术促进有色金属行业碳减排应用场景

数字技术赋能高耗能设备精准控制。有色矿山采选行业,结合矿山生产工艺流程,应用数字控制、智能感知等技术对矿山机车、破碎机等采选工业设备及其他基础设施进行数字化改造实现节能减排。有色金属冶炼行业,结合企业生产工艺条件、工况特点,应用数字化技术对回转窑、电解槽等高耗能工业设备进行精准控制和互联互通,提升设备综合效率,减少设备空置时间。有色金属加工行业,结合有色金属熔炼、铸造、轧制、挤压、拉拔等过程特点,对现有轧机、挤压机、热处理炉等生产设备的升级优化,实现质量稳定和精准控制。

数字技术赋能绿色智能生产。有色矿山采选行业,在选矿、采矿和运输等环节深度融合传感网络、精确定位与导航等技术,构建面向矿山采选全流程以"矿石流"为主线的高度集成化、智能化的矿山生产经营管理模式,实现矿山采选阶段的绿色低碳高效。有色金属冶炼行业,针对重点工序流程协同困难、无法预测和自动调节等问题,通过大数据、数字孪生等技术解决精确建模、实时优化决策等关键问题,实现工艺流程优化、动态排产、能耗管理和协同优化的智能生产过程。有色金属加工行业,通过大数据、云计算等技术,实现对订单、计划、工艺、质量、设备、能源、安全、环保、人员等要素的实时集中监控和动态优化调度,提高良品率,达到节能减排目的。

数字技术赋能协同优化创新。有色矿山采选行业,将有色金属矿山采选知识和技术模型化、模块化、标准化,为行业其他企业提供服务。打通矿山地质、测量、采矿、选矿等全流程数据链,加速矿山采选向自决策、自适应转变。有色金属冶炼行业,构建集数据资源库、虚拟仿真环境等一体的协同创新体系,提升基于大数据分析的生产线智能控制、生产现场优化等能力。有色金属加工行业,运用大数据对客户需求进行分析管理,为企业决策提供关键信息,提升客户满意度。推进企业工艺技术和管理经验的知识沉淀和全面共享,对企业各业务场景进行应用创新。

16.3.3 数字技术助力建设绿色智慧交通体系

交通运输行业是能源消耗和温室气体排放的主要行业之一,碳排放量约占总量的10%,从发达国家经验来看,交通能耗最终将占终端能耗的1/3,未来我国交通运输总体需求仍将保持增长趋势,这意味着我国交通运输行业碳排放还将继续增长,2030年碳达峰存在一定挑战。根据交通运输部规划研究院数据,从我国交通运输碳排放结构来看（见图 16 – 8），营运性公路和非营运性公路碳排放分别占比 50.7% 和 36.1%；以单位货物周转量来看，公路运输的能耗和污染物排放量分别是铁路运输的 7 倍和 13 倍。同时，我国乘用车平均油耗比欧洲标准高 1.0 ~ 2.0 升/百公里，比日本高 2.0 ~ 3.0 升/百公里。公路运输和城市交通优化将是交通领域碳达峰的关键。

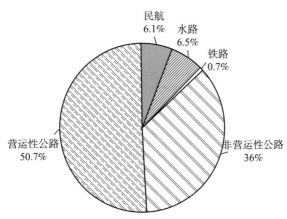

图 16 – 8　2019 年交通各子领域碳排放占比

资料来源：交通运输部规划研究院。

16.3.3.1　数字技术促进交通部门碳减排着力点

降低交通运输领域碳排放涉及全产业链条，通过大数据、车联网等技术进行资源配置优化、决策，助力构建更为灵活、高效、经济和环境友好的智慧绿色交通体系。车辆的智能化、出行结构的优化和出行效率的提升、电动汽车的充放电优化、新能源汽车与可再生能源协同是数字技术促进交通领域碳减排的核心着力点。

16.3.3.2　数字技术促进交通部门碳减排应用场景

1. 数字技术助力车辆智能化，实现节能降碳

车联网典型应用场景可降低车辆能耗水平，是实现交通领域碳减排的重要手段。基于车联网技术，可实现绿波通行引导、并线辅助、编队行驶、生态路径规划等智能驾驶场景，通过数字化手段促进司机规避突发事件或恶劣路况带来的急加减速、无效怠速等驾驶行为，有效降低驾驶能量消耗。

2. 数字技术支撑改善出行习惯，优化出行结构

车联网可优化公共交通服务水平，有效提升车辆使用率、共享率，改善出行习惯，构建绿色出行体系，实现综合碳减排。在公交系统方面，基于车联网的智慧公交可实现"人—车—路—站—云"协同，可打造十字路口优先通行、精准引导、超视距感知等应用功能，提升公交车的行驶安全和运行效率，多维度地优化用户乘坐体验。在共享出行方面，网联自动驾驶出租车在单车自动驾驶的基础上叠加车与路、车与平台之间的协同能力，可提升运行安全、优化运营效率。

3. 数字技术赋能数字化治理，提升交通效率

车联网可支持区域交通整体优化，提升单位时间单位面积的交通运输能力和区域交通的通行效率。在城市道路场景下，基于车联网技术可实现交通信号精确控制、特殊车辆优先通行、弱势交通参与者管控等场景，优化交通数字化治理类的效率和效果。在高速公路场景下，可增强路侧的感知能力、动态管控能力、服务通行车辆能力，实现道路状况的可视、可测、可控，从而有效降低交通事故频率、减少经济损失、提升物流运输效率。

4. 数字技术促进充放电优化

数字技术助力新能源汽车充电桩平台化管理，实现数字化、智能化充电模式促进交通领域的能源替代。数字技术使电动汽车充放电将从无序模式、单相有序模式逐步过渡到双向有序模式变为可能。具体将有三种可行的管理措施：一是在满足用户充电需求的前提下，供应侧可合理调度充电负荷；二是利用技术、政策、价格手段引导需求侧"错峰"，调节电力需求负荷的平衡；三是建立微网，园区微网内建设分布式光伏、储能单位，缓解电动汽车充放电负荷对公网的冲击。通过数字技术，一方面获取电网发布的分时电价信息，另一方面获取接入电网的电动汽车电池信息，基于这两个信息可灵活调整管辖范围内的电动汽车充电功率、分布式光伏电站和储能单位的供电，进而实现电动汽车的充放电优化。

充分发挥电动汽车充放电负荷的快速响应能力，在规模化后可深度参与电网调度，进一步促进可再生能源的消纳。如分布式光伏发电可利用白天分布在工作场所等地的电动汽车充电需求进行消纳；风力发电具有反调峰特性，可利用夜间分布在家庭小区等地的电动汽车充电需求进行消纳。

16.3.4 数字技术助力建筑全生命周期碳减排

建筑运行能耗是指建筑在使用过程中消耗的能源，建筑运行阶段碳排放包括直接和间接碳排放。建筑直接碳排放指建筑运行阶段直接消费的化石能源带来的碳排放，主要产生于建筑炊事、热水和分散采暖等活动；建筑间接碳排放指建筑运行阶段消耗的电力和热力两大二次能源带来的碳排放，间接碳排放是建筑运行碳排放的主要来源。建筑设计施工和建材生产带来的碳排放，也称为建筑隐含碳排放。直接、间接和隐含碳排放三项之和可称为建筑全生命周期碳排放。从建筑的全生命周期来看，建材生产运输碳排放占比为55%，运行阶段碳排放占比为43%，施工阶段碳排放占比为2%（见图16-9）。通过数字技术赋能建筑的运行管理，绿色智慧建筑为建筑碳达峰、碳中和提供了有效途径。

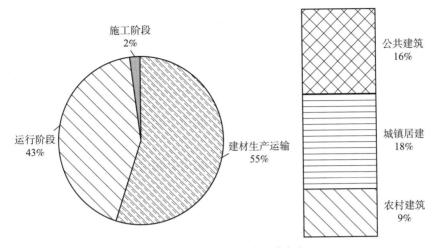

图 16 – 9　建筑各阶段碳排放占比

资料来源：《中国建筑能耗研究报告（2020）》。

16.3.4.1　数字技术促进建筑部门碳减排着力点

数字技术促进建筑领域碳减排的着力点主要在于节能设计、运行阶段的能效提升和构建"光储直柔"建筑。将数字技术广泛应用到建筑项目的规划、设计、采购、生产、建造、运行的全生命周期过程中，提升建筑质量、安全、效益和品质。在建筑运行阶段其核心是绿色建筑和智慧建筑融合，基于传感器、计量设备的能源管理，在线监测、分析与计算各项能源指标，智能化控制的能源需求，通过对设备和环境的实时感知、智能决策和自我控制，实现建筑内部能源资源利用最优和经济绿色运行。

16.3.4.2　数字技术促进建筑部门碳减排应用场景

数字技术助力建筑节能设计施工。虽然建筑设计施工阶段的碳排放占比小，但是建筑的绿色低碳很多是在设计阶段决定的，设计阶段应充分考虑节能低碳等因素，基于建筑信息模型和数字技术的集成与创新应用，帮助设计师选择低能耗的材料和技术，通过精细化设计和精确建造，引导建筑的综合品质整体提升。

数字技术提升建筑运行阶段能效。基于数字技术的智慧建筑，数字技术助力建筑业，从传统建筑向绿色智慧建筑转变；通过智能控制、数据采集、统计计量等手段，运用云计算和人工智能分析数据，将建筑物的结构、系统、服务和管理根据用户的需求进行最优化组合，营造科技与人性化为一体的建筑生态，实现建筑内部能源资源利用最优。楼宇自动化系统：在商业领域较为成熟的楼宇科技系统，一般是以智能控制平台或中央控制系统为基础，智能管理楼控、智能照明、消防、低压等各种设备设施子系统，促进建筑用能效率提升。智能供暖、通风与空气调节、照明：低碳建筑或近零碳建筑不断融合绿色技术和数字技术，采用最有效的供暖、通风与空气调节、照明系统，通过供需平衡、实时监控、精准调配等方式进行综合精细化管理，运用数字技术实现此类系统的高效运行和定期维护，减少能源消耗。

数字技术助力"光储直柔"建筑柔性用电。集屋顶光伏发电—建筑储电—直流电系统—柔性供电用电模式的"光储直柔"建筑，是指利用城乡建筑的屋顶空间安装分布式光伏，在建筑内设置分布式蓄电，将建筑内部供电系统由目前的交流变为直流，建筑从能源系统的使用者，转变为能源系统的生产者、使用者和储存调控者，从而更有效地生产和消纳风电光电。"光储直柔"建筑配电模式，其中"柔"是最终的目的，数字技术能够赋能建筑柔性用电，使建筑用电由目前的刚性负载转变为柔性负载，有效消纳建筑自身的光伏和远方风电光电，实现建筑零碳电力运行。

16.3.5　数字技术助力碳管理数字化高效化

数字技术能够帮助政府管理部门和企业获取涉"碳"的各种信息，把"碳"管起来，摸清碳家底、规范碳核算，实现碳资产管理和碳排放追踪数字化。通过数字技术提升碳排放数据获取、传递、存储、计算、统计的精准性、便捷性、安全性、可信性和高效性，助力碳排放核算的实时化、精准化和自动化，促进碳市场碳金融高效运转。

16.3.5.1　数字技术助力政府部门提升碳管理效率和数据质量

对于各级政府主管部门，通过建立综合性的碳管理大数据平台，运用大数据、云计算等手段，实时采集监测跟踪区域能源供给侧、消费侧数据，实时分析区域碳排放情况，监测跟踪区域碳达峰、碳中和进度，采用虚拟现实技术对复杂经济社会事务变化发展进行多维动态模拟研判，动态演绎碳达峰、碳中和路径，提高政府对碳减排的管理、监督和预测预警等决策应对能力，为区域"双碳"目标实现提供有力支撑。对于应对气候变化常态化工作，例如企业能耗和碳排放数据报送、碳排放配额分配、温室气体清单编制等工作，也可以通过大数据平台理顺各业务间的数据关联关系，构建"一源多用"的数据体系，打通各业务之间的数据流，并通过构建多维数据分析模型，实现区域碳数据分析与可视化呈现，实现应对气候变化工作智慧化、高效化、便捷化和精准化。

16.3.5.2　数字技术帮助企业建立高效可信的碳资产管理体系

对于各类企业，尤其是重点用能单位，搭建数字化能耗在线监测系统或能源管理中心，可以实现企业生产全过程和经营管理全范围能耗和碳排放、产品碳足迹数字化管理，有针对性地对高碳排放环节进行节能减排改进。基于碳数据治理的架构，环境管理生命周期评价、碳达峰碳中和的业务场景生成与工业互联网平台 IaaS、PaaS、SaaS 结构是一致的，均需要从现场层获取静态和动态数据，通过数据治理后，在数据层汇集、存储和可视化，并通过数据分析和应用需求导入，形成以"碳数据"为核心的工业互联网模式下的 SaaS 服务应用。通过建立数据模型，从运行成本、环保效益、能源效率等多维度给出企业运行方式优化和决策建议，为企业管理碳资产、优化碳交易策略、开展节能减排提供信息化支撑，整体提升绿色竞争力。全数字化的管理方式将显著减少在数据存储分析过程中出现人为错误的可能性，大大提升碳排放管理的安全性、可靠性以及评估审核的效率，帮助企业建立高效可信的碳资产管理体系。

16.3.5.3　数字技术赋能碳市场碳金融高效运转

在碳市场方面，未来碳市场具有多主体、多模式和多规则的特点，对碳市场交易的透明性、实时性和数据安全性都提出了需求与挑战。结合区块链的"去中心化、透明安全、不可篡改、信息可溯"的技术特征，可以为我国碳市场建设提供具体实施手段，实现碳市场的安全可信交易与高效结算，完善碳交易流程和自动化业务处理。在碳金融方面，数字技术与碳金融深度融合，利用大数据、人工智能等先进技术在客户筛选、投资决策、交易定价、投/贷后管理、信息披露、投资者教育等方面提供更多支持。在碳汇方面，对于已经排放的二氧化碳，需要借助农林湖草等自然资源吸收碳排放完成碳中和，对土壤、作物、森林等环境要素进行数字化采集、存储和分析，已成为数字技术在碳汇方面的一大应用。

16.4　信息通信业自身能耗与绿色低碳发展

近年来，我国信息通信业发展迅速，逐渐成为国民经济发展的战略性支柱产业。数字技术对碳中和具有积极作用，但数字化转型的加速会驱动信息通信业能源需求和碳排放的增长，其中数据中心和5G基站较快的能耗增长，越来越引起社会关注。碳达峰、碳中和目标下，信息通信业自身的能耗问题不容忽视，迫切需要走绿色低碳发展之路，实现节能降耗与数字经济的协同发展。

16.4.1　碳排放总量小增速快，存在结构性差异

16.4.1.1　ICT产业规模增长快，相比于其他经济部门，碳排放总量规模相对较小

据全球电子可持续发展倡议组织（GeS）《SMARTer 2030报告》研究，2020年全球ICT产业碳排放约占全球碳排放的2.3%，到2030年占比将降至1.97%。根据我国国家统计局能源数据和投入产出表数据，采用IPCC清单分析法估算ICT行业的碳排放，2012年中国ICT产业碳排放量约为8 225万吨，仅占全国碳排放总量的1.18%；2017年中国ICT产业碳排放总量约为13 761万吨，占全国碳排放总量的1.48%。总体而言，与其他经济部门如钢铁、电力和交通运输业相比，ICT产业自身碳排放量相对较低，短期内将保持这一趋势。

16.4.1.2　ICT产业碳排放规模增长快，增长趋势仍将保持一定时间，中长期呈下降趋势

2012～2017年中国细分行业碳排放量增速如图16－10所示，传统制造业的碳排放增速比较缓慢，尤其是金属矿采选产业和煤炭矿采选产业碳排放量呈下降趋势，但ICT产业碳排放总量涨幅为61%，其涨幅为所有经济部门之最。数字化转型、算力需求的增长以及数字技术的发展与ICT产业的碳排放快速增长有密切关系。数据中心和基站等信息基础设施，其消耗的电能本质来自经济社会运行、千行百业发展所必需的数字化业务系统，为其分担了部分碳排放责任。随着ICT产业对社会经济发展的支持力度逐步加大，ICT产业碳排放快速增长趋势短期内将延续。但随着ICT产业自身节能降碳技术进步以及我国能源结构调整优化、非化石能源消费比重提高，ICT产业碳排放中长期将呈下降趋势。

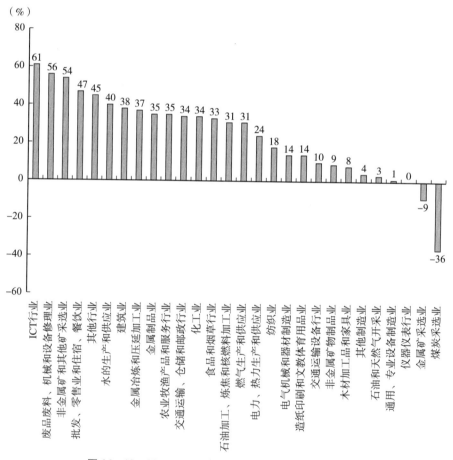

图16－10　2012～2017年中国细分行业碳排放量增速

资料来源：2012年、2017年中国能源统计年鉴。

16.4.1.3　ICT产业碳排放结构性差异

ICT制造业碳排放量占比高，ICT服务业碳排放增速更快。近年来，我国ICT产业加快向增加值较高的服务业转型升级，有力地拉动了ICT产业整体发展。但这一特点也导致了ICT服务业直接和间接碳排放快速增加。根据估算结果，2017年ICT制造业碳排放量约为8 166万吨，占ICT产业碳排放总量的59%，与2012年相比ICT制造业碳排放量增长了40.6%；2017年ICT服务业碳排放量约为5 595万吨，占ICT产业碳排放总量的41%，与2012年相比，ICT服务业碳排放量涨幅高达106.0%，增长幅度远超ICT制造业（见图16-11）。ICT服务业的碳排放量在2012~2017年期间增加了近一倍，占ICT行业碳排放比重也在上升，这说明ICT服务业碳排放与行业快速发展相吻合。

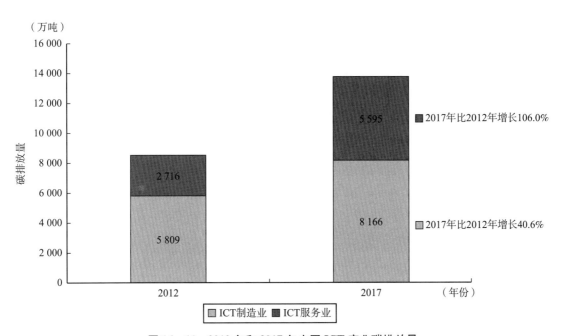

图16-11　2012年和2017年中国ICT产业碳排放量

资料来源：2012年、2017年中国能源统计年鉴。

16.4.2　数字基建重点用能领域节能降碳提速

16.4.2.1　数据中心节能降耗技术加快推进

数据中心是算力基础设施的代表，在"新基建"的推动下，数据中心越来越引起社会的广泛关注。截至2020年底，我国在用数据中心机架总规模约400万架。数据中心建设布局由北京、上海、广州、深圳一线城市集聚转变为京津冀、长三角、粤港澳等聚集区协同发展，中西部地区稳步推进的新格局。在节能减排方面，2020年我国数据中心年均运行PUE（Power Usage Effectiveness，数据中心消耗的所有能源与IT负载消耗的能源的比值）中位数为 1.555，较上一年降低 0.105。根据中国信通院测算，2020 年我国数据中心的用电量占全社会用电量在 1% 以下。数据中心企业普遍通过定制化、人工智能调度及新型冷却技术应用等，提升数据中心能效。在绿色能源使用方面，部分优秀绿色数据中心案例已全球领先，获得了开放数据中心委员会及绿色网格标准推进委员会的 5A 等级评价。

16.4.2.2　共建共享助力基站节能减排

2019 年第五代移动通信技术（5G）商用后，我国加速建设 5G 基站，2020 年我国移动通信基站总数 931 万个，其中 4G 基站 575 万个，5G 基站 71.8 万个，我国 5G 基站约占全球的 70%。为了实现更高的数据传输速度和传输量，5G 基站使用了大带宽和大规模天线技术。从能源消耗量看，5G 基站的能耗比 4G 基站高，但是从能源使用效率看，5G 基站远超 4G 基站。下一阶段基站密度逐渐饱和，基站建设速度将放缓。在节能减排方面，工信部、国资委连续多年出台有关电信基础设施共建共享的实施意见，开展考核工作，促进节能减排。中国联通与中国电信提出共建共享同一个无线网络的探索，两家公司共享 5G 频率资源，合建 5G 接入网，相比两家公司单独建设而言，5G 基站的总数预计可以减少 20%~30%，每家公司可节省投资 2 000 亿元①。基站总数的减少可以相应地减少基站能耗。

16.4.3　多方发力推动信息通信产业绿色发展

"十三五"期间，在政策标准方面，工信部印发了《关于加强"十三五"信息通信业节能减排工作的指导意见》（2017 年），引导和推进"十三五"期间信息通信业节能减排工作；组织编制发布了《移动通信基站工程节能技术标准》（GB/T 51216）等国家标准，推进通信建设节能的规范化和标准化。在网络升级演进方面，大力发展光纤固定宽带接入、4G/5G 移动宽带等业务，持续推动基站机房、管道线路、住宅小区等重点场景电信基础设施共建共享，推进行业结构性节能减排。在设备淘汰和新技术推广方面，工信部发布了《高耗能老旧通信设备淘汰指导目录》《通信行业节能技术指导目录》，持续推进现网老旧高耗能设备淘汰及先进节能技术使用。

"十四五"开局以来，2021 年 2 月国务院发布了《关于加快建立健全绿色低碳循环发展经济体系的指导意见》，推动绿色低碳循环发展，提出要"加快信息服务业绿色转型，做好大中型数据中心、网络机房绿色建设和改造，建立绿色运营维护体系"。"十四五"规划和"2035 年远景目标纲要"提出打造智能绿色现代化基础设施体系，明确指出要"统筹推进传统基础设施和新型基础设施建设，打造系统完备、高效实用、智能绿色、安全可靠的现代化基础设施体系。围绕数字转型、智能升级、绿色发展，建设高

---

① 邬贺铨. 信息产业可提前实现碳中和，并服务全社会节能减排 [EB/OL]. 新京报网，https：//www.bjnews. com.cn/detail/161545649615595.html.

速泛在、天地一体、集成互联、安全高效的信息基础设施"。碳达峰、碳中和"1＋N"政策体系推动信息化基础设施能效提升：《关于完整准确全面贯彻新发展理念做好碳达峰碳中和工作的意见》（以下简称《意见》），作为碳达峰、碳中和"1＋N"政策体系中的"1"，提出要"提升数据中心、新型通信等信息化基础设施能效水平"。《关于印发 2030 年前碳达峰行动方案的通知》，作为"1＋N"政策体系中的"1"，在"节能降碳增效行动"中提出"加强新型基础设施节能降碳"，进一步深化和落实《意见》中的任务和目标。2021 年 7 月工信部印发了《新型数据中心发展三年行动计划（2021－2023年）》提出数据中心绿色低碳发展专项行动，提出了绿色低碳发展行动等六个专项行动。2021 年 12 月工信部印发了《国家通信业节能技术产品推荐目录（2021）》推动通信业节能和能效提升，助力碳达峰、碳中和目标实现。

在行业层面，中国通信标准化协会加强绿色标准供给，进一步完善了"十四五"信息通信业绿色低碳发展标准体系，组织制定了信息通信业碳达峰碳中和标准体系，以标准为引领，满足行业技术进步和绿色低碳发展的需要。在企业层面，三大运营商均已发布各自碳达峰、碳中和行动计划，明确了"十四五"节能降碳工作目标。中国移动目标是到"十四五"期末，单位电信业务总量综合能耗、单位电信业务总量碳排放下降率均不低于20%，中国电信目标是23%。中国移动还提出了到"十四五"期末，助力经济社会减排量较"十三五"翻一番、超过 16 亿吨。中国电信提出新建数据中心PUE 低于 1.3。众多互联网和 ICT 制造企业已发布碳减排、碳中和计划并采取相应的行动。具体包括在数据中心能效提升、科技赋能千行百业碳减排、数字基建助推平台企业数字化转型升级；引领绿色低碳生活构建全生命周期绿色消费场景；可再生能源应用与回收利用等方面积极采取行动。

扩展阅读

数字技术促进钢铁行业碳减排的实例

（1）数字技术赋能低碳钢铁产品开发：某钢铁企业基于商用材料数据库建立汽车行业用钢板材料库，利用人工智能加速钢板材料可制造性分析、仿真性能优化、零件设计优化等分析过程，极大缩短汽车行业用钢板开发周期。

（2）数字化技术赋能生产运营过程：某钢企 2018 年建成"热轧 1580 智能车间"，在作业无人化、全面在线检测、过程控制系统、设备状态监控与诊断、产线能效优化、质量管控、一体化协同计划、可视化虚拟工厂八个核心领域进行数字化提升，建立涵盖制造全过程的智能化应用，提高生产线制造稳定性和灵活性，降本增效。工序能耗下降 6.5%，内部质量损失下降 30.6%，全自动投入率提升 10.5%，

2019 年成功入选达沃斯世界经济论坛"灯塔工厂"。

（3）数字化技术赋能产业链供应链协同：某钢铁工业品电商交易平台，具有多品种、跨区域的大宗商品市场服务架构，产业供应链已经覆盖原燃料、矿石、钢材、家电、汽车、造船等多个产业领域，服务对象几乎覆盖全国所有主流钢厂，有效助力钢铁产业去产能、去库存、优结构。

◎ 本章提要

随着数字贸易的发展，从数字技术环境影响角度考虑，积极建设生态环境治理数字化平台，推进生态文明建设领域治理体系和治理能力现代化。要牢牢把握新一轮科技革命和产业变革新机遇，在生态文明建设中更好把握数字化、网络化、智能化方向，站在统筹中华民族伟大复兴战略全局和世界百年未有之大变局的高度，充分发挥我国拥有海量数据和丰富应用场景的优势，切实发挥数字技术对生态环境保护的放大、叠加、倍增作用，需高度重视数字技术在推动发展方式绿色转型方面的巨大作用，积极推动数字经济与绿色经济深度融合。

◎ 概念复习

数字技术赋能　数字技术碳管理　信息通信产业

◎ 阅读资料

（1）张文博．环境治理中的人工智能［J］．国外社会科学前沿，2019（10）.
（2）中国信息通信研究院．数字贸易发展白皮书［R］. 2020.

◎ 课后思考题

（1）请简述国际上一些国家借力数字技术应对气候变化的一些探索。
（2）请简述数字技术助力我国碳达峰碳中和的总体思路。
（3）请简述数字技术助力碳达峰碳中和的主要途径。
（4）请简述数字技术在哪些重点行业助力碳达峰碳中和。
（5）请为我国数字技术助力碳减排提出几点建议。

第 17 章
"数字丝绸之路" 与数字基础设施

学习目标

(1) 理解构建"数字丝绸之路"的意义，了解如何推动"数字丝绸之路"更高水平地发展；

(2) 加深对数字基础设施的基本认识，了解数字基础设施的基本特征，并认识到数字基础设施当前面临的挑战；

(3) 了解"数字丝绸之路"与数字基础设施之间的联系，认识到"数字丝绸之路"的数字基础设施建设的发展现状，分析当前构建"数字丝绸之路"需要解决的问题。

内容提要

随着"一带一路"倡议的推进，大力推动"数字丝绸之路"建设逐渐成为"一带一路"沿线国家的共识。构建"数字丝绸之路"与完善数字基础设施建设紧紧联系在一起，因此本章介绍"数字丝绸之路"与数字基础设施的意义与现存的问题，并对我国目前发展现状进行分析。

17.1 构建"数字丝绸之路"

"数字丝绸之路"是数字经济发展和"一带一路"的结合，是数字经济全球化的必然产物。因此，本节介绍构建"数字丝绸之路"所包含的意义、挑战以及总体思路，进一步延伸"数字丝绸之路"的发展意义。

17.1.1 构建"数字丝绸之路"的意义

"数字丝绸之路"的发展动力不仅来自中国发展战略的外向延展和区域内信息社会发展的客观需求，也是"一带一路"沿线国家抓住历史机遇、大力加强基础设施建设尤其是信息基础设施建设的合理结果。本小节将从推动新发展格局构建、共建"一带一路"高质量发展、构建更高水平开放型经济新体制、实现数字化技术变革这四个角度介绍构建"数字丝绸之路"的意义。

17.1.1.1 推动新发展格局构建

构建"以国内大循环为主体、国内国际双循环相互促进的新发展格局"，这是中央准确分析判断世界经济发展大势、我国当前与未来经济发展阶段转换存在的优势与劣势、面临的挑战与机遇，在新的国际环境下进一步利用好国际国内两个市场、两种资源，基于中华民族伟大复兴的战略全局所作出的重要战略决策，对我国未来发展具有重要的指导意义。

我国数字经济发展迅猛，积极助力数字"一带一路"的建设，推动"数字丝绸之路"的发展，进而推动新发展格局的构建。从生产、流通、分配、消费等环节看，数字技术的发展有利于推动国内经济环节政策的灵活变动和资金的迅速流通，促进国内外市场的深度合作，变革全球经济发展格局，重构全球价值链体系，积极推进国内国际双循环模式的顺畅运转。

17.1.1.2 共建"一带一路"高质量发展

近年来，全球数字化发展进程不断提速，多国制订了数字化战略方案，如美国的《数字经济议程》、日本的"数字新政"、德国的《数字化战略2025》、澳大利亚的《数字经济战略》等，各国正全面推进数字化发展战略布局，实现数字互联互通，推动全球经济格局转变。

融合发展是数字化的本质特征，数字化呈现线上线下一体、跨物理边界融合，在推动国际区域合作模式创新的同时，也推动"一带一路"进入融合发展新阶段。共建

"一带一路"高质量发展，要以融合发展为路径，以内外联动、深度融合、系统集成、协同高效为重点。与沿线国家共同谋划"一带一路"融合发展大计，明确长远发展方向，优化合作发展机制，创新融合发展方式。汇聚各方力量，聚集各种资源，合力推进"一带一路"走深走实，不断开创开放合作新局面。共建"一带一路"是我国推动新发展格局构建的重要工具，是我国维护地缘政治安全、保障国家经济稳定的根本方针，是我国经济外交和高水平全面开放的重要举措。

"数字丝绸之路"是数字经济发展和"一带一路"的深度融合，是"一带一路"升级变革的新阶段，也是数字经济全球化的必然产物。"数字丝绸之路"的发展动力不仅来自中国发展战略的外向延展和区域内信息社会发展的客观需求，也是"一带一路"沿线国家抓住历史机遇、大力加强基础设施建设尤其是信息基础设施建设的合理结果。在设施联通取得突破性进展后，以网络相通来促进贸易、金融等的相通，正成为"一带一路"沿线国家的急迫诉求。

17.1.1.3　构建更高水平开放型经济新体制

对外开放是我国的基本国策，是国家繁荣发展的必由之路。当前正处于百年未有之大变局，单边主义和霸权主义横行，全球自由贸易遭遇阻碍，但建设更高水平开放型经济新体制的目标没有变。党的二十大报告进一步明确："推进高水平对外开放。依托我国超大规模市场优势，以国内大循环吸引全球资源要素，增强国内国际两个市场两种资源联动效应，提升贸易投资合作质量和水平。稳步扩大规则、规制、管理、标准等制度型开放。"

打通国内国际两个市场、高效利用国内国际两种资源，形成统一开放、竞争有序的现代市场体系，促进国内国际要素资源有序自由流动、全球高效配置，是我国一直以来坚持的开放型经济体制。建设更高水平开放型经济新体制，加快建设与国际高标准贸易和投资通行规则相互衔接的市场规则制度体系，有利于全球多边贸易体系变革发展，推动区域自由贸易协定的积极发展，完善国际数字贸易规则的更新迭代。数字经济和数字贸易是高标准国际规则的核心内容之一，是我国构建更高水平开放型经济新体制的首要内容，更是我国推动数字贸易"中国模式"发展的关键。

17.1.1.4　实现数字化技术变革

在数字经济时代，数字化技术是世界科技革命和产业变革的核心命脉，也是把握国际数字贸易发展趋势的关键。推动建设数字丝绸之路，有利于新型数字化技术与全球贸易市场深度融合，新产业模式与数字化技术合作共赢，以及互联网技术和大数据分析技术高速发展，更好培育我国际竞争合作新优势。

构建"数字丝绸之路"的数字技术重点在数据信息技术、互联网技术以及国际通信技术。三大技术的互通合作不仅对区域自由贸易发展有益，也将为世界创造一个新的更具发展潜力的高水平消费市场。特别是对于国内消费市场存在局限的国家，"数字丝绸之路"所带来的中国市场是前所未有的经济机遇。

全球数字经济的发展，推动了各国数据、通信等信息市场的开放，带来了数字化信息安全等方面的重大挑战。"数字丝绸之路"的构建，从需求角度推动数字化技术的革命和信息安全技术的提升。

17.1.2 构建"数字丝绸之路"面临的挑战

虽然"数字丝绸之路"对我国数字经济发展产生了巨大的经济意义，取得了大量实质性的进展，但是目前"数字丝绸之路"也面临了一些挑战。本小节将从数字技术革命挑战、国际数字贸易规则挑战的角度来介绍"数字丝绸之路"面临的挑战。

17.1.2.1 数字技术革命挑战

数字经济发展以来，全球范围内新技术、新业态、新模式不断迭代，新的全球产业链、价值链、供应链布局正在变革，推动全球经济发展的数字技术已经成为新动能。当前全球环境问题日趋严重，世界各国以绿色、低碳、智能为主体构建新型产业模式，将绿色低碳、环保节能、高效可循环等主题融入数字经济发展，致力于发展数字技术和绿色发展的深度融合。

互联网技术作为新一轮数字技术革命中最重要的技术更新环节之一，其在"数字丝绸之路"的发展中占据相当高的地位，网络互联显而易见是发展商业和文化关系的关键纽带。互联网提供合作与交流的手段，是国家和人民之间增进理解的重要渠道，互联网以开放、包容的精神促进多样性，提供了各领域相互交流的空间：地区和全球贸易、内容分享、研究与科技领域的个人与公共创新。但是，当前网络空间存在对抗的风险，数字对抗风险与垄断风险密切相关，互联网诞生于美国，一直被严格监管，网络治理与技术革新被掌握在少数人手中。基于上述原因，互联网这一广阔的交流平台也可能成为爆发冲突的空间，涉及网络安全、商业和工业窃密、非法交易等领域。因此，构建"数字丝绸之路"就必须掌握互联网革新技术，而当前我国数字技术仍存在关键核心技术问题，阻碍了数字技术革命的发展。

当前全球经济受人口老龄化、贫富差距扩大、长期投资疲软等一系列深层次结构性矛盾限制而停滞不前，数字经济时代数字化技术革命给全球经济发展带来了新动能，而"数字丝绸之路"的构建也需要科技革命和产业变革的有力支持。一方面，"数字丝绸之路"基础设施建设需要新的数字技术作为重要前提；另一方面，如何利用数字技术平衡数据流动、网络安全、人工智能等问题完善全球经贸体系的首要问题，也是构建"数字丝绸之路"的必要任务。

17.1.2.2 国际数字贸易规则挑战

自数字经济兴起以来，电子商务和数字贸易领域的国际数字贸易规则不断变革。2010年之前，数字贸易规则集中在电子传输免征关税、电子签名和认证、无纸化贸易等"便利化"领域。而在 2016 年之后，电子商务和数字贸易领域的核心议题转向数据流动的自由便利领域。

当前数字贸易规则主要包括隐私保护、网络中立、消费者权益保护、限制跨境数据流动、要求计算设施本地化、各国隐私保护标准的差异性等。我国采用的电子商务与数字贸易规则总体上侧重于基础性规则，通常包括关税税收、电子签名和电子认证、无纸化贸易、在线消费者保护、个人信息保护、国内监管框架、电子商务合作等条款。我国数字贸易规则的构建体系仍然处于起步阶段，拥有完善的数字贸易规则系统才能助力"数字丝绸之路"有序发展。特别是在数据跨境流动、数据本地化、数字知识产权保护和源代码、消费者隐私和关键数据保护等数据自由化领域，欧美国家在这方面的规范程度远超我国，所以完善数字贸易规则体系成为构建"数字丝绸之路"的重要条件。

如表 17-1 所示，当前亚太区域数字贸易规则以多元化发展为主，数字贸易治理水平位居全球前列，当前亚太涉及数字贸易规则的区域贸易协定主要包括：以《全面与进步跨太平洋伙伴关系协定》（CPTPP）、《美墨加协定》（USMCA）、《美日数字贸易协定》（UJDTA）为代表的"美式模板"，以《区域全面经济伙伴关系协定》（RCEP）为代表的"中式模板"，以及新出现的以《数字经济伙伴关系协定》（DEPA）、《新加坡-澳大利亚数字经济协定》（SADEA）为代表的"新式模板"。亚太地区数字技术发展迅速，互联网普及度增长快速，数字贸易发展潜力巨大，因此亚太地区已经成为中美两国在全球数字治理领域竞争的关键区域，区域贸易协定的繁荣造就了数字贸易规则的多元化发展，一方面保留了"美式模板"中关于互联网企业家利益维护和贸易便利化的规则，在数字技术的未来发展中具备前瞻性；另一方面在中国构建的"中式模板"的数字贸易规则中，又包含了中国在区域贸易发展方面展现的"中式"的全面性。

表 17-1 亚太区域主要贸易规则比较

主要数字贸易规则	DEPA	SDEA	CPTPP	RCEP
电子传输免关税	√（+）第 3.2 条	√（+）第 5 条	√（+）第 14.3 条	√（-）第 12.11 条
数字产品的非歧视性待遇	√ 第 3.3 条	√ 第 6 条	√ 第 14.4 条	×
电子认证和电子签名	×	√ 第 9 条	√ 第 14.6 条	√ 第 12.6 条
个人信息保护	√（+）第 4.2 条	√（+）第 17 条	√（-）第 14.8 条	√（-）第 12.8 条
无纸化贸易	√（+）第 2.2 条	√（+）第 12 条	√（-）第 14.9 条	√（-）第 12.5 条

续表

主要数字贸易规则	DEPA	SDEA	CPTPP	RCEP
通过电子方式跨境传输信息	√（+） 第4.3条	√（+） 第23条	√（+） 第14.11条	√（-） 第12.15条
电子设施位置	√（+） 第4.4条	√（+） 第24条	√（+） 第14.13条	√（-） 第12.14条
非应邀商业电子信息	√ 第6.2条	√ 第19条	√ 第14.14条	√ 第12.9条
源代码	×	√（+） 第28条	√（-） 第14.17条	×
电子发票	√（-） 第2.5条	√（+） 第10条	×	×
快递	√ 第2.6条	√ 第13条	√ 第5.7条	√ 第4.15条
电子支付	√ 第2.7条	√ 第11条	×	×
海底通信电缆系统	×	√（+） 第22条	×	√（-） 第8章附件2第18条
数据创新	√（+） 第9.4条	√（-） 第26条	×	×
数字身份	√ 第7.1条	√ 第29条	×	×
人工智能	√（-） 第8.2条	√（+） 第31条	×	×
金融科技与监管合作	√（-） 第8.1条	√（+） 第32条	×	×
中小企业	√（+） 模块10	√（-） 第36条	×	√（-） 第14章

注："√"表示规则内容相同或相近，"√（+）"表示规则内容更加全面，"√（-）"表示规则内容不够全面，"×"表示无相似规则。

　　我国当前构建的"数字丝绸之路"也面临着国内网络监管机制和其开放的客观要求之间的矛盾，需要在发展中寻求新的平衡点。

17.1.3　构建"数字丝绸之路"的总体思路

　　立足新发展格局，牢牢把握良性互促的基本方向，应将网络强国战略、国家大数据战略与数字丝绸之路战略统筹联动，以数字基础设施互联互通为抓手，以促进数字经济与实体经济深度融合为核心，以关键核心技术攻关为关键，以统筹发展与安全为保障，以"数字丝绸之路"为载体构建开放型经济，着力推进数字资源高效流动和科学管理，着力推进跨境电商和数字贸易健康发展，为共建"一带一路"高质量发展提供数字动能、开辟全新空间。

17.1.3.1　推动数字基础设施联通

完善数字基础设施体系的构建，在"数字丝绸之路"沿线地区加快部署数字通信、互联网、智慧城市等新一代数字基础设施，推进新型数字技术的普及。推动云计算、大数据、物联网、人工智能、5G、区块链等新技术基础设施建设加快数据中心建设，建设面向"一带一路"的边缘计算、云计算、超算协同的多层次计算体系，建设存储多元、算力开放、算法多样的存算一体化基础设施，为云办公等提供网络支撑。加快建设城市大脑，提升城市治理数字化水平。实施网上丝绸之路枢纽工程，在技术转移、卫星应用服务、大数据、云计算、"互联网＋"、跨境电商、智慧城市、远程医疗、网络安全等新兴产业领域务实开展对外合作，形成"一带一路"多点支撑的国际信息服务枢纽，拓展信息经济发展新空间。

探索建立传统基础设施数字化升级，例如，交通运输、企业运营、管理监督体系的数字化系统更新，实现新旧系统的迭代升级，利用数字化技术提高运行效率，促进产业间的有效配合。注重网络安全设施的建设，数字化时代数据成为经济发展的重要工具，维护数据安全，强化"一带一路"数字基础设施安全应急保障体系成为推动"数字丝绸之路"构建的重要基石。

17.1.3.2　推动数字贸易发展

数字化技术发展赋能跨境贸易，加快数字贸易和跨境电商发展。积极完善"一带一路"沿线国家和地区的数据处理等服务外包业务，加快构建跨境电子商务综合试验区，支持跨境电子商务企业建立海外分销体系。建成集海关、税务、外汇、商务、市场监管、邮政、金融于一体的跨境电子商务综合服务平台，加快建设国际航空、国际班列跨境电商物流专线，形成线上线下一体的网上通道。积极对接全球电子商务新模式、新规则、新标准，加强数字化贸易平台建设和跨境电商国际合作。

推进海外仓建设，统筹优化调整海外仓的建设布局，加快建设立足周边、面向全球的海外仓网络体系。提高海外仓发展质量和效益，推广保税入区后再清关服务、"增值税仓储期免征、销售时再缴纳"等服务，推动海外仓向展示销售、拼装加工、维修服务等方向延伸。设立海外仓建设发展引导基金，对在"一带一路"沿线设立的公共海外仓项目给予优先支持。构建海外仓经营管理体系，指导中资海外仓合规经营，遵守东道国政策法规、宗教文化、风俗习惯，积极履行东道国社会责任。

17.1.3.3　推动数字产业化与产业数字化合作

数字经济通过数字产业化与产业数字化两条途径促进产业结构优化升级，以数字化技术促进资金融通促进数字产业化，开展与沿线国家和地区数字资源、数字技术、数字产业合作共赢。

数字产业化即数据要素的产业化、商业化、市场化，推动数字要素与数字技术通过产业化成为新产业新业态，促进电子信息制造、软件和信息服务业高质量发展，促进物联网、大数据、云计算、人工智能等产业发展。依托数字技术促进商业模式创新，针对沿线国家和地区各具特点的情况，构建以客户价值创造为中心、基于互联网创新的商业模式，缓解信息不对称所带来的资源配置效率低下问题，提高企业利润率和商业活力。促进产业数字化，加快沿线国家和地区传统产业联动创新。

产业数字化即利用数字技术对传统产业进行全方位改造，促进数字经济与实体经济深度融合。优化生产工艺，依托数字技术与工业软件的增材制造技术突破传统减材制造技术瓶颈。加快生产工具创新，促进工业机器人发展，加快工业互联网技术在传统产业中的运用。促进数字产业化与产业数字化相互促进、协同推动，促进金融数字化，助力资金融通高效普惠，加快辐射沿线国家和地区的金融市场，促进银行、保险、证券、互联网金融等行业金融转型。依托数字化赋能，逐步建立金融合作网络，提升对沿线基础设施、新型基础设施、数字经济新业态等的资金支持。加快金融运营方式数字化变革，在顶层设计、平台赋能、生态科技、持续迭代上有所作为。

17.1.3.4 构建"数字丝绸之路"规则体系

建立具备原创性、个性化的理念创新、思想创造是构建"数字丝绸之路"规则体系的重要原则，也是数字丝绸之路规则建设的重要切入点。应推动共商共建共享的原则、构建人类命运共同体的理念以及和平合作、开放包容、互学互鉴、互利共赢的丝绸之路精神转变为国际软法，以法律语言加以细化，不断增强数字丝绸之路原则、理念和精神的法律话语权和国际影响力。发挥自由贸易试验区和中国特色自由贸易港先行先试作用，在数据跨境流动等领域探索出一条符合发展中国家和沿线国家地区实际的开放合作道路，推动国内法向国际法的转化。加快推进跨境电商自由化便利化。积极参与数字贸易规则谈判，坚持发展导向，在跨境电子商务便利化、电子签名和电子认证、无纸化贸易、在线消费者权益保护等领域参与规则谈判和创设。有序推动跨境数据流动，统筹数字经济发展与安全，立足我国数据安全标准制定相关的数字贸易"中式模式"。推动制定发展合作条款，加强对发展中成员特别是最不发达国家的技术援助能力建设，尊重成员监管权利与发展中成员现实关切，加强对我国关键数据、消费者隐私等资源的保护力度，提升跨境数据传输方面的监管能力，在技术进步、数据流动、商业发展等开放发展目标与各国网络主权、数据安全、隐私保护等公共政策目标间实现平衡，在谈判中争取最有利于我国发展利益的制度型开放模式。

17.1.3.5 统筹数字化安全与发展

构建安全高效的数据安全管理体系，建立数据风险保障机制和核心数据管理共享机制，加强政府部门间以及与私营部门信息共享，推动与国家核心基础设施等互联网服务提供商对政府部门公开安全数据，增强联合威慑、预防和反应能力。构建安全稳定的软硬件信息生态圈。提高政府等公共部门软件安全性，针对关键软件制定更严格的安全管理标准，打好防范数字经济相关风险组合拳。加强互联网基础设施核心组件国产化进程，突破根服务器等核心元器件"卡脖子"问题。将规范数字经济产业发展与反垄断和防范资本无序扩张、全面整治比特币"挖矿"等工作协同推动，避免数字经济成为大资本新一轮扩张的新手段，防止以数字经济之名行"挖矿"、比特币炒作之实。加强数字经济监管力度，保护消费者隐私和关键敏感数据安全，降低资本炒作、股市波动等金融风险。

17.2 数字基础设施建设

数字贸易的发展必须要有相应的数字基础设施作为基础和保障，而数字贸易的迅速发展也促进了数字基础设施建设的完善。本节将从数字基础设施的基本认识、基本特点以及面临的挑战这三个方面进行介绍。

17.2.1 数字基础设施的基本认识

数字基础设施是伴随着以新一代信息技术为核心的新一轮科技革命和产业变革而产生的。数字基础设施是以信息网络为基础，综合集成新一代信息技术，围绕数据的感知、传输、存储、计算、处理和安全等环节，形成的支撑经济社会数字化发展的新型基础设施体系。狭义的数字基础设施，指的是信息基础设施，即基于新一代信息技术演化发展形成的基础设施。而广义的数字基础设施，不仅包括信息基础设施，还包括融合基础设施，即传统基础设施利用新一代信息技术进行智能化改造后所形成的基础设施形态。

数字基础设施建设的重要性主要从以下三个方面体现：

第一，从预期作用看，数字基础设施将为经济社会数字化转型和创新发展提供动力和支撑。新一轮科技革命和产业变革正处在实现重大突破的历史关口，数字基础设施可以降低全社会应用数字技术进行创新的成本，构建数据驱动的创新体系和新型生产范式，以信息化、智能化为杠杆培育新动能，全面提升我国经济产业实力。

第二，从形成方式看，数字基础设施是以信息网络为基础，以新一代信息技术和数字化为驱动因素形成的，它既具备全新数字技术的新颖性，也有原有基础设施自身演进升级形成的独特性，还有利用信息技术赋能转型升级形成的继承性。

第三，从发展情况看，数字基础设施具有较强的成长性。随着技术革命和产业变革的发展，围绕着数据的生成、处理和流通的整个流程，会不断地形成新的数字基础设施形态。由于数字技术和跨境商业模式尚处于演进阶段，不同的数字基础设施所处的发展阶段不同，其基础设施属性的强弱也不同，且处在不断变革提升的过程中。

17.2.2 数字基础设施建设的基本特点

数字基础设施除了具备基础性、公共性、强外部性等基础设施一般特征外，相对成熟的传统基础设施而言，数字基础设施衍生出一系列新技术经济特征。

一是高投资性。高投资性是数字基础设施建设过程中最显著的特点，在经济社会发展中承担基础性和先导性作用的数字基础设施，赋予了高投资这一基本特征新的内涵。从发展的角度看，投资具备持续性。与传统数字基础设施建设稳定性较强、技术成熟度较高的技术特点不同，数字技术作为数字基础设施建设的支撑和驱动力，具有较强的成长性和高的迭代速度，在技术发展的不同阶段需要持续引入增量资本；从应用的角度看，投资链条长。数字基础设施建设的价值创造或者说赋能效应与传统数字基础设施建设"短链条"模式不同。不论是对传统数字基础设施的数字化改造升级，抑或是新产业、新业态、新模式的增长，数字基础设施建设真正发挥作用都依赖于成熟的应用场景，而应用场景的构建和开发意味着数字基础设施建设的投资链条被延伸，更长的投资链条，无疑需要更庞大的资金支出；从管理的角度看，与传统基础设施一致，数字基础设施建设也包括后期的运营、维护、升级。对于技术密集型的数字基础设施来说，因技术不断创新，标准不断提升，数字基础设施建设需要投入更多资金以应对高额的管理费用和相关成本。高投入就要高回报，因此，数字基础设施建设倾向于在人口密集、经济密集，且能实现高收益的地区，这不仅符合经济学成本收益的基本逻辑，也是数字基础设施建设的现实写照。

二是创新性。数字信息技术本身就是当前最活跃的科技创新领域，同时随着新一代信息技术与经济社会深度融合，越来越多新兴网络、应用平台和信息系统都可以为生产生活提供基本服务和一般条件，提升整体社会产出水平，数字基础设施的范畴会随着新技术新模式的发展而不断拓展延伸。并且数字技术利用大量的流动数据，数据的实时更新带动技术不断创新发展，技术和数据双向促进推动数字基础设施的创新性。

三是技术性。数字基础设施迭代升级迅速，传统基础设施技术相对较为成熟、升级缓慢，而数字基础设施所依托的数字信息技术在不断创新和优化，部分技术还不稳定，需迭代式地开发和升级，建设、运营、管理和维护等都对技术提出更高要求。互联网、大数据、区块链以及人工智能等技术的高速发展为数字经济奠定技术基础，也成为数字基础设施的技术性。

四是持续性。不同于传统基础设施低信息化水平的运行模式，数字基础设施软硬结合，基于对数据的实时采集、计算、分析来实现与应用的紧密耦合，需要根据场景变化不断进行二次开发。数字基础设施以快速响应用户需求，实现资源的优化配置，这要求大量的持续性投入。

五是规范性。数字基础设施以数据为核，统一标准重视规范。数据是新型基础设施实现高效运行的核心生产要素，在市场力量为主的建设模式下，为了加速数据的流动、更大地发挥数据的价值，既需要有完善的数字治理体系，更需要形成统一的建设标准、技术规范等，推动不同所有者设施之间的互联互通，实现城市间、行业间、企业间的数据流通共享。

六是网络安全性。数字基础设施特别是信息和融合基础设施实行的是联网运行，数字世界和物理世界高度融合，数字经济社会发展将取决于数字基础设施的安全可靠运行，恶意攻击或者网络故障将给社会带来不可估量的损失，甚至传统基础设施运行都会受到严重影响。

七是人才需求。数字基础设施迭代升级迅速，跨界融合度较高，数字基础设施的建设和运营对数字技术的要求高，对熟悉信息通信技术、软件和传统领域的技术型人才和融合型人才的需求高，更新变革传统的人才结构，对我国人才市场提出较高要求。

17.2.3 数字基础设施建设面临的挑战

当数字基础设施搭载新一代信息技术以前所未有的速度和爆炸式增长导致其在不同国别、地区、群体间极不平衡地扩张，而我国在建设数字基础设施方面具备强大的资源整合能力，全球领先的信息网络设施，良好的信息技术和产业基础，一批世界级的高科技企业，庞大的市场规模，门类齐全、产业链完整、企业众多的工业生产体系。这些优势能够为数字基础设施建设提供坚实的制度保障、技术和人才支持。同时，也应该看到，建设数字基础设施仍面临巨大挑战。

17.2.3.1 数字基础设施与数字鸿沟

"数字鸿沟"是指给定社会中不同群体对信息和通信技术在可及和使用上的差异。前者指向一个国家的公共政策和基础设施供给，后者指向用户因信息和通信技术应用差异而产生的不平等。受高额建设资金挟制，数字基础设施无论在哪个国家都无法做到所有地区同步推进，都涉及对效率与公平的权衡和处理。长期以来，我国数字基础设施所导致的数字鸿沟在城乡之间、地区之间较为明显，这严重影响了数字技术对城乡经济发展收敛以及农村居民收入增长的驱动作用，造成地区、城乡之间的不平等，甚至加剧贫困，遑论在数字经济的推动下实现中国经济高质量发展。"十四五"规划明确指出，要缩小地区、城乡差距，实施中西部地区中小城市基础网络完善工程，让发展成果更多更公平地惠及全体人民。是以如何借助新一轮数字基础设施建设的契机，协调好数字基础设施赋能经济发展以及平衡或缩小不同地区之间的数字鸿沟是我们需要重点考虑的问题。

数字基础设施建设激活并推动了日常生活场景和众多公共服务的"数字化"设置。

但与之不匹配的是，宏观上充裕的数字基础设施建设受制于付费能力和区位等因素，导致该部分人群成为非数字用户而面临被边缘化的风险，遭遇新一轮数字排斥和社会排斥。那么想要破除数字基础设施建设在收入、地理位置等方面的桎梏，进而填平并跨越数字鸿沟，就必然要求提高数字基础设施建设的普惠性。具体来说，即物理上的可获得性、技术上的可连接性以及经济上的可负担性，这是普惠性要求的具体体现和最朴素表达。第一，物理上的可获得性。可获得性是数字基础设施建设的普遍服务原则，是在经济欠发达地区或落后地区为低收入群体及其他弱势群体提供有一定程度质量保证的数字服务。一方面，可获得性要求数字基础设施建设的总量充足，即从数量上看，数字基础设施建设的供给能力必然要满足服务需求；另一方面，数字基础设施建设的可获得性还意味要考虑数字基础设施建设的接入密度，也就是说对数字基础设施建设可获得性的衡量要兼顾区域发展、人口分布等因素。第二，技术上的可连接性。对数字基础设施建设来说，可连接性是指在技术的支持下将处于"离线"状态的群体纳入网络连接的节点之中，并与新基建形成交互影响的映射关系。在这个过程中，依靠技术在覆盖、带宽、时延、移动性、频段、功耗、芯片体积、可靠性、支持连接数和网络容量等方面的特长，为农村或偏远地区的非数字用户提供实现"数字化融入"的可能性。第三，经济上的可负担性。数字基础设施建设欠发达地区往往对应着当地经济发展水平滞后的现实，这使得该地区的消费偏好更倾向于需求弹性较小的生活必需品而非需求较低的数字基础设施建设。因此，在消费观念和经济收入的双重约束下，对数字服务的需求难以突破负担能力阈值，从而不断拉大国与国之间以及国家内部群体之间的差距。

数字基础设施的基本属性是一种典型的俱乐部物品。从本质上看，数字基础设施提供的服务满足俱乐部物品有两个基本特征：一是对外的排他性，这种排他性是获益上的排他，即对非俱乐部成员来说能将其排除在消费该俱乐部物品并从中获益的范围之外。如果把数字基础设施供给方在一定范围内提供的服务看作是俱乐部物品，那么经由价格区分后选择接受服务的民众就是具有同质性的俱乐部成员，剩下的那部分民众自然就被排除在数字基础设施服务范围之外无法从其提供的服务中获益；二是对内的非竞用性，这种非竞用性是指消费上的非竞用性，即在一定的集体规模内，一种物品一旦被提供，增加一个消费者所引起的边际成本为零且消费者数量的增加不会影响其他消费者的消费质量。对俱乐部成员来说，相同的货币支付（即每一个成员承担的获取服务的单位成本）得到的网络服务在俱乐部内部是无差别的，在消费时也是"互不干扰"。集体规模变动会使得增加一个消费者影响其他消费者的使用引发拥挤，而数字基础设施的技术优势可以从根本上避免"拥挤点"的出现。数字基础设施按照产权划分显然不是公共物品，但其提供的服务具有准公共物品的性质，这是基于数字基础设施属性找到与之相匹配的供给方式的基本逻辑所在。

在市场机制的作用下，对资本增值的追求决定了对数字基础设施建设的投资不会自发流向偏远地区和农村地区、吸引力不够的市场和服务不经济的地方，实现数字基础设施建设普惠性的目标更是困难。

17.2.3.2　数字基础设施缺乏规划

目前，社会各界对数字基础设施的内涵和范围认识不清，经常将信息技术、产业与数字基础设施混为一谈，对新型基础设施的发展规律还缺乏认识。数字基础设施需要与交通运输、能源、教育、市政等传统基础设施协同推进，才能有效发挥数字基础设施对下游垂直行业的技术牵引作用，和下游垂直行业对数字基础设施的应用拉动作用。但当前不同管理部门各自为政、独立制定和实施专项规划的管理模式，既造成了光纤、传感器、云数据中心等资源的重复建设，又无法最大限度地发挥基础设施作用。

当前大部分数字基础设施仍处于演进发展阶段，新型基础设施技术还处于发展过程中，技术路线、技术稳定性等存在不确定性，建设运营模式、服务提供方式等还处于探索阶段。例如，区块链技术还在变化中，相关设施处理能力还不够，还无法发挥出其基础性和公共性特征；而人工智能、数字孪生体、工业互联网平台等多以产品服务的形式出现，基础设施形态还处于培育过程中。不同于传统意义上的基础设施建设，数字基础设施很多是通过技术迭代式创新成长起来的，这决定了很多通用目的信息技术向数字基础设施形态演进的过程，如何在发展初级阶段进行合理的统筹规划就是数字基础设施阶段最重要的问题之一。在发展初期，应该鼓励不同技术路线、不同建设运营模式的公平竞争，但要注意适度投入，避免技术更新造成浪费。

17.2.3.3　数字基础设施运行模式革新

数字信息技术赋能传统基础设施的过程也是以数据驱动运行方式、业务流程和管理模式变革的过程。以数字孪生城市为例，未来的城市管理以城市大脑为核心，通过数据智能驱动城市治理，为适应其一盘棋管理模式，可能需要跨部门的资源整合，统一开展数字城市虚拟空间的开发，围绕数据行使城市管理和公共服务职能。传统城市管理岗位则聚焦现实城市的物理空间，在现场根据数据指令从事执法、调研、巡视等相关工作。新型基础设施的建设和运营将带来业务流程再造、管理模式变革以及人员岗位调配等，改变和影响巨大。

数字基础设施建设需要激活内在投资动力，与传统基础设施相比，以新一代信息技术为核心的新型基础设施，技术创新性强，发展模式和商业模式多处于探索期，投资回报存在明显的不确定性，高科技企业将成为新型基础设施发展的最重要力量。在这种情况下，为充分激发市场和民间的投资活力，政府需要消除这些领域发展的政策体制障碍，为投资者提供稳定的市场预期。例如，要解决相关领域的管理、准入、标准、资源配置等问题。又如，在法律法规允许的条件下，是否可以鼓励参建企业利用数字基础设施运行形成的数据资源开发增值服务，探索除政府采购服务以外的收入来源等。此外，数据孤岛、复合型技术和人才缺乏、核心技术受制于人等也是制约数字基础设施快速发展的重要原因。

17.3 "数字丝绸之路"的挑战与机遇

数字基础设施的构建帮助发展中国家共同推动跨境贸易，为"数字丝绸之路"打下了坚实的基础，而"数字丝绸之路"的发展也进一步推动了数字基础设施的普及。本节将从"数字丝绸之路"的数字基础设施建设情况、存在的问题来介绍数字基础设施对于"数字丝绸之路"的重要意义。

17.3.1 "数字丝绸之路"的数字基础设施建设情况

以三大基础电信企业为龙头，扎实推进"一带一路"沿线陆、海缆及相关国家骨干网建设。截至2017年底，以中国移动、中国电信和联通为龙头的我国基础信息通讯企业主建和参建了"一带一路"沿线12个国家的陆海缆及骨干网建设，建成34条跨境陆缆和6条海缆。在中巴经济走廊，建设完成三条海底光缆，其中，中国三大电信公司参建的东南亚—中东—西欧的海底通讯电缆接连18个国家，华为海洋完成了连接巴基斯坦、阿联酋和阿曼的长达1 300千米的TW1海底电缆升级；在中国—中亚—西亚走廊，中国电信建设完成连接吉尔吉斯斯坦和中国的替代光纤通道，中国电信与俄罗斯TTK公司共同完成了中国至欧洲首个高速电信线路建设项目；在中国—中南半岛经济走廊，中国联通参与投资建设的AAE-1国际海底光缆系统建设基本完成，中国电信、中国联通和中国移动参与完成亚太直达海缆建设；在孟加拉国—中国—印度—缅甸走廊，中国联通独资建设的中国—东盟跨境光缆系统接入了柬埔寨、泰国等其他东盟国家。其次，以ICT设备和终端制造企业为骨干，全面参与"一带一路"相关国家的通信网络建设。

中国ICT设备和终端制造企业以硬件为载体，借助硬件集成创新、软件模仿创新，提供即时响应服务和性价比优势明显的产品，涌现出华为、中兴等一批龙头企业。从全球电信运营商设备市场来看，华为、中兴公司仍稳居全球电信运营商设备市场份额的前五位。据《2018年中国通信设备市场分析报告》显示，2018年华为公司全球通信设备市场份额达到29%，且仍在不断提升，继续稳居全球电信运营商设备市场之首；中兴通讯的市场份额也达到8%，在全球电信运营商设备市场排名第五。海康威视，提供以视频为核心的智能安防、智能物联网解决方案和大数据服务，深耕中东、欧美市场，连续7年蝉联视频监控行业全球第一，拥有全球视频监控市场份额的22.6%。

据2019年底公开数据显示，在移动支付领域，蚂蚁金服技术出海，遍布印度、泰国、韩国、菲律宾等，其移动支付模式在"一带一路"基本成型，服务超过8.7亿人；

腾讯公司以微信支付为切入点，将社交和移动支付合为一体的商业模式复制到东南亚。在移动社交领域，微信在东南亚市场表现抢眼，截至 2018 年 1 月，用户占比分别达到马来西亚 40%、新加坡 24%、泰国 17%。以微信支付为核心，腾讯公司打造社交、转账、打车和网上购物等一体化服务的移动社交模式。在智慧城市领域，华为的智慧城市解决方案已部署在 40 多个国家和地区的 100 多个城市，华为公司"平台 + 生态"的智慧城市建设模式，助推着"一带一路"沿线国家实现数字化公共治理转型。此外，阿里巴巴云数据发展迅猛，阿里云已成为全球三大云计算领导者之一。阿里云在全球拥有 2 800 + 节点，在海外、中国香港、中国澳门和中国台湾拥有 500 + 节点，覆盖 70 多个国家和地区。

17.3.2 "数字丝绸之路"的数字基础设施建设存在的问题

随着网络信息技术不断重塑社会生产与生活，加强数字基础设施建设成为全球发展的必然趋势。但是因为在"数字丝绸之路"的数字基础设施建设过程中仍面临复杂的环境和挑战，因此本小节将介绍"数字丝绸之路"的数字基础设施存在的问题。

17.3.2.1 政策指导和统筹力度不足

信息基础设施建设是"数字丝绸之路"互联互通的关键，"一带一路"沿线国家信息基础设施资源普遍匮乏，我国如何主导或参与建设需要国家统筹规划。在重点经济走廊、关键节点进行国家规划布局、顶层设计，指导我国信息基础设施企业建设投资，提高建设效率。

尽管我国"一带一路"建设中，交通、电力、能源建设等广受"一带一路"沿线国家的欢迎，进展迅速，但对信息基础设施建设的推进却因复杂的地缘政治格局和国家安全影响广受掣肘。电信行业属于各个国家的敏感领域和政府管制行业，面临较多政治性和非商业性因素的干扰，加之各个国家在政策法规、运营政策、信通技术标准等方面存在诸多不同，我国 ICT 企业和通信设备制造企业在海外容易遭遇不公平待遇，急需国家有关部门与相关国家或国际组织进行协调、沟通，信息基础设施建设与其他基础设施建设相互支撑。

基础设施互联互通是实施"一带一路"倡议的先导，"一带一路"倡议的目标之一是改善沿线国家交通、能源和信息基础设施的连通性，构建一个由铁路、公路、航空、航海、油气管道、输电线路和通信网络等组成的综合性立体互联互通网络，彻底改变目前制约"一带一路"沿线国家深化合作的"薄弱环节"，为"一带一路"沿线国家经济合作奠定基础。

17.3.2.2 数字基础设施投资面临着数据跨境流动风险

中国对"一带一路"沿线国家的数字基础设施进行直接投资，不可避免会产生数据的跨境流动，这又会给个人隐私、国家安全以及跨国公司的利益带来影响。2013 年之后，各国加强了数据本地化的立法，跨国公司面临的数据合规要求（尤其是跨境传输方面的规则协调）也愈发严格。数据本地化通常要求跨国公司必须在东道国存储数据，跨国公司在没有数据本地化要求的情况下，由于国内和国际电信连接的质量较高、成本较低，更倾向在自己的数据中心存储数据。在数据本地化要求的情况下，跨国公司要么建立自己的数据存储基础设施，要么外包这项服务，由于增加了存储容量、服务器迭代以及额外的数据管理和合规性要求等投入，运营成本会上升。例如，越南的《网络安全法》规定，提供互联网服务、收集用户的信息和处理用户的数据等时要在政府规定的时间内将这些数据储存在境内。2016 年社交网络领英（LinkedIn）由于违反了俄罗斯的数据本地化法规，被禁止在俄罗斯运营。中国和部分"一带一路"沿线国家由于数据存储的法律要求不同，导致中国到这些国家投资的企业面临同样的风险。

部分国家要求将数据传送到国外之前须满足某些条件（即东道国数据政策的域外适用），比如欧盟《通用数据保护条例（GDPR）》规定欧盟公民的个人数据只能向那些已经达到与欧盟数据保护水平相一致的国家或地区流动，尤其是"一带一路"沿线国家中的保加利亚、克罗地亚、捷克、爱沙尼亚、匈牙利、拉脱维亚、立陶宛、罗马尼亚、斯洛伐克、斯洛文尼亚作为欧盟国家，需要遵守 GDPR 的规定。印度于 2019 年 12 月 4 日通过了《个人数据保护法案》，法案要求互联网公司必须将在印度收集的关键个人数据存储在印度境内，在脱敏后才可转至国外处理，而且只能用于法律许可的目的。如今中国数据安全管理水平尚未达到部分"一带一路"沿线国家数据传送的法律要求，个人信息保护法、数据安全法还在制作中，对跨境数据的使用也没有相关的明确法律。相较于欧盟对日本通过了"充分性认定"，新加坡、澳大利亚、加拿大等 11 个国家共同签署了包含"通过电子方式跨境转移信息"条款的《全面与进步跨太平洋伙伴关系协定》，中国目前尚未与"一带一路"沿线国家达成任何双边或多边数据跨境流通协议，所以到"一带一路"沿线国家投资的部分中国企业，很有可能在数据传输时会因为不符合沿线国家立法的规定而遭到巨额处罚。根据 GDPR 规定，"各成员都可以制定规则，确定在何种情况下对在其境内设立的公共机构和实体进行行政处罚"。根据 Cisco 在 2019 年发布的报告，因害怕违反 GDPR 规定，87% 的受访企业由于客户的隐私问题，导致销售产品或服务放缓，各国数据保护机构的监管成本也在短期内大幅上升。2019 年 6 月的 G20 大阪峰会上有 24 个国家签署了"大阪数字经济宣言"，进一步促进数据的自由流动，但印度、印度尼西亚等国家并未签字，因为印度认为数据的跨国分隔与流通阻碍了发展中国家从数字贸易中受益。

中国与中亚国家共建数字丝绸之路

中国与中亚国家共建数字丝绸之路并非空中楼阁，经过多年磨合，已具备开展数字合作的良好基础。

一是已开展多项互联互通合作。硬件设施方面的基础良好，比如从中国上海到德国途经中亚等 20 多个国家的亚欧陆地光缆已经开通，成立了面向中亚、西亚的乌鲁木齐区域性国际通信业务出入口局，中国电信、中国联通和中国移动参与建设的中国—中亚光缆对接。这些都大幅提高了中国通往中亚乃至欧洲的数据通信能力和速度，改善了中国电信国际通信出入口的分布格局，有效提升了中国与中亚国家跨境通信网络质量与网络安全。中国电信与吉尔吉斯斯坦、塔吉克斯坦和阿富汗的合作伙伴 2017 年启动了"丝路光缆项目"，并将延伸至中亚、南亚、西亚其他国家，通过海、陆方式通达中东、非洲和欧洲，创新陆缆合作模式，解决传统跨境陆地光缆"连而不通"和"通而不畅"的问题，这将整体提升亚欧区域的网络互联互通水平，加强区域内跨境信息服务能力。中哈两国 2019 年签署的中国政府向哈萨克斯坦捐赠超级计算机的协议将促进哈萨克斯坦数字研发水平的提高。网络建设方面，华为、中兴等企业已是乌兹别克斯坦、哈萨克斯坦等中亚国家数字经济的参与者以及重要的电信设备供应商，并与中亚国家开展了多项合作。从 2007 年起，华为积极参与哈萨克斯坦"村村通"工程，独家提供技术设备，解决了哈萨克斯坦偏远地区 30 多万人的通讯问题；在 2013 ~2015 年两年内建成覆盖哈萨克斯坦全境的 4G 网络，哈萨克斯坦 5 000 人以上的农村都已可使用 4G 网络；浪潮威海海外服务有限公司与哈萨克斯坦国家铁路电信公司已签署《哈萨克斯坦全国数据中心合作协议》。

二是跨境电子商务合作发展较快。21 世纪以来，中国与中亚国家已跨境互建多个电子商务平台和物流基地，新模式、新业态不断涌现，跨境、第三方电子商务合作呈快速增长的态势，跨国、跨机构、跨领域的电商布局扩展到亚欧广阔的区域。首先，政府推动电子商务合作。如 2019 年 11 月中国商务部与乌兹别克斯坦投资和外贸部签署了《关于建立投资合作工作的谅解备忘录》和《关于电子商务合作的谅解备忘录》，双方商定在做大传统贸易的同时，积极打造电子商务、矿产资源合作等新的增长点，提升便利化水平。其次，企业间合作规模不断扩大，中国大型电商企业几乎都与中亚国家开展了多领域、多种模式的合作。如 2018 年 9 月哈铁快运公司与华为、伊犁百特兴商贸有限公司签署了《关于共同开展跨境电商业务的战略合作协议》，各方将充分利用哈铁快运公司现有的阿腾科里无水港、霍尔果斯经济特区、运输物流中心、机场、阿克套港等基础设施，开展中欧之间的跨境快递物流业务，预计年货运量可达 100 万吨。中国与中亚国家的一些企业建立了专门面向中亚市场的电子商务体系，如阿里旗下的全球速卖通很早就已进入哈萨克斯坦，现已成为当地排名第一的网上交易平台，其中服装、家居、数码产品等最受哈萨克斯坦消费者欢迎。最后，中国与中亚国家电子商务合作的模式不断创新，如2016年哈萨克斯坦国家主权财富基金 Samruk－Kazyna 领衔哈萨克电信、哈萨克邮政与阿里巴巴集团签署了合作备忘录，阿里巴巴推动哈萨克电信旗下的支付业务与支付宝合作，推动哈萨克邮政和菜鸟网络合作，加快在俄罗斯、中亚和东欧地区跨境电商的物流发展。电子商务合作正在成为中国与中亚国家共建数字丝绸之路的重要引擎。

三是多渠道开展人才培养合作。中亚国家独立以来，尤其是21世纪以来，中石油、中石化、华为、中兴及其他企业越来越注意所在国的需求，对中亚五国的一些中小学或大学赠送或援助计算机等教辅设施，为中亚国家提升全民"数字化"和"智能化"能力与素质作出一定贡献。专业人才培养方面，中国对庞大数字人才的培养有着校企合作、产教融合等多种模式和丰富的经验，并与中亚国家展开了长期合作。其中，通过上海合作组织、中国政府奖学金及其他渠道来华学习计算机、信息与通信技术、大数据、云计算、人工智能等高新技术的中亚国家留学生越来越多。在中亚国家的中国企业不断为东道国培养专门的数字人才，如2011年华为率先与哈萨克斯坦国际信息技术大学设立联合奖学金，支持当地培训通信人才，不仅为进入行业的中亚当地公司提供相关运营和技术培训，还与哈、乌两国高校合作培养创新人才；阿里巴巴帮助哈萨克斯坦开展中小企业电商培训，促进当地电子商务的发展。这些都为中亚国家的数字经济发展提供了更有效的帮助与支撑。

资料来源：王海燕. 中国如何与中亚国家共建数字丝绸之路？［EB/OL］. 中国一带一路网，https：// zhuanlan. zhihu. com/p/124203689，2020－04－30.

◎ **本章提要**

构建"数字丝绸之路"是我国推动数字经济发展，深化数字经济合作，共同推动数字贸易发展的重要步骤。通过本章了解构建"数字丝绸之路"的重要意义，借此推动新发展格局构建，共建"一带一路"高质量发展，推动更高水平开放型经济新体制的构建，实现数字化技术变革，分析当前"数字丝绸之路"面临的挑战以及解决方案。引入对数字基础设施建设的思考，联系"数字丝绸之路"与数字基础设施建设，思考当前"数字丝绸之路"的数字基础设施建设现状和存在的问题，阐述我国构建"数字丝绸之路"的目的和未来展望。

◎ **概念复习**

数字丝绸之路　数字基础设施建设　数字产业化与产业数字化

◎ 阅读资料

（1）黄奇帆，陈春花，吴声，何帆，管清友．数字上的中国［M］．中信出版社，2022．

（2）储殷，李巍．"数字丝绸之路"怎么走［J］．人民论坛，2018（13）：42－43．

（3）多米尼克·德维尔潘．数字丝绸之路的挑战与机遇［J］．中国报道，2019（5）．

◎ 课后思考题

（1）"数字丝绸之路"的内涵背景及发展意义。

（2）探讨"数字丝绸之路"对中国"一带一路"的发展会带来什么样的助力？

（3）"数字丝绸之路"源自中国，那么未来"数字丝绸之路"属于世界吗？

（4）中亚国家普遍将数字经济作为建设现代化经济体系、推动本国经济高质量发展的新动力和新方向，那么中国如何与中亚国家共建"数字丝绸之路"？

（5）为了更好地推动"数字丝绸之路"的建设，为各国经济发展创造更多新增长点，中国该如何推动"数字丝绸之路"的建设？

（6）"数字丝绸之路"是数字经济发展与共建"一带一路"倡议的有机结合，是中国在数字时代提出的推动人类共同发展的新方案。我国该如何彰显"数字丝绸之路"的价值？

参 考 文 献

［1］曹晶晶．数字贸易发展面临的问题及我国的应对之策［J］．对外经贸实务，2018（8）：29 – 32.

［2］车小英．共享物流理念下跨境电商物流海外仓联盟的探讨［J］．对外经贸实务，2019（3）：81 – 84.

［3］陈兵．人工智能场景下消费者保护理路反思与重构［J］．上海财经大学学报，2019，21（4）：140 – 152.

［4］陈炳福．"数字丝绸之路"信息基础设施建设研究［J］．国防科技工业，2020（3）：34 – 36.

［5］陈红娜．数字贸易比较优势来源研究［D］．中国社会科学院研究生院，2021.

［6］陈华．数字营销的发展和变革［J］．淮海工学院学报（人文社会科学版），2018，16（10）：91 – 93.

［7］陈寰琦．国际数字贸易规则博弈背景下的融合趋向——基于中国、美国和欧盟的视角［J］．国际商务研究，2022，43（3）：85 – 95.

［8］陈寰琦．签订"跨境数据自由流动"能否有效促进数字贸易——基于OECD服务贸易数据的实证研究［J］．国际经贸探索，2020，36（10）：4 – 21.

［9］陈全，邓倩妮．云计算及其关键技术［J］．计算机应用，2009，29（9）：2562 – 2567.

［10］陈天飞．《增长法则》|巧用数字营销，突破增长困局［J］．国际品牌观察，2022（8）：52 – 53.

［11］陈维涛，吴婷．全球数字贸易鸿沟的现状、成因与中国策略［J］．南京社会科学，2022（3）：42 – 49.

［12］陈伟光，钟列炀．全球数字经济治理：要素构成、机制分析与难点突破［J］．国际经济评论，2022（2）：6，60 – 87.

［13］陈伟光．数字时代的全球经济治理变革与中国的参与［J］．当代世界，2022（3）：34 – 39.

［14］陈颖，高宇宁．数字贸易开放的战略选择——基于美欧中印的比较分析［J］．国际贸易，2022（5）：49 – 55.

［15］戴慧.跨境数字贸易的发展与国际治理［J］.中国发展观察，2021（Z2）：63-69.

［16］戴龙.论数字贸易背景下的个人隐私权保护［J］.当代法学，2020，34（1）：148-160.

［17］戴龙.数字经济产业与数字贸易壁垒规制——现状、挑战及中国因应［J］.财经问题研究，2020（8）：40-47.

［18］杜永善，高洁.央行数字货币发行对我国货币政策框架的影响［J］.企业经济，2022，41（4）：65-75.

［19］方亚南，张钰歆.数字化赋能跨境贸易便利化：问题与方案设计［J］.信息技术与网络安全，2021，40（7）：19-26.

［20］冯碧梅，赵涤非.贸易政策政治经济学研究进展［J］.经济学动态，2019（12）：138-152.

［21］冯宗宪，段丁允.数字贸易发展指数评价及影响因素分析——基于49个国家的面板数据［J］.北京工业大学学报（社会科学版），2022，22（4）：100-117.

［22］龚联梅，钱学锋.贸易政策不确定性理论与经验研究进展［J］.经济学动态，2018（6）：106-116.

［23］龚雅娴.数字经济下的消费行为：述评与展望［J］.消费经济，2021，37（2）：89-96.

［24］郭根龙，冯宗宪.过境交付服务贸易的发展及其影响［J］.国际贸易问题，2006（2）：59-63.

［25］国务院发展研究中心对外经济研究部，中国信息通信研究院课题组.数字贸易发展与合作：现状与趋势［J］.中国经济报告，2021（6）：53-64.

［26］何枭吟，侯淑娟.数字贸易政策国际比较与中国数字贸易政策的思考［J］.对外经贸实务，2019（10）：47-50.

［27］何玉长，刘泉林.数字经济的技术基础、价值本质与价值构成［J］.深圳大学学报（人文社会科学版），2021，38（3）：57-66.

［28］侯泽敏，綦勇.网络平台共享消费者数据的策略选择及福利分析——基于数据双重价值的视角［J］.财经研究，2022，48（1）：78-92.

［29］胡微微，周环珠，曹堂哲.美国数字战略的演进与发展［J］.中国电子科学研究院学报，2022，17（1）：12-18.

［30］黄彬.大数据时代传统物流产业智慧化转型路径研究［J］.技术经济与管理研究，2021（12）：118-121.

［31］黄慧微，沈涛.马克思信用理论及当代价值探析［J］.河北经贸大学学报，2019，40（2）：7-12，72.

［32］贾传昌，朱建明，高胜.隐私经济学研究进展［J］.经济学动态，2022（3）：

139 – 157.

[33] 贾县民, 屈亚美. 低碳物流国内研究综述 [J]. 包装工程, 2022, 43 (15): 289 – 300.

[34] 贾子楠. 交易成本理论综述与应用 [J]. 现代营销 (下旬刊), 2022 (7): 102 – 104.

[35] 江涛, 王号杰. 数字贸易壁垒: 一种新型的贸易限制措施 [J]. 中国商论, 2022 (5): 66 – 69.

[36] 荆继武, 刘丽敏. 电子认证走进 2.0 时代 [J]. 信息安全研究, 2017, 3 (6): 573 – 576.

[37] 凯特·兰伯顿, 安德鲁·斯蒂芬, 刘国华, 周怡. 数字营销: 过去、现在与将来 (二) [J]. 公关世界, 2017 (13): 34 – 39.

[38] 凯特·兰伯顿, 安德鲁·斯蒂芬, 刘国华, 周怡. 数字营销: 过去、现在与将来 (三) [J]. 公关世界, 2017 (15): 26 – 31.

[39] 凯特·兰伯顿, 安德鲁·斯蒂芬, 刘国华, 周怡. 数字营销: 过去、现在与将来 (一) [J]. 公关世界, 2017 (11): 43 – 47.

[40] 蓝庆新, 窦凯. 美欧日数字贸易的内涵演变、发展趋势及中国策略 [J]. 国际贸易, 2019 (6): 48 – 54.

[41] 蓝庆新, 童家琛. 我国外贸新业态新模式可持续发展研究 [J]. 国际经济合作, 2022 (2): 50 – 57.

[42] 黎业明. 从价格到质量: 数字经济时代反垄断法中消费者福利标准内涵的演变 [J]. 西北民族大学学报 (哲学社会科学版), 2022 (3): 79 – 88.

[43] 李超. 论消费者评价权 [J]. 河北法学, 2021, 39 (5): 154 – 170.

[44] 李春光. 数字经济背景下个性化定价反垄断研究 [J]. 技术经济与管理研究, 2021 (11): 67 – 71.

[45] 李丹. 算法歧视消费者: 行为机制、损益界定与协同规制 [J]. 上海财经大学学报, 2021, 23 (2): 17 – 33.

[46] 李建军, 彭俞超, 马思超. 普惠金融与中国经济发展: 多维度内涵与实证分析 [J]. 经济研究, 2020 (4): 37 – 52.

[47] 李建培, 廉涛, 张晚烛. 差别定价: 最新研究进展及政策启示 [J]. 管理学刊, 2021, 34 (2): 21 – 37.

[48] 李明琨, 吴欢, 王伟. 互联网企业大数据"杀熟"的博弈行为机理与消费者应对策略 [J]. 管理学刊, 2021, 34 (2): 55 – 64.

[49] 李沭东, 王艳萍, 卢冰. 数字经济及其相关福利问题 [J]. 当代经济, 2021 (7): 97 – 101.

[50] 李帅帅, 刘东昌, 辛本禄. 竞争—垄断理论及其演变 [J]. 当代经济研究,

2005 (11)：14 - 15，40.

[51] 李琬，张国胜. 跨越"数字鸿沟"的数字基础设施建设供给政策研究 [J/OL]. 当代经济管理：1 - 9 [2022 - 08 - 16].

[52] 李向阳. 数字经济产业集中度对消费者福利的影响研究 [J]. 社会科学，2019 (12)：42 - 50.

[53] 李轩，李珮萍. "一带一路"主要国家数字贸易水平的测度及其对中国外贸成本的影响 [J]. 工业技术经济，2021，40 (3)：92 - 101.

[54] 廖润东. 中小型跨境电商企业零售出口 (B2C) 海外仓使用困境及对策 [J]. 企业经济，2019 (6)：76 - 80.

[55] 林赛特.《美墨加协定》数字贸易壁垒规制研究 [D]. 浙江工商大学，2022.

[56] 林伟. 人工智能数据安全风险及应对 [J]. 情报杂志，2022，41 (10)：88，105 - 111.

[57] 刘海莺，程娜. 全球数字治理的多元挑战与中国对策研究 [J]. 东北亚论坛，2022，31 (3)：19 - 28，127.

[58] 刘佳，方岚，郭洋. 移动商务背景下大数据使用对消费者行为的影响 [J]. 商业经济研究，2018 (10)：48 - 50.

[59] 刘杰. 发达经济体数字贸易发展趋势及我国发展路径研究 [J]. 国际贸易，2022 (3)：28 - 36.

[60] 刘明星. 数字经济发展与消费者福利水平变化——基于时间分配理论研究 [J/OL]. 南方经济：1 - 19 [2022 - 11 - 08].

[61] 刘思洋. 数字经济高质量发展的消费者评价研究 [D]. 首都经济贸易大学，2020.

[62] 刘薇，张秋平. 中国发展数字贸易的经济效益分析 [J]. 商业经济，2021 (6)：87 - 88，128.

[63] 刘筱婷. 数字经济时代下消费者购买决策研究 [J]. 现代商贸工业，2021，42 (34)：55 - 56.

[64] 刘欣然. 数字经济条件下消费者权益保护法律范式 [J]. 社会科学家，2021 (11)：105 - 110.

[65] 陆菁，傅诺. 全球数字贸易崛起：发展格局与影响因素分析 [J]. 社会科学战线，2018 (11)：2，57 - 66，281.

[66] 马鸣晴，李从东，杨卫明. 智慧物流发展水平的动态测评——基于中国省际面板数据的实证研究 [J]. 科技管理研究，2022，42 (13)：189 - 198.

[67] 马淑萍，吕富生. 健全我国数字经济下的消费者权益保护制度 [J]. 重庆理工大学学报 (社会科学版)，2022，36 (7)：1 - 7.

[68] 马述忠，房超，郭继文. 世界与中国数字贸易发展蓝皮书 [R]. 杭州：浙江

大学区域开放与发展研究中心，2018.

［69］马述忠，房超，梁银锋．数字贸易及其时代价值与研究展望［J］．国际贸易问题，2018（10）：16-30.

［70］马文秀，高周川．日本制造业数字化转型发展战略［J］．现代日本经济，2021，40（1）：27-42.

［71］马香品．数字经济时代的居民消费变革：趋势、特征、机理与模式［J］．财经科学，2020（1）：120-132.

［72］孟亮，孟京．我国跨境电商企业海外仓模式选择分析——基于消费品出口贸易视角［J］．中国流通经济，2017，31（6）：37-44.

［73］孟庆华．基于消费者行为特征大数据平台信息安全与隐私保护模型研究［J］．上海商学院学报，2017，18（3）：30-36.

［74］牟思思．《英国金融科技行业审查报告》梳理［J］．中国金融，2021（9）：88-89.

［75］潘晓明，郑冰．全球数字经济发展背景下的国际治理机制构建［J］．国际展望，2021，13（5）：109-129，157-158.

［76］彭德雷，郑琎．"一带一路"数字基础设施投资：困境与实施［J］．兰州学刊，2020（7）：98-111.

［77］彭羽，杨碧舟，沈玉良．RTA数字贸易规则如何影响数字服务出口——基于协定条款异质性视角［J］．国际贸易问题，2021（4）：110-126.

［78］濮方清，马述忠．数字贸易中的消费者：角色、行为与权益［J］．上海商学院学报，2022，23（1）：15-30.

［79］秦军昌，王渊，董玉成．风险态度和隐私保护对消费者共享数据行为影响的机制研究［J］．四川大学学报（自然科学版），2021，58（6）：190-198.

［80］权印．跨境电商海外共享仓应用的必要性及实践途径［J］．对外经贸实务，2020（5）：32-35.

［81］人民论坛网"数字丝绸之路"怎么走［N］.2018.

［82］任保平，杜宇翔，裴昂．数字经济背景下中国消费新变化：态势、特征及路径［J］．消费经济，2022，38（1）：3-10.

［83］邵彪，杨鸿莉．电子商务环境下消费者隐私保护问题研究［J］．甘肃高师学报，2022，27（2）：35-38.

［84］邵慰，杨珂．消费者隐私数据保护与监管：标准与依据的经济分析［J］．贵州商学院学报，2021，34（4）：57-64.

［85］沈达，贾宝国．从美国《开放政府数据法》能学到什么？［N］．人民邮电报，2019.07.15

［86］沈洁．数字贸易壁垒的界定与评估：标准、结果和驱动因素［J］．学术研究，

2022（4）：96－104.

［87］沈月，仲伟俊，梅姝娥．消费者信息隐私保护对企业定价策略的影响［J］.系统工程理论与实践，2022，42（2）：368－381.

［88］史普润，曹佳颖，贾军．基于消费者数据价值的垄断网络平台定价机理与反垄断启示［J］.数学的实践与认识，2021，51（22）：77－85.

［89］世界银行．世界发展报告：数字红利（2016年）［R］.北京：清华大学出版社，2017.

［90］孙南翔．论作为消费者的数据主体及其数据保护机制［J］.政治与法律，2018（7）：21－34.

［91］唐红娟．数字贸易：创造新消费奇迹？［J］.新经济杂志，2009（12）：36－37.

［92］唐要家，王逸婧．消费者隐私管理与垄断平台个人化定价福利效应［J］.产经评论，2021，12（4）：5－21.

［93］唐要家，王钰．数字经济反垄断消费者福利标准的重构［J］.人文杂志，2022（8）：46－56.

［94］唐宜红，张鹏杨．后疫情时代全球贸易保护主义发展趋势及中国应对策略［J］.国际贸易，2020（11）：4－10.

［95］田正．日本数字经济发展动因与趋势分析［J］.东北亚学刊，2022（2）：26－35，146.

［96］汪敏达，李建标，陈志斌．消费者个人信息保护与厂商广告策略的实验研究［J］.中国工业经济，2022（4）：156－173.

［97］王爱华，王艳真．中日跨境数字贸易规模测度分析［J］.现代日本经济，2021，40（1）：43－55.

［98］王德正，郑凯思．电商产品质量监管多方行为博弈及仿真——基于消费者反馈机制［J］.管理现代化，2022，42（2）：140－147.

［99］王凯宁，杨奇华．中小企业出口信保融资业务探索［J］.中国外汇，2022（4）：50－52.

［100］王岚，孙凡．商业伦理角度下网购消费者数据保护问题研究［J］.中国储运，2021（6）：203－204.

［101］王岚．数字贸易壁垒的内涵、测度与国际治理［J］.国际经贸探索，2021，37（11）：85－100.

［102］王鹏，边文龙，纪洋．"央行数字货币"的概念框架与国际进展［J］.产业经济评论，2020（5）：63－79.

［103］王清刚，赵珂．央行数字货币：概念、功能、风险及应对［J］.财会通讯，2021（24）：124－126，147.

［104］王赛．营销4.0：从传统到数字，营销的"变"与"不变"——"现代营

销学之父"菲利普·科特勒专访 [J]. 清华管理评论, 2017 (3): 60-64.

[105] 王帅, 林坦. 智慧物流发展的动因、架构和建议 [J]. 中国流通经济, 2019, 33 (1): 35-42.

[106] 王益明, 李广建. 两大国际组织的信息化测评指数的比较与分析 [J]. 图书情报工作, 2011, 55 (18): 10-14, 98.

[107] 韦柳融. 关于加快构建我国数字基础设施建设体系的思考 [J]. 信息通信技术与政策, 2020 (9): 63-66.

[108] 魏书音. GDPR 对我国数字经济企业的影响及建议 [J]. 网络空间安全, 2018 (8).

[109] 吴希贤. 亚太区域数字贸易规则的最新进展与发展趋向 [J]. 国际商务研究, 2022, 43 (4): 86-96.

[110] 吴翌琳. 国家数字竞争力指数构建与国际比较研究 [J]. 统计研究, 2019, 36 (11): 14-25.

[111] 武坤泽. 商业伦理视角下的消费者数据保护问题研究 [J]. 商场现代化, 2021 (23): 20-22.

[112] 相丽玲, 宁巧红. 欧盟新型区域安全观下的个人数据保护框架探析 [J]. 图书情报知识, 2022, 39 (4): 140-151.

[113] 肖静华, 吴瑶, 刘意, 谢康. 消费者数据化参与的研发创新——企业与消费者协同演化视角的双案例研究 [J]. 管理世界, 2018, 34 (8): 154-173, 192.

[114] 徐静, 王晓磊. 主流数字货币的特点、优势与风险分析——对国外主要数字货币情况的梳理和研究 [J]. 金融会计, 2020 (5): 61-66.

[115] 徐康宁. 数字经济对世界经济的深刻影响及其全球治理 [J]. 华南师范大学学报 (社会科学版), 2022 (1): 83-92, 206.

[116] 徐学超, 戴明锋. 疫情冲击下我国跨境电商发展研究 [J]. 国际贸易, 2022 (2): 32-38.

[117] 许迅安. 新时期中国跨境物流海外仓建设发展现状及策略研究 [J]. 对外经贸实务, 2019 (9): 89-92.

[118] 薛莞馨. 主要差异: CPTPP 与 RCEP 数字贸易规则 [N]. 润说财经, 2022.06.09.

[119] 薛亚君. 数字贸易规则中的数据本地化问题探究 [J]. 对外经贸实务, 2019 (8): 17-20.

[120] 鄢雨虹. 国际经贸协定中的源代码规则新发展及中国立场 [J]. 武大国际法评论, 2021, 5 (3): 97-117

[121] 闫胜国, 杨云森, 何雪蕾, 苏荷. 央行数字货币在跨境支付清算领域中的应用 [J]. 河北金融, 2022 (4): 3-9.

［122］杨东，高清纯．数据隐私保护反垄断规制必要性研究［J］．北京航空航天大学学报（社会科学版），2021，34（6）：30－37．

［123］杨虹，钟小飞．电子商务消费者个人数据安全危机的对策研究［J］．图书情报导刊，2017，2（3）：61－67．

［124］杨雪莲．个性化消费模式对消费升级的刺激与效益研究［J］．商业经济研究，2018（14）：51－53．

［125］姚战琪．数字贸易对人均消费支出的影响研究［J］．学术探索，2021（3）：87－97．

［126］应飞虎．消费者评价制度研究［J］．政法论丛，2018（1）：111－123．

［127］余娟．我国智慧物流发展趋势、存在问题和对策研究［J］．价格月刊，2019（2）：65－69．

［128］余淼杰，郭兰滨．数字贸易推动中国贸易高质量发展［J］．华南师范大学学报（社会科学版），2022（1）：93－103，206．

［129］虞晓露．丝绸之路下中欧海外仓建设面临的瓶颈及建议［J］．对外经贸实务，2020（12）：93－96．

［130］原倩．新发展格局下数字丝绸之路高质量发展的总体思路与战略路径［J］．宏观经济管理，2022（7）：21－27．

［131］岳云嵩，赵佳涵．数字服务出口特征与影响因素研究——基于跨国面板数据的分析［J］．上海经济研究，2020（8）：106－118．

［132］张春霞，彭东华．我国智慧物流发展对策［J］．中国流通经济，2013，27（10）：35－39．

［133］张峰，刘璐璐．数字经济时代对数字化消费的辩证思考［J］．经济纵横，2020（2）：45－54．

［134］张国红．全球数字保护主义的兴起、发展和应对［J］．海关与经贸研究，2019，40（6）：108－118．

［135］张乐，王淑敏．法定数字货币：重构跨境支付体系及中国因应［J］．财经问题研究，2021（7）：66－73．

［136］张曼婕．新零售背景下我国智慧物流的特征、现状及策略［J］．商业经济研究，2021（4）：43－45．

［137］张梅，李慧敏．第三方海外仓模式下跨境电商企业物流成本的控制［J］．对外经贸实务，2022（6）：70－73，79．

［138］张乾友，许蓝志．平台经济下消费者评价定价的权力逻辑及监管进路［J］．消费经济，2022，38（2）：3－9．

［139］张生．国际投资法制框架下的跨境数据流动：保护、例外和挑战［J］．当代法学，2019（5）：13．

［140］张婷．数字经济时代数据犯罪的风险挑战与理念更新——以数据威胁型网络黑灰产为观察对象 ［J］．法学论坛，2022，37（5）：121－128.

［141］张晓燕．我国跨境物流海外仓发展存在的问题及完善对策 ［J］．对外经贸实务，2017（1）：84－87.

［142］张郁安．外国跨境数据流动安全管理措施给我国的启示 ［J］．世界电信，2016（3）：5.

［143］赵柽笛，张占东，金萌．数字零售时代实体零售商供应链福利效应分析 ［J］．企业经济，2021，40（9）：76－87.

［144］赵佳海，杨凤满，刘楠，衣倩．德国工业4.0与智慧物流 ［J］．公路交通科技，2020，37（S1）：35－39，45.

［145］赵晓斐，何卓．数字服务贸易壁垒与价值链长度 ［J］．中南财经政法大学学报，2022（3）：139－150.

［146］赵晓斐．数字贸易壁垒与全球价值链分工 ［D］．对外经济贸易大学，2020.

［147］赵旭明，杨晓涵．跨境电子商务发展对我国对外贸易模式转型影响分析 ［J］．商业经济研究，2016（8）：75－77.

［148］赵忠秀，刘恒．数字货币、贸易结算创新与国际货币体系改善 ［J］．经济与管理评论，2021，37（3）：44－57.

［149］郑秋丽．我国智慧物流发展模式、问题及对策 ［J］．商业经济研究，2019（18）：108－111.

［150］中国信息通信研究院．中国数字经济发展白皮书（2017）［EB/OL］．（2017－07－13）［2021－09－20］．

［151］周念利，陈寰琦.RTAs框架下美式数字贸易规则的数字贸易效应研究 ［J］．世界经济，2020，43（10）：28－51.

［152］周念利，陈寰琦．基于《美墨加协定》分析数字贸易规则"美式模板"的深化及扩展 ［J］．国际贸易问题，2019（9）：1－11.

［153］周念利，陈寰琦．数字贸易规则"欧式模板"的典型特征及发展趋向 ［J］．国际经贸探索，2018，34（3）：96－106.

［154］周念利，李玉昊，刘东．多边数字贸易规制的发展趋向探究——基于WTO主要成员的最新提案 ［J］．亚太经济，2018（2）：46－54，150.

［155］周泽红，郭劲廷．数字经济发展促进共同富裕的理路探析 ［J］．上海经济研究，2022（6）：5－16.

［156］周祖城，厉杰．不同类型CSR对消费者评价及购买意向的影响研究——基于公益型、业务型、综合型的分类 ［J］．北京工商大学学报（社会科学版），2011，26（1）：12－20.

［157］朱明．跨境电商物流产业链共生耦合模式与机制探讨——基于公共海外仓视

角 [J]. 商业经济研究, 2019 (7): 87 - 90.

[158] 朱逸, 赵楠. 数字营销的多重关键性面向 [J]. 商业经济研究, 2021 (15): 72 - 76.

[159] Cisco. Cisco 2019 Data Privacy Benchmark Study [R]. 24 January 2019.

[160] Cohen R. How Amazon's Delivery Logistics Redefined Retail Supply Chains [J]. Journal of Supply Chain Management, Logistics and Procurement, 2018, 1 (1): 75 - 86.

[161] Ding, Yangke, Ming Jin, Sen Li and Ding - zhong Feng. Smart logistics Based on the Internet of Things Technology: an Overview. International Journal of Logistics Research and Applications, 2020 (24): 323 - 345.

[162] GDPR. General Data Protection Regulation: Art. 83 General Conditions for Imposing Administrative Fines.

[163] Indian Cabinet. The Personal Data Protection Bill 2019, 4 December 2019.

[164] International Telecommunication Union. Measuring the Information Society Report the ICT Development Index [EB/ OL]. (2017 - 11 - 16) [2021 - 09 - 21].

[165] Jia, Rong, and Weijia Peng. Analysis of Current Situation and Issues of Intelligent Logistics in China. 2019 3rd International Conference on Education, Economics and Management Research (ICEEMR 2019). Atlantis Press, 2019: 43 - 46.

[166] Kannan P. K. Digital Marketing: A Framework, Review and Research Agenda [J]. International Journal of Research in Marketing, 2017, 34 (1): 22 - 45.

[167] Kartajaya H. , Kotler P. , Setiawan I. Marketing 4. 0: Moving from Traditional to Digital [M]. John Wiley & Sons, 2016.

[168] Kim J. , Mahoney J. T. Property Rights Theory, Transaction Costs Theory, and Agency Theory: An Organizational Economics Approach to Strategic Management [J]. Managerial and Decision Economics, 2005, 26: 223 - 242.

[169] Kingsnorth S. W. Digital Marketing Strategy: An Integrated Approach to Online Marketing [M]. 2017.

[170] Maria Borga, Jennifer Koncz-Bruner. Trends in Digitally-Enabled Trade in Services [D]. BEA, 2012.

[171] Mark Scott, Russia Prepares to Block LinkedIn after Court Ruling [N]. New York Times Online, 10 November 2016.

[172] Nemoto T. , J. López González. Digital Trade Inventory: Rules, Standards and Principles [J]. OECD Trade Policy Papers, 2021, No. 251, OECD Publishing, Paris.

[173] OECD. Measuring Digital Trade: Towards a Conceptual Framework [R]. Paris: OECD Unclassified Document, STD/CSSP/WPTGS, 2017: 1 - 15.

[174] OECD. The Digital Economy, Multinational Enterprises and International Invest-

ment Policy [R]. 24 April 2018.

[175] OECD, WTO and IMF. Handbook on Measuring Digital Trade [R]. Paris: OECD, 2019: 31 – 138.

[176] Official Journal of the European Union. Commission Implementing Decision (EU). [C]. 2019/419. [2019 – 3 – 19].

[177] Ponce D. , Contreras I. , Laporte G. E-Commerce Shipping through a Third-party Supply Chain [J]. Transportation Research Part E: Logistics and Transportation Review, 2020 (140): 101970.

[178] Rochet J. , J. Tirole. Two-sided Markets: A Progress Report [J]. The Rand Journal of the Economics, 2016, Val. 35/3: 645 – 667.

[179] Sawicki A. Digital marketing [J]. World Scientific News, 2016 (48): 82 – 88.

[180] Stavytskyy A. , Kharlamova G. , Stoica E. A. The Analysis of the Digital Economy and Society Index in the EU [J]. TalTech Journal of European Studies, 2019, 9 (3): 245 – 261.

[181] Steve Shuklian. Marx on Credit, Interest and Financial Instability [J]. Review of Social Economy, 1991 (49): 2, 196 – 217.

[182] Tang C. S. , Veelenturf L. P. The Strategic Role of Logistics in the Industry 4. 0 Era [J]. Transportation Research Part E: Logistics and Transportation Review, 2019 (129): 1 – 11.

[183] Todor R. D. Blending Traditional and Digital Marketing [J]. Bulletin of the Transilvania University of Brasov. Economic Sciences. Series V, 2016, 9 (1): 51.

[184] Woschank M. , Zsifkovits H. Smart Logistics-conceptualization and Empirical Evidence [J]. Chiang Mai University Journal of Natural Sciences, 2021, 20 (2): e2021030.